遗产地文化景观生产
——以丽江古城为例

赵 敏 著

科 学 出 版 社

北 京

内 容 简 介

文化遗产地富集具有历史、艺术和科学价值的物质文化与非物质文化，构成遗产地独具特色的文化景观。在消费社会的背景下，文化遗产向文化资本的转变促成了遗产的商品化过程。旅游开发可以实现遗产的商品化，带动地方经济发展，但也会产生旅游挤出效应，使得遗产地文化景观被不断生产和重塑。本书以丽江古城为典型案例，基于空间生产理论构建文化景观生产理论框架，将其作为分析旅游挤出效应下遗产地变迁的工具，从动因、特征和作用机理三个方面深入研究遗产地文化景观生产，不仅拓展了文化景观研究和旅游研究的视角，丰富了空间生产理论体系，也为遗产地文化景观保护提供依据，为遗产地旅游发展和规划建设提供指导。

本书可供城市规划管理部门、遗产管理与研究机构人员参考使用，也可供高等院校城乡规划、人文地理、旅游管理等相关专业的师生阅读。

图书在版编目（CIP）数据

遗产地文化景观生产：以丽江古城为例 / 赵敏著. —北京：科学出版社，2020.6

ISBN 978-7-03-062620-2

Ⅰ. ①遗…　Ⅱ. ①赵…　Ⅲ. ①古城-文化遗产-研究-丽江　Ⅳ. ①K297.42

中国版本图书馆 CIP 数据核字（2019）第 225181 号

责任编辑：张　震　张　庆 / 责任校对：樊雅琼

责任印制：吴兆东 / 封面设计：无极书装

科学出版社出版

北京东黄城根北街 16 号

邮政编码：100717

http://www.sciencep.com

北京虎彩文化传播有限公司印刷

科学出版社发行　各地新华书店经销

*

2020 年 6 月第　一　版　开本：720×1000　1/16

2023 年 3 月第二次印刷　印张：18 1/4

字数：345 000

定价：129.00 元

（如有印装质量问题，我社负责调换）

序　一

从世界的角度来看，文化遗产地是人类文明的结晶。这些遗产地见证了城乡文明的发展旅程，是城市和村落中文化不可缺失的组成部分。众多历史城镇和传统村落承载着世界各个民族优秀传统文化的基因，保护好价值突出的文化遗产地，才能留住一个民族自身的文化之魂。

从中国的角度来看，中华优秀传统文化源远流长、博大精深，构成中华民族的文化基因，是中华民族和中华文明延续和发展的精神支柱、精神标识。中华文明中的各种文化形态也正是基于城市和村落的载体而得以生存发展。继承和弘扬优秀的传统文化对于树立中华民族的文化自信至关重要。然而，在全球化与现代化的洪流中，许多地处城乡的文化遗产地面临着漠视价值、边缘衰落甚至消亡的困境，在弘扬文化自信的今天，对其智慧价值的挖掘、保护与复兴显得格外重要。

云南是一个多民族的边疆省份，其绚丽多彩的民族文化是中华优秀传统文化的重要组成部分。云南各族人民依托独特的地理环境，创造了丰富多样的城市文化和村落文化。众多历史文化名城、名镇、名村既是云南民族文化的杰出代表，又是和谐人地关系的示范样板，世界遗产地丽江古城无疑是其中的佼佼者。

云南是一个旅游大省，民族文化资源是云南省产业发展的重要基石。丽江、大理、迪庆等地区既是生态交错带和民族交流的文化走廊，又是城市形态的集中展示地，更是旅游发展、启迪智慧的黄金线路。在旅游业快速发展的过程中，丽江古城、大理古城、喜洲古镇、云南驿村等古城、古镇和古村受到旅游开发的冲击与影响，文化景观被不断生产和迭代。遗产地保护与人民需求之间的交互跌宕，产生了精彩纷呈的研学对象。我们需要冷静审视遗产地旅游开发的利弊，揭示遗产地文化景观生产的一般规律，为实现遗产地可持续发展提供思路。

正是在此背景下，赵敏博士的这本著作以世界文化遗产地、国家历史文化名城、云南旅游名镇——丽江古城为案例点，深入研究了遗产地文化景观生产的动因、特征和作用机理。本书凝结了作者对遗产地可持续发展问题的长期思考，具有以下三个特点：

一是体现了跨学科研究的特点。以城乡规划学的视角、方法和技术为基础，利用人文地理学的理论工具和旅游学的知识体系，研究城市、地理和旅游的复合问题。二是突破了旅游社会文化影响的一般范式。针对旅游目的地在旅游发展过程中出现的原住居民挤出、原有功能挤出和原生文化挤出的现象，以及由此产生的社会关系重构、功能空间重组和地方文化重塑问题，提出了旅游挤出效应的概念，并深入分析了其内涵、特征与作用机理。三是拓展了空间生产理论的研究内容。基于空间生产理论构建了文化景观生产的理论框架，以聚落形式、土地利用和建筑景观为主要研究对象，对遗产地的文化景观生产开展了深入研究，并着重对旅游挤出效应下的文化景观生产进行系统研究。这些研究对于遗产地可持续发展无疑具有很大益处。

遗产地可持续保护和利用是一个世界性的话题，也是一个值得深入挖掘和拓宽的研究领域。希望赵敏博士能够在遗产地可持续保护和利用研究的道路上，能够长期坚持不懈，争取走得更远，取得更多的成绩。

文化是城市和村落的灵魂，遗产地则是城乡文化的集中代表。放松遗产地关注之时，也正是忘却智慧走向文明衰落之日。中华民族之伟大复兴，既需要强大的物质力量，又需要强大的精神力量。复兴中华文化遗产地，即光大了中华文明的根基。

是为序。故力荐赵敏博士此著。

吴志强
庚子春於同济

中国工程院院士
德国国家科学工程院院士
瑞典皇家工程院院士
2020年4月于同济大学

序　　二

文化景观是人文地理学，特别是文化地理学研究的基本概念和永恒主题。文化遗产地由于具有突出的历史、艺术和科学价值，因而成为文化景观研究的一个重点对象。文化遗产地的物质文化与非物质文化，在发展过程中始终面临保护与利用的矛盾。尤其是在当今中国现代化进程中，遗产地保护与空间开发之间的矛盾更加突出。旅游业和遗产地之间具有天然紧密联系：一方面，突出的遗产价值有利于发展旅游业，从而带动地方经济发展；另一方面，旅游业发展又导致了遗产地文化景观被不断生产和重塑，甚至被破坏。研究旅游发展背景下的遗产地文化景观生产问题，对于寻求遗产地可持续发展具有重要的现实意义。

赵敏是我在北京大学指导的较早一批硕士研究生之一。生长于云南的赵敏，对自己的家乡充满深厚的感情，早在其 2003 年的硕士毕业论文中，她就结合自己本科专业是城市规划的优势，深入研究了云南历史文化名城的空间演进与发展模式。研究生毕业之后，她回到了昆明，开始服务云南。长期以来，她始终关注云南的历史文化名城和传统村落，并致力于遗产地保护与可持续利用的研究。《遗产地文化景观生产——以丽江古城为例》一书，既是赵敏博士早期研究成果的延续，又是赵敏团队这些年来对丽江古城这类历史城镇型遗产地研究思考的凝结。

该书给我留下了两点深刻印象。一是长期的田野调查、详实的数据资料。该书是作者在自己博士学位论文的基础上进行深化和提升的成果。如果从赵敏的博士论文算起，持续研究的时间长达十年；如果从硕士论文算起，研究持续时间接近二十年。实际上，赵敏从同济大学本科毕业后，在云南省城乡规划设计研究院工作期间就参与了丽江市的城市规划工作，直到现在她还坚持每年带着研究生实地考察丽江古城，持续跟踪研究丽江古城。由于这类研究不是热点，论文不容易发表，然而她作为一名高校教师，能够在这样的领域坚守二十多年，着实反映了她潜心学术、求是唯实、注重实践的学风和坚韧定力。

二是该书关于旅游挤出效应下的遗产地文化景观生产的看法颇有见地。作者梳理揭示了丽江古城文化景观生产中从政治主导到经济主导的动因演替，“古城空间扩张化、用地功能消费化、建筑景观符号化”的表现特征，以及权力和资本相互制约与平衡的运作机制，并归纳总结出“大保护+小突破”和“不变+变”的遗产地文化景观生产的特点，这些结论比较符合当下历史城镇类遗产地建设发展的一般特点。

随着时代的发展和社会的进步，文化遗产地还将面临更多、更新、更难的挑战。只有保护好遗产地，我们才能将人类文明不断延续下去，因此总需要有人为此而坚守。遗产地保护与可持续利用的研究和实践工作任重道远，希望有更多的有志青年投入到这个伟大的事业中来。

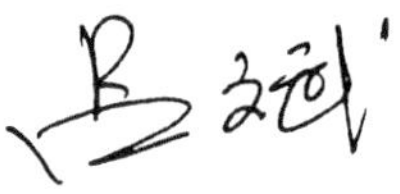

北京大学城市与环境学院教授
中国城市规划学会副理事长
2020 年春于北京大学燕园

前　言

文化遗产是人类文明的宝贵财富，保护遗产就是保住人类文化的基因，然而在全球化、现代化的背景下，受城市化和旅游化的影响，许多文化遗产地正在蜕变、衰落甚至消失。尤其是旅游快速发展引起原住居民挤出、原有功能挤出和原生文化挤出而形成的挤出效应，使得遗产地文化景观被重塑，直接威胁到遗产的延续和传承。协调好保护与利用的关系，既要利用遗产资源发展旅游业带动地方经济增长，又要留住遗产地的文化根基，是遗产地可持续发展的重要命题。

中国有众多历史悠久且独具特色的古城、古镇、古村落，它们是中华民族优秀传统文化的代表，是传承文化基因的载体和展现文化自信的窗口。与其他文化遗产地不同，古城、古镇、古村落属于居住生活型遗产地，是仍在使用且持续原有使用功能、不断发展变化的活的遗产地，很容易受到社会经济发展，特别是旅游开发的冲击和影响。合理利用古城、古镇、古村落，建设特色旅游村镇，既要"望得见山、看得见水，记得住乡愁"，又要实现社会经济全面进步，是中国新时代城乡建设与发展的重要命题。

文化景观是地理学的重要课题，世界各地的学者围绕其开展了深入研究，取得了丰富成果。在旅游发展的背景下审视文化景观，分析文化景观生产的表现特征、影响因素、参与主体、运作机制等一系列问题，是文化景观研究和旅游研究的新视角和新突破。基于空间生产理论构建文化景观生产理论框架，将其作为分析旅游挤出效应下遗产地变迁的工具，从动因、特征和作用机理三个方面深入研究遗产地文化景观生产的一般规律，不仅丰富了空间生产理论体系，也为遗产地文化景观保护提供依据，为遗产地旅游发展和规划建设提供指导。

本书凝结了研究团队对丽江这类历史城镇型遗产地持续十年研究所得出的认知和思考，也是国家自然科学基金青年项目"基于挤出效应的云南旅游古镇传统文化景观演化与重构研究"（编号：51108403）的重要成果。主要内容包括理论研究和实证研究两个部分：理论研究部分，提出了旅游挤出效应概念和文化景观生产理论框架，并结合二者探讨了旅游挤出效应下的文化景观生产问题，总结其特殊性；实证研究部分，深入分析了丽江古城文化景观生产的动因演替、旅游挤出前后丽江古城文化景观生产的特征和运作机制，结果发现：权力和资本的合力导致了旅游挤出效应，并推动了文化景观生产过程，权力和资本的相互制约与平衡使得丽江古城文化景观生产呈现出“大保护+小突破”“不变+变”的结果。面对消费主义给遗产地带来的冲击和影响，本书有助于寻求遗产地保护与利用相平衡的实践路径，为遗产地可持续发展提供理论指导。

作者在本书的撰写和修改过程中，得到了云南大学博士生导师杨桂华教授，以及云南大学工商管理与旅游管理学院田里教授、吕宛青教授、罗明义教授、李鹏副教授等的指导和帮助，特别是得到了世界文化遗产丽江古城保护管理局的鼎力协助，以及云南大学建筑与规划学院领导的支持和鼓励。此外，杨凯、刘英慧、赵选贤、陶惠娟、高俊、康智辉、姬莉、杨清星等硕士研究生为课题研究做出了基础性贡献。感谢高进帮助绘制封面图片。

文化是城市和乡村的灵魂，文化的保护和传承需要一代代人的努力付出，作为一名有责任感和使命感的学者，惟愿能在文化景观研究和遗产地研究这条道路上不忘初心、砥砺前行。

赵　敏

2019 年岁末于云南大学东陆园

目　　录

第1章　绪　　论

本章是本书的开篇，也是整个研究的基础，主要解决整个研究的五个基本问题：研究背景、研究进展与述评、研究典型性、研究意义、研究方案。

1.1　研究背景

在妥善保护自然生态、原居环境和历史文化遗产的前提下，合理利用民族村寨、古村古镇，建设特色旅游村镇，以旅游带动地方经济、文化和城镇化发展，既要“望得见山、看得见水，记得住乡愁”，又要实现社会经济全面进步，是中国新时代城乡建设与发展的重要命题。

1.1.1　新型城镇化

改革开放之后，中国经历了大规模的快速城镇化过程，取得了非凡的成就，创造了巨额的财富，中国的城镇化是全球城市发展史上的重大事件。2014年3月，中共中央、国务院颁布了《国家新型城镇化规划（2014—2020年）》，表明国家对这一问题的高度重视。

该规划是根据中国共产党第十八次全国代表大会报告、《中共中央关于全面深化改革若干重大问题的决定》、中央城镇化工作会议精神、《中华人民共和国国民经济和社会发展第十二个五年规划纲要》和《全国主体功能区规划》进行编制的。按照走中国特色新型城镇化道路、全面提高城镇化质量的新要求，明确未来城镇化的发展路径、主要目标和战略任务，统筹相关领域制度和政策创新，是指导全国城镇化健康发展的宏观性、战略性、基础性规划。

该规划指出：“发掘城市文化资源，强化文化传承创新，把城市建设成为历史底蕴厚重、时代特色鲜明的人文魅力空间。注重在旧城改造中保护历史文化遗产、民族文化风格和传统风貌，促进功能提升与文化文物保护相结合。注重在新城新区建设中融入传统文化元素，与原有城市自然人文特征相协调。加强历史文化名城名镇、历史文化街区、民族风情小镇文化资源挖掘和文化生态的整体保护，传承和弘扬优秀传统文化，推动地方特色文化发展，保存城市文化记忆。培育和践行社会主义核心价值观，加快完善文化管理体制和文化生产经营机制，建立健全现代公共文化服务体系、现代文化市场体系。鼓励城市文化多样化发展，促进传统文化与现代文化、本土文化与外来文化交融，形成多元开放的现代城市文化。”该规划内容的颁布，说明古城、古镇、古村的保护已经成为城镇化中的重要问题。

1.1.2 旅游产业发展

旅游产业是第三产业的重要组成部分，近年来的快速发展使其成为具有高复杂性和强关联性的产业，中央政府和各地方政府都较为重视。2009 年以来，国家先后颁发了《关于加快发展旅游业的意见》（2009 年，国发 41 号）、《国民旅游休闲纲要》（2013 年）、《中华人民共和国旅游法》（2013 年）、《关于促进旅游业改革发展的若干意见》（2014 年，国发 31 号）等法律和文件，对建设旅游强国起到了推动作用。对于旅游发展而言，41 号文件、31 号文件是国家层面出台的促进旅游业发展的纲领性文件。

《关于加快发展旅游业的意见》（2009 年）提出：旅游业具有资源消耗低，带动系数大，就业机会多，综合效益好的特点，要把旅游业培育成国民经济的战略性支柱产业和人民群众更加满意的现代服务业。《关于促进旅游业改革发展的若干意见》（2014 年）认为旅游业是现代服务业的重要组成部分，要通过改革和发展两个路径来积极推进旅游业，也进一步指出了城市和旅游融合发展的思路：“坚持融合发展，推动旅游业发展与新型工业化、信息化、城镇化和农业现代化相结合，实现经济效益、社会效益和生态效益相统一。”

实际上，早在 2005 年的《云南省人民政府关于加快旅游小镇开发建设的指导意见》中，云南省政府就提出旅游发展与城镇建设进行融合发展，把历史文化名村、名镇的保护与旅游村镇建设结合起来，建设 60 个特色旅游小镇，以带动地方经济发展，彰显云南民族文化魅力。2007 年，云南省政府在原有旅游小镇基础上进行调整，批准通过建设 10 个旅游名镇和 60 个旅游小镇，将丽江市古城区大研镇、束河镇等 10 个资源特色突出、知名度高的旅游小镇列为首批“云南旅游名镇”。

1.2 研究进展与述评

1.2.1 研究进展

文化景观是近一百年来文化地理学研究的概念和主题。长期以来，世界各地的学者围绕其开展了深入研究，主要集中在以下四个方面。

1.文化景观形成和变迁

文化景观形成和变迁是文化景观研究的根基，在这一研究方向上不乏经典理论。20 世纪 20 年代索尔开创了文化地理学的伯克莱学派，他对农业起源与扩散的研究和人在改变环境中的作用的研究被视为经典之作。美国地理学家、索尔的学生 Whittlesey（1929）在新英格兰的实例研究中首创了“相继占用”（sequent occupance，或译为“文化史层”）一词，认为文化景观的变迁是个阶段序列过程，每一个阶段或人类占用世代都与人类的祖先和后代联系在一起。其后，Dodge（1931）、Thomas（1931）、James（1934）对这一概念进行了研究，Meyer（1936）做了最详细、最复杂的描述，丰富完善了“相继占用”理论。

文化景观形成和变迁主要受自然力量和人类活动的影响，且处于长期动态发展之中。德国地理学家帕萨格（Siegfried Passarge）把区域、人、文化和历史看作是解释自然景观变化的 4 种“空间动力”。Spencer 和 Horvath（1963）提出心理过程、政治过程、历史过程、技术过程、农艺过程和经济过程是导致农业文化景观区形成的主要原因（汤茂林等，2000）。人类活动不断改变文化景观的格局和过程（Nüsser，2001），人类通过农业生产、人口迁移或扩张、工业化、城市化、旅游开发等活动，导致文化景观产生持续而深刻的变化，而这些变化突出表现在聚落形式、土地利用类型和建筑等方面。Fedorov（2013）在研究乌拉尔和西伯利亚文化景观的成因中，提出影响文化景观形成的两种路径：有形的河流、公路、铁路等路径，无形的文化圈子和文化间相互作用的路径。Seabrook 等（2006）在研究澳大利亚昆士兰的文化景观变化中，提出影响文化景观变迁的五大因素，即人口、经济、文化价值、政策和科技，其中经济因素的作用力最强。Pérez-Llorente 等（2013）在研究亚马孙河流域玻利维亚 Tsimane 的文化景观变化时，提出土著群体内不同的文化和经济变化会导致不同的景观格局。王云才等（2010）研究了城市化、工业化、现代化、商业化冲击下传统地域文化景观的空间特征和演变机理。房艳刚等（2009）研究了集聚型农业村落文化景观的演化。何金廖等（2007）研究了湘中丘陵地区乡村文化景观的演化。杨宇亮等（2013）认为村落文化景观包括自然本底、地域文化和物质环境 3 个支点。吴忠军等（2013）对旅游发展驱动力和文化景观变迁的关系进行了实证研究。陈致敏等（2015）由文化景观在地理空间中的变迁过程入手，探讨了景德镇的陶瓷文化景观的迁移轨迹和规律。车亮亮等（2017）以逃避主义与地方感为研究视角，探讨了大连旅顺太阳沟地区近代建筑文化景观形成演化过程及其原动力。

从研究方法看，除了传统的问卷调查和访谈法外，遥感技术（remote sensing）、地理信息系统（geographic information system，GIS）、地图、摄影和绘画等都是文化景观变迁研究的有效手段。Nüsser（2001）采用重复摄影的方法，研究巴基斯坦兴都库什山东部基德拉尔的文化景观变迁。Banerjee 等（2013）等采用遥感技术对印度中部文化景观遗产地土地覆盖变化进行监测和研究。Martínez 等（2010）等采用了一种结合 GIS、遥感、环境变量和景观生态学的新方法，对欧洲大西洋生物地理区景观变化进行监测和管理。

2.文化景观感知和解释

对不同类型景观的感知、对景观的态度以及景观对人类的影响，是当代地理学研究的主题。20 世纪 70 年代以来，文化景观的感知研究和行为研究逐渐成为关注点。由于个人的态度和价值观不同，人们在观察同一景观时会发现许多不同的信息，同时，与本地居民相比，参观者可能做出截然不同的解释（Walmsley et al.，1984）。因此，文化景观研究应着眼于寻找不同文化景观的含义。Salter 等（1977）甚至认为，对文化景观含义和秩序的探寻是地理学的主要责任，使得关于景观的描述能够超越较为表面的形式和功能，进而达到对周围世界人文含义的更深理解。Gold（1980）坚持认为：“人类必须投入人力物力，研究人类经历的具有符号价值的景观。”

对于文化景观的感知，美国学者 Lynch 提出“城市意象”理论（林奇，1990），归纳了城市认知的 5 要素：路径、边界、区域、节点和地标。Evans 等（1982）总结了空间认知的研究，并介绍了创造辨识性城市景观的案例。刘沛林（2003）和刘沛林等（2011）从“景观基因”角度建立起一套新的景观识别系统。尽管人们对景观的感知可能存在巨大差异，但却不乏对于理想景观的追求和研究。Tuan（1974）研究了理想景观思想，探讨了感知的共同特征。俞孔坚（1998a）揭示了理想风水模式和中国文化中的其他理想景观模式。

对于文化景观的解释，Walmsley 等（1984）基于所有人均以类似的方式体验环境且对环境的反应可由社会和文化进行传播的假定，提出了文化景观解释和研究的 7 条原则。Duncan（1995）对文化景观解释的画家式模型、民间景观起源模型、书籍模型和剧本模型进行了评述。俞孔坚等（2005）则将文化景观解释为复杂的自然过程、人文过程和人类的价值观在大地上的投影。王云才等（2009）以建筑与聚落、土地利用肌理、水利用方式、地方性群落文化和居住模式 5 个方面作为解读传统地域文化景观的核心环节。此外，李凡等（2010）对城市历史文化景观集体记忆进行了研究，李建华等（2011）对地名文化景观进行了解释与分析，陈耀华等（2016）探讨了地理学语境和世界遗产语境下文化景观概念的发展。

近年来，文化景观感知研究关注的群体主要为旅游者和当地居民。首先，在旅游者感知方面，Beza（2010）在研究国外旅游者和当地居民对 2002～2003 年强加于珠穆朗玛峰沿线的10处景观的美学价值感知时，提出生物自然特征、概念和情感组成了景观美学价值感知的特定现象结构。Caletrío（2011）在研究旅游者对景观变迁的承受力中，发现旅游者对变迁的过程既表现出强烈的憎恨感，又会表现出强烈的满足感、依恋感和忠诚感。叶妍君等（2012）利用数字高程模型，研究了清西陵旅游目的地的文化景观语义感知度。许振晓（2014）提出了四维度（地方认同、地方依赖、情感依恋、社会连结）的文化景观遗产地旅游者地方依恋构成模型。Zhang等（2012）研究了游客对于中国传统书法景观的感知和体验。Yang等（2013）研究了中国少数民族旅游中，汉族游客对喀纳斯景区图瓦族文化的感知。其次，在当地居民感知方面，Nunta等（2010）提出文化认同与文化景观的动态高度相关，新开发城市区域的空间环境应该考虑当地生计和居民的宗教信仰与礼制惯例的传承模式。Daugstad（2008）认为不同地位和态度的人都同样关心文化景观变迁，而且在文化景观感知上具有普遍的重新定位——从“壮观”到“多重感知”。Stewart等（2004）认为居民对本地社区的感知在决定景观变迁的愿景时能起到重要的作用。Mohammad等（2013）在研究景观的地方感时，发现个人的文化和准则因素，决定了人们对周边环境的感知经验和反应。

3.文化景观保护和利用

第二次世界大战后，随着世界经济的复苏和城市化的迅猛发展，日益严重的生态危机和环境危机使得人类开始重新审视城市与自然的关系，日益破坏的古城、古镇、古村落使得人们更加重视历史地区的保护。20世纪60年代以后，与景观和环境有关的概念开始出现在有关国际文件中（表1-1），这引起国际社会的普遍关注。1992年12月，第16届世界遗产委员会会议决定将具有突出普遍价值的文化景观遗产纳入《世界遗产名录》，标志着文化景观保护在世界范围内迈向新的里程。2001年联合国教育、科学及文化组织（以下简称联合国教科文组织）第31届会议通过了《世界文化多样性宣言》。中国也于1994年制定并公布了《中国21世纪议程——中国21世纪人口、环境与发展白皮书》。在21世纪，国际上已将生物多样性的三个层次，即基因、物种和生态系统，拓展为包含“景观”在内的四个层次。至此，文化景观被放在非常重要的位置，既是“生物多样性的最后储藏所”，也是文化遗产保护不可或缺的内容（单霁翔，2010a，2010b）。

表1-1　文化景观保护相关国际文件一览表

序号	时间	文件名称	文化景观保护相关要点
1	1962.12	《关于保护景观和遗址的风貌与特性的建议》	第一次提出保护景观的目的，指出“保护景观和遗址的风貌与特征系指保存并在可能的情况下修复无论是自然的或人工的，具有文化或艺术价值，或构成典型自然景观的自然、乡村及城市景观和遗址的任何部分”

续表

序号	时间	文件名称	文化景观保护相关要点
2	1964.05	《关于古迹遗址保护与修复的国际宪章》(《威尼斯宪章》)	第一次在文物古迹的保护中引入了环境的概念，指出“历史古迹的要领不仅包括单个建筑物，而且包括能从中找出一种独特的文明，一种有意义的发展或一个历史事件见证的城市或乡村环境”
3	1972.11	《保护世界文化和自然遗产公约》(《世界遗产公约》)	第一次明确了“文化和自然遗产”的定义
4	1976.11	《关于历史地区的保护及其当代作用的建议》(《内罗毕建议》)	第一次提出了“历史和建筑地区”的概念，同时明确了“环境”和“保护”的定义
5	1977.12	《马丘比丘宪章》	其中“文物和历史遗产的保存和保护”部分指出“不仅要保存和维护好城市的历史遗址和古迹，而且还要继承一般的文化传统”
6	1977.07	《实施〈保护世界文化和自然遗产公约〉的操作指南》	明确提出了评价世界文化遗产和自然遗产突出的普遍价值的标准及其真实性、完整性和相关管理要求
7	1987.10	《保护历史城镇与城区宪章》(《华盛顿宪章》)	指出“历史城区，不论大小，其中包括城市、城镇以及历史中心或居住区，也包括其自然的和人造的环境”。历史地段保护更关心的是整体环境，强调保护和延续其中人们的生活

资料来源：联合国教科文组织世界遗产中心等，2007

城市景观作为文化景观的一种重要类型，也日益受到国际社会的重视。2005年5月，主题为“世界遗产与当代建筑——管理具有历史意义的城市景观”的国际会议在维也纳召开，会议形成了《维也纳保护具有历史意义的城市景观备忘录》。《维也纳保护具有历史意义的城市景观备忘录》侧重于当代发展对具有文化遗产意义的城市整体景观的影响，其“历史城市景观”的概念综合考虑了当代建筑、城市可持续发展和文化景观完整性之间的关系。在此基础上，2005年10月，联合国教科文组织第15届《保护世界文化和自然遗产公约》缔约国大会在巴黎通过了《保护具有历史意义的城市景观宣言》，宣言强调将当代建筑恰当地融入历史城市景观中的必要性，并强调在计划进行当代干预时开展文化或观赏影响研究的重要性。

文化景观保护问题的研究主要集中在保护政策、公众参与、保护与发展的关系、保护方法等领域。Agnoletti（2014）强调在乡村景观的保护中，社会经济形势很难改变，应将注意力放在保护政策的制定上。Stenseke（2009）认为地方参与是文化景观保护中的一项重要策略，合作和沟通管理是景观管理与规划工作中的核心。刘夏蓓（2009）提出保护文化景观赖以存在的社会结构及其自洽性。阮仪三等（2008，2010）提出将“古镇保护”放置于当代城镇综合建设中去。李飞（2011）提出了3种以乡村旅游促进文化景观保护发展的模式：生态博物馆、乡村大舞台和景观嘉年华模式。此外，李王鸣等（2010）采用“区域”“路径”“节点”和“边缘”的方式，对文化景观保护与发展的思路进行探讨；周小棣等（2011）提出应用“场域”理念，建构更加完善的文化景观价值评估体系和保护体系；王云才（2011）等基于景观破碎度分析和传统性评价的方法，对传统地域文化景观保护模式进行了探索。史艳慧等（2014）对文化景观的学术源流及其作为文化遗产亚类的确立和变化过程进行反思，为世界遗产文化景观的保护管理等实践问题提供理论指导和方法论的借鉴。Rovai 等（2016）提出可持续农村景观治理的决策支持系统（decision support system，DSS）模型，并首次简化应用到文化景观。Türkyılmaz（2016）以伊斯坦布尔为例，通过对文化景观的相关价值进行分析，对文化景观进行保护与重塑。

文化景观在旅游开发和城乡发展中的规划与利用问题也受到学者们的广泛关注。首先在旅游开发中，国内众多学者对宗教文化景观（李悦铮等，2003）、名人名胜景观（郑晓祥等，2003）、建筑文化景观（江金波，2003）、非物质文化景观（于崧等，2011）的旅游开发进行了讨论，对文化景观方法论引导下的古城旅游开发进行了研究（庄璐，2012），并提出可持续利用的开发思路（刘庆友等，2005）；其次在城乡发展中，区域规划、城市规划和景观规划等领域运用文化景观的相关理论取得了较为丰硕的成果。自从 Frederick Law Olmsted 1863 年提出“景观建筑学”以来，将生态原则与景观设计相结合，使城市与自然相融合，一直是 McHarg I L、Smyser C A、Hough M 等设计师追求的目标。宗跃光（1993）认为城市景观规划将实现 4 种转变；Forman（1995）结合生态原理和文化背景，提出一种基于生态空间理论的景观规划新模型；俞孔坚等（2003）则以其“天-地-人-神”的理念，提出中国民族化的景观规划设计理论体系；角媛梅等（2003）认为文化对景观感知方式产生影响，感知方式和感知过程的变化引起规划方法和特定景观价值的变化；Swensen 等（2008）认为土地利用规划除了考虑生态利益的保护外，还应该考虑其他衍生利益的保护；Peterson 等（2008）提出应协调土地所有者和非土地所有者的利益关系，使得土地所有者利益和公共福利都能够得到保障；Matsuoka 等（2008）提出应关注人们对于景观的三种需求——自然、审美感知、休闲娱乐。

4.文化景观生产和管理

20 世纪 80 年代以后，地理学的学科权威性逐渐由地理学传统理论转向了哲学和社会科学理论，从而大大扩展了人文地理学研究的方法与视角。1987 年，Denis Cosgrove 与 Peter Jackson 共同提出了“文化地理学的新方向”，倡导地理学者关注文化的多元性。1989 年，Peter Jackson 在《意义地图：文化地理学导论》一书中，将多元视角包括阶级、种族和性别等带入地理学，强调文化与社会关系中的政治学维度，标志着新文化地理学的诞生。地理学研究中的文化转向，使得一些文化地理学者开始把景观理解为面纱，揭露面纱掩盖的经济差异与社会不平等，并分析景观的垂直结构——可视的外在形态与内部的社会经济结构。Daniels（1989）以“表里不一”总结了景观善于掩盖特定社会关系的能力。Don Mitchell 在《土地的谎言》一书中，研究了资本主义如何利用劳动力改变原材料产生效益。Mitchell（1994）认为景观不是简单的人类活动环境，而是人类政治、经济、社会活动的产物，“景观形态的生产是资本剩余价值生产中最核心的部分”。他强调景观生产过程中的社会经济联系，“景观可以被看作活跃的人类劳动的产品，只不过它是以一种更凝固、无声的形式存在”（Mitchell，2003）。

文化景观是一种社会建构，是权力关系的产物，同时也生产权利（向岚麟等，2010）。因此，对于文化景观的研究不能只关注景观的物质外在形态，而应该以更为深刻的政治、经济和社会视角，研究文化景观生产的物质表象背后隐藏的权力、资本和社会公正等问题。车亮亮等（2012）研究了大连市旅顺太阳沟的文化景观表征变化，提出话语和权力是景观表征的主要决定因素，利益相关者在景观和空间的塑造中扮演了重要角色。杨希（2014）讨论了乡村文化景观变迁中的土地权力问题，提出乡村“自力”应是一种建立于土地分权集合之上的公益力量。肖庆华等（2012）以“文殊坊”为例，探讨了在全球化的语境下，都市文化景观的空间生产。魏皓严等（2010）对当今旅游小城镇出现的“布景式”传统空间景观风貌的生产和消费逻辑进行了研究。马秋穗（2010）认为古镇景观生产隐藏着政府权力机构、文化传播公司、文化精英和大众等多重关系的合力，景观话语的建构是大众传媒编码和旅游者解码的过程。桂榕等（2013）以丽江玉水寨景区为例，从景观生产视角对民族文化遗产旅游利用及其保护传承效应进行了分析研究。孙根紧等（2015）选取国家非物质文化遗产都江堰放水节为例，探讨非物质文化遗产的内容及象征意义景观化生产的过程。赵亮等（2017）界定“景观空间生产”概念并归纳 6 个主要研究议题，运用宏观经济数据初步分析了中国景观空间生产实践。Boda（2017）回顾了美国佛罗里达州的景观生产历史，揭示了政治经济、行政管理、土地利用和空间表征对未来景观开发调整的相互关联的后果。

空间生产理论为城市研究者提供了一个解读空间发展的全新视角，解读文化景观生产可以借鉴空间生产理论，将文化景观视为空间的表层。首先，随着城市化进程的推进，城市文化景观正在被生产和消费。胡志强等（2013）分析了楚河汉商业文化街区空间生产的政府、开发商和公众三大博弈主体各自的利益诉求。郭凌等（2014）探讨了城市文化景观失忆的内在机理。梁增贤等（2015）以深圳华侨城为案例，探讨了文化时尚变迁在空间的文化生产中的反映。王曼曼等（2017）对具有现场表演性的音乐节空间生产过程进行了解析。其次，在旅游开发背景下，目的地文化景观不断被生产与再生产。桂榕等（2013）从空间生产视角研究民族文化旅游开发，提出“民族文化旅游空间生产”的概念。郭凌等（2016）研究了旅游影响下的都江堰西街空间再生产过程与动力。翟向坤等（2017）剖析了红砂村在旅游发展中的文化景观失忆形态。此外，文化遗产的景观生产越来越受到关注。李鹏等（2014）以村落遗产地为研究对象，应用行动者网络理论（actor-network theory，ANT）分析开平碉楼从偏僻乡野转向世界遗产地的空间生产过程。郭文等（2015）探讨了惠山古镇物理、社会和文化多维空间的生产，以及多元主体的认同倾向。赵斯羽（2017）将文化遗产、基督教建筑、空间生产融为一个分析框架，对山东省青岛市的基督教建筑文化遗产进行个案分析。

文化景观总是处于不断的发展与演变过程中，总是在资本、权力和社会关系的相互作用中被生产和消费。因此，需要深入分析文化景观生产的特征和机理，以发展的眼光来看待文化景观，对其进行科学有效的管理。2001 年 2 月，越南会安举行了联合国教科文组织发起的研讨会。针对文化景观，会议认为："文化景观并非静态。保护文化景观的目的，并不是要保护其现有的状态，而更多的是要以一种负责任的、可持续的方式来识别、了解和管理形成这些文化景观的动态演变过程"（单霁翔，2010b）。O'Rourke（2005）提出环境和景观管理不仅是生态的，也离不开社会系统，资源管理就是人本管理。Rescia 等（2010）研究了西班牙两个自然保护区的土地利用与管理的变化，认为文化景观的有效管理，应该整合社会和生态因素，并包括当地人的积极参与。Stenseke（2009）强调了景观管理中的公众参与，认为信任、沟通和地方影响是参与方式的主要因素，合作和沟通管理是景观管理与规划工作中的核心。陈英瑾（2012）针对风景名胜区中的乡村类文化景观，探讨了保护与管理的行动准则。王超等（2012）通过对重庆市巴渝文化旅游资源的研究，强调了专家智囊团、政府和非政府组织在城市文化传承与旅游文化资源开发中应该承担的责任与义务。鲍梓婷等（2015）等分析了英国自然环境的保护方法从孤立的"场地"保护到全面综合的景观管理的转变。熊星等（2017）以太湖风景名胜区西山景区为例，提出一种结合数据库和 GIS 技术的风景名胜区乡村文化景观管理数据库平台。姚圣等（2018）探讨了基于形态区域的景观管理方法及其在历史城镇保护中的应用。

1.2.2　研究述评

文化景观研究经过近百年的发展历程，形成了许多著名学派及理论体系，无论是在研究内容还是在研究方法上都取得了长足进步。

1. 文化景观研究存在"物质特征、观看方式、社会过程"三大研究倾向

文化景观研究呈现出多学科的视角，地理学、生态学、人类学、政治学、社会学、城市学等多学科的融合与交叉，使得文化景观研究的广度和深度不断拓展。总体来看，文化景观研究存在三大倾向：一是侧重将文化景观看作是人类活动作用于自然景观后形成的物质性产物，对文化景观所呈现出来的物质性特征进行描述、解释和定量化分析；二是侧重将文化景观看作是观看者的头脑和眼睛对景观所产生的印象和体验，进而研究人类对不同类型景观的感知、对景观的态度以及景观对人类的影响；三是侧重将文化景观看作是特定社会过程的产物和结果，研究隐藏在文化景观表面物质特征背后的复杂社会关系，以及文化景观形成和演变的社会作用机制。尤其是第三种研究倾向，成为1980年代以后，文化景观研究的热点和趋势。

2. 基于空间生产理论的文化景观研究较少

1980年代以后，文化景观研究转向社会学和政治学领域，景观不再是简单的人类活动环境，而被视为人类政治、经济、社会活动的产物，分析景观可视外在形态与内部社会经济结构之间的关系成为文化景观研究的新趋势。然而，目前研究缺少基于空间生产理论的文化景观研究，未形成较为成熟的文化景观生产理论。文化景观作为空间的表层，空间生产过程中必然伴随着文化景观生产，因此，可以将文化景观置于空间生产的视野下，借鉴空间生产的理论要点与研究方法，厘清文化景观生产的理论框架和研究思路。

3. 旅游发展背景下的文化景观变迁研究较少

现有的文化景观变迁研究多集中在农业生产、工业化和城市化作用下的景观变迁，旅游发展背景下的文化景观变迁研究较少，特别是世界遗产地旅游发展中的文化景观变迁研究较少。文化景观作为一种风景，作为反映一个地区基本特征的自然与人文因素复合体，既是旅游开发的资源基础，也是旅游活动开展的空间载体。良好的文化景观，尤其是世界遗产地往往成为旅游开发的对象，不少文化景观因旅游发展而变迁。因此，有必要开展旅游发展背景下的文化景观变迁研究，以探究旅游发展对文化景观变迁的影响和作用机制。

1.3 研究典型性

丽江古城既是世界文化遗产，又是著名的遗产旅游目的地，古城在旅游发展过程中伴随着文化景观生产。由于丽江模式影响巨大、文化景观生产特征表现充分、内部三个片区文化景观生产具有递进性，所以以丽江古城为案例点研究遗产地文化景观生产具有典型性。

1. 丽江模式影响巨大

丽江古城作为世界遗产地，是丽江旅游的核心吸引物，是丽江旅游业快速发展的引擎。丽江旅游业1985年开始起步，当年接待国外游客仅435人次，1996年为106.27万人次，2000年为258万人次，2009年为758.14万人次，2013年为

2079.58 万人次。丽江旅游业的异军突起，被旅游界称为“民族文化和经济对接”的“丽江现象”和“世界遗产带动旅游发展”的“丽江模式”。从“丽江现象”到“丽江模式”，丽江古城走出了一条独特的管理之路，其管理经验被认为是兼顾了遗产保护与旅游开发的可持续发展模式而被世界遗产委员会推广到其他国家。所谓“丽江现象”是指走出了一条“以文化遗产保护带动旅游发展，以旅游发展促进文化遗产保护”的路子。所谓“丽江模式”是以丽江古城保护管理的某些成功经验为蓝本，吸纳了尼泊尔巴克塔普尔、越南会安、老挝琅勃拉邦、菲律宾维甘、斯里兰卡康提、马来西亚马六甲、斐济 7 个示范点的长处而形成的。“丽江模式”包括文化遗产保护和市政财政管理的模式、对遗产进行旅游基础设施投资的模式、对遗产地居民进行教育及技能培训的模式、解决旅游开发与遗产保护之间矛盾的模式四大部分，是指导亚太地区文化遗产保护工作的行动纲领（段松廷，2002）。

2. 丽江古城文化景观生产特征表现充分

随着旅游业的快速发展，丽江古城呈现出明显的旅游挤出效应，旅游开发导致古城内生活服务设施不足，生活成本增加，地租收益显现，居民归属感和安全感降低，因此原住居民纷纷迁出古城，游客和外来经营者大量涌入，古城内原有的居住生活空间被旅游商业空间所置换，随之而来的是外来文化强势进入，纳西族传统文化受到冲击。旅游挤出效应的压力推动了丽江古城的文化景观生产，其特征突出表现在空间形态、用地功能、建筑景观三个方面。空间形态上，存在古城外部空间扩张和内部空间重构的现象；用地功能上，存在居住用地减少与旅游商业用地增加，以及不同类型商业用地的规律性分布的现象；建筑景观上，古城传统民居建筑成为空间消费的对象，被大量改造为迎合旅游者消费需求的购物店、餐馆、酒吧、客栈等商业建筑。

3. 丽江古城内部三个片区文化景观生产具有递进性

丽江古城包括大研古城、束河古镇和白沙古镇，其旅游开发模式和开发时间不同、旅游发展阶段不同、旅游挤出效应的程度不同，文化景观生产也体现出不同的特点。大研古城采取的是小规模渐进式更新的开发模式，旅游开发时间最早，处于旅游发展的成熟期，旅游挤出效应最明显，因此大研古城文化景观生产是旅游商业化发展下的内涵式开发和有机生长。束河古镇采取的是大规模新区开发模式，旅游开发时间晚于大研古城，处于旅游发展的上升期，旅游挤出效应仅次于大研古城，因此束河古镇文化景观生产是旅游商业化发展下的“外延式扩张（主）+内涵式开发（次）”和变异生长。白沙古镇采取的是以传统村落保护为主、抑制旅游商业化开发的模式，旅游开发时间最晚，开发程度也最低，处于旅游发展的进入期，旅游挤出效应尚不明显，因此白沙古镇文化景观生产是延续传统村落基本格局、功能和风貌的自然生长。

1.4 研究意义

1.4.1 理论意义

1. 探求基于旅游古镇的文化景观生产基本规律

传统文化景观源于独特的自然和人文环境相互建立起的一体化特征，历史文脉的传承从传统地域的更新发展中获得延续。在古镇保护与发展中，只专注于保护和以物质文化景观保护为重点的做法，忽视了古城镇使用者的利益诉求、活动要求和精神内核，忽视了传统文化景观的变迁。本书着眼于旅游发展中传统文化景观的动态演进过程，以城市空间形态、用地功能和建筑景观为研究对象，以利益相关主体为核心，试图探求旅游古镇文化景观生产的基本规律。

2. 分析基于旅游挤出视角的旅游影响效应

国内外对旅游社会文化影响的研究主要针对“旅游者、东道主、旅游者与东道主的相互关系”三个领域。本书以原住居民挤出、原有功能挤出和原生文化挤出所构成的旅游挤出现象为切入点，以文化景观生产为研究对象，结合人文地理、城乡规划、旅游管理三个学科，进行定性和定量分析，试图探索旅游社会文化影响研究的新视角和新方法。

1.4.2 现实意义

1. 促进世界遗产地文化景观保护

丽江古城在旅游发展的过程中，试图探索一条“以文化遗产保护带动旅游发展，以旅游发展促进文化遗产保护”的路子。然而，遗产地保护工作任重道远，如何在旅游发展的同时，实现遗产地的保护和永续利用，还有待深入研究。文化景观作为遗产地的重要组成，具有自身的特点和演进规律，把握规律，有效保护文化景观，对实现遗产地保护尤为重要。本书旨在揭示丽江古城文化景观生产的特点和作用机理，为世界遗产地文化景观保护提供依据。

2. 指导古镇旅游发展

古镇具有深厚的历史文化和民族文化底蕴，利用其独特的文化资源进行旅游开发、带动城镇发展势在必行，而旅游发展必然导致古镇的文化景观变迁，机遇与挑战并存。本书以旅游挤出效应为切入点，以利益相关主体为核心，深入剖析古镇传统文化景观演进的特征和机理，对于古镇旅游发展和城镇规划建设具有重要的现实指导意义。

1.5　研究方案

研究方案设计是开展研究工作的基础，重在确定研究对象、研究方法、研究的技术路线和研究内容。

1.5.1　研究对象

1997 年 12 月，丽江古城被列入世界文化遗产名录。为了有效保护和合理利用丽江古城世界文化遗产，云南省人民代表大会常务委员会于 2005 年 12 月 2 日审议通过《云南省丽江古城保护条例》，条例自 2006 年 3 月 1 日起执行。条例所称丽江古城，是指位于丽江市古城区、玉龙纳西族自治县行政区域内，列入联合国教科文组织《世界遗产名录》的大研古城（含黑龙潭）、白沙民居建筑群、束河民居建筑群三片区域。

本书研究对象主要为除黑龙潭以外的丽江古城遗产保护范围。为了与“丽江古城”的名称有所区别，也为了与当地约定俗成的概念保持一致，本书将所研究的世界文化遗产丽江古城三个片区命名为大研古城、束河古镇、白沙古镇。

从行政区划来看，大研古城属于丽江市古城区大研街道办事处，束河古镇属于丽江市古城区束河街道办事处，白沙古镇属于玉龙县白沙镇。从地理位置来看，三者在空间上相互分离，大研古城位于丽江坝区的中部，白沙古镇和束河古镇位于丽江坝区的北部，其中白沙古镇的位置最靠北。大研古城紧邻狮子山、象山和金虹山，玉河水入古城分为东、中、西三条河穿城而过；束河古镇西侧靠山，青龙河从古镇北部流入后穿行而过；白沙古镇则不靠山，青龙河从古镇西侧绕行而过，流向束河古镇。

1.5.2　研究方法

本书采用的主要研究方法包括文献分析法、田野调查法、空间句法、信息技术等。

1. 文献分析法

本书对国内外的相关文献资料进行梳理和总结，以便掌握相关研究进展和成果，形成问题分析的工具；对研究案例地相关的政府文件、规章制度、规划成果等资料进行全面收集和深入剖析，借以了解文化景观生产的政治、社会和经济背景，以及表现特征，从而形成深入准确的认识。并且，本书在上述文献分析的基础上，为研究构建适用的分析框架。

2. 田野调查法

田野调查法是“直接观察法”的实践与应用，也是研究工作开展之前，为了取得第一手资料的前置步骤。课题组开展了全面而详实的调研工作：①课题组前往云南省丽江古城进行实地调查，通过问卷、访谈和座谈等方式，进行了用地性质、商业业态、建筑形式与色彩、游客与居民感知、原住居民与经营户社会结构等方面的调查。②为更加全面地了解国内旅游古镇的发展情况，对云南大理古城、巍山古镇、会泽古镇、和顺古镇等国家级和省级历史文化名城进行了实地调查。③为了增加横向比较，课题组对旅游发展水平比较高、旅游挤出现象比较突出的江南六大古镇（周庄、同里、角直、西塘、乌镇、南浔）、湖南凤凰古镇等进行了实地调查。

3. 空间句法

空间句法是一种通过对包括建筑、聚落、城市甚至景观在内的人居空间结构的量化描述，来研究空间组织与人类社会之间关系的理论和技术，最早在20世纪70～80年代由英国伦敦大学学院的希列尔团队提出。空间句法分析是通过计算机技术（Depthmap软件）将空间之间的相互联系抽象为连接图，再进行拓扑分析，最终导出一系列的形态分析变量，包括连接度、控制值、深度、集成度、穿行度，从而达到对具有社会意义的空间的构成关系进行量化研究的目的。本书应用空间句法对丽江古城的大研古城、束河古镇和白沙古镇的空间形态进行量化分析，探讨在旅游挤出效应下丽江古城空间形态的演化特征。

4. 信息技术

本书针对的文化景观要素主要包括聚落形式、土地利用和建筑景观，为深入剖析丽江古城文化景观生产的特征，除应用空间句法分析软件对古城空间形态进行量化分析外，还采用了大量的信息技术：①GIS。GIS是在计算机硬、软件系统支持下，对地理分布数据进行采集、储存、管理、运算、分析、显示和描述的技术系统。本书应用Arc GIS对实地调查获得的丽江古城消费空间的兴趣点（point of interest，POI）进行数据处理，以此建立丽江古城消费空间分布的地理空间数据库，并与空间句法相结合对古城消费空间分布特征进行深入分析。②Photoshop。Photoshop是由Adobe Systems开发和发行的图像处理软件，主要处理以像素所构成的数字图像。本书应用Photoshop对建筑视觉色彩的现状采样进行色彩属性值提取，从而对沿街建筑立面色彩进行整体研究。③中国建筑色卡电子软件。中国建筑色卡电子软件是电子版的中国建筑色卡（China building color card）。本书应用中国建筑色卡电子软件对建筑本体的饰面色彩进行提取和分析。④Spss/Excel。Spss是专业的统计分析软件，Excel是一款试算表软件。本书应用Spss/Excel对研究中整理提取出的数据进行分析。

1.5.3　技术路线

本书的研究内容包括基础研究和应用研究两大部分，具体技术路线如图 1-1 所示。

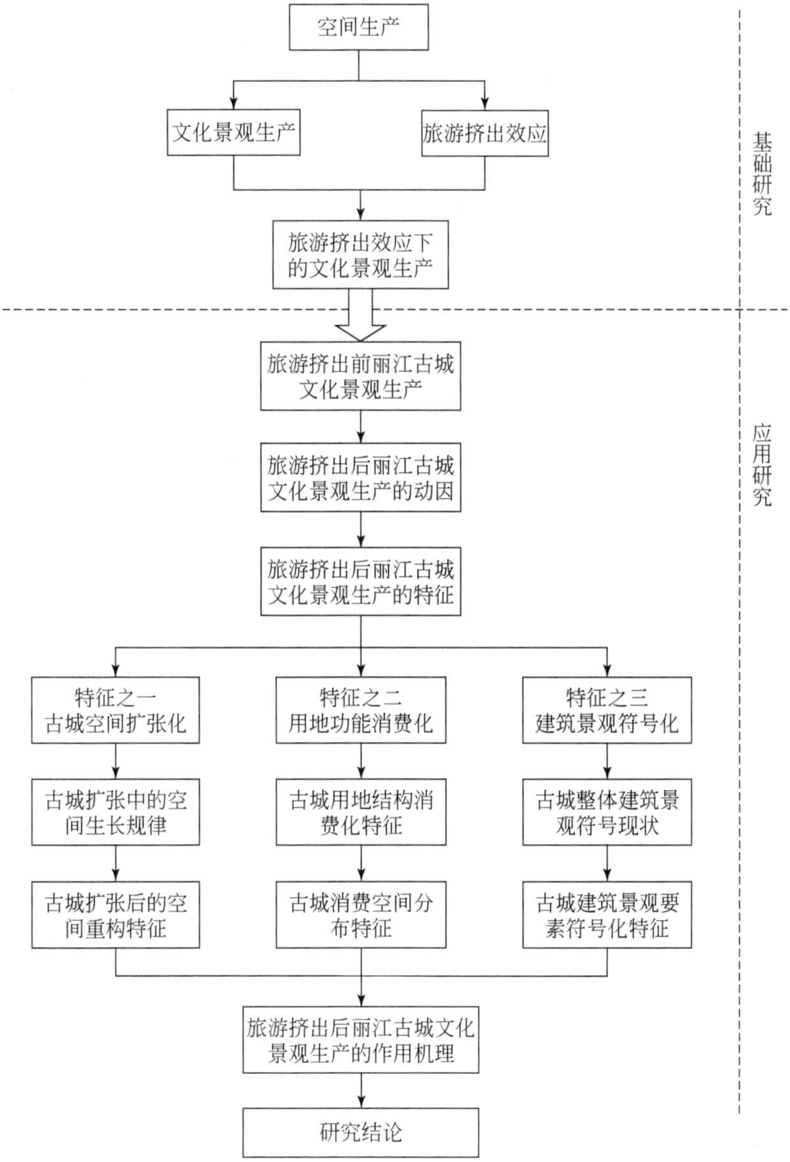

图 1-1　技术路线

1.5.4 研究内容

本书的研究内容包括基础研究和应用研究两大部分。

1. 基础研究

基础研究主要是在空间生产理论的基础上，对文化景观生产、旅游挤出效应、旅游挤出效应下的文化景观生产进行研究。

（1）文化景观概念、文化景观生产基础理论研究。系统研究文化景观的概念，包括内涵、构成和分类，以及景观、文化景观与文化景观遗产的辨析；在空间生产理论的基础上提出文化景观生产，解读其内涵，并进一步对文化景观生产的辩证关系、运作逻辑和主要路径进行深入分析，从而厘清文化景观生产的理论框架和研究思路；着眼于旅游发展背景下的文化景观生产，分析文化景观与旅游发展的关系，旅游开发中的文化景观生产，为旅游目的地文化景观生产研究打下基础。

（2）旅游挤出效应概念、特征和机理研究。从原住居民挤出、原有功能挤出、原生文化挤出三个方面深入分析旅游目的地的旅游挤出现象，在此基础上总结旅游挤出效应的内涵与特征，并进一步在空间生产理论的框架下深入分析旅游挤出效应的作用机理。

（3）旅游挤出效应下的文化景观生产内涵与模式研究。在空间生产理论的框架下，将旅游挤出效应与文化景观生产相结合，研究旅游挤出效应下文化景观生产的内涵和模式，从而构建起旅游挤出效应下文化景观生产的研究框架。

2. 应用研究

本书以丽江古城为案例点，以旅游挤出为线索，对旅游挤出前、后两个阶段的文化景观生产进行深入研究。其中，旅游挤出后的文化景观生产是研究重点，包括文化景观生产的动因、特征和作用机理研究。主要研究内容包括：

（1）旅游挤出前丽江古城文化景观生产。在了解丽江历史沿革、自然与人文环境、丽江古城形成与发展概况的基础上，对明代木府时期、清代流官时期、清末至民国这三个主要时期的丽江古城文化景观生产进行深入研究，进而总结出旅游挤出前丽江古城文化景观生产的运作机制和结果。

（2）旅游挤出后丽江古城文化景观生产的动因。从历史维度分析丽江古城文化景观生产的动因演替，并详细阐述旅游挤出后丽江古城文化景观生产的动因。一是从丽江旅游发展历程，丽江旅游发展与经济发展、城镇发展、文化发展的关系四个方面阐述丽江旅游发展概况；二是对丽江旅游发展三个不同时间段的旅游挤出效应进行调查和分析，并在此基础上深入研究丽江古城旅游挤出效应的特征与作用机理。

（3）旅游挤出后丽江古城文化景观生产的特征。从三个方面进行详细阐述：①古城空间扩张化，从丽江城镇化与旅游业发展、丽江坝区的城镇扩张、旅游挤出效应下的古城空间扩张三个方面对旅游业推动下的丽江城镇化发展问题进行研究；在此基础上，采用空间句法的研究方法，通过对大研古城、束河古镇和白沙古镇的纵向（历史维度）与横向（空间维度）比较研究，得出古城扩张中的空间生长规律，以及古城扩张后的空间重构特征。②用地功能消费化，从丽江古城空间消费的逻辑、丽江古城空间消费的主体与客体、丽江古城消费空间的构成三个方面对旅游挤出效应下的空间消费问题进行研究；在此基础上，对大研古城、束河古镇和白沙古镇用地结构的变迁进行分析，并总结丽江古城用地结构消费化的特征；利用实地调研获得的丽江古城三个片区消费空间兴趣点数据，采用空间句法的研究方法，对丽江古城大类消费空间和小类消费空间的分布特征进行深入研究，从而总结出丽江古城消费空间分布特征。③建筑景观符号化，从建筑景观消费的价值转变、建筑景观的符号消费取向两个方面对旅游挤出效应下的符号消费问题进行研究；在此基础上，从院落类型、建筑风貌、建筑类型三个方面对丽江古城整体建筑景观符号现状进行深入分析，并总结出丽江古城整体建筑景观符号的现状特征；通过实地调研获取图像资料，采用图像绘制和软件分析（Auto CAD、Photoshop）的方法对现状图像资料进行处理与分析，进一步深入研究建筑内部空间、立面色彩、外部装饰的符号化特征，从而总结出丽江古城建筑景观要素的符号化特征。

（4）旅游挤出后丽江古城文化景观生产的作用机理。从利益相关者的视角，深入分析丽江古城文化景观生产的多元主体和复杂行为；在此基础上，深入研究主导文化景观生产的三大运作机制，即权力运作机制、资本运作机制和社会运动机制，从而总结出丽江古城乃至旅游古镇的文化景观生产运作逻辑。

第 2 章　文化景观生产理论研究

本章在空间生产理论基础上提出文化景观生产概念，结合旅游的社会文化影响的主要问题和内容提出旅游挤出效应概念，进而探讨旅游挤出效应下的文化景观生产问题。本章的理论研究，旨在构建文化景观生产的理论框架，厘清旅游挤出效应下文化景观生产的研究思路。

2.1　空间生产理论要点

20 世纪 70 年代，法国思想家列斐伏尔提出“空间生产”（production of space）理论，深刻揭示了空间与社会、政治、经济等影响因素的相互作用关系，其思想根植于马克思主义，被称为新马克思主义空间理论。福柯、卡斯特、哈维等学者的研究进一步丰富和充实了新马克思主义空间理论。下面将从空间的内涵与属性、空间生产的辩证关系与运作逻辑等方面，探讨空间生产理论的核心思想。

2.1.1　空间内涵

空间作为物质存在的方式，引起了几何学和哲学的长期讨论，柏拉图认为空间是一切物质运动变化的场所；亚里士多德把空间当作容器；笛卡儿认为空间是相对于主体的客体；还有牛顿的绝对空间、莱布尼茨的经验空间，康德的先验空间，他们都将空间抽象为一种独立于社会实践之外的绝对空间。列斐伏尔在批判前人思想的基础上，提出了“空间生产”的概念，认为空间不是预先给定的，也不是中性的、客观的和虚空的，它是被生产出来的，是社会实践的产物。

空间是地理学永恒的研究主题。19 世纪末由德国地理学家拉采尔开创的人文地理学一直关注于空间和地方的解释，并经历了“区域差异—空间分析—社会理论”研究范式的变革：第一，19 世纪末，人文地理学重在研究空间各要素的因果关系、相互作用以及区域差异，空间被视为一个真实世界的外部坐标，强调其内部的地域差异；第二，1950 年代，人文地理学转向“空间分析”，空间经济学和区位论成为基本理论，空间被抽象为数学空间，社会性被排除在空间之外；第三，1970 年代开始，人文地理学进入了从空间分析到社会理论的演化阶段，空间的社会性逐渐引起人们的关注，在列斐伏尔和福柯的空间思想影响下，人文地理学普遍认可了“空间生产”这一社会空间观。

无论是哲学、社会学领域，还是人文地理学领域，对于空间的认知都经历了从“纯粹”到“综合”的演化过程，因此可从以下三个方面来理解空间的内涵：①空间是物质存在的方式，与物质不可分，不存在脱离空间形式或空间属性的物质，也不存在脱离物质的纯粹空间；因此，空间总是物质性的空间。②空间不是单纯客观的物质实体或空洞容器，而是社会实践的产物，既作为一种生产要素参与社会再生产过程，同时又是社会生产的结果。③空间是由社会关系和物质的社会实践构成的，完整的空间认识论应该是物质属性（自然属性）和社会属性的统一，两者是物质基础与上层建筑之间的辩证关系。

2.1.2 空间属性

列斐伏尔提出的空间生产理论，深刻关注空间背后的社会关系，实现了“空间”的物质和社会双重属性的辩证统一。

1. 空间的物质性

在马克思主义哲学中，空间是物质的存在方式。列宁指出：“世界上除了运动着的物质，什么也没有，而运动着的物质只能在空间和时间中运动。”（中共中央马克思恩格斯列宁斯大林著作编译局，1995）也就是说，空间表征了物质存在的范围、场所和条件，既可理解为物质存在的具体样式，也可理解为物质存在的一种属性。空间与物质不可分，不存在脱离空间形式或空间属性的物质，也不存在脱离物质的纯粹空间。“精神空间”只是空间概念的隐喻意义，不具有客观性，在物质性空间之外并不存在精神性空间（庄友刚，2012a）。从根本上说，精神空间是指对物质空间的反映，是物质空间的观念表现，也就是列斐伏尔所说的“感知的、想象的”空间。另外，建立在计算机网络技术基础上的赛博空间（cyberspace）、信息化空间、虚拟空间或流动空间也是物质的，卡斯特（2006）认为它们是“通过流动而运作的共享时间之社会实践的物质组织”。因此，空间总是物质性的空间，那种认为空间具有主观性、意识性的观念，显然背离了历史唯物主义的基本立场。例如，城镇与村落空间具有物质性，是由土地、建筑、道路、广场、绿化、基础设施等物质要素共同组成的物质性空间。

2. 空间的社会性

空间具有社会性，列斐伏尔认为：“空间里弥漫着社会关系，它不仅被社会关系支持，也生产社会关系和被社会关系所生产。”（包亚明，2003）单纯自然空间不具有社会性，但通过人类生产活动而创造出来的空间，在保留自然空间基本属性的基础上，不仅表征着人与自然的关系，也表征着人与人之间的关系，因此具有社会性。

列斐伏尔批判了把空间当作单纯客观的物质实体或空洞容器的传统观念，认为空间是社会实践的产物。哈维进一步强调："空间与时间实践在社会事务中从来都不是中立的。它们始终都表现了某种阶级的或者其他的社会内容，并且往往成为剧烈的社会斗争的焦点。"（哈维，2003）空间既作为一种生产要素参与物质生产过程，同时空间本身又是社会生产的结果，空间产品具有社会性。正如卡斯特（2006）所说："空间不是社会的反映，而是社会的表现。换言之，空间不是社会的拷贝，空间就是社会。"因此，空间是社会性的空间，物质空间背后隐藏着复杂的社会关系。例如，城镇与村落空间具有社会性，政治、经济、社会是城镇和村落物质空间形成与发展的重要的、深层次的推动因素。

2.1.3　空间生产辩证关系

列斐伏尔提出社会、历史和空间三者并重的三元空间辩证法或空间-社会辩证法，同时认为空间不仅仅是历史与社会过程的产物和附属，还必须考虑三个重要的空间环节：空间实践、空间的表征、表征的空间。

1. "社会-历史-空间"的三元辩证关系

从19世纪到20世纪上半叶，"历史"成为一种时代精神，一种占主导地位的思维方式。在经典社会理论中，时间维度得到了充分的重视和发展，而空间问题则没有获得足够的重视和应有的地位。20世纪下半叶开始，西方社会理论研究产生了一个重要的转向——空间，以往对于时间和历史的关注被转移到空间问题上来。列斐伏尔在《空间的生产》（1974年）、《资本主义的生存》（1976年）和《城市论文集》等著作中，从"社会-历史-空间"的三元辩证法视野提出了空间生产理论，认为空间研究必须通过历史和社会的视角来考察，而社会和历史研究需要从空间视角来考察。列斐伏尔要求从根本上打破历史主义的专制，恢复空间的地位，构建"社会-历史-空间"的三元辩证关系。

2. "空间-社会"的二元辩证关系

在传统的马克思主义理论体系中，生产主要是指物质生产，空间通常被视为物质生产的器皿和媒介，而列斐伏尔认为空间生产不是指在空间内部的物质生产，而是指空间本身的生产。列斐伏尔在《空间：社会产物与使用价值》一文中明确指出，进入现代社会以来，城市急剧扩张，社会普遍进入城市化，"空间中的生产"（production in space）转变为"空间的生产"（production of space）。资本主义发展到今天，其主导生产方式就是空间本身的生产。

与其他类型的物质生产相比，空间生产是一种特殊类型的生产，这种特殊性首先表现为：空间产品不仅是生产活动的结果，还是构成进一步社会生产的基础和前提。空间生产的特殊性还表现为与社会关系之间的复杂辩证关系：空间生产活动生产着社会关系，空间产品的特点影响着社会关系的特点；反过来，在既定的社会生产关系条件下，空间生产又受到社会关系状况的影响和制约（庄友刚，2012b）。Lefebvre（1991）概括了资本主义空间的六个功能特性，说明空间既有使用价值，也有交换价值；既是生产的工具，也是消费的工具；既是统治的工具，也是抵抗的工具。空间与社会之间就是存在着这样一种基本的辩证关系。

3. "空间实践-空间的表征-表征的空间"的三元辩证关系

列斐伏尔提出了空间生产过程的三元一体理论框架：空间实践-空间的表征-表征的空间（表 2-1）。他试图整合物质、心理和社会三种空间来讨论三者的互动关系，认为空间既不是静止不变的物质，也不是纯粹想象的产物，而是社会关系的产物，空间生产就是一种不断制造社会关系的过程。

表 2-1　三元一体的空间组成及含义

三元组	对应概念	含义
空间实践（spatial practice）	感知的空间（perceived space）	体现了一个社会的空间，表现为一种外部的、物质的环境，是一种"感知的"空间。 包含社会构成物的生产和再生产，以及每一种社会形态的特殊场所和空间特性。对应于发生在空间中、并与空间相联系的物质实践活动，以及这种活动的结果和产物
空间的表征（representations of space）	构想的空间（conceived space）	某种空间的呈现方式，一个"概念化的"空间想象，且透过知识理解与意识形态来支配的空间。 与维护统治阶级利益的各种权力关系、意识形态和知识联系在一起，对应于社会中占主导地位的、被设想和构建出来的、被作为"真实的空间"的空间，是由规划师、科学家、技术官员和社会工程师等所构想的空间。"空间的表征"是压制"表征的空间"的空间，是一种凌驾于"空间实践"之上的结构
表征的空间（representational spaces）	生活的空间（lived space）	透过意象与象征而被直接生活出来，是人们生活的空间，是使用者与环境之间生活出来的社会关系。 对应于居民和使用者的空间，也是艺术家和那些只想从事描述的少数作家和哲学家的空间，是一种再现性的、包含着"空间的真理"的、人们生活其中经历和体验的本真性空间。"表征的空间"是对"空间的表征"的超越，又是对"空间实践"的回归

资料来源：Lefebvre，1991；石崧等，2005；张子凯，2007；郑震，2011

2.1.4　空间生产运作逻辑

空间生产主要是在资本循环、权力干预、社会运动三大力量作用下进行运作的。同时，在消费社会背景下，消费文化对空间生产也具有一定的影响。

1. 资本循环

资本不是一种个人力量，而是一种社会力量（中共中央马克思恩格斯列宁斯大林著作编译局，1995）。资本的本性在于实现自身最大限度的增殖。在西方工业化时期，资本空间化是资本发展的必然逻辑，在生产领域，为满足扩大再生产和提升劳动生产率而表现出资本支持下的空间扩张；在流通领域，资本增殖需要通过在空间中进行的交换和消费来实现。20 世纪 60 年代末以后，西方逐步进入后工业化时代，物质生活资料的生产越来越不能满足资本增殖的需要，于是空间被资本化了，空间同时具有使用价值和交换价值。空间资本化意味着所有空间要素都被纳入资本生产的逻辑，空间本身的生产成为资本生产的直接手段。从资本空间化到空间资本化的发展是资本发展的基本逻辑（庄友刚等，2013）。

哈维在列斐伏尔的基础上，用"资本三级循环"来解释资本运动与城市空间发展的关系。第一级循环（primary circuit），即资本投资于工业生产过程，但"过度积累"会导致商品过剩、资本闲置以及工人失业等问题；第二级循环（second circuit），即资本投资于城市建成环境的生产，包括生产性和消费性物质环境的投入，但城市空间重构并不能防止"过度积累"危机的再次出现；第三级循环（third circuit），即资本投资于科学技术研究以及教育、卫生、福利等社会公共事业，但同样不能消除"过度积累"的趋势，解决危机的办法就是在全球寻找新的投资地方（杨宇振，2009；高峰，2010）。正是依靠空间关系和全球空间关系的建构与再建构，资本主义才能够从马克思时代的工业形式生存到今天先进的、由国家管理和寡头垄断的形式。

总之，资本循环是空间生产的源动力。为寻求资本增殖，空间被资本化了，土地、建筑、河流、植被等空间要素都成为资本，并被纳入资本生产的逻辑。货币所有者首先购买到土地的开发经营权，继而购买劳动力和其他生产资料并生产出空间商品，然后在流通领域出售空间商品获得更多的货币，从而实现资本的增殖。

2. 权力干预

空间生产不是单纯自然的过程，而是与利益密切相关的，是现实利益角逐的产物。列斐伏尔提出："空间是政治的、意识形态的。它真正是一种充斥着各种意识形态的产物。"（包亚明，2003）福柯认为必须从权力-空间-知识的关系中考察社会，现代社会空间既是权力运作的场所和媒介，又是权力实践的机制，既是统治阶级实施社会控制和权力运作的工具，又能够反映和影响社会权力和利益格局；并强调空间既是任何公共生活形式的基础，又是任何权力运作的基础（包亚明，2001）。吉登斯继承和发展了福柯的理论，将时间-空间关系直接与权力产生和统治结构再生产紧密联系在一起。布迪厄则从实践和符号的角度阐明了地理空间与社会空间的关联，以及空间与阶级之间的复杂关系。

空间生产中的权力干预突出表现为政府干预，卡斯特把空间生产分析的关注点放在了集体消费和政府干预。他认为西方资本主义城市的一个明显作用在于作为集体消费中心，集体消费是指由国家集体性提供的服务形式，如大众住房、交通、医疗设施等空间产品。增加集体消费资料无利可图，政府必须参与集体消费资料的生产、分配和管理（孙江，2008）。但是，卡斯特指出，政府对集体消费品供给的干预本质上是服务于私人资本的，所以政府的投入也只能维持在一个较低的水平上。

总之，权力干预是空间生产的控制力。空间生产是现实利益角逐的产物，各种权力阶层和利益相关主体都会参与空间生产过程，在复杂的社会关系构建中生产着空间产品。政府作为权力核心，既要寻求地方经济发展，又承担着集体消费资料的生产、分配和管理的任务。资本和权力之间又存在着非常密切的联系，权力服务于资本，资本纠集了权力，资本与权力相互交织在一起的作用力不断推动着空间生产。

3. 社会运动

空间是权力运作的工具，是利益角逐的产物，是阶级斗争的目标和场所。弱势群体通过微观的社会运动来摆脱国家控制和获取自身利益，进而塑造空间（王丰龙、刘云刚，2011）。卡斯特将城市社会运动定义为："由于社会的统治利益已经制度化并拒绝变迁，所以在城市的角色、意义和结构方面发生的主要变化一般来自民众要求和民众运动，当这些运动导致城市结构变迁时，我们就把它称为城市社会运动。"（Castells，1985）卡斯特认为城市社会运动一般围绕三个方面展开：①抵制以利润获取为主要目标，坚持提高集体消费水平的城市规划。②社区文化的创造与认同。③政治上的自治管理，市民组织具有参与决策权（Castells，1977）。然而，卡斯特也清醒地意识到城市社会运动具有局限性，它只能改良城市而不能改变社会。

社会运动还是实现社会主义空间理想的必要手段。列斐伏尔认为资本主义的空间是一种标准化和同质化的空间，是可以相互交换的商业化空间，是"对空间的支配"，是一种交换价值优先于使用价值的空间；而社会主义的空间或者理想的空间，是一种差异化的空间，是不能相互交换的非商业化空间，是"对空间的取用"，是一种作为使用价值的空间。走向社会主义空间可以采取以下三个步骤：①通过社会运动、消费者运动控制和影响空间生产，实施民主的社会空间管理。②利益相关各方介入空间的管理，重新构建"自下而上"的空间，实现自我管理。③借助利益相关主体参与的民主化管理，实现使用价值优先的空间生产（包亚明，

2003）。

空间生产加剧了社会阶层的分化，也产生着社会排斥。弱势群体主导的社会运动和利益相关主体参与的民主化管理，有助于实现使用价值优先的空间生产，维护弱势群体的自身利益，调和空间生产过程中的社会矛盾。但在现实中，社会运动往往处于势微或缺失的状态。

4. 消费导向

20世纪中叶以后，西方社会开始转型，由以生产为主要特色的工业社会转变成消费社会，消费逐渐成为生活的重心。亚当·斯密在《国富论》中曾说过："消费是所有生产的唯一的终点和目的。"（斯密，2011）波德里亚（Jean Baudrillard）认为当代资本主义的基本问题不再是"获得最大利润"与"生产理性化"之间的矛盾，而是潜在的无限生产力与销售产品的必要性之间的矛盾。为了使生产和再生产得以不断进行、资本循环不致中断，资本就必须创造消费，消费空间的生产成为资本创造需求的一个有效手段，因此空间生产过程也就受到了消费文化的影响。

列斐伏尔认为消费空间发生了三次明显的分化：第一次是消费空间与生产空间的分化，即生产空间从唯一的消费空间——家庭空间中分离出来；第二次是城市空间的分化，即城市成为消费、服务与市场中心；第三次是消费空间与居住区域的分化，非日常消费空间（旅游目的地）从日常消费和生活空间中分离。消费空间的分化使得不同经济水平、社会地位、消费观念的人在生活中形成不同的消费中心。消费赋予空间更多的社会意义，并在一定程度上重新生产与整合新的社会空间，对空间的征服和整合也已成为消费主义赖以维持的主要手段。因此，消费主义逻辑已成为社会运用空间的逻辑和日常生活的逻辑，控制着生产的群体和空间的生产，进而控制着社会关系的再生产。

2.2　基于空间生产理论的文化景观生产

文化景观作为空间的表层，空间生产过程中必然伴随着文化景观生产。因此，文化景观生产的理论框架可以在空间生产理论的基础上构建。

2.2.1　文化景观

文化景观是人文地理学的一个基本概念，但却很难对文化景观下一个精确的定义，从不同的视角可以对文化景观有不同的认知和理解。下文将从文化景观的内涵、构成和分类，以及景观、文化景观与文化景观遗产的比较中，来解读文化景观。

2.2.1.1　文化景观内涵

对于文化景观内涵的理解，可以从文化景观认知范式、文化景观内涵分解、文化景观与空间的关系这三个方面切入。

1. 文化景观认知范式

地理学中文化景观的观念可以大致划分为三个阶段的范式变动：第一，20 世纪早期，在索尔和伯克利学派的影响下，文化景观被看作既非自然也非文化的物质性人工制品，是通过神秘并包罗万象的文化的能动性而从自然景观中形成。因此，一个地方的文化景观不过就是生活在那一地区的人群的物质表达。第二，20 世纪 70 年代，唐纳德·迈尼希（Donald Meinig）、段义孚和爱德华·雷尔夫（Edward Relph）等地理学家主张将人类的想象引入到文化景观阐释之中。地理学家不是去解释显而易见的区域性物质景观，而是将文化景观看作栖居在目睹者的头脑和眼睛中：文化景观是一种观看方式。第三，20 世纪 80 年代中期，丹尼斯·科斯格罗夫（Dennis Cosgrove）、斯蒂芬·丹尼尔斯（Stephen Daniels）和肯尼思·奥威格（Kenneth Olwig）等地理学家认为文化景观是具有独特意识形态编码的物质性生产。文化景观是权力和影响的示意图，协助再生产各种权力结构，而这些权力结构首先生产了文化景观。

2. 文化景观内涵分解

结合三个阶段范式变动对于文化景观的认知，文化景观的内涵可从以下三方面来解读。

其一，文化景观是指人类为了满足自身发展需求，利用自然界提供的材料，在自然景观之上叠加人类活动的结果而形成的景观。文化景观是反映一个地区基本特征的自然与人文因素的复合体，强调了人类活动和人类文化对自然景观的改变，从文化景观的形成来看，“文化是动因，自然区域是媒介，文化景观是结果”（Sauer，1925）。

其二，文化景观作为一种观看方式，是观察者在可见世界中所看到的风景的艺术和文学表达（Cosgrove，1984），是头脑和感觉建构的一种意象（Tuan，1979），是组织和体验土地之上那些事物之视觉秩序的独特方式。

其三，文化景观是人类劳动的产物，是死劳动的一种形式（Mitchell，2003）。文化景观既是生产工具又是消费工具（Harvey，1982），既是资本、其他商品和劳动循环流动的固定空间（Henderson，1999），又是本身可用于交换的异化“产品”。文化景观是促使其得以形成的各种社会关系的具体化，是生产、消费和交换的各种社会过程和实践的现象形式，因此是“社会再生产体系中的复杂瞬间”（Mitchell，

1996），被不断地再生产出来，并成为不同利益主体抗争的一个场所。

因此，文化景观并非只是表面上看到的那样一种光鲜美丽的风景，正如Daniels（1989）所说，景观是合法的表里不一，既不能被简化为无情的物质性，也不能被简化为更具意识形态的观看之道。文化景观的美学表象之下掩盖着复杂的社会关系，它是物质性与社会性的统一体，对于文化景观的认知和把握，必须透过其表面的物质性，深入挖掘其内部的社会建构性。

3. 文化景观与空间的关系

文化景观和空间同为人文地理学研究的基本概念和主题，它们之间具有高度的相似性和关联性（图 2-1）。首先，空间和文化景观都是物质性和社会性的统一。它们是物质的，空间是物质存在的方式，景观是地球表面各种地理事象的综合体，文化景观是在自然景观之上叠加人类活动的结果而形成的景观，空间和文化景观都具有客观存在的物质实体。它们又是社会的，空间和文化景观都是人类活动创造的，都是社会实践的产物，空间和文化景观里都弥漫着社会关系；它们既作为一种生产要素参与社会再生产过程，同时又是社会生产的结果。物质性与社会性的相互作用促使文化景观和空间形成完整的结构。其次，文化景观是空间的一部分，是空间的表层。空间作为物质存在的方式和一个真实世界的外部坐标，其范畴比文化景观要大，文化景观更侧重于视觉感受到的“风景”，是空间中人们能够通过视觉和感官直接感受的外在景象部分。最后，文化景观和空间都不是预先给定的，都是生产出来的；同时，文化景观和空间都不是永恒不变的，持久性只是相对的，它们总是随着社会关系的变化而变化，它们总是因参与社会再生产过程而不断被生产。因此，文化景观研究可以将文化景观置于空间生产理论的视野下，借鉴空间生产的分析思路和方法，揭开文化景观光鲜美丽的“风景”面纱，深入剖析文化景观美学表象下隐藏的复杂社会关系，厘清文化景观生产的作用机理。

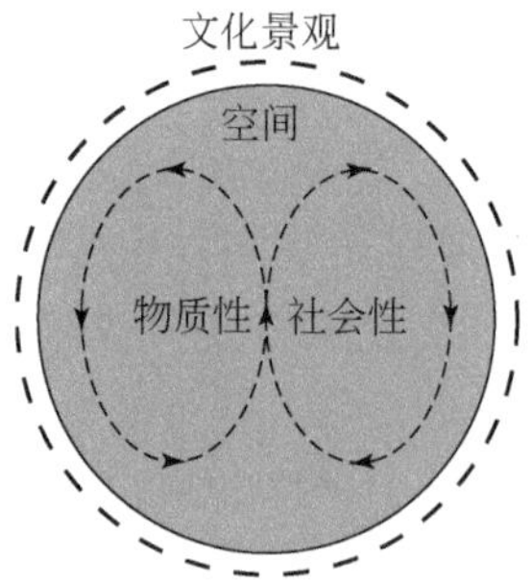

图 2-1　文化景观与空间关系图

2.2.1.2　文化景观构成和分类

1. 文化景观构成

文化景观是在自然景观之上叠加人类活动的结果而形成的景观，是由自然因素和人文因素共同构成的复合体。自然因素是文化景观形成的内在基底，为人类物质文化景观的建立和发展提供了各种条件，包括地貌、动植物、水文、气候和土壤等。人文因素是文化景观形成的外在动力，具体可分为物质因素和非物质因素两类。物质因素是文化景观最重要的组成要素，指具有色彩和形态，可以被肉眼感觉到的有形的人文因素，包括聚落、人物、服饰、街道、交通工具、栽培植物、驯化动物等。非物质因素是不被人们直接感知的、无形的，但对文化景观形成具有重大作用的人文因素，包括思想意识、生活方式、风俗习惯、宗教信仰、审美观、道德观、政治因素、生产关系等。文化景观的构成除上述因素外，还有一种凌驾于各物质因素和非物质因素之上、可以感觉到但难以表达出来的“气氛”，它像区域个性一样，是一种抽象感觉和符号化形象。

2. 文化景观分类

由于文化景观构成的复杂性，文化景观可以从不同视角、根据不同标准进行分类。第一，文化景观根据可视性可以分为物质和非物质文化景观。物质文化景观（具象景观）是指人类加工自然而形成的技术的、器物的、非人格的客观实体，包括文物古迹、乡村聚落、城市、田园、公园等；非物质文化景观（抽象景观）是指人类在加工自然、塑造自我的过程中形成的规范的、精神的、人格的主观意象事物，包括民俗活动、宗教信仰、生产习惯、民间工艺等。在现实中，物质文化景观与非物质文化景观往往相互交织在一起。第二，文化景观根据人口密度、就业构成、建筑密度等可分为乡村景观和城市景观。乡村景观可进一步分为物质类的传统聚落、农业生产、土地利用，以及非物质类的生产生活方式、风俗习惯、精神信仰、文化娱乐、历史纪录。第三，文化景观还可以分为农村聚落景观、人口景观、政治景观、语言景观、宗教景观、建筑景观、流行文化景观、大都市景观等具体类型。

2.2.1.3　景观、文化景观与文化景观遗产

1. 景观是地球表面各种地理事象的综合体

景观是一个被广泛使用的术语。艺术领域最早把景观作为自然风光和风景画面的表现与再现，等同于风景；地理学把景观作为一个科学名词，定义为地表景象，或是综合自然地理区，或是一种类型单位的通称，如城市景观、森林景观、草原景观等；生态学把景观定义为生态系统；旅游研究把景观当作资源，成为吸

引旅游者前往游览的吸引物；建筑学把景观作为建筑物的配景或背景。

在欧洲，“景观”一词最早出现在希伯来文本的《圣经》旧约全书中，用于描述圣城耶路撒冷的美景，此时“景观”的含义是视觉美学意义上的概念。在近代地理学中，对景观的重视可见于“landschaft”一词和早期德国地理学家的研究。在德语中，“landschaft”一词通常用来表示对土地的感知或面积有限的一块土地，已不局限于美学意义。19 世纪初，德国地理学家洪堡（Alexander Humboldt）提出应将景观作为地理学的中心问题，并将其定义为“某个地球区域内的总体特征”。1906 年以后，景观作为地理概念被普遍采用了。施吕特（Otto Schluter）在慕尼黑大学任职演说中提出，探讨人类创造的景观的变化过程是地理学的主要任务。帕萨尔格（Siegfried Passarge）认为应当把景观看作一种类型，而划分景观类型的最好指标是植被。20 世纪 20 年代，索尔（Sauer）成为坚持把对景观的科学研究作为地理学核心的第一人，并把注意力引向“文化景观”概念。1931 年，苏联地理学家贝尔格（Alban Maria Johannes Berg）等发展并创立了景观地理学派，认为景观是占有一定地域并相互联系的一组环境要素（地方气象、地形、土壤、植物和动物）所组成的统一体。

景观生态思想的产生使景观的概念发生了革命性变化。早在 1939 年，德国生物地理学家特罗尔（Carl Troll）就提出了“景观生态学”一词，认为景观是由陆圈、生物圈和理性圈构成的人类生活环境整体。1968 年，德国著名学者 Buchwald 进一步发展了系统景观思想；1975 年，Vink 则用系统科学和控制论的观点明确指出：景观作为生态系统的载体，是一些控制系统（俞孔坚，1998b）。肖笃宁等（1997）则从地理学和生态学的综合视角出发，将景观定义为一个由不同土地单元镶嵌组成，具有明显视觉特征的地理实体，它处于生态系统之上、大地理区域之下的中间尺度，兼具经济、生态和美学价值。

总之，景观作为地理学研究的重要主题，是地球表面各种地理事象的综合体，并由自然景观和文化景观组成。自然景观是指完全未受直接的人类活动影响或受这种影响程度很小的自然综合体。文化景观是指居住在地球上的人类集团为满足社会经济需要所创造的景观，如农田、城市、荒漠中的绿洲等（汤茂林、金其铭，1998）。在当代，未受人类活动影响的纯粹自然景观越来越少，因而地理学者在许多情况下使用“景观”一词，几乎都根植于文化景观概念。

2. 文化景观是自然景观叠加人类活动所形成的景观

19 世纪下半叶，拉采尔（Friedrich Ratzel）第一个系统地说明文化景观概念（他称之为历史景观），指出历史景观是人类活动所造成的景观，它反映出文化体系的特征和一个地区的地理特征。20 世纪 20 年代，“文化景观”一词在地理学中已经被广泛使用，这得益于索尔创立的文化景观学派。他认为：“文化景观由自然景观通过文化群体的作用形成。”（Sauer，1925）索尔之后，地理学家开始关注社会地形、经济景观、神权宗教景观、军事景观、经济面和土地利用等文化景观范畴。20 世纪 80 年代以后，地理学中的文化景观概念逐步转向于社会学视角，文化景观的物质性和社会性特征，以及掩盖在文化景观背后的权力、公平和社会建构成为关注点。

文化景观的概念较为清晰地聚焦于人类活动对自然景观的改变，以及自然景观叠加人类活动结果后所形成的景观。1927 年，索尔提出文化景观是“附加在自然景观上的各种人类活动形态”。李旭旦（1984）教授认为：“文化景观是地球表面文化现象的复合体，它反映了一个地区的地理特征。”Deblij 等（1986）则给出了文化景观的广义定义：“文化景观包括人类对自然景观的所有可辨认出的改变，包括对地球表面及生物圈的种种改变。”综合上述定义，王恩涌（1992）认为文化景观是指人类为了满足某种需要，利用自然界提供的材料，在自然景观之上叠加人类活动的结果而形成的景观。

3. 文化景观遗产是具有突出普遍价值的景观

1992 年 12 月，在美国圣菲召开的第 16 届世界遗产委员会会议，决定将具有突出普遍价值的文化景观遗产纳入《世界遗产名录》。联合国教科文组织认为，文化景观是人类社会和聚落随着时间在自然环境提供的自然限制和机会，以及延续的社会、经济和文化力量（外在的或内在的）影响下的有形证据。文化景观遗产必须具有杰出的普遍价值并成为某一地理区域、文化特征的代表。文化景观遗产是自然与人类的共同作品，具有多种多样的形式，《实施〈保护世界文化和自然遗产公约〉的操作指南》（2005 年）把文化景观遗产划分为“由人类有意设计和建筑的景观”“有机进化的景观”“关联性文化景观”三种类型（表 2-2）。文化景观遗产作为连接文化与自然的纽带，更加体现出人类活动与大自然所达成的一种和谐与平衡，与单纯的自然或文化遗产相比，更强调人与环境和谐的可持续发展理念。

表 2-2　文化景观遗产的类型与内涵

序号	类型	内涵
1	由人类有意设计和建筑的景观（clearly defined landscape）	包括出于美学原因建造的园林和公园景观，它们经常（但并不总是）与宗教或其他纪念性建筑物或建筑群有联系
2	有机进化的景观（rganically volved landscape）	反映了组成要素和形式上的进化过程。它又包括两种类型：一是残遗物（或化石）景观，反映一种过去某段时间已经完结的进化过程；二是持续性景观，它在与传统生活方式相联系的当代社会中仍起到积极作用，而且其自身进化过程仍在进行，同时又展示了历史演变发展的物证

续表

序号	类型	内涵
3	关联性文化景观（associative cultural landscape）	以与自然因素具有强烈的宗教、艺术或文化相联系为特征，而不以不突出或缺失的文化物证为特征

资料来源：《实施〈保护世界文化和自然遗产公约〉的操作指南》（2005 年）

综上所述，景观可以分成两大类，即自然景观和文化景观。文化景观是在自然景观之上叠加人类活动结果后形成的景观，文化景观遗产则是文化景观中具有突出普遍价值的优秀景观。景观、文化景观与文化景观遗产之间具有包含关系。（图 2-2）。

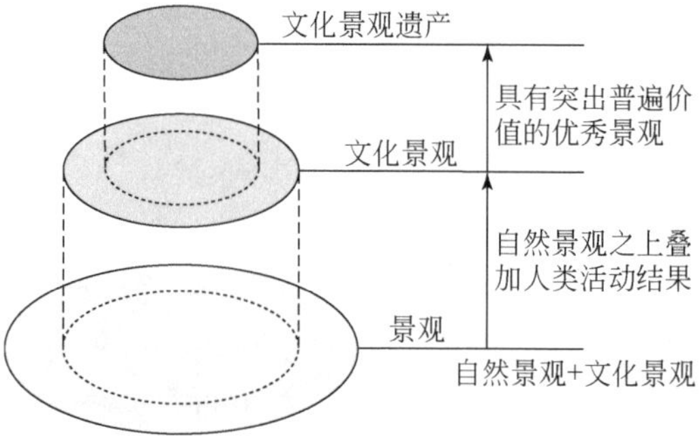

图 2-2　景观、文化景观、文化景观遗产关系图

2.2.2　文化景观生产基础

文化景观生产与空间生产之间有着密不可分的联系，空间生产反映在聚落形式、土地利用、建筑等景观表层就是文化景观生产。在空间生产理论体系下，文化景观生产也有其独特内涵、辩证关系、运作逻辑。

2.2.2.1　文化景观生产内涵

由于文化景观是空间的一部分，是空间的表层，因此空间生产过程中往往伴随着文化景观生产。具体来说，当空间生产过程直接作用于聚落形式、土地利用和建筑等景观要素层面时，就促成了文化景观的生产（图 2-3）。因此，文化景观生产就是文化景观被开发、设计、使用和改造的全过程，即将所有的景观要素纳入资本生产的逻辑中，在各种权力阶层和利益相关主体的参与下，通过复杂的社会关系构建来生产文化景观产品的过程，文化景观产品同时又构成了进一步社会生产的基础和前提。文化景观生产不仅是物质资料的生产，也是社会关系的生产。它一方面生产出文化景观产品的使用价值，另一方面又生产出文化景观产品的价值，即文化景观产品使用价值掩盖下的人与人之间复杂的社会关系。

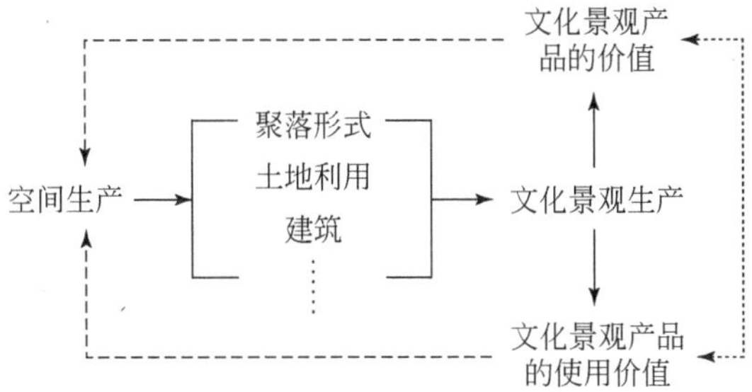

图 2-3　空间生产中的文化景观生产

2.2.2.2　文化景观生产辩证关系

1. “文化景观-社会”的二元辩证关系

文化景观与社会之间存在着复杂的辩证关系，文化景观既是社会实践的产物，又是社会生活生产和再生产、以及社会抗争的场所。一方面，文化景观是促使社会得以形成的各种社会关系的具体化，是生产、消费和交换的各种社会过程和实践的现象形式，是社会实践的产物，是“社会再生产体系中的复杂瞬间”（Mitchell，1996）。另一方面，文化景观是社会生活生产和再生产的场所，家、商店、道路、工厂、农场、田野、森林、山谷、沟渠、堤岸等都是社会生活存在的地方；文化景观也是社会抗争的场所，它的“自然性”和“现实主义”不断受到挑战，不同利益相关主体通过对自身利益的诉求和对景观的认知与表达，不断重新安排着文化景观的各个组成部分。此外，文化景观生产与社会关系之间也存在着复杂的辩证关系：文化景观生产活动构建着社会关系，文化景观产品的特点影响着社会关系的特点；反过来，在既定的社会生产关系条件下，文化景观生产又受到社会关系状况的影响和制约。

2. “文化景观实践-文化景观的表征-表征的文化景观”的三元辩证关系

借鉴列斐伏尔的“空间实践-空间的表征-表征的空间”三元一体空间生产过程理论框架，可以构建出文化景观生产的“文化景观实践-文化景观的表征-表征的文化景观”三元一体理论框架：①文化景观实践表现为一种外部的、物质的环境，是一种“感知的”文化景观，对应于发生在文化景观中、并与文化景观相联系的物质实践活动，以及这种活动的结果和产物。②文化景观的表征是一个“概念化的”文化景观想象，且由知识理解与意识形态支配的文化景观，对应于社会中占主导地位的、被设想和构建出来的文化景观，是由规划师、科学家、技术官员和社会工程师等所构想的文化景观。“文化景观的表征”是压制“表征的文化景观”的景观，是一种凌驾于“文化景观实践”之上的结构。③表征的文化景观是透过意象与象征而被直接生活出来的文化景观，是使用者与环境之间生活出来的社会关系。对应于居民和使用者的文化景观，也是艺术家和那些只想从事描述工作的少数作家和哲学家的文化景观。“表征的文化景观”是对“文化景观的表征”的超越，又是对“文化景观实践”的回归。

2.2.2.3 文化景观生产运作逻辑

文化景观生产运作逻辑为：资本循环、权力干预和社会运动三大作用力相互影响和制约，三者共同形成的合力推动着文化景观生产，消费文化则作为一种外部影响力，深刻影响着文化景观生产过程（图 2-4）。

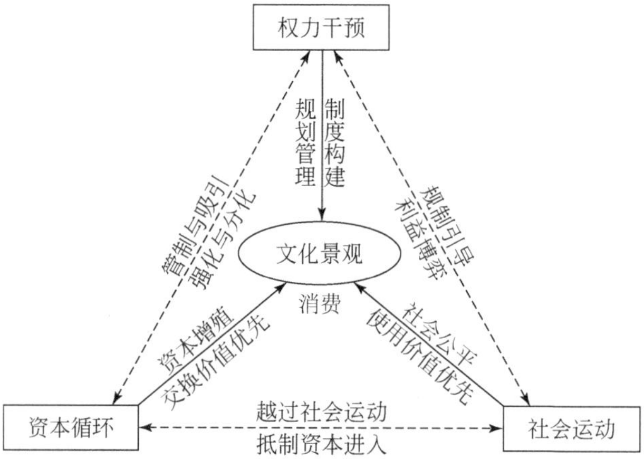

图 2-4 文化景观生产运作逻辑

1. 资本循环、权力干预和社会运动构成合力

资本循环激发文化景观生产。资本的本性在于实现自身最大限度的增殖，在文化景观生产过程中，景观被资本化了，森林、河流、草地、农田、村落、城市、建筑等文化景观要素被纳入资本生产的逻辑，成为资本生产的直接手段。无论是农业生产还是城市建设，每一次投入货币对景观要素进行改造和重新利用，都是为了生产出文化景观产品，创造使用价值和交换价值，并在流通领域出售文化景观商品获得更多的货币，实现资本的增殖。在资本循环的逻辑中，文化景观被塑造为一种标准化、同质化和可以相互交换的商业化景观，是一种交换价值优于使用价值的景观商品。

权力干预控制文化景观生产。文化景观生产是现实利益角逐的产物，各种权力阶层和利益相关主体都会参与文化景观生产过程。以政府为代表的权力阶层扮演着仲裁者和决策者的角色，通过制度构建和规划管理等手段对文化景观生产实施控制。在单一经济发展理念的引导下，文化景观生产被纳入经济增长的逻辑，政府为促进经济发展往往想方设法吸引投资，而资本反过来又会对政府决策产生较大影响。

社会运动调适文化景观生产。企业作为资本主体，与政府结为增长联盟，共同寻求文化景观生产中的经济利益最大化。而社区居民被边缘化，被排除在增长联盟之外，可能引发社会运动来抵制资本和权力的控制，谋求弱势群体的利益，实现社会公平与公正。社区居民对于文化景观的价值诉求一般是使用价值优先，而非交换价值优先，弱势群体推动的社会运动和利益相关主体参与的民主化管理，有助于实现使用价值优先的文化景观生产。

总之，资本循环是源动力，权力干预是控制力，社会运动是响应力，三者共同构成的合力推动着文化景观生产。

2. 资本循环、权力干预和社会运动相互博弈

资本循环、权力干预和社会运动之间存在着密切的联系，相互作用、相互制约。

权力干预和资本循环是推动文化景观生产的主导力量。当权力阶层与资本集团一致追求经济利益时，二者就会结为增长联盟，权力设法吸引资本介入文化景观生产，资本的注入又强化了权力对于文化景观生产的控制作用。同时，资本以增殖为目的，不会顾及“集体消费”的需求和社会大众的利益，这就需要政府对资本进行管制，引导资本投向满足社会发展需求的领域，维护社会公正。如果资本力量过于强大，就会分化权力服务社会大众的作用力。

社会运动是对权力干预的有效补充。“自上而下”式“大政府小社会”的文化景观生产运行机制往往造成权力过于集中，而忽视了社会大众，尤其是弱势群体的利益需求，这个时候社会运动能起到监督和提醒作用，呼吁权力阶层关注弱势群体利益。同时，权力干预对社会运动又起到规制和引导作用，使社会运动能够促进文化景观生产向服务于公众利益的方向发展。社会运动与权力干预之间最理想的状态是能形成“自上而下”与“自下而上”之间的良性互动关系，实现“小政府大社会”的文化景观生产运行机制。

资本循环与社会运动之间天生就具有矛盾和冲突。社会运动抵制资本的进入，而资本也具有控制社会运动和越过地方抵制的能力，资本循环与社会运动之间的矛盾需要权力干预来进行调和。

3. 消费文化引导文化景观生产

在全球化背景下，消费主义盛行，消费文化也越来越深刻影响着文化景观生产。随着西方国家步入后工业化社会，消费空间的生产成为资本创造需求的有效手段，充满了符号和商业文本的消费场所充斥着城市和乡村，提供了令人愉悦的感官体验，也强化了消费主义对生活空间的控制，文化景观生产也充满了消费文化的意境，符号化和消费化的景观比比皆是。全球化消费文化对中国社会经济形态正产生着强烈的塑造作用，一些经济较发达的城市里已经明显出现了“消费社会”的特征，一些旅游目的地也如火如荼地进行着消费空间的生产。消费逻辑开始控制并主动去创造各种消费需求，并强有力地引导和控制着文化景观的生产和再生产。

2.2.3 文化景观生产与旅游发展

文化景观既是旅游系统中的客体（旅游资源），又是载体（旅游环境）。文化景观与旅游发展之间联系密切，旅游开发过程中伴随着文化景观生产。

1. 文化景观与旅游发展

旅游是一个系统，是由主体、客体、载体和媒体构成的四位一体的旅游系统（图 2-5）。旅游资源是旅游系统的客体，根据旅游资源属性和成因的不同，可划分为自然旅游资源和人文旅游资源。自然旅游资源主要包括地质、地貌、水体、气象、气候、生物、天体等类型的旅游资源。人文旅游资源主要包括历史遗迹、建筑设施、古典园林、宗教文化、民俗风情、文学艺术、城乡风貌、风物特产等类型的旅游资源。旅游环境是旅游系统的载体，旅游环境既包括生态环境、空间环境和自然资源等自然旅游环境，又包括社会、经济、政治、旅游行业、旅游气氛等人文旅游环境。

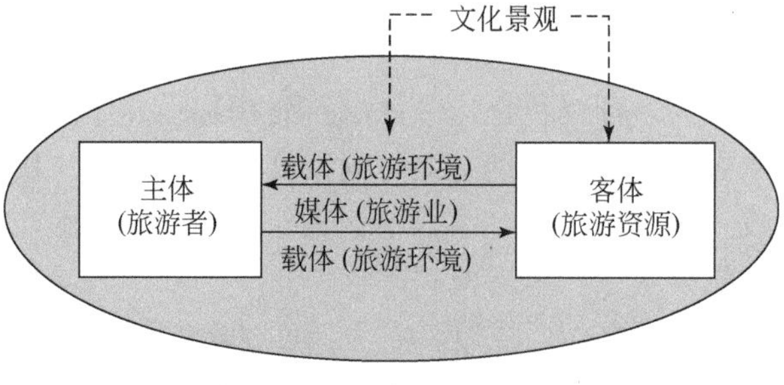

图 2-5 旅游系统与文化景观

资料来源：根据“生态旅游系统四体模式”（杨桂华等，2000）修改

文化景观作为一种风景，作为反映一个地区基本特征的自然与人文因素复合体，作为社会实践的产物和可用于交换的产品，既是旅游资源，又是旅游环境。无论是文物古迹、乡村聚落、城市、田园、公园等物质文化景观，还是民俗活动、宗教信仰、生产习惯、民间工艺等非物质文化景观，都可能成为旅游资源或旅游环境而融入到旅游发展中。尤其对城市景观和乡村景观而言，它们所具有的优美的景观风貌、悠久的历史文化、多彩的民俗文化或时尚的都市文化等特色，使得城市景观和乡村景观成为极具吸引力的旅游吸引物。例如丽江、周庄、同里、和顺等古城或古镇，西递、宏村等古村，西江千户苗寨、橄榄坝傣族园、甲居藏寨等民族村寨，上海、广州、香港等现代化大都市，都因其独具特色的文化景观而成为旅游吸引物。同时，城市和乡村景观所具有的社会经济关系、公共服务设施、基础设施等又为旅游发展提供了重要的基础性条件，是旅游发展的大环境。

2. 旅游开发中的文化景观生产

文化景观为旅游开发提供基础性条件，文化景观生产贯穿于旅游开发的全过程。其一，旅游开发前，文化景观是旅游资源和旅游吸引物。具有较高美感质量的文化景观，可以满足游客的审美需求；具有娱乐、休闲、度假、疗养等功能的文化景观，可以满足游客放松身心的休闲娱乐需求；具有特殊的科学、文化、艺术、商务等旅游价值的文化景观，可以满足游客科考、体验文化艺术和商业活动的需求。其二，旅游开发后，旅游开发过程就是文化景观生产的过程。旅游开发是以旅游资源为基础，对旅游区、旅游景区或旅游目的地进行策划、规划和建设的全过程。从对象来看，旅游开发主要针对具有吸引力的文化景观要素；从开发路径来看，旅游开发主要通过策划、规划、设计、使用、改造等手段将文化景观要素开发为文化景观产品。因此，旅游开发与文化景观生产是同步进行的，旅游开发过程就是文化景观被开发、设计、使用和改造的过程。

在旅游开发过程中，文化景观要素被纳入拟合旅游市场需求和资本生产的逻辑中，在各种权力阶层和利益相关主体的参与下，通过复杂的社会关系构建来生产出具有旅游审美价值的文化景观产品，满足旅游发展的需求，文化景观产品同时又构成了进一步社会生产的基础和前提。这种旅游开发中的文化景观生产突出表现在旅游小镇的建设中：一种是利用小镇原有的传统建筑、绿化环境、民俗文化、宗教信仰、民间工艺等文化景观要素，进行大规模商业化改造，生产出具有地域特色、符合旅游需求的文化景观产品；另一种是通过主题鲜明的文化创意，创新性地应用各种景观要素，凭空建造出具有时尚特色、符合旅游需求的文化景观产品。总之，文化景观生产成为创造旅游消费，推动旅游开发的重要手段。

2.3 旅游挤出效应

旅游业的发展，会对旅游目的地产生一系列社会文化影响。随着旅游者、旅游设施和外来文化的介入，旅游目的地的社会结构、用地功能和地域文化会发生深刻改变，旅游目的地就如同一个容器，新的要素挤进来，旧的要素被挤出去，呈现出明显的旅游挤出效应。

2.3.1 旅游目的地的旅游挤出现象

旅游产业的运行或旅游活动的开展，必然伴随着资源的开发利用和设施的重新建设，以及因旅游者、经营者等介入而导致的社会关系重构。尽管旅游目的地的社会、经济、文化在不断发展中，很难断定什么变化源于旅游，什么变化归结于其他影响因素，但可以肯定的是，旅游是非日常消费活动，与旅游消费相关联的新生事物“挤入”旅游目的地后，必然会对旅游目的地的原生性空间造成扰动，使得空间中某些原有事物被“挤出”，造成旅游挤出现象，突出表现在三个方面，即原住居民挤出、原有功能挤出、原生文化挤出。

1. 原住居民挤出

旅游系统的主体是旅游者。在旅游发展过程中，目的地社区的社会关系结构会因为旅游活动的开展和旅游者的介入而发生变化。对大都市而言，这种变化不明显；对小城镇或乡村而言，这种变化却很突出。旅游者和外来从业者大量挤入社区，原住居民则被挤出社区，使得旅游目的地社区的社会关系发生重构。原来以原住居民为主体，依托“血缘、亲情、权威”等要素建立起来的社会关系结构被打破，取而代之的是原住居民、外来从业者、旅游者、地方政府、开发商等多元主体并存，依托“业缘、友情、合作”等要素建立起来的社会关系结构。这种社会关系结构具有流动性和不稳定性的特征：第一，旅游者的流动成为常态，旅游目的地每天都会迎来送往不同的游客。第二，旅游发展带来的商机促使大量新“移民”涌入，旅游投资者和旅游从业者生硬地嵌入到旅游目的地社区中，他们大多为“逐利”而来，具有很强的流动性，获取利润的高低决定了他们在旅游目的地的驻留时间。第三，原来相对稳定的原住居民社会关系结构被打破。一方面随着旅游开发的深入，原住居民可能会继续外迁；另一方面留下来的原住居民也很难保持原有稳定的社会关系结构，使得原住居民社会关系结构呈现出破碎化特征。

乌镇在西栅景区开发中采取了整体产权开发模式，即以全资买断西栅景区所有原商铺和住家的房屋产权，实现开发主体一元化。原住居民全部被迁出，景区的使用主体变为旅游企业、旅游从业者和游客，即使居民租赁自己原有房屋开展经营活动，也只是以旅游从业者身份与游客之间建立起服务与被服务的关系。这样，乌镇西栅景区原有的社会关系结构被彻底颠覆：作为外来者的游客成为古镇实际的“镇民”，原住居民却成为进入景区务工的外来者；景区开发公司通过购买房屋产权成为古镇实际的“所有者”，而使居民只能承租开发公司的房屋开展经营活动。

2. 原有功能挤出

旅游目的地系统主要由旅游吸引物、旅游设施和旅游服务三方面要素组成。旅游吸引物通常是在旅游资源的基础上经过一定程度开发而形成的，包括景观型吸引物和节事活动型吸引物等。旅游设施包括交通、给水排水、电力电信、环卫等基础设施，宾馆、餐馆等接待设施，以及运动、娱乐等康体娱乐设施。旅游服务大部分情况下是非物质形态的。对旅游目的地而言，旅游吸引物的开发、旅游设施的建设和旅游服务的提供都需要对原有空间进行一定开发、设计和改造，因此旅游目的地空间中旅游功能的挤入，必然会使旅游目的地部分原有功能被挤出。

旅游目的地原有功能一般包括生态、生产和生活功能，旅游发展既可以促进历史文化、传统文化和生态环境的保护，也可能对旅游目的地原有的生态、生产和生活功能造成一定的扰动甚至破坏。首先，旅游可能会影响和破坏旅游目的地的自然生态环境，造成旅游功能将生态功能挤出。例如，交通和露营等会直接影响植被，污水排放和水上游憩交通工具的燃料产物会对水体水质造成影响，机动车、轮船、火车等旅游交通工具会影响空气质量和造成噪声污染，游览活动会影响生活在自然环境中的野生生命。其次，旅游可能会影响和占用旅游目的地的生产空间，造成旅游功能将生产功能挤出。例如，旅游设施建设对农业用地的占用，使得旅游目的地的生产空间被挤占，如果原住居民不能融入和参与到旅游开发中，共享旅游发展带来的利益，原住居民的生计将会受到影响。最后，旅游的商业化开发可能会挤占旅游目的地的生活空间，造成旅游功能将生活功能挤出。例如，在小镇和乡村旅游的发展过程中，小镇和村落本身往往成为旅游产品开发、旅游项目建设的重点对象，购物店、餐馆、住宿等旅游服务设施一般也依托小镇和村落空间来进行建设。这样，原本以居住生活功能为主的小镇和村落，逐渐加入大量旅游商业功能，小镇和村落的生活功能下降，旅游功能凸显，原住居民不得不离开原有小镇和村落，在其他地方重新构建居住生活空间。

丽江大研古城在旅游业快速发展的进程中，大研古城内满足原住居民生活需求的居住和商业功能逐渐减少甚至消失，取而代之的是满足游客旅游需求的购物、餐饮、住宿、娱乐、休闲、文化体验等功能。据《世界文化遗产丽江古城保护规划（2012）》资料显示，大研古城遗产区居住用地占城市建设用地的比例由 2002 年的 46.49%下降至 2012 年的 14.9%，而商业服务业用地则由 2002 年的 11.84%上升至 2012 年的 40.3%。此外，旅游发展影响了古城环境，造成噪声污染、水污染等问题。

3. 原生文化挤出

Richards（1996）认为文化是复杂的整体，是过程和产品的统一。在旅游中，过程和产品是相互重叠和融合的。旅游者参与文化体验，寻求旅游目的地文化的真实和意义，这种旅游动机导致了为旅游者消费而创造特定文化的表现，从而使旅游将作为过程的文化转变为作为产品的文化。因此，旅游和文化之间存在非常密切的联系，旅游对于目的地地区的文化影响是显而易见的。文化变迁源于文化内在和外在的因素，自然生态环境的改变、不同文化的社会相互接触、社会内部关系的变化，都会导致文化的相应改变。尤其是现代化作为一种强大的力量，对文化的影响是极其深刻的。对旅游目的地而言，旅游是影响目的地文化的一个重要因素，它能够加速文化的转变，导致旅游目的地原生文化的挤出。

旅游所带来的跨文化交流，对旅游目的地文化变迁产生的影响是不可避免和无法逆转的。随着外来文化的挤入，旅游目的地的原生文化逐渐被挤出和改变，旅游目的地文化呈现出同质化和多元化的演变趋势。所谓同质化是指伴随全球化过程推进的旅游加大了跨文化交流的力度和范围，也导致了游客消费文化的趋同，从而使不同旅游目的地之间的文化差异逐渐减少。所谓多元化是指旅游带来的跨文化交流，为旅游目的地居民的生产和生活提供了更多的选择和机会，也增加了旅游目的地文化构建的元素，从而增加了目的地文化的多样性。当然，世界旅游业的发展并没有催生出两个完全相同的旅游目的地文化，旅游产品、旅游资源、地理空间和气候条件等差异决定了旅游目的地文化差异的存在。旅游目的地文化正是伴随着外来文化的挤入和原生文化的挤出，在同质化与多元化的双重作用下，依赖于传统地域文化的路径逐渐变迁。

贵州省黔东南苗族侗族自治州的郎德上寨为发展旅游业，将吹芦笙、踩铜鼓等开发为随时可以进行的表演活动。而按照当地风俗，从谷种下地，中间经过开秧门、关秧门直到吃新节的数月内，是不准吹芦笙、踩铜鼓的，否则被认为“谷子不饱米”，对农业生产不吉利。随着旅游发展，这一禁忌已被革除。此外，随着游客大量进入，郎德上寨的语言环境变得复杂化和多元化，越来越多的人开始学习普通话、其他地区的方言（如广东话、上海话），甚至英语等。

2.3.2　旅游挤出效应的内涵与特征

旅游挤出效应涵盖原住居民挤出、原有功能挤出和原生文化挤出三个方面的内容，并具有经济转轨性、社会多元性、空间置换性和文化交融性四大特征。

2.3.2.1　旅游挤出效应的内涵

挤出效应（crowding out effect），又名排挤效应，是经济学上的一个概念，具体指政府扩张性财政政策的“挤出效应”，即政府通过向公众（企业、居民）和商业银行借款来实行扩张性的财政政策，引起利率上升和借贷资金需求上的竞争，导致民间部门（或非政府部门）支出减少（米什金，1998）。旅游目的地也存在类似的挤出效应，即旅游业发展带来的与之相关的人口、功能和文化的挤入，导致旅游目的地原有人口、功能和文化的挤出。

旅游挤出效应是指目的地地区因旅游发展引起原住居民挤出、原有功能挤出和原生文化挤出所产生的综合效应（图 2-6）。原住居民挤出产生的效应为旅游目的地社会关系的重构：旅游者和外来从业者挤入，原住居民被挤出，使得原来以原住居民为主体的社会关系结构，转变为原住居民、外来从业者、旅游者、地方政府、开发商等多元主体并存的社会关系结构。原有功能挤出产生的效应为旅游目的地功能空间的重组：旅游功能挤入，原有的生态、生产和生活功能被挤出，

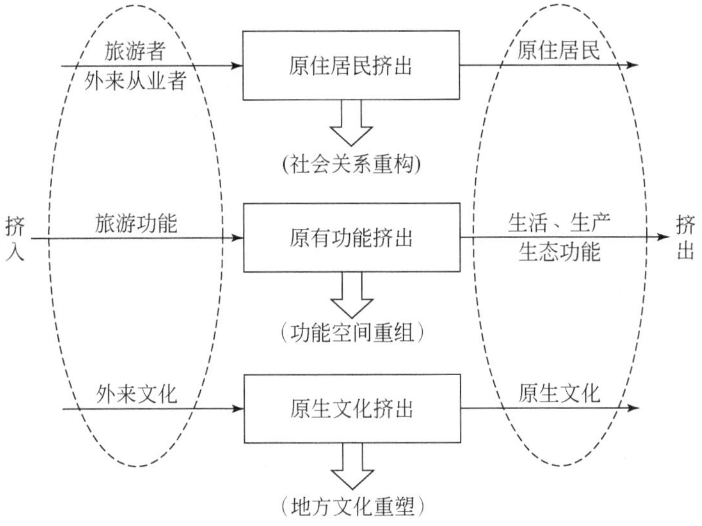

图 2-6　旅游挤出效应概念图

使得原来的“三生”空间被压缩，并置换为游览、娱乐、餐饮、住宿、购物、体验等满足旅游需求的功能空间。原生文化的挤出产生的效应为旅游目的地文化的重塑：外来文化随着旅游者和外来从业者等的涌入而挤入，旅游目的地的原生文化被挤出，使得旅游目的地文化呈现出同质化和多元化的演变趋势，既减少了不同旅游目的地之间的文化差异，又增加了同一旅游目的地的文化多样性。

2.3.2.2　旅游挤出效应的特征

旅游挤出效应表现出经济转轨性、社会多元性、空间置换性和文化交融性特征。

1. 经济转轨性

旅游挤出效应改变了目的地地区的经济结构，具体表现为产业转型和生计替代。首先，由于对自然资源和人文资源的旅游开发可以实现资本增殖，因此资源良好的地区往往选择发展旅游业，从而推动了第三产业的发展，有助于实现旅游目的地的产业转型；其次，旅游业发展能够提供较多的就业岗位，当地居民通过参与旅游经营和服务等活动，可以改变原有的生计方式，实现生计替代，提高收入水平。

2. 社会多元性

旅游活动的社会属性和旅游发展的社会参与性决定了旅游挤出效应的社会多元性特征，具体表现为旅游目的地社会关系结构由简单到复杂的多元化重构。在旅游挤出之前，旅游目的地的社会关系结构是以原住居民为主体的简单结构。在旅游挤出之后，原有的以原住居民为主体的简单社会关系结构被打破，旅游目的地呈现出多元主体共同参与旅游发展的复杂社会关系结构，并逐步由居住社区演变为旅游社区。

3. 空间置换性

旅游活动的开展必须以物质空间为载体，各种旅游项目的开发也必须落实在对物质空间的开发建设上。旅游活动开展和旅游项目开发的空间占有特征决定了旅游挤出效应的空间置换性特征，具体表现为旅游目的地原有功能空间被旅游功能空间所置换，原来满足社区居民生存、生产和生活需求的功能空间被满足游客旅游需求的功能空间所置换。

4. 文化交融性

旅游活动开展的过程中既存在游客对目的地文化的体验，也存在游客、外来旅游从业者与原住居民之间的跨文化交流，使得旅游挤出效应表现出文化交融性特征，即在原生文化挤出和外来文化注入的过程中形成多元文化的交融。旅游目的地文化资源的开发与利用，以及游客来源地文化、旅游者文化与目的地文化之间的跨文化交流是导致地方文化重塑的主要因素。在文化资本化和跨文化交流的双重作用下，旅游目的地文化呈现出表演形态与生活形态杂糅、本土文化与外来文化共融的特征。

2.3.3　旅游挤出效应作用机理

旅游挤出效应是在旅游目的地空间生产过程中形成的（图 2-7）。旅游目的地的空间生产有别于其他地区空间生产，是旅游发展主导下的空间生产，但仍遵循空间生产的一般逻辑，资本循环、权力干预和利益相关者博弈推动了旅游目的地空间生产过程。资本的本性在于实现自身最大限度的增殖，在旅游目的地空间生产中，资本主要投资于旅游目的地建成环境的生产，即投资于满足旅游需求的购物、住宿、餐饮、娱乐等消费性物质环境的生产，创造具有使用价值和交换价值的空间产品。旅游目的地空间生产作为现实利益角逐的产物，各种权力阶层和利益相关者都会参与其中，以政府为代表的权力阶层扮演着仲裁者和决策者的角色，并与旅游开发商、旅游经营商、原住居民、旅游者、非政府组织、专家学者、地方精英等其他利益相关者一起控制和影响旅游目的地空间生产过程。此外，在全球化消费文化的影响下，旅游目的地作为非日常消费空间，从日常消费和生活空间中被分离出来，旅游目的地在空间生产过程中被重塑为消费文化建构下的旅游消费空间。

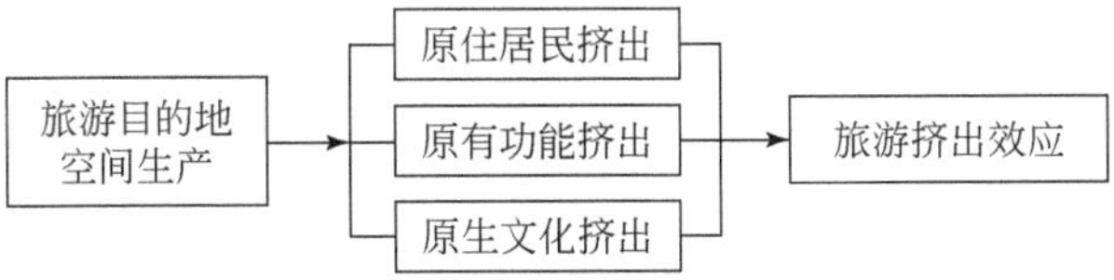

图 2-7　旅游挤出效应的作用机理

在资本循环、权力干预和消费文化的作用下，旅游目的地进行着物质空间的技术建构和社会关系的文化建构，带来目的地原住居民挤出、原有功能挤出和原生文化挤出，导致目的地社会关系重构、功能空间重组和地方文化重塑，形成旅游挤出效应。也就是说，旅游目的地空间生产过程中产生了旅游挤出效应，旅游挤出效应是旅游目的地空间生产的一种外在表现。

2.4　旅游挤出效应下的文化景观生产

旅游挤出效应下的文化景观生产是文化景观生产的一种特殊类型，因此在文化景观生产的内涵和模式方面表现出一定的特殊性。

2.4.1 旅游挤出效应下的文化景观生产内涵

旅游挤出效应下的文化景观生产是在旅游目的地空间生产的大背景下，在旅游挤出效应的综合作用下所进行的文化景观生产。首先，在旅游目的地空间生产过程中，资本循环、权力干预和利益相关者博弈的合力推动着空间生产持续不断地进行，当这种生产过程直接作用于聚落形式、土地利用和建筑等景观要素层面时，就促成了旅游目的地文化景观生产。其次，在旅游目的地空间生产过程中形成了旅游挤出效应，原住居民挤出、原有功能挤出和原生文化挤出，导致聚落形式、土地利用和建筑等景观要素发生相应改变，从而使旅游挤出效应反映在旅游目的地文化景观生产中。因此，旅游挤出效应下的文化景观生产是指：在原住居民挤出、原有功能挤出和原生文化挤出的综合效应下，聚落形式、土地利用和建筑等景观要素被纳入资本生产的逻辑中，在资本和权力的推动下，在利益相关者的共同参与下，在消费文化的影响下，通过复杂的社会关系构建而生产出文化景观产品的过程（图 2-8）。

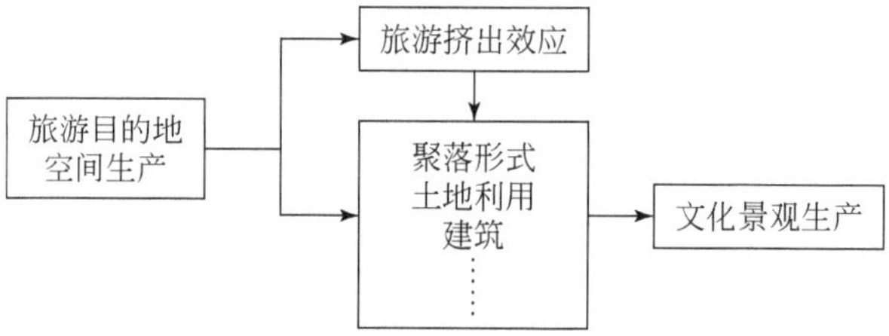

图 2-8　旅游挤出效应下的文化景观生产

2.4.2 旅游挤出效应下的文化景观生产模式

旅游挤出效应下的文化景观生产是在旅游挤出效应“压力层”和利益相关者博弈“动力层”的共同作用下进行的，具体来说就是在旅游挤出效应的外在压力机制下，由利益相关者共同参与，通过权利与资本运作的内在动力机制推动着文化景观生产，消费文化则作为一种外部因素影响着文化景观生产过程（图 2-9）。

1. 旅游挤出效应是文化景观生产的外在压力

旅游挤出效应下的文化景观生产作为一种特殊类型的文化景观生产，首先是在原住居民挤出、原有功能挤出和原生文化挤出的外在压力下进行的。旅游者和

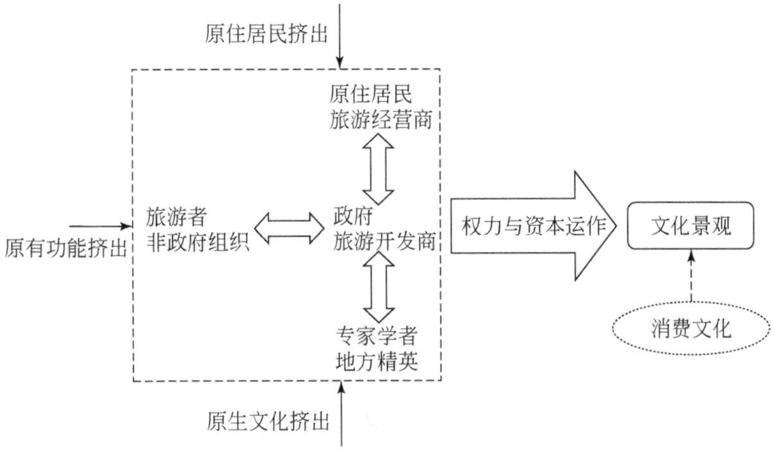

图 2-9　旅游挤出效应下的文化景观生产模式

外来从业者挤入，原住居民被挤出，使得旅游目的地的社会关系发生重构；旅游功能挤入，原有的生态、生产和生活功能被挤出，使得旅游目的地的功能空间发生重组；外来文化挤入，原生文化被挤出，使得旅游目的地的地方文化发生重塑。社会关系重构是文化景观生产的直接手段，功能空间重组和地方文化重塑是文化景观生产的基本途径，三者形成的外在压力机制促成了旅游挤出效应下的文化景观生产。

2.利益相关者是文化景观生产的行为主体

旅游挤出效应下，文化景观生产的利益相关者主要包括政府、旅游开发商、原住居民、旅游经营商、专家学者、地方精英、旅游者和非政府组织。各利益相关者在文化景观生产中的权力和利益可以大致划分为四种组合关系（图 2-10）。

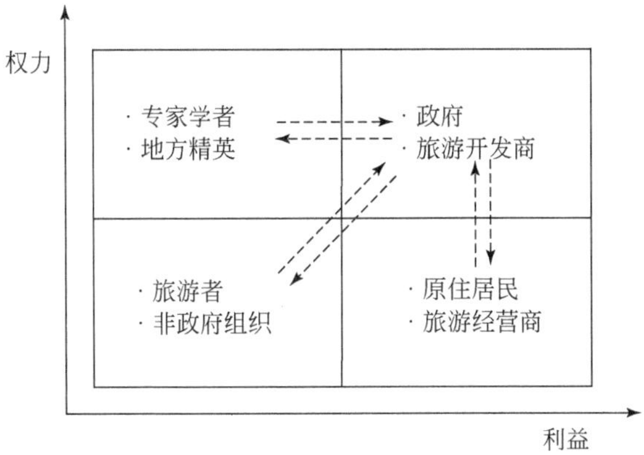

图 2-10　旅游挤出效应下文化景观生产行为主体的权力和利益关系

（1）政府和旅游开发商是文化景观生产的主要参与者，拥有“高权力”和“高利益”。旅游开发商是指投资土地开发建设的企业，可能参与旅游经营活动，也可能不参与。当政府和旅游开发商利益一致，即以单一经济增长为主要目标时，二者结为增长联盟，但政府仍需承担协调者的角色综合平衡多方主体的利益诉求。

（2）原住居民和旅游经营商是文化景观生产的次要参与者，拥有“低权力”和“高利益”。旅游目的地是原住居民的生产、生活和精神空间，文化景观生产与原住居民的经济、社会、文化等多元利益高度相关，但原住居民的权力弱势使得他们的多元利益并不能在文化景观生产中完全实现。旅游经营商是指从事旅游经营活动的企业或个人（不包括从事经营活动的旅游开发商），他们是文化景观生产中的既得利益者，虽然在权力上也处于弱势，但由于其经济利益诉求与政府、旅游开发商的目标基本一致，利益相对容易实现。

（3）专家学者和地方精英是文化景观生产的次要参与者，拥有“高权力”和“低利益”。专家学者是指能够影响文化景观生产的专家和技术人员，地方精英是指具备较强的能力和素质，并有一定影响力的当地人。专家学者和地方精英虽然不是文化景观生产的直接受益者，但是他们所具有的专业知识、权威性和责任感使其具有较高的权力，可以从相对专业、公正的角度影响政府和旅游开发商的决策。

（4）旅游者和非政府组织是文化景观生产的边缘参与者，拥有“低权力”和“低利益”。旅游者虽然是旅游活动的主体，但在文化景观生产中只能发挥间接作用。旅游者只是消费者而不是生产者，他们的旅游需求只能由政府、旅游开发商、原住居民、旅游企业及经营户等生产者来提供。非政府组织是一种非官方的民间权力机构，它所具有的公益性使其在文化景观生产中能够在一定程度上代表公众利益，并影响政府的决策。

在多元利益主体权利组合关系的基础上，各个行为主体参与文化景观生产的利益诉求可以大致分为政治利益、经济利益、社会利益、文化利益和生态利益。政治利益为制定良好政策，提升旅游目的地美誉度；经济利益为增加旅游目的地投资和就业岗位，增加地方财政收入，提高居民收入水平；社会利益为增强公共服务设施和基础设施建设，加强公共管理力度，改善居住生活环境；文化利益为保护旅游目的地历史文化和传统文化，促进文化交流；生态利益为保护和利用旅游目的地自然生态环境。不同行为主体对每一种利益的诉求大小不尽相同（表 2-3），而他们相互之间利益诉求的契合是文化景观生产的起点。

表 2-3　旅游挤出效应下文化景观生产行为主体的利益诉求

利益相关者		政治利益	经济利益	社会利益	文化利益	生态利益
高权力高利益	政府	★★★★	★★★★	★★★	★★★	★★★
	旅游开发商	★★★	★★★★	★	★★	★★
低权力高利益	原住居民	★★	★★★	★★★	★★	★★
	旅游经营商	★★	★★★	★	★★	★★
高权力低利益	专家学者	★	★	★★	★★	★★
	地方精英	★	★★	★★	★★	★★
低权力低利益	旅游者	★	★★	★	★★	★★
	非政府组织	★	★	★★	★★	★★

注：★越多表示利益诉求越大，★越少表示利益诉求越小

3. 权力和资本运作是文化景观生产的内在动力

在旅游挤出效应下的文化景观生产过程中，景观被资本化，聚落形式、土地利用和建筑等景观要素被纳入资本生产的逻辑，成为资本生产的直接手段。同时，文化景观生产是现实利益角逐的产物，以政府为代表的权力阶层扮演着仲裁者和决策者的角色，控制着文化景观生产。在旅游挤出效应下，经济增长成为文化景观生产的主要目标，社会运动则往往处于缺失的状态，于是权力服务于资本，资本纠集了权力，资本与权力相互交织在一起的作用力不断推动着文化景观生产。

4. 消费文化是文化景观生产的外部影响因素

在旅游挤出效应下，旅游目的地文化景观成为旅游者的消费对象，消费文化作为一种外部因素影响着文化景观的生产过程。旅游活动是一种非日常消费活动，与日常消费活动的需求明显不同。为了满足旅游者的购物、住宿、娱乐、休闲、文化体验等消费需求，旅游目的地充斥着具有符号和商业文本特色的消费场所，文化景观生产也充满了消费文化的意境，符号化和消费化的景观在旅游目的地比比皆是。

第3章　旅游挤出前丽江古城文化景观生产

本书以旅游挤出为线索，对世界遗产地丽江古城旅游挤出前、后两个阶段的文化景观生产进行深入研究。本章以旅游挤出前丽江古城文化景观生产为研究内容，从历史维度深入分析明代木府时期、清代流官时期、清末至民国时期丽江古城的文化景观生产，并在此基础上总结出旅游挤出前丽江古城文化景观生产的运作机制和结果。

3.1　丽 江 概 况

丽江自古就聚居着以纳西族为主体的少数民族，俄国作家顾彼得称丽江是“被人遗忘的中国西南部古纳西王国”。千百年来，这里孕育了勤劳善良的纳西族人，沉淀了绚丽多姿的纳西文化，也造就了古朴迷人的丽江古城。

3.1.1　丽江历史沿革

丽江开发较早，是古人类活动地区之一，在木家桥发现的“丽江人”距今5万～10万年。丽江战国时期属秦国蜀郡，西汉属越巂郡之遂久县，蜀汉改属云南郡，但县名直至东晋未变。东晋之后的宋（刘）、齐、梁时期（420～557年），丽江改为遂段县，隶属于宁州云南郡。自北周至隋（557～618年），丽江属南宁州总管府治下。唐初，丽江属姚州都督府，一度曾属吐蕃神川都督府，后又属南诏铁桥节度。南宋宝祐元年（1253年），忽必烈在丽江设茶罕章管民官。元至元八年（1271年），茶罕章管民官改为茶罕章宣慰司，元至元十三年（1276年）改为丽江路军民总管府，“丽江”之名自此正式出现。元至元二十二年（1285年），丽江路军民总管府改为丽江路军民宣抚司，丽江路辖一府七州一县。明洪武十五年（1382年）置丽江府，后又改为丽江军民府，辖四州一县。清代仍设丽江军民府，乾隆三十五年（1770年），府下增置丽江县为附郭县，丽江府辖二州二厅一县（鹤庆州、剑川州、中甸厅、维西厅、丽江县）。民国二年（1913年）废府留县，丽江县属腾越道，不久道被取消，直属云南省。同年，丽江所辖的二十七里半划出三里半成立华坪县。民国三十年（1941年），在丽江县设云南省第七行政督察专员公署，辖丽江等十三个县（局）（丽江纳西族自治县志编纂委员会，2001；杨世光，2001）。

中华人民共和国成立后，丽江成立丽江县。1961 年 4 月，丽江纳西族自治县成立，此后丽江专员公署和丽江行政公署一直设在丽江县。2002 年 12 月，国务院同意撤销丽江地区和丽江纳西族自治县，设立地级丽江市，并同意设立古城区和玉龙纳西族自治县(《国务院关于同意撤销云南省丽江地区设立地级丽江市的批复》，国函〔2002〕122 号)。

3.1.2 丽江自然与人文环境

丽江市位于青藏高原东南缘，滇西北高原，金沙江中游。特殊的地形地貌和地理区位造就了丽江自然环境与人文环境的多样性特征。

1. 自然环境

根据《丽江纳西族自治县志》(2001 年)，丽江县地貌以高原山地为主，谷坝镶嵌其中，地势大致由北向南呈阶梯状递降。山脉大多呈南北走向，包括玉龙雪山和老君山两大支系，最高海拔为玉龙雪山主峰扇子陡 5596m，最低海拔 1219m，高差 4377m。玉龙雪山位于丽江坝子的北端，由海拔 5000m 以上的 13 座山峰组成。玉龙雪山之下的山岭海拔在 4500m 以上，而金沙江流域中部和南部的山岭，海拔在 1000～2000m 间。

丽江古城坐落在丽江坝子中部，地理坐标为东经 100°14′，北纬 26°52′。丽江坝子由于海拔高而纬度低，加之北部玉龙雪山的屏障作用，冬无严寒，夏无酷暑，最暖月为 7 月，月平均气温 17.9℃；最冷月为 1 月，月平均气温 5.9℃；年平均降水量 953.9mm，干湿季分明，年日照时数为 2530 小时；风向随季节转换，每年 11 月至次年 5 月盛行以西向为主的冬季风，7 月至 9 月转为以东向及东南向为主的夏季风，年平均风速 3.3m/s。

2. 人文环境

丽江地处滇、川、藏交汇之处，具有多民族杂居共处的民族关系，呈现出纳西族、汉族、白族、傈僳族、普米族、苗族、彝族、藏族等多种民族文化共存的特征。在丽江不仅能看到“一山分四季，十里不同天”的自然风光，还能看到“十里不同风，百里不同俗”的民族风情。丽江纳西族文化就是以纳西族东巴文化为本源和主体，与汉传佛教文化、藏传佛教文化、道教文化以及儒家文化等多种文化并立、相互渗透、交汇融合的产物。总之，多元文化的融合形成了丽江人文环境的多样性特征（于洪，2008）。

3.1.3 丽江古城形成与发展

根据《丽江史话》(杨世光，2001)，本节可梳理出唐宋至民国丽江古城的形成脉络，以及丽江古城在不同历史时期的发展情况。

1. 唐宋时期的三赕城

丽江古城形成于唐代，其雏形就是三赕城，唐《蛮书》中载有“三赕城”，《元一统志》“通安州”条明载“州治三赕”，乾隆《丽江府志略》载有“通安废州，在城东三里，昔名三赕”。从唐高宗上元(674 年)至唐昭宗天复(901 年)，丽江总管的中心治所就在三赕城。而当时离三赕城不远的白沙、束河，是丽江纳西族最早的居住地之一。白沙玉湖村被称为“纳西第一村”，束河是茶马古道的枢纽，但它们的主要功能是居住生活，政治中心仍在三赕城。宋朝建立后，丽江逐渐脱离中央政权；据《木氏宦谱》记载，宋仁宗至和年间(1054～1055 年)，丽江纳西首领牟西牟磋建立了独立称王的摩娑诏，政治中心仍在三赕城。

2. 元代的大叶场

元代的丽江被再次纳入中央王朝直接管辖的范围，忽必烈任命丽江纳西族首领阿琮阿良为茶罕章管民官，后又改任为茶罕章宣慰司；由此，丽江纳西族土司制度开始形成。无论茶罕章是否指三赕，忽必烈进丽江与阿琮阿良交往的政治中心仍是三赕城。元至元十三年(1276 年)置丽江路，茶罕章宣慰司改为丽江路军民总管府，元至元二十二年(1285 年)又改设为丽江路军民宣抚司，辖区扩大到一府七州一县，七州之一为通安州。自此，唐宋时的三赕城，开始以通安州城的名分出现在历史上，并成为丽江土司的政治、经济和文化中心。元代的通安州城俗称“大叶场”，乃是其后“大研厢”的前身。

3. 明代的大研厢

明洪武十五年(1382 年)，明朝大军攻入昆明和大理，阿甲阿得(木氏第七世)率众首先归附，朱元璋下圣旨特赐阿甲阿得姓“木”，此后木氏土司凭借土司制度的确立、巩固和完善，得以进入政治、经济、文化、军事等实力同步提升的繁盛期，丽江古城也由此进入其发展历史上的第一个辉煌时期。明代的丽江古城是丽江府衙署所在地，是木氏政权的中枢，并有了新名字——大研厢，“研”与“砚”相通，既寄托了木得希望丽江文墨昌盛、人杰地灵的美好愿望，也与丽江坝子四面环山似一方大砚的地理环境相吻合。

4. 清代的大研里

清朝初年，木氏土司势力逐渐走向衰败。雍正元年(1723 年)，丽江改土归流，改土知府为流官知府，丽江由此产生政治、经济和文化大变革，丽江古城也另有一派新的建置。清代的丽江古城被称为大研里，古城内教育设施的增加使其具备了文化教育中心功能。此外，随着农业生产力的提高和手工业的发展，丽江古城也逐步发展成为商业中心。清朝咸丰和同治年间，云南境内爆发的杜文秀回民起义使得丽江古城几乎完全被毁。

5. 民国时期的大研镇

民国以后，尤其是抗日战争时期，丽江的工商经济发展走向高潮，而高潮的中心就在大研镇。铜器、皮毛皮革、纺织、铁器、银器、造纸等的加工与制造，均集中在大研镇。到抗日战争战中期，丽江古城的各地大小商号已达 1200 多家。经过不断的建设，丽江古城逐步形成数千户、万余人的规模。

6. 中华人民共和国成立后的丽江古城

1949 年 10 月 1 日，中华人民共和国成立，丽江县人民政府也在古城正式成立。1986 年，丽江古城被列为第二批国家级历史文化名城。1996 年 2 月 3 日，丽江古城遭遇七级大地震，重灾街巷有三分之一的民居倒塌，但丽江人民用了不到两年的时间把古城建得更加古色古香。1997 年 12 月，丽江古城被列入《世界文化遗产名录》，遗产保护范围包括大研古城（含黑龙潭）、白沙民居建筑群、束河民居建筑群。2002 年 12 月，国务院同意撤销云南省丽江地区，并设立地级丽江市。2003 年 4 月，原丽江县分设古城区和玉龙纳西族自治县，大研古城和束河古镇分别隶属于古城区的大研街道办事处和束河街道办事处，白沙古镇则隶属于玉龙县白沙镇。2005 年，云南省人民政府批准通过 60 个旅游小镇，大研古城和束河古镇位列其中。2007 年，云南省人民政府批准通过 10 个旅游名镇和 60 个旅游小镇，大研古城和束河古镇被列为旅游名镇。自此，丽江古城走上了旅游与城市双赢发展的道路，旅游给丽江古城的发展带来了新的机遇，也使丽江古城面临着种种挑战。

作为世界文化遗产和国家级历史文化名城的丽江古城，其完整的保护范围包括大研古城（含黑龙潭）、束河古镇和白沙古镇，但就丽江古城形成与发展的历史脉络来看，古城主体在大研古城。因此，本书将旅游挤出前的丽江古城文化景观生产聚焦于大研古城。而在旅游挤出后，大研古城、束河古镇和白沙古镇在旅游发展程度和模式以及文化景观变迁等方面都有所不同，本书将同时针对大研古城、束河古镇和白沙古镇，开展旅游挤出后的丽江古城文化景观生产分析。

3.2　丽江古城主要发展时期的文化景观生产

从丽江古城形成与发展的历史来看，明代木府时期、清代流官时期、清末及民国时期是丽江古城最为重要的发展时期。因此，本书以这几个时期为重点，对旅游挤出前丽江古城的文化景观生产进行研究。

3.2.1 明代木府时期的文化景观生产

明代木府时期是丽江古城兴起和繁荣最重要的时期。在木氏土司统治下，丽江社会经济得到迅速发展，丽江古城形成了以木氏土司府为核心的古城格局，并在建筑景观上体现出多元文化融合的特征。

3.2.1.1 木氏土司统治主导了文化景观生产

丽江纳西族土司制度始于元朝，盛于明朝，衰落于清朝。纳西族木氏土司历经三朝，共 22 代，统治丽江长达 470 余年；其中，明代丽江木氏土司经历了共 14 代 278 年，明朝中后期达到巅峰，成为滇西北举足轻重的一股政治力量（于洪，2008）。明代木氏土司的统治使得丽江社会经济迅速发展起来，推动了丽江古城的文化景观生产。

首先，明代木氏土司统治期间丽江的经济得到快速发展，丽江被称为“富冠诸土郡”，为木氏土司府和丽江古城的建设提供了资金支持。木氏土司府的主要经济来源是以农耕和畜牧为主的庄园经济，其次是开采金银矿，并通过从内地招入汉族和其他民族工匠等，带动了铜器、铁器、银器、皮革制品、羊毛织品等手工业的兴起和发展。此外，木氏土司很重视对外贸易的发展，除了大力修桥和开集市等，还开辟了滇藏茶马古道。这条茶马古道不仅是对外经济的重要纽带，也是文化交流与沟通的桥梁。

其次，木氏土司推行的移民政策促进了社会融合与文化交流，为木氏土司府和丽江古城的建设奠定了文化基础。木氏土司对待外来移民采取的态度为：只要外来移民遵从“一不许反叛，二不得保留原姓要改姓和”的要求，就给地基和资金，允许长期居住。迁入丽江的外来人口多为汉族，职业为工匠、医生、道士等。外来人口不仅带来了技术，也带来了不同地域的文化；同时，他们迁移至丽江大研厢以后，逐渐“变其服从其俗”而纳西化了，与原有的纳西居民融为一体。木氏土司一方面要保持本族文化基因，另一方面又主动认同并接受汉文化，并使之本土化。这一文化交融特点集中体现在明代大研厢的建设之中，尤其是木氏土司府的规划建设中。

3.2.1.2 以木氏土司府为核心的古城格局景观生产

明代，木氏土司在滇西北具有重要的政治经济地位，在丽江也占有绝对统治地位。木氏土司府不仅是丽江古城的中心，也是滇西北重要的政治、军事、经济和文化中心。因此，丽江古城（大研厢）呈现出以统治阶级为中心的文化景观生产特征，形成以木氏土司府为核心的古城景观。

1. “大研”之名蕴含自然与人文寓意

明代的丽江古城选址丽江坝子，名为“大研厢”。所谓“大研”，据说是因为木得认同并推崇汉文化，“研”与“砚”相通，“大研”即“大砚”，城西南的尖山被称为文笔峰，这不仅寄托了木氏土司以文治国，以武安邦的思想，也与丽江坝四面环山似一方大砚的地理环境相吻合，反映出与自然和谐统一的思想特点。

2. 体现等级差异的古城功能分区

据清光绪的《丽江府志·建置》记载，明末丽江古城的面貌大致为“大研里，附府民，旧分闲人，百姓二里”。所谓“闲人里”是指以木氏土司为代表的居住地，也是明代丽江军民府署，“百姓里”是指以商人、手工业者或农民为主的百姓所居之地。木氏土司府建在丽江坝子西南部，狮子山脚下，古城的西区。木氏土司府四周未筑城墙，其原因在于木氏忌“困”。木氏土司府规模宏大，约占古城总面积的三分之二，包括土司衙署、家庙、住宅等建筑，徐霞客叹为“宫室之丽，拟于王者”。百姓居住的区域主要在古城的东区，据说居住在木氏土司府附近的是地位比较高的阶层，大多是木氏土司府的把事、通事、医生等，居住在官门口外的则是普通老百姓，古城中的住户有外来的移民，也有原纳西族居民。此外，丽江古城体现出以木氏土司府为中心的严格的等级制度，相对于高大的土司府宫殿式建筑群，民居建筑显得比较低矮，使得整个古城形成以木氏土司府为统领的天际轮廓线。

3.2.1.3　以文化融合为内涵的建筑景观生产

丽江古城的文化景观生产还体现出文化交流与融合的特征：一方面，纳西族上层代表人物木氏土司积极学习汉文化，使得纳西族上层文化既保持本土文化又融和外来文化；另一方面，木氏土司对本民族以及外来移民一律采取“四郡齐名一姓和”和“不许事诗书”的政策，限制外来文化对纳西族下层文化的影响，规定外来移民改姓“和”，学习纳西语言，改变原来的生活习俗，使得外来移民融入纳西族文化之中。这种文化融合的特点直接体现在明代丽江古城的建筑景观生产中。

1. 木氏土司府是汉文化与纳西族文化融合的产物

明代木氏土司府总体布局和建筑设计不仅受汉文化影响颇深，与明代北京紫禁城有相似之处，而且保留了本民族崇尚自然等传统精神。整个土司府建筑群以狮子山为靠山，建筑格局模仿紫禁城，但方位不同。紫禁城坐北朝南，中轴线自南向北；而木氏土司府坐西朝东，背依狮子山，西河绕宫而过，宫前有金水桥式的马鞍桥，中轴线自东向西，沿中轴线自东向西依次布置的是府署、家院和花园，符合汉文化中前朝后寝的制度。据记载，木增时期的土司府由三道坊进入大门，进入大门之后，由三组院落组成，院落的南北两方各有相互对称的南北两宅，北宅是读书和敬奉家庙的场所，南宅是休闲场所。这种规划布局是木氏家族根据东巴“巴格图”中的方位来布置的（北方代表祖先，回归之路，水头方向；南方代表子孙，开拓之路，水尾方向；东方代表太阳升起的方向，光明，有生气；西方代表太阳落下的方向，黑暗和死亡；中间代表中心和权利）。此外，木氏土司府内的主要建筑的设计建造也融合了汉族文化、纳西族文化、藏族文化、白族文化等特色（蒋高宸，1997；于洪，2008）。

2. 民居建筑更多地体现出本土文化特点

丽江古城的民居建筑与土司府建筑明显不同，土司府反映出汉文化特色，是以砖木结构为主的宫殿式建筑群，而民居建筑反映出移民的“变服从俗”特点，采用井干式木楞房形式，宅院大都由正房、草楼、畜圈、仓库等几部分组成，布置无固定格局，常依地势而定。正房是平房，平面略近于正方形，三开间，带前廊，门槛高，门楣低，进门得低头弯腰，应了“见木低头”的传说。进门后是一个大间，为全家人起居生活的中心（于洪，2008）。

3. 宗教建筑具有多元文化融合的特征

木氏土司在坚持纳西族文化的同时，认同并积极吸收汉文化及其他文化，白沙宗教建筑文化中就体现出对汉、藏、白等文化兼容并包的特色。例如，白沙壁画是由纳西、汉、藏、白各民族的画家在不同时期段共同完成，在艺术上融合了纳西、汉、藏、白的绘画风格，兼具纳西族东巴画的粗犷浪漫，中原汉族绘画的洗练匀称，藏族绘画的绚丽色彩，白族工笔画的细腻技法。此外，白沙壁画还能看出唐代画风，尤其是佛祖的神态及相貌，所以有人形容白沙壁画是“明画唐风”。

3.2.2 清代流官时期的文化景观生产

清代，流官统治代替了木氏土司的统治，丽江古城由此进入转型发展时期。流官统治不仅促进了丽江古城社会经济的发展，也使得丽江古城的格局和风貌产生一定变化。

3.2.2.1 流官统治主导了文化景观生产

明末清初，清军入滇，一统云南，木氏家族同清朝的政治关系与同明朝的密切关系大不一样，军事势力也大不如前。清雍正元年（1723 年），丽江改土归流，改土知府为流官知府，丽江知府不再由世袭土司担任，而由朝廷派任，木氏家族在滇西北叱咤风云的时代一去不复返。

改土归流后，流官对丽江实施全面的统治和管理，既促进了社会经济发展，也推动了文化景观生产。第一，清代流官针对明代木氏土司时期百姓没有受教育权利的问题，开始推行建学兴教的举措，为丽江古城成为丽江教育和科举中心创造了极好条件，使得古城内增加了大量与之配套的文化教育设施。第二，清代流官还推行了免苛派、除庄奴、均赋役、劝农垦、兴水利等举措，推动了丽江农牧业经济的快速发展，也带动了丽江古城的商业繁荣，使丽江古城发展成为商业中心；古城的制铜业、皮革业、纺织业等手工业，以及马店业、旅店业等也发展起来，古城的经济职能得到进一步加强，商业服务设施和手工生产作坊迅速增加。第三，除经济上的快速发展以外，丽江各个地区和各个民族之间交往也增多了，宗教呈现出多元化趋势，佛教、道教和藏传佛教等都传入纳西族地区，与纳西族固有的东巴教相互渗透，形成“和而不同”的文化特点。因此，这一时期丽江古城建设更深刻地受到了汉文化的影响，同时也体现出纳西族文化与白族、藏族文化融合的特征。

3.2.2.2　流官府城带动下的古城格局景观生产

清代改土归流后，丽江开始兴建流官府城，原因有二：一是作为教化之用，二是作为防卫之用（据《丽江府志略》记载：“查丽江内蔽鹤剑，外控维西、中甸，为滇者出入西藏咽喉，应改建石城，庶资捍御”）。流官府城的建设加强了流官的政治权力，也打破了明代木氏土司时期以木氏土司府为核心的古城格局景观生产，转变为流官府城建设带动下的古城格局景观生产，流官府署也代替原来的木氏土司府成为丽江古城的中心，统领整个古城。

1. 按中原建城礼制建设的流官府城

清雍正三年（1725 年），丽江古城东部的金虹山山麓修建流官府城（图 3-1）。流官府城是按照中原建城礼制进行建设的，府城四周筑有土城墙，坐北朝南，形态大体为方形，有斜角，斜角在风水上有不冲射、吉利之意。流官府城共开五门，南门为正门，南门“迎恩”，意为迎接中央王朝的恩旨；东门“向日”，意为东方升起的太阳；北门“拱极”，意为天极附近的星座；西门“服远”，意为擅开疆拓土，以德服之才能永久；小西门“饮玉”，意为方便居民用水。流官府城内布置有府衙、县衙、南教场和雪山书院，城北还建有文庙、武庙、城隍庙、东岳庙和玄天阁等建筑。明代的土司府城与清代的流官府城在建制上存在较大差异，流官府城的规划思想是依据汉文化传统，而土司府城虽然受到汉文化影响，但整体规划思想仍饱含纳西族文化传统。具体来说，土司府城具有自然随意的特点，虽有一定规制，但与汉族建城传统有所不同。土司府城大门朝东，折射出“东方属木”

的文王八卦思想；土司府城前有西河自北向南流过，与东巴的“巴格图”纳西宇庙图示中水流方向一致；另外，土司府城中的单体建筑虽有汉族风格，但已被纳西化（蒋高宸，1997；于洪，2008）。

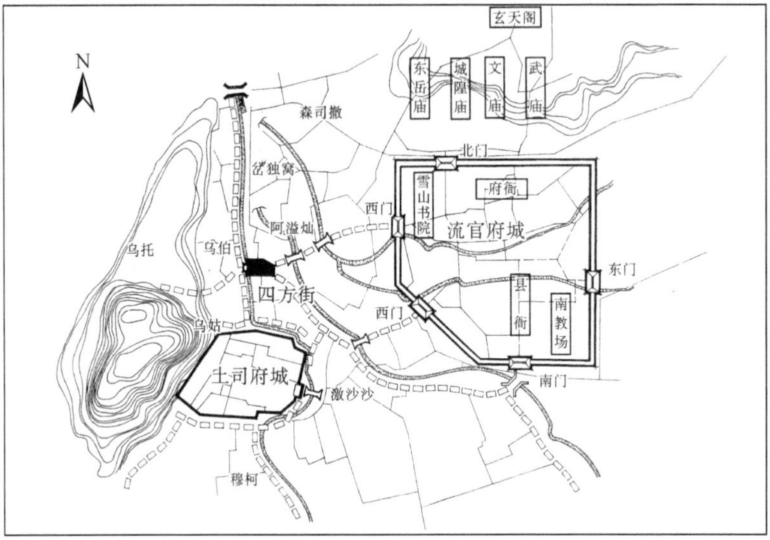

图 3-1　四方街·明代木氏土司府城·清代流官府城位置图

资料来源：蒋高宸，1997

2. 中轴对称的流官府署

流官府署位于府城北门内（今五一街文治巷），采用中轴对称的院落式布局，其规制如光绪《丽江府志稿》记载：“大堂居中，左右厢房各六间，进而二堂三间，左右厢房各五间，堂之左角为厨房二间，右翼为升官祠三间，其右为花厅，前为阅射亭各三间。进二堂为虎座门。又进为上房五间。左右厢房各四间。小厨房二间。出大堂为仪门五间，左右差房各五间。出仪门而大门，东西辕门各三门，旁置鼓楼各一间。自仪门而左转为考棚，大堂五间，东西文场各十二间，对座五间。堂之右为官厅二间。”

3.2.2.3　文化与商业新气象下的古城新景观生产

1. 文化教育设施的大量兴建

清代流官对丽江统治期间，大力推进文化和教育事业的发展，使得丽江古城内出现大量书院、学堂等文化类建筑。雪山书院于雍正三年（1725 年）建立，乾隆二年（1737 年）重修，光绪末停止科举，雪山书院关闭，书院建在流官府城内的书院街（今五一街文治巷）。玉河书院于康熙四十九年（1710 年）建立，地址在黑龙潭西侧玉河村，至乾隆四年（1739 年）改设为玉河学馆。位于四方街四面巷口的科贡坊，是为了庆贺嘉庆七年（1802 年）杨氏家族中杨兆兰中了举人、其弟杨兆荣中了拔贡而建。太史巷名字的由来是因为道光十三年（1833 年）古城吉沙沙巷（今兴文巷）里的李氏家族李樾中进士，后又中翰林院庶吉士。此外，清嘉靖和道光年间，丽江古城妙明法师按纳西族建筑风格在狮子山脚下建了嵌雪楼，成为民间文人们谈诗论画的中心（杨世光，2001；于洪，2008）。

2. 四方街贸易集市的兴盛

丽江改土归流后，生产力提高和区域经济发展带来了丽江古城的商业繁荣，四方街在清初就已成为滇西北最大的贸易集市之一，清代称四方街为府城市，纳西语称“芝虑古”，意为街市中央，古城中心。乾隆《丽江府志略》记载：“在府城西关外大研里，湫隘嚣尘，环市列肆，日中为市，名曰坐街。午聚酉散，无日不集，四乡男妇偕来。商贾之贩中甸者，必止于此，以便雇脚转运。”据乾隆四十七年（1782 年）知府吴大勋在《滇南见闻录》中所记“丽江街市”，铺石街、洗街之始由：“郡城西关外有集场一所，宽五六亩，四面皆店铺，每日巳刻男妇贸易者云集，薄暮始散。因逼近象山，山水流澌入市，然后东注于溪湖，市廛度之民向以泥泞受困……因谕街旁众铺各就门面铺砌石街，于进水之口筑一小闸，晨则下闸阻水不得入街，暮则启闸放水涤场使净……”，此传统一直延续至今。

3. 纳西族民居建筑逐渐形成

伴随着纳西族社会经济的发展，吸收融合了汉、白、藏等多民族建筑精华而逐渐形成的纳西族民居出现。在纳西族传统的井干式木楞房基础上发展出砖瓦结构的纳西族民居，具有鲜明地域特色与民族风格。纳西族民居以“三坊一照壁”“四合五天井”较为典型，为两层木结构楼房，间有少数三层楼房，多为穿斗式构架，土坯墙，瓦屋顶，设有外廊（即厦子）。根据构架形式及外廊的不同，纳西族民居又可分为平房、明楼、两步厦、骑厦楼、蛮楼（也称古宗楼）、闷楼和两面厦七大类。据研究，元明至清初改土归流前，纳西族民居多为平房、闷楼和明楼，以后则以骑厦楼、蛮楼居多。砖瓦结构民居的出现标志着纳西族新兴市民阶层的产生（于洪，2008）。

4. 多元文化融合的寺庙园林

丽江古城及周边多有融合纳西、汉、藏、白文化的寺庙园林。象山之麓的玉泉龙王庙（黑龙潭龙神祠）和玉泉池与整个古城相连而形成“阴阳定八卦、八卦定九宫、九宫卦七星、七星卦八斗”的格局。丽江古城的名寺还有清代建于狮子山南麓的白马潭寺和狮子山上的净莲寺等，以及改土归流后建的玉峰寺、文峰寺、普济寺、指云寺等有名的藏传佛教寺庙。其中，文峰寺藏名桑纳迦卓林（意为秘密宗教机关和幸福乐园的喇嘛寺），始建于清雍正十一年（1733 年），乾隆四年（1739 年）和道光八年（1828 年）部分增修。文峰寺是滇西山噶举派喇嘛教的最高学府，在西藏、青海、四川和云南等地的宗教界有重大影响（杨世光，2001；于洪，2008）。

3.2.3 清末及民国时期的文化景观生产

1856～1872 年，云南爆发杜文秀回民起义，战争也影响到纳西族地区。历经战乱的丽江古城遭到极大破坏，人口从乾隆三十六年（1771 年）5.6405 万户减少至道光十年（1830 年）1.5152 万户，锐减 4 万多户。丽江古城几乎完全毁灭，只剩下为数不多的几所院落（于洪，2008）。民国时期，丽江古城因战略地位的提升而重获新生，近代工商经济的崛起极大地促动了古城文化景观生产。

3.2.3.1 政治动荡下的工商经济崛起主导了文化景观生产

经历战乱之苦后，随着民间商业和工业的恢复和发展，丽江古城逐渐复兴，成为滇西北地区较大的商业城镇。民国以后，尤其在抗日战争时期，丽江的工商经济发展达到高潮，而高潮的中心就在大研镇。

首先，丽江古城的手工业得到快速发展，以铜器、皮毛皮革、纺织为盛，另有铁器、银器、造纸、缝纫、竹木器等加工与制造，均集中在大研镇。20 世纪三四十年代，大研镇的铜器铺面已有四五十家。皮毛皮革业兴于清代，抗日战争时期达到顶峰，丽江古城有“恒裕”“福兴”等二十余家作坊。纺织业发展较晚，到清末民初才有机器织布。1914～1919 年，丽江古城百岁坊、乌伯街、密士村、文华村、文治村开办了“竹溪园”等 6 家织布行；到 20 世纪 30 年代末，古城内已有私人木织机 700 架左右。抗日战争期间，丽江的“工业合作运动”先后开办了三四十家手工业生产合作社，包括洗染、陶器、首饰、石棉、铁器、制革等 12 种行业。

其次，由于抗日战争期间国内许多地区沦陷，沿海对外贸易中断，西部中印贸易线路得到空前发展，丽江古城一度成为中印国际贸易的重要枢纽，商业得到蓬勃发展。全国各地的人都到丽江古城来经商，抗日战争中期丽江古城的各地大小商号已达 1200 多家。大规模的贸易流通刺激了马帮运输业的发展，丽江古城商业鼎盛时期来往于茶马道的马匹多达 2500 匹，这样又刺激了古城旅马店的发展。随着旅马店的发展，为马帮服务的卖草场、卖草桥、酥油专营户、饲料专营户、马帮用物专营摊点等遍布丽江街头（杨世光，2001）。

3.2.3.2　工商业繁荣下的古城景观生产

1. 工商经济发展带来古城复兴

经历战乱之苦的丽江古城，在同治末年以后，由于社会的相对安定和经济的逐步复苏，城内的官署和民居逐渐恢复建设，官宦和富商也纷纷建起豪宅大院。民国二年（1913 年）废清丽江府，设丽江县治所于古城内。民国十九年（1930 年），大研里改设为大研镇。民国二十三年（1934 年），云南第七行政公署设于大研镇（于洪，2008）。抗日战争时期，丽江古城的工商经济迅速发展起来，为满足手工业和商业贸易的发展，出现了兴建和改建房屋的高潮，古城内商铺和民居鳞次栉比，来往客商熙熙攘攘，一片热闹繁华的景象。

2. 丽江古城格局基本定型

民国时期，当代丽江古城的基本格局形成，即以四方街为中心，呈放射状分布的自由式路网，以合院式民居为基本单元，民居院落、大街小巷、河流水系相得益彰的古城空间形态。四方街和主要街巷两侧房屋兼具商业和居住功能，临街面作为商铺或手工作坊，内院则为住宅。四方街作为丽江古城的中心，不仅是商品交易的集市，也是居民欢聚的场所，吸引居住在丽江古城的纳西百姓和附近乡村的人们到这里来买卖各种农产品、家禽家畜、日用百货、土特产等，并在这里相互交流，进行纳西语对歌、猜字、打跳等民俗活动。正如顾彼得在《被遗忘的王国：丽江 1941—1949》中描述的那样："十点钟后不久，开始向丽江集中。街道上挤满了驮着柴禾的马匹，有的人背上背着木炭篮子，其他人背着蔬菜、鸡蛋和家禽。……石头铺成的路上马蹄声嘈杂，人声鼎沸。市场上喧闹声很高，人群都拼命挤过去，抢占四方街广场上最好的位置。……稍过中午，集市到了热火朝天的程度，人和牲口乱作一团，开了锅似的。……大约在下午三点钟集市到达高潮，然后开始回落。到四点光景，'鸡尾酒会'正热闹中。……6 点钟后市场逐渐空荡了。到 7 点钟商店都上了窗板。市场上的货摊都又收拾起来堆放着。街道上空空荡荡，已是吃晚饭的时间了。直到傍晚 8 点钟后，大街上又开始挤满了人。商店又重新开门。……四方街上竖起几个大帐篷，逐渐把广场变成了营地。火炉架起来了，石头地面上摆开长凳和方桌，芬芳的气味开始从许多锅和盘上升起。"（顾彼得，2007）1949 年后到改革开放前，由于丽江所处交通区位相对比较闭塞，社会经济发展与城市建设速度较为缓慢，丽江古城没有遭到国内其他古城那样大规模的建设性破坏，古城整体格局和风貌仍与民国时期基本相同。

3. 纳西族民居建筑发展成熟

丽江古城的商业繁荣刺激了居民的建房需求，也为居民提供了修建家园的经济基础，从而推动了古城内民居的大量建造；同时，由于社会经济的发展和文化交流的增多，建筑技术水平也得到相应提高。纳西族把汉族、白族等的建筑技术引进来，并与本民族的建筑文化相融合，形成了独具特色的纳西族民居。传统纳西族民居的平面形式包括一坊房、两坊房、三坊一照壁、四合五天井、前后院、一进数院、两坊拐角等格局，房屋装饰的重点是门楼、照壁、门窗槅扇、瓦当、泥狮和悬鱼等，民居结构一般包括正房、厢房、天井和厦子等。丽江古城的纳西族民居体现了纳西族在生产生活、宗教信仰、文化艺术等方面的观念和思想，揭示了丽江古城容纳西、汉、藏、白等多民族文化于一体的文化特点，同时也体现了丽江古城中人与自然、人与人和谐相处的特点。

3.3 丽江古城文化景观生产的运作机制与结果

在特殊的地理环境和历史文化背景下，丽江古城文化景观生产有其独特的运作机制，并由此造就了具有独特魅力的丽江古城。

3.3.1 丽江古城文化景观生产的运作机制

纵观丽江古城形成与发展的历史，总结明代、清代和民国时期古城文化景观生产的特点，可以得出丽江古城文化景观生产的驱动力主要来自五个方面，即独特的地理环境、更迭的政权统治、和谐的民族关系、多元的文化交融、繁荣的工商经济。地理环境是文化景观生产的大背景和大环境，通过地形地貌、生态环境、区域位置、交通条件等影响着政权统治、民族关系、文化交融和工商经济，也影响着文化景观生产。丽江坝子特殊的地理环境造就了丽江古城自然有机、和而不同的文化景观。政权统治是文化景观生产的核心力量，无论是土司统治时期，还是流官统治时期，乃至民国时期，不同政权统治下丽江古城的民族关系、文化交融和工商经济的形成与发展都呈现出不一样的特征，从而深刻地影响着文化景观生产。丽江地区纳西族与其他民族间的关系变迁与发展，纳西族文化与汉、藏、白等民族文化，东巴文化与佛、道、儒等传统文化的交流与融合，以及滇藏贸易、中印贸易带来的商业和手工业的繁荣，都成为推动丽江古城文化景观生产不容忽视的驱动力。总之，地理环境、政权统治、民族关系、文化交融、工商经济共同作用的合力，推动了丽江古城的文化景观生产（图 3-2）。

1. 独特的地理环境

纳西族在与自然共处的长期生产和生活实践过程中，形成了对自然亲和与退让的观念。东巴神话故事“龙鹏争斗”中就道出了人类与龙类和谐相处的重要性，并由此引出纳西族的“祭孰龙”大典和“孰古精神”。所谓“孰古精神”就是以兄

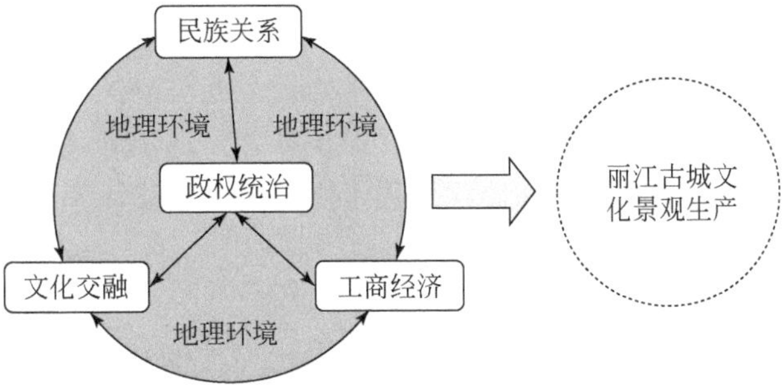

图3-2 旅游挤出前丽江古城文化景观生产的运作机制

弟情为尺度，谋求建立人与环境的紧密关系；以退避之道为尺度，谋求建立人与自然的和谐秩序，形成人对环境的种种敬畏与禁忌；以社会权威为尺度，谋求建立实现环境保护的乡规民约制度（蒋高宸，1997）。正是在纳西族这种“尊重自然、亲和自然”的观念指引下，丽江古城从选址到空间布局无一不透射出自然和谐的景观特征，地理环境成为影响丽江古城文化景观生产的一个重要因素。

首先，丽江坝子土地辽阔、气候温凉，且处于汉藏交通要道，具备城市形成与发展的必要条件。丽江古城所在的丽江坝子群山环绕，北有玉龙雪山，西有铁甲山，东临金沙江有震青山，南有文笔山。其中，玉龙雪山最高海拔为5596m（丽江纳西族自治县志编纂委员会，2001），是丽江坝子的天然屏风，隔断了来自北方的寒风。群山之中的坝子海拔2400m左右，年平均气温在12.6℃左右（蒋高宸，1997），农田广阔、水利灌溉便利，适宜开展农业生产活动，稳定的农业经济为城市的形成和发展创造了条件。此外，丽江坝子还是汉藏交通线上一个必经之地，使其有条件成为货物集散和商品贸易的集中地。因此，无论是木氏土司的祖居地白沙，还是丽江古城的前身“巩本芝”村落集市，以及后来的明代木氏土司府城和清代流官府城，丽江古城的形成与发展始终根植于丽江坝子。

其次，丽江古城的选址和布局巧借自然山水，形成良好的小气候环境和自然有机的空间形态。丽江坝子海拔较高又邻近玉龙雪山，每到冬季的早、晚间或阴天，雪风刮来，寒冷难耐，因此人们总结出“不见雪山面，衣裳少一件”的经验，并把这条经验扩大应用到古城选址上。明代木氏土司府城西枕狮子山，借山势阻挡冬季来自西北方向的雪风，清代流官府城又北依金虹山而建，从而形成了丽江古城西、北两方以山为屏障，东、南两方与宽广平川相连的特征，营造出冬无雪风，夏驱暑热的良好的小气候条件。丽江古城除了“借山”，还“借水”。城中之水由北向南从玉河流入，流至城北的玉龙桥处分为东河、中河、西河三股支流，入城后三股支流又分成更小的支流；古城内的街巷与建筑布局均与水系取得良好的协调关系，颇具水乡特色。此外，丽江古城在建筑朝向选择上和建筑与地形配合上，也体现出顺应自然、因山就势的特征。丽江古城内的建筑以坐东朝西为最好的朝向，坐北朝南或坐西北朝东南在当地也被认为是好的朝向，这样的朝向既能避寒风又能获得充分的日照。丽江古城靠山布置，遇到起伏不平的地形，总是能巧妙利用地形高差开辟街道和修建房屋，做到用地紧凑而不破坏山体，形成高低错落、层叠起伏的山地建筑景观。

2. 更迭的政权统治

政权统治是社会经济发展的基础，明代木氏土司和清代流官的统治都在一定程度上促进了丽江经济发展和古城商业繁荣，促进了汉族人口迁入和汉文化传入，从而带动了丽江古城文化景观生产。民国时期的政治动荡使得丽江古城的区位优势凸显，工商经济的繁荣达到了鼎盛时期，经济力量转而成为古城复兴与建设的主要因素。因此，纵观丽江古城的形成与发展历史，不断更迭的政权统治是推动丽江古城文化景观生产的核心力量。

首先，木氏土司统治推动了丽江古城的初步发展。丽江古城的建城历史虽然可以追溯到唐朝初年，但丽江古城形成与发展的关键时期还是从木氏土司实现对丽江的统治开始。木氏土司势力崛起于白沙，而其发展乃至达到巅峰却是在大研。明朝初年，木氏土司将府城从白沙迁至大研，究其原因主要有三：一是白沙偏于丽江坝子一隅，土地贫瘠、用地狭小、气候寒冷；而大研位于丽江坝子中部，有三山为屏，用地广阔、气候温凉，更适宜建城。二是大研是滇川藏大三角地区的交通要冲，数条古道在此交汇，便利的交通条件更能促进丽江古城的发展。三是大研很早就是滇、川、藏三省交界地区的著名集市了，良好的商贸基础和便利的交通条件使得丽江古城更能发挥地区服务中心和货物中转中心的作用（蒋高宸，1997）。明代木氏土司统治期间，丽江古城进入历史发展的第一个高潮，古城人口数量增加，建设规模扩大，木氏土司的“紫禁城”和宗教建筑成为丽江古城建筑的主角。清初改土归流后，随着木氏土司的衰落，木氏土司府城也逐渐败落，其在古城的中心地位被流官府城所替代。

其次，流官统治推动了丽江古城的快速发展。清代雍正元年（1723 年），丽江改土归流，从此丽江古城的主宰者不再是木氏土司，而是中央王朝派来的流官。清代流官统治期间，丽江古城东面、金虹山南麓兴建流官府城。流官的建城思想与木氏土司不同：重视城市的防卫功能，使其“常可以居，变可以守”；在城市选址上，强调“审向背之势，辨阴阳之宜”，遵循汉文化的风水思想；在城市布局上，强调突出官府和学宫的地位，并遵循“左建府，右建学”的原则。同时，清代以后的丽江社会，“倡儒学、广教化”已蔚然成风，文庙、学宫、书院等文化建筑的兴建也备受重视。因此，在流官建城思想和社会文化背景的影响下，流官府城建有土城墙，府城内有府衙、县衙、南校场和雪山书院等建筑物，府城外北面建有文庙、武庙、城隍庙、东岳庙和玄天阁等建筑物。此外，清代经济繁荣使得丽江古城内涌现出一批富户，他们成为古城建设的主角。在富户的推动下，丽江古城的民居建设得到较大提高，曾经被土司禁止修建“瓦房”的平民们，也掀起了一股大建合院式民居的浪潮，丽江民居的重要成就就是在这一时期创造的（蒋高宸，1997）。

综上所述，在明代木氏土司的统治下，丽江古城基本完成了整体骨架的建构；而在清代流官的统治下，民居建筑取得较大成就，使得古城整体骨架上长出肌肉，变得更加丰满迷人。清末，由于受杜文秀回民起义的战乱影响，丽江古城几乎完全毁灭；民国以后，国家政局不稳，内忧外患，政治动荡促成丽江古城工商经济的繁荣发展，奠定了丽江古城作为商贸古镇的文化景观特征。

3. 和谐的民族关系

丽江坝子是纳西族最大的集聚区，纳西族是丽江古城的主体民族。在长期的历史发展过程中，纳西族与汉、藏、白、彝等其他民族形成了相对和谐的民族关系，也形成了古城内以纳西族为主体、多民族交往与混合的社会关系结构，这种特殊社会关系结构是影响丽江古城文化景观生产的一股不容忽视的力量。

首先，民族交往是纳西族的生存之道。纳西族聚居的地区，正好处于费孝通先生揭示的从甘南到滇西北的“藏彝走廊”的南端，纳西族周围有藏、白、彝、汉等民族。人口较少的纳西族在夹缝中求生存，练就了他们顺应时势，主动寻求与周围各民族和中央王朝友好相处而又长期保持自己独特民族个性的能力。唐代，纳西族处于唐王朝、吐蕃和南诏三强之间，往往需要权衡利害而考虑向背；元代，纳西族结束了各部落分立的局面，实现了民族内部统一，统一后的纳西族首领既是部落酋长又是朝廷命官，受制于中央王朝的土司统治时代由此掀开；明代，木氏土司依托中央王朝的支持，凭借武装力量向周边扩张和移民，商业贸易和文化交流也随着军事扩张而不断发展；清代改土归流后，木氏土司势力退出历史舞台，流官统治打破了明代木氏土司时期“变其服，从其俗”“改姓和”等不平等的民族交往关系，并通过建学兴教、发展经济等措施建立起相对平等的民族交往关系；民国以后，纳西族与其他民族之间的交往随着工商经济的蓬勃发展而愈加频繁。总的来说，纳西族的历史就是纳西族与周围民族的关系史，纳西族的存亡有赖于与周边民族的良好关系，纳西族的发展也离不开其他民族的支持和帮助（郭大烈等，1994）。

其次，纳西族文化浸透了民族和谐观念。载入东巴经和流传于民间的纳西族的创世史诗《崇般图》，将藏族、纳西族、白族解释为一母所生的同胞兄弟。纳西族中永宁摩梭人的“安魂词”，将藏族、汉族和摩梭视为三兄弟。纳西族东巴教的巴格图（青蛙八卦图）将各民族和动物对应于不同的方位（图 3-3）：蛙头朝南，口吐鲜血，故南方相赤属火，白族居此；蛙尾朝北，尿亦排出，故北方相黑属水，蒙古族居此；箭穿蛙腹，箭镞向西，故西方相白属金（铁），藏族居此；箭尾朝东，故东方相青属木，汉族居此；蛙腹贴地，故中央相褐属土，纳西族居此。十二属相排列为虎兔位东、蛇马位南、鸡猴位西、猪鼠位北、狗居西北、龙居东南、牛居东北、羊居西南（郭家骥，2010）。纳西族先民认为这是天神（自然）安排判定的民族和动物分布的基本格局，表达出一种人与自然和谐相处，各民族之间和谐相处，从而达到平衡状态的传统文化观念。

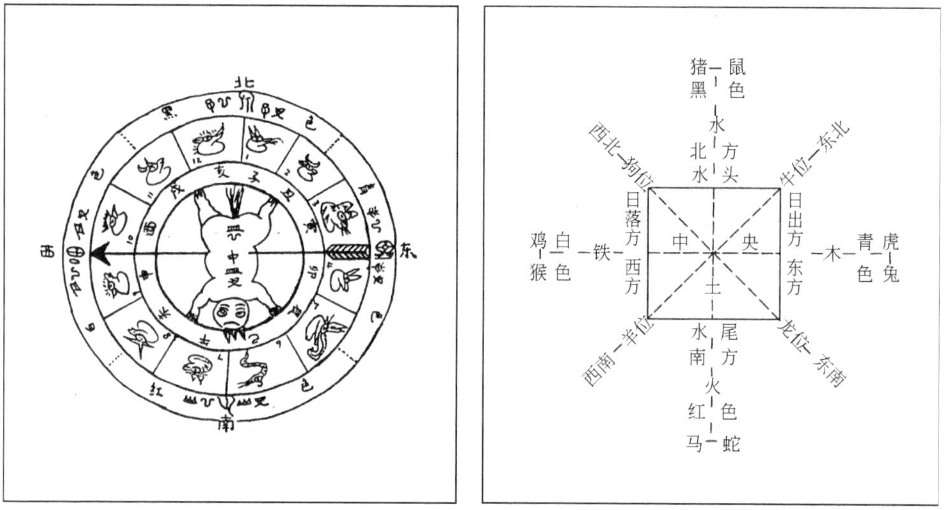

图 3-3　青蛙八卦图

资料来源：蒋高宸，1997

正是这种纳西族与其他民族建立起来的和谐关系，使得丽江古城呈现出和而不同的特征，以纳西族为主体、包括其他民族在内的古城居民共同参与古城的建设与发展，在各自不同文化的交流与碰撞中塑造着独特的古城文化景观。

4. 多元的文化交融

纳西族聚居的区域是汉、藏、白、彝等民族交汇的区域，纳西族在与周边其他民族和谐相处、频繁交往的过程中，不仅形成东巴文化等纳西族特有的传统文化，也吸收汉、藏、白等民族文化，融入佛、道、儒等传统文化，形成纳西族文化的多元文化交融特征，推动着丽江古城的文化景观生产。

第一，东巴教、藏传佛教、汉传佛教、道教的发展推动了丽江古城建筑景观的多元化。东巴教是以纳西族的传统文化为主干，又吸收了多种文化因素而形成的一种独特的原始宗教形态，东巴教中亲和自然的观念、五方上下的观念、巴格图等都对纳西族的住屋文化和营城思想产生了一定的影响。藏传佛教是从元末开始传入纳西族地区；明代中叶以后，纳西族地区与藏传佛教的联系得到加强；清初以后，藏传佛教在丽江、维西纳西族地区得到较快发展，开始在当地建立寺庙。汉传佛教可能是在明初传入丽江纳西族地区的，木氏土司极力赞助佛教，修建了福国寺、法云阁、琉璃殿、大定阁等汉传佛教寺庙群；清代，汉传佛教在丽江得到进一步发展，又增建了 60 多个大小寺庙，分布在城乡各地。道教最迟在明代中叶传入丽江，木氏土司于明代在丽江修建了吴烈山神庙、束河九鼎龙王庙、大觉宫、玄天阁、白沙真武祠、太极庵等道教寺观，于清代在城东修建了莵率园、三宝庵；清代改土归流后，道教在丽江得到进一步的发展，又在丽江各地增建了不少道观，文昌宫和村寨庙堂的数量与日俱增。此外，丽江还出现了诸教寺庙融合一体的文化现象，如丽江古城的北门坡上建有融佛教和道教于一体的寺庙，一进两院的建筑，前院是城隍庙，后院是地藏菩萨庙。

第二，汉文化深刻影响了丽江古城的文化景观。儒学文化对纳西社会的影响最初可以回溯到元代，当时虽在丽江县设过学校，但就学者一般是官府子弟，并未有长足发展。明代，木氏土司重视汉文化的学习，使得汉文化在丽江纳西族地区得到一定程度的传播，促进了丽江文化、建筑和生产等各项事业的发展。但是，元明两代，因木氏土司对人民实行“禁学”政策，儒学文化并未深入到纳西族民间。清代改土归流后，纳西族地区的汉文化教育进入了发展时期，流官在丽江大力修建学宫、书院、学堂等；至光绪年间，丽江纳西族儒学教育已发展到相当高的水平。中原的建筑文化亦随着这种文化交流传入丽江纳西族地区。

第三，纳西族民居建筑是多元文化融合的产物。纳西族居住习俗在多元文化的影响下，在不同的历史时期发生了很大变迁。纳西族在古代曾有过“穴居”的习俗，史籍中曾有“么些洞蛮”之说，之后又有过与游牧生活相适应的羊毛毡帐篷和窝棚居住习俗。公元 7 世纪后，纳西族由游牧民族变为以农耕为主的民族后，开始建造较固定的木结构民居，从而出现了井干式木楞房。自明代开始，木氏土司不仅喜好研习汉族的诗文，也喜好修建仿汉式的建筑，但明代丽江宏伟富丽的中原汉式建筑都是属于上层统治者的。据传，木氏土司规定只有官家、大商人才能修建“走马廊”式的楼房，百姓只能盖低矮的木楞房。从清代起，随着文化交流的增多和纳西族社会经济文化的发展，汉、白、藏等民族的建筑技术不断为纳西族所吸收，合院式砖木结构瓦房在丽江古城和坝区农村普遍流行起来，形成了古朴雅致、极富特色的纳西族民居院落。

总之，丽江古城建筑中的艺术风采和技术成就，无不显示出纳西族与汉族、藏族、白族等多元文化融合的光辉。没有纳西族对外来文化的兼容并包与博采众长，就没有丽江古城的建筑景观魅力。

5. 繁荣的工商经济

丽江坝子地处汉藏交通要道的重要节点，丽江古城自古以来就是连接滇川藏茶马古道的重镇。以纳西族为主体的丽江人是茶马古道上的主力军，古老的东巴经就有《马的来历》和去“窝左”（拉萨）做买卖的故事，丽江金沙江边出土的唐吐蕃碑上也有马的图案，学者夫巴称丽江古城是“马蹄踏出的辉煌”。尽管促使丽江古城形成与发展的因素包括政治、经济、社会、文化、自然等多种力量，但不可否认的是，丽江“以商而起、以商而荣”，丽江独特的交通区位带来的工商经济繁荣，是推动丽江古城文化景观生产的一股重要力量。

早在明代丽江古城形成之前，大研就已经有一定规模的聚落和集市，纳西语称为“巩本芝”，意为有仓库和集市的村寨；又叫“依古芝”，意为金沙江江湾中的集市。明代，为推动经济发展，木氏土司十分注重对外贸易，大力修桥和开集市，并开辟滇藏茶马古道，丽江古城内的工商经济也因此逐步发展起来。清代改土归流后，流官废除了木氏庄园经济和农奴制，并劝农垦、兴水利，推动了丽江农牧业经济的发展；再加上清代茶马古道的迅速发展，带来了丽江古城的商业繁荣和手工业发展，使得丽江古城发展成为商业中心，古城内的四方街在清初就已成为滇西北最大的贸易集市之一。民国以后，尤其在抗日战争时期，丽江的工商经济发展达到高潮，工商经济的繁荣使得古城内涌现出众多的商业店铺、手工作坊和旅马店，四方街也成为商品交易的集市和居民欢聚的场所。同时，丽江古城的商业繁荣还推动了古城内民居的大量建造。

综上所述，丽江古城作为完整意义上的城镇，必然包含工商经济功能，商业和手工业的发展是推动丽江古城文化景观生产的重要力量。尤其是民国以后，抗日战争期间，工商经济的崛起极大地促进了丽江古城的发展，不仅强化了古城的商业功能，也改变了古城的景观面貌，热闹的集市、繁荣的作坊、拥挤的人群成为这一时期古城面貌的真实写照。

3.3.2　丽江古城文化景观生产的结果

在以政权统治为核心，包括地理环境、民族关系、文化交融、工商经济多因素在内的运作机制作用下，丽江古城文化景观生产的结果主要表现在以下三个方面。

1. 自然有机的城市空间形态

丽江古城位于丽江坝子中部，丽江古城的山水大格局具有“大江环抱、大山耸峙”的特征（图 3-4）。金沙江自西北向东南滚滚而下，在丽江形成一个大转弯（称为长江第一湾），纳西族聚居的丽江坝子就处于江湾的怀抱之中。此外，整个丽江坝子四面环山，坝区广阔，水源丰富，适宜农耕；耸立在坝子西北端的玉龙雪山（南诏国时期曾被封为北岳）是整个丽江坝子的龙脉，也是纳西族心目中的圣山，更是丽江古城山水格局的灵魂所在。丽江古城的山水小格局具有“三山为屏，一川相连”的特征（图 3-5）。丽江古城北依象山和金虹山、西枕狮子山，恰似一道天然屏障，阻挡了冬季来自西北雪山方向的寒风；古城东、南两面连接广阔田园，迎向东南方的和煦阳光和轻柔凉风；这种“坐靠西北、放眼东南”的整体格局使得丽江古城具有良好的小气候环境，冬无严寒、夏无酷暑、四季温凉。发源于黑龙潭的玉河水，流至城北的玉龙桥处分为东河、中河、西河三股支流，入城后三股支流又分成更小的支流，水流穿街走巷、穿墙绕户，或与街道平行，或与建筑比邻，形成丰富而灵动的水系景观。

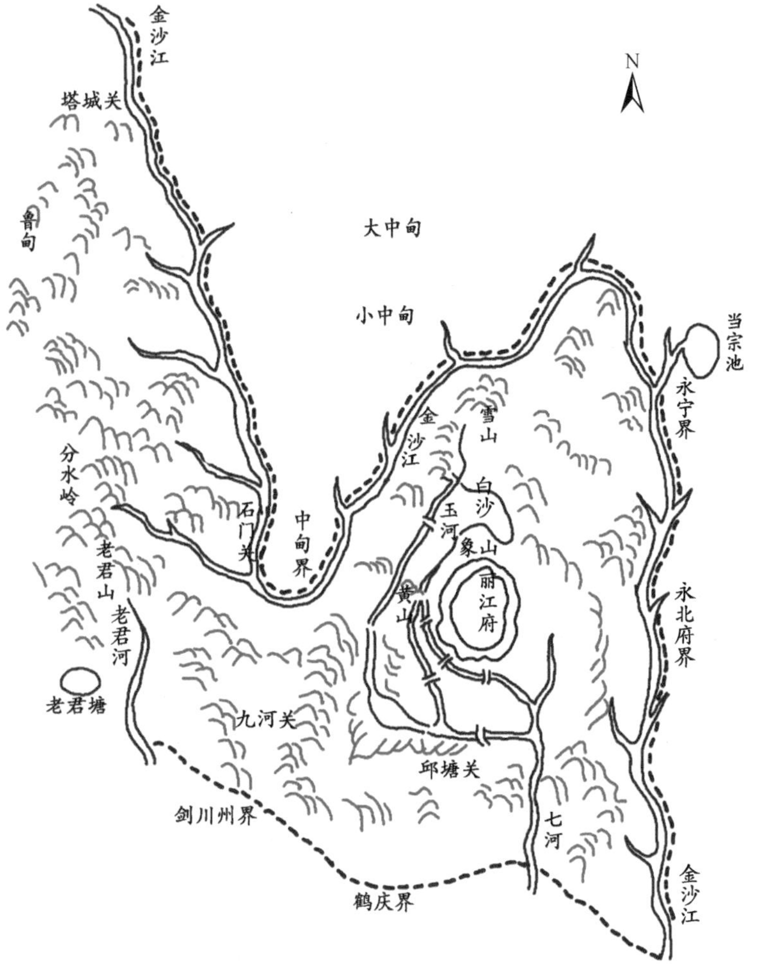

图 3-4　丽江府形势图

资料来源：根据乾隆《丽江府志略》绘制

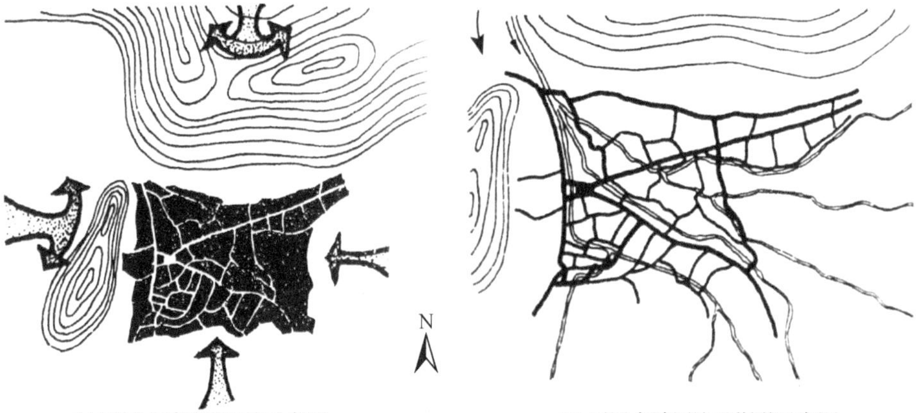

(a) 丽江古城地理环境示意图　　(b) 丽江古城河流及街道示意图

图 3-5　丽江古城总体格局

资料来源：朱良文，2005

丽江古城有别于中国古代传统城市“方九里，旁三门，国中九经九纬，经途九轨”的中原礼制营城制度，而表现出“依山傍水，自由浪漫”的城市格局特征。

第一，丽江古城无城墙。虽然丽江古城在明代木氏土司时期曾经修建过土司府的院墙，在清代流官时期曾经修建过流官府的土城墙，但丽江古城一直未曾修建过外郭城的城墙，就连土司府的院墙和流官府的土城墙也在岁月磨砺中消失殆尽。没有城墙的限制，丽江古城的街巷与建筑由中心向四周蔓延开来，与古城周边的自然环境融为一体。丽江古城虽无城墙，却有险可据，丽江坝子外围的“天险”和关哨体系构筑了丽江古城牢固的对外防御体系。《丽江府志略》记载：“东连巴蜀，西界澜沧，南临鹤剑，北则直接吐蕃，雪山绵亘数千里，而金沙江界之，所谓天险也。”在这样的天险之间，丽江古城还建有关哨 29 处，其中最为重要的就是古城西面石鼓附近的石门关、南面去鹤庆通道上的邱塘关、南面去剑川方向的九河关。

第二，丽江古城的街巷格局自由而浪漫，不似中原地区古城那样中规中矩的方格网状道路（图 3-6）。四方街是古城的中心，由此延伸出东西南北四条干道呈放射状向周围发散，在各条干道上又放射出许多更小的支路和巷道，从而形成了古城独具特色的放射状蔓延的自由式路网格局。同时，丽江古城的街巷与水系相得益彰，形成主街傍河、小巷临渠的水乡景观，街道或平行于河道布置，或垂直于河道架桥而行，或夹河于中两边成街，或在河一侧单边设道，更有许多街、巷为方便行走而穿插于河道两边，种种复杂多变的街巷与水的组合关系使得古城充满了水的灵气。

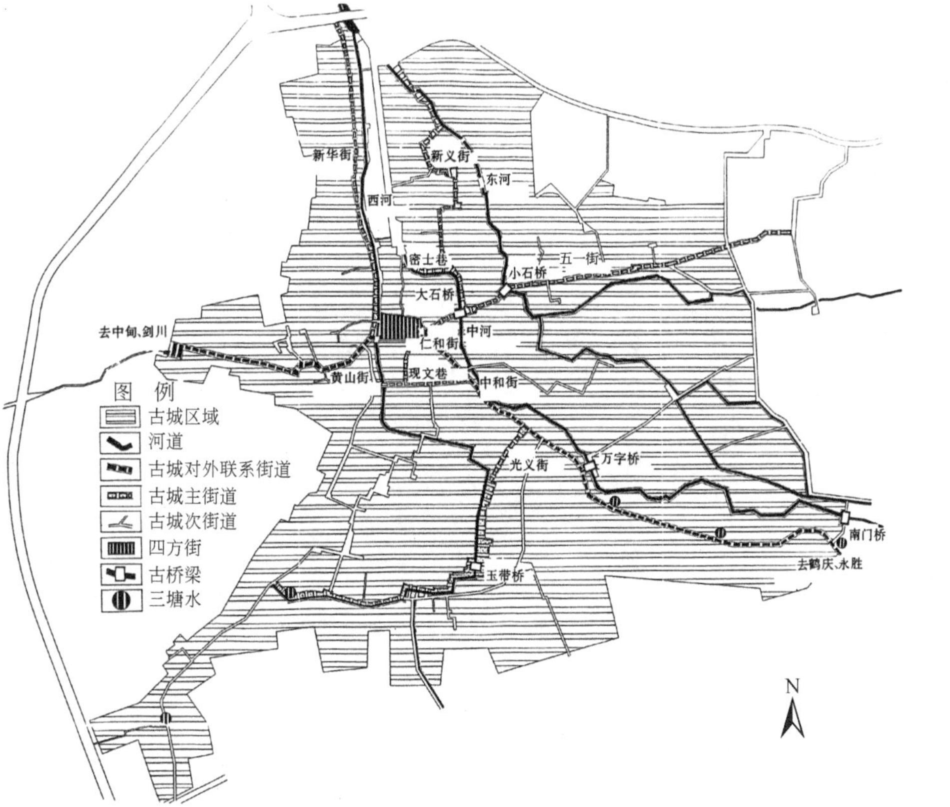

图 3-6　丽江古城路网水系图

资料来源：蒋高宸，1997

第三，丽江古城内的民居建筑虽是受汉文化影响颇深的合院式建筑，但建筑之间的空间组合关系却比中原地区要复杂灵活得多。与丽江古城内自由式的路网相匹配，院落式建筑的组合也不拘一格，在基本建筑空间单元保持合院式结构大致不变的情况下，随地形、水系和街巷改变不同单元的朝向与组合关系，从而形成灵活而有序的建筑空间肌理（图 3-7）。同时，建筑与水、建筑与地形的组合也塑造出和谐有趣的古城景观。丽江古城中建筑与水形影不离，有的门前临渠，有的房后流水，有的引水入院，形成了饶有趣味的亲水环境，街巷、建筑、庭院、水渠的有机结合，也使得“家家流水、户户垂杨”的诗情画意成为丽江古城的真实写照。丽江古城地势西北高、东南低，西侧紧靠狮子山而成陡坡，加上树枝状的水网在城中穿越，使得古城的地形地貌较为复杂。然而，丽江古城却巧妙地利用了这种“不利”地形，因地制宜地创造出丰富多变的建筑景观层次。或平行于等高线布置建筑，利用上、下两排建筑之间的错层式布置来弱化高差影响；或垂直于等高线布置建筑，利用院落与院落之间的台地式布置来弱化高差影响；或顺应水系的弯曲回环而灵活变换建筑的空间组合方式。各种巧妙结合地形的建筑布置方式，不仅避免和弱化了复杂地形对于建筑布局的不利影响，而且营造出了更为自然、灵动的建筑空间关系。

图 3-7　大研古城遗产区建筑空间肌理（1997 年）

资料来源：根据《丽江古城保护详细规划》（1997 年）绘制

2. 顺应社会经济需求的功能布局

丽江古城自明代正式形成以来，随着纳西族社会的繁荣与进步，逐步发展成为丽江地区的政治、经济和文化中心。尤其是作为滇藏贸易、中印贸易的枢纽，伴随着商业和手工业的发展，丽江古城的经济功能日益加强。丽江古城的传统产业，主要是以铜银器、皮毛皮革、纺织、造纸、酿造等为主的民族传统手工业，以及商业、马帮运输业等。与丽江古城的社会经济发展相适应，古城内形成了低层高密度的住宅区、集中的商业区和专业化的手工业区。商业区主要以四方街为中心向外呈放射状布置，且多沿着出入古城的对外交通干道布置。

民国时期，四方街是丽江古城的中心，古城内的萃文街（今新华街）、新义街、中和街（今七一街）、光义街、五一街等主要街道均与四方街相连，并形成如下功能布局：①四方街是丽江古城的商贸中心，人们吃、穿、用所需的各种商品均汇聚于此。四方街的北面是卖鸡巷，西面是制卖铜器的打铜巷，南面是杂货铺集中的区域，四方街的街尾是卖草鞋的草鞋巷。②新华街在民国时期被称为萃文街，原名“乌伯”，位于狮子山脚顺西河而行。因新华街是丽江古城北向的主要入口，其街道功能既有商业性质也有居住性质，靠近城外一段（双石巷）居住多于商业，靠近四方街一段（翠文巷）商业多于居住，黄山街内多铁、铜打造作坊。③新义街从新华街街口过玉龙桥后，顺东河南下，走过积善巷、密士巷后进入四方街。大石桥、积善巷一带成为藏族商人聚居的地方，这里有符合藏族生活习惯的旅店——藏店，也有卖马草、卖炒面和卖马具的市场。密士巷是丽江古城的富人区，巷内多是富商居住的高雅宅院。④中和街（今七一街）是东向进入丽江古城的主要街道，与中河大致平行。东向是人流、马帮出入最多的入口，为了好做生意，人们纷纷抢占沿街地段建房，因此七一街越延越长，街道两侧挤满连绵的商店，且沿街居民以普通商人居多，建筑标准低，少有豪华建筑。⑤光义街是从四方街经由七一街进入原木氏土司府署的一条主要大街。明代木氏土司兴盛之时，光义街是木氏土司府前大道，至今还保留着许多深宅大院，其中官院巷区域为明清木氏土司府署所在地。现文巷横街北与四方街相通，街道两侧是一幢幢前店后宅式建筑，这条街曾热闹非凡，有“小上海”之称。现文巷竖街与横街呈“T”字形相交，沿街有商店和住家，并有旅马店十余处，是外来人口集中居住的地段之一，尤以白族商人最多。⑥五一街位于古城东部，五一街周围附近的街巷为清代改土归流后的流官府城所在地，居住在此的多为汉族。兴仁巷内有节义祠遗址和大佛寺，民国时期巷内有十余户旅马店。文治巷内有流官府（县）署、蒙养学堂、忠义祠遗址，还有方国瑜故居。文明巷在清代为流官府署旧址，巷内有清代建的文庙（于洪，2008）。

3. 多元文化融合的建筑景观

丽江古城的建筑景观是纳西族及汉族、藏族、白族等多元文化融合的产物。东巴经中说，纳西族男女始祖崇忍利恩和衬红褒白命有三个儿子，长子以骑快马有名，次子以捣毁敌人的房屋和寨栅有名，幼子以建造夯土墙、盖瓦顶的房屋有名。这幼子便是白族，夯土墙、盖瓦顶的房屋便是汉式建筑。纳西族以神话传说的形式表达了对汉式建筑的崇尚。白族民居建筑的汉化比纳西族早得多，丽江古城的汉式建筑是大理白族汉式建筑的延续与变异，民居建筑的平面布局、木构技术、门窗梁头等部位的装饰基调和细木雕花技艺等方面，都深受白族民居建筑技术的影响。此外，纳西族民居隐含有古羌文化的血脉，其坚实的墙体、墙体的向内收分和竖高比例，体现出羌寨碉房的韵味。纳西族民居中普遍采用的蛮楼形式，是从藏族那里引进的，因此又称“古宗楼”，“古宗”意为“藏人”。清代改土归流后，儒学文化在丽江得到广泛传播，现实欢愉和建功立业成为人们新的人生目标，人们借助于门、窗、墙壁、顶棚、铺地等构件上的装饰性象征符号来表达对美好未来的追求。福、禄、寿、喜成为象征性装饰符号最重要的主题，蝙蝠、花开富贵、百年好合（荷）、鹿鹤同春、松鹤延年、喜鹊争梅等图案被广泛采用。

丽江古城纳西族民居的平面格局主要包括六种形式：两坊拐角、三坊一照壁、四合五天井、一进两院、前后院、多院组合（图 3-8）。纳西族民居的基本构成单元包括正房、厢房、倒座、过厅、独立式门楼、围墙（含照壁）。正房是民居院落的主体建筑，屋顶最高、体量最大，布置在中轴线最重要的位置，一般面阔三间，进深五架，正中明间为堂屋，前有宽大的前廊（厦子），两侧山墙外有漏阁，形成采光通风的小天井。厢房地位次于正房，厢房垂直布置于正房两侧，面阔亦多为三间，但面阔和进深的尺寸均小于正房，前廊可带可不带。倒座位置在正房下方，与正房相对并反方向布置，故称倒座，面阔尺寸与正房一致，进深较小，常用在四合头或四合五天井院落中。过厅是明间可以从两面穿行，在多院组合的大型住宅中作为院与院之间的连接体。独立式门楼是独立成为单体的门楼，与在外墙上嵌贴一个门楼的非独立式门楼不同。围墙是合院式住宅的基本构件，高度 3m 左右，下有石砌勒脚，顶部加瓦覆盖；三合院中，与正房相对的围墙会做成照壁。

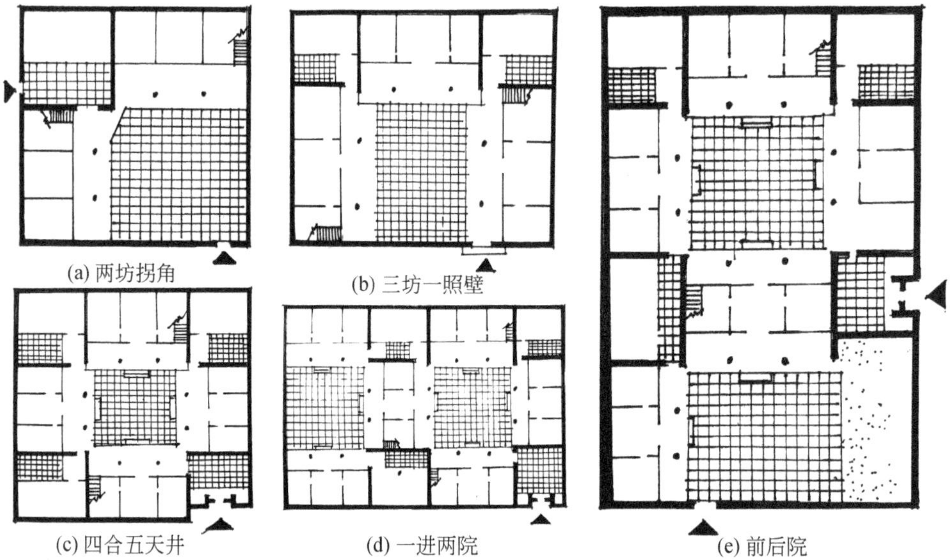

图 3-8　丽江古城纳西族民居的平面格局基本形式

丽江古城纳西族民居外部造型的精华在于屋顶和外墙墙体。屋顶为筒板瓦覆盖的悬山式屋顶，屋脊、檐口、屋面都呈曲线形式，当地称为“起山落脉”。外墙包括后檐墙和山墙两部分，都有自下而上的向内收分，当地称为“见尺收分”。后檐墙采用“横三段手法”，下段为石砌，中段为土坯墙，上段木柱外露，柱间加木质板墙或开窗。山墙处理手法多样，大致包括：有柱无墙，即木柱木墙全部外露；有墙无柱，即全用实墙，不露木柱和木墙；下墙上柱，即以雀台分界，下部采用实墙，上部有木柱木墙外露；半边有墙、半边有柱，即墙和柱在立面上做不对称处理。此外，丽江古城纳西族居民都非常注重房屋的装饰，装饰重点是门楼、照壁、门窗槅扇、瓦当、泥狮、悬鱼等，无论是木装饰还是其他石作、瓦作装饰，都非常精美，但不烦琐，形成纳西族民居特有的审美价值（蒋高宸，1997）。

除了纳西族民居建筑，丽江古城的宗教建筑也体现出多元文化融合的特征。据光绪《丽江府志稿》记载，当时丽江共有寺、庙、堂、阁、祠、庵、坛等 92 座，但大多数已经荒废，最具代表性的是白沙寺庙群和五大喇嘛寺。白沙寺庙群包括北岳庙、琉璃殿、大宝积宫、大定阁、金刚殿和文昌宫。琉璃殿和大宝积宫的建筑和壁画，堪称丽江艺术历史成就的两绝，尤其是壁画，既包容杂糅了道、释、喇嘛等多种宗教题材，又兼收并蓄了汉、藏、纳西等民族的多种绘画艺术风格，更为独特的是突破了宗教题材的局限，生动描绘了织布、捕鱼、舞蹈等世俗生活。五大喇嘛寺包括福国寺（现已无存）、指云寺、文峰寺、玉峰寺和普济寺，五大喇嘛寺的建筑风格也是纳西族、藏族、汉族建筑风格的杂糅。

第 4 章　旅游挤出后丽江古城文化景观生产的动因

旅游挤出后丽江古城文化景观生产是本书的重点内容，以下第 4 章至第 8 章将从动因、特征和作用机理三个方面对旅游挤出后丽江古城文化景观生产问题进行详细阐述。本章主要研究动因，首先从历史维度分析丽江古城文化景观生产的动因演替，其次从丽江旅游发展和丽江古城旅游挤出效应两个角度，对旅游挤出后丽江古城文化景观生产的动因进行详细阐述。

4.1　丽江古城文化景观生产的动因演替

纵观丽江古城形成与发展的历史，以及丽江古城文化景观生产的发展脉络，可以得出推动丽江古城文化景观生产的动因不是一成不变，而是发生了演替。演替过程可以分为两个阶段，即 1994 年以前的政治主导阶段和 1994 年以后的经济主导阶段（图 4-1）。

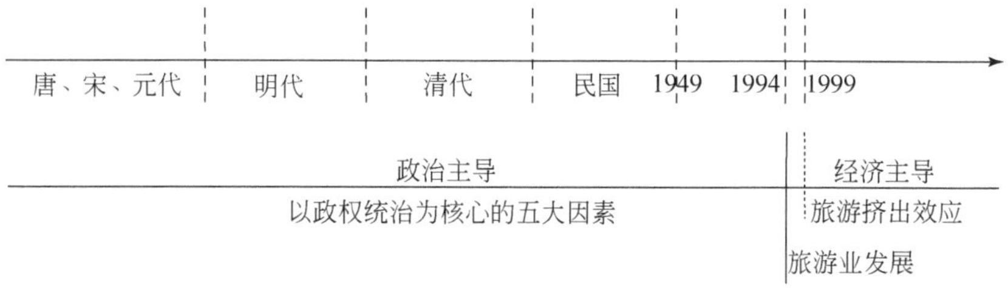

图 4-1　丽江古城文化景观生产的动因分析

1. 政治主导阶段（1994 年以前）

丽江古城的建城历史可追溯到唐朝初年，此后历经宋、元两代，丽江古城的文化景观生产一直处于缓慢发展的阶段。明代以后，随着木氏土司的兴旺与繁盛，丽江古城的文化景观生产进入其发展历史上的第一个辉煌时期。清代改土归流后，木氏土司势力逐渐衰败，流官成为丽江古城的统治者。在流官的统治下，丽江古城废除庄奴制度、发展农业生产、兴办教育，促进了丽江古城的社会经济繁荣，也使丽江古城的文化景观生产达到第二个高潮。清末的杜文秀回民起义几乎使丽江古城完全被毁。民国以后，尤其是抗日战争时期，丽江的工商经济发展走向高潮，促使丽江古城的文化景观生产进入其发展历史上的第三个辉煌时期，也奠定了当代丽江古城文化景观的基本面貌。从唐代到民国时期，丽江古城文化景观生产紧紧围绕着政权统治的更迭，呈现出波浪式前进的特征，政治力量成为推动这一时期文化景观生产的主导动因。以更迭的政权统治为核心，加上独特的地理环境、和谐的民族关系、多元的文化交融、繁荣的工商经济，五大因素影响和控制着丽江古城的文化景观生产。1949 年至改革开放前的 30 年，政治上的动荡使得丽江古城的文化景观生产也处于波动、停滞和衰退阶段。改革开放初期，丽江经济发展速度仍旧比较缓慢，丽江古城的文化景观生产由于缺乏动力而相对滞缓，除局部地段被改建为办公楼等现代功能建筑外，基本维持了古城原有的文化景观格局。直到 1994 年以后，随着丽江旅游业的快速发展，丽江经济才逐渐腾飞起来，古城文化景观生产也才开始进入新的辉煌时期。综上所述，1994 年以前，政治力量是丽江古城文化景观生产的主导动因。

2. 经济主导阶段（1994 年以后）

1994 年 10 月，云南省人民政府在丽江召开滇西北旅游现场办公会，在会议精神的指引下，丽江在云南率先提出并实施了“旅游先导”战略，使旅游业走向快速发展之路，实现了“经济产业型”到“支柱产业型”的快速转变。1996 年“2 • 3”地震，丽江人民变灾难为机遇，积极开展丽江古城的恢复重建工作。1997 年 12 月，丽江古城申报世界文化遗产成功，由此进入旅游快速发展阶段，古城文化景观生产也迈入新的发展阶段。1999 年，昆明举办世界园艺博览会，丽江作为分会场，其旅游业得到再一次迅猛发展，旅游设施和基础设施得到大规模建设；丽江古城，尤其是大研古城，呈现出明显的旅游挤出现象，古城内的原住居民不断将房屋出租、大量迁出古城，古城内原有的居住生活空间逐渐被旅游商业空间所置换，旅游者和外来经营者的进入带来跨文化交流，丽江古城的文化景观由此发生了巨大变化。综上所述，1994 年以后，经济力量，特别是旅游业发展，是丽江古城文化景观生产的主导动因。1999 年以后，丽江古城的文化景观生产进一步表现为旅游挤出效应下的文化景观生产。

4.2　丽江旅游发展概况

20 世纪 90 年代以后，丽江旅游业快速发展起来，并带动了丽江的经济发展、城镇发展和文化发展。

4.2.1 丽江旅游发展历程

丽江旅游的真正发展始于改革开放以后，丽江各级党委政府因地制宜地充分发挥得天独厚的旅游资源优势，实施政府主导型旅游发展战略，从无到有、从小到大、从弱到强，逐步把旅游业培育为促进丽江社会经济发展的重要支柱产业，并使旅游业实现了“接待事业型—经济产业型—支柱产业型”的转变。

1. 旅游业起步阶段（1985～1993 年）

1985 年以前，丽江旅游属单一的政治接待工作，只有极少量国内外游客零散地自发前往丽江旅游。1985 年以后，随着丽江开发开放步伐的加快和知名度的提高，旅游产业的经济属性逐步凸现出来，从“接待事业型”转向“经济产业型”。1985 年，国务院、中央军委批准丽江为“乙类对外开放区”；同年 8 月，丽江地委挂牌成立了行署旅游局，与行署外事办和接待处合署办公，标志着丽江旅游业的正式起步。1986 年，丽江古城被列为国家级历史文化名城；1988 年，玉龙雪山被列为国家级重点风景名胜区；1989 年，丽江被列为国家一级旅游热线；1992 年，云南省人民政府出台了《关于大力发展旅游业的意见》，批准玉龙雪山为旅游经济开发区；1993 年，丽江地区旅游局从外事办和接待处分离出来，成立丽江地区旅游事业管理委员会。一系列政策举措使得丽江旅游业逐步发展起来，1985 年接待海外旅游者 435 人次，1990 年接待海外旅游者 0.58 万人次，1993 年接待海外旅游者 1.15 万人次，1990～1993 年年均增长 25.6%；1990 年接待国内旅游者 9 万人次，1993 年达到了 17 万人次，年均增长 24%；旅游外汇收入从 1990 年的 17 万美元增加到 1993 年的 53 万美元，年均增长 46%（纳麒等，2009）。

这一时期丽江旅游业的特点为：一是旅游产业的经济属性逐渐被认识和接受，着力发展旅游的思路基本形成；二是海外游客逐年增多，入境旅游带动国内旅游的持续发展；三是旅游基础设施差，不具有现代意义上的接待服务；四是云南省人民政府批准玉龙雪山为旅游经济开发区，提出“以旅游为龙头，带动第三产业乃至全区经济腾飞”的战略思路，坚定了丽江发展旅游的决心和信心。

2. 旅游业快速发展阶段（1994～2003 年）

1994 年 10 月，云南省人民政府在丽江召开滇西北旅游现场办公会，提出“发展大理、开发丽江、带动迪庆、启动怒江”的旅游发展战略，并做出了丽江古城申报世界文化遗产、“三江并流”地区申报世界自然遗产、实施保护古城的“五四三二一”工程等重大决定。丽江以此战略为指导，在云南率先提出并实施了“旅游先导”策略，使旅游业走向快速发展之路，实现了从“经济产业型”到“支柱产业型”的快速转变。1995 年 6 月，丽江机场正式通航；1996 年“2 · 3”地震，丽江人民变灾难为机遇；1997 年 12 月，丽江古城申报世界文化遗产成功；1999 年 5～10 月，昆明举办世界园艺博览会，丽江成为分会场；2001 年，玉龙雪山成为国家首批 4A 级旅游景区；2002 年，国务院批准丽江撤地设市；2003 年 7 月，“三江并流”（老君山）申报世界自然遗产成功，8 月丽江东巴文化古籍申报世界记忆遗产成功。在一系列政策和机遇的引领下，丽江旅游业迅速发展起来，2002 年接待海内外游客 337.51 万人次，是 1994 年的 15.6 倍；实现旅游总收入 23.37 亿元人民币，是 1994 年的 28.9 倍，年均增长速度为 52.2%（纳麒等，2009）。

这一时期丽江旅游业的特点为：旅游发展速度快，旅游产业规模不断扩大，旅游基础设施建设成就显著，旅游综合接待能力得到较快提高。1998 年云南省第一家五星级酒店——丽江官房大酒店在丽江建成。到 2002 年，丽江有星级酒店 76 家（其中五星级 1 家、四星级 5 家、三星级 12 家），标准床位 12800 个；非星级酒店、客栈、招待所 338 家，普通床位 11845 个；旅行社 33 家；旅游车公司 6 家；旅游景区（点）22 个；旅游购物商店 26 家；旅游定点餐馆 32 家；出租车 800 多辆；旅游直接从业人员 3.8 万人，间接从业人员 8 万人（纳麒等，2009）。

3. 旅游业转型提质增效阶段（2004 年以来）

“十五”以后，丽江旅游业转向上等级、提质量、出效益的“第二次创业”。2004 年，丽江市委、市人民政府提出了《进一步加快旅游发展的若干意见》，以“巩固、提高、开发、完善、创新”为方针，以优化结构、提质增效为主线，把丽江建设成为国际精品旅游胜地，川滇藏中国香格里拉生态旅游的中心和示范区。2006 年，云南省人民政府滇西北旅游现场办公会在丽江再次召开，提出“做精大理、做大丽江、做优迪庆、开发怒江”的新思路，丽江旅游业再次迎来大发展的机遇。在省、市两级政府的战略举措指引下，丽江旅游产业规模不断扩大，旅游综合接待能力不断提高，到 2007 年，丽江全市有旅行社 26 家；星级酒店 194 家（其中五星级 4 家、四星级 13 家、三星级 48 家），标准床位 21580 个；旅游汽车公司 6 家，旅游车 525 辆；旅游购物会员商店 29 家；旅游景区（点）22 个，其中 5A 级 1 个、4A 级 3 个、3A 级 4 个；旅游直接从业人员 4 万人，间接从业人员超过 10 万人（纳麒等，2009）。

这一时期丽江旅游业的特点为：一是发展方式由“粗放式的规模数量型”转向“集约式的质量效益型”，着力追求质量和特色；二是客源结构由以中低档游客为主向以中高档游客为主转变，努力提高游客消费水平；三是旅游产品结构由以观光型为主向休闲度假等多样化方向发展；四是管理上由政府主导向政府引导、市场主导转变，力求做到规范管理、科学管理和依法管理。

4.2.2 丽江旅游发展与经济发展的关系

自 1994 年以来，丽江充分抓住改革开放以来的各项方针政策，依托丽江得天独厚的高品位旅游资源，坚持保护与开发相结合的跨越式发展思路，培育了玉龙雪山、丽江古城、纳西古乐、东巴文化、泸沽湖、摩梭风情等知名旅游产品，形成了吃、住、行、游、购、娱六要素齐全的旅游产业体系，旅游产业已发展成为丽江的支柱产业，并对丽江经济发展具有明显的拉动作用（表 4-1、表 4-2）。2017 年，丽江全市共接待海内外游客 4069.45 万人次，其中海外游客 118.58 万人次，国内游客 3950.87 万人次；旅游业总收入 821.9 亿元人民币，其中旅游外汇收入为 49800 万美元，国内旅游收入为 788.26 亿元人民币。

表 4-1　1990 年以来丽江旅游业发展情况

年份	接待游客/万人次			旅游总收入		
	合计	国内	海外	合计/亿元	国内/亿元	外汇/万美元
1990	9.58	9	0.58	0.08	0.07	17
1991	10.94	10	0.94	0.10	0.09	29
1992	15.96	15	0.96	0.15	0.13	37
1993	18.15	17	1.15	0.23	0.19	53
1994	21.69	20	1.69	0.81	0.42	470.5
1995	84.05	81	3.05	3.26	2.37	1070.6
1996	110.59	106	4.59	3.01	2.19	986.3
1997	172.84	168	4.84	9.47	8.44	1243
1998	201.26	195.8	5.46	10.42	9.05	1648.4
1999	280.40	273.5	6.9	15.87	14.1	2130.9
2000	290.42	281.2	9.22	18.66	16.36	2755.6
2001	322.05	311.53	10.52	20.43	17.9	3038
2002	337.51	322.67	14.84	23.37	19.89	4186.75
2003	301.48	293.24	8.24	24.04	22.15	2266.58
2004	360.18	350.97	9.21	31.76	29.54	2662.53
2005	404.23	385.95	18.28	38.58	34.47	4931.88
2006	460.09	429.22	30.87	46.29	38.94	8821.21
2007	530.93	490.86	40.07	58.24	49.32	11900.28
2008	625.49	578.91	46.58	69.54	59.45	14830

续表

年份	接待游客/万人次			旅游总收入		
	合计	国内	海外	合计/亿元	国内/亿元	外汇/万美元
2009	758.13	705.55	52.58	88.66	76.99	17084.13
2010	909.93	848.83	61.1	112.46	98.7	20222.47
2011	1184.05	1107.93	76.12	152.22	135.73	25400
2012	1599.10	1514.4	84.7	211.21	192.96	28900
2013	2079.58	1979.91	99.67	278.66	256.51	35800
2014	2663.82	2556.12	107.7	378.79	353.84	40600
2015	3055.98	2941.44	114.54	483.48	453.95	47900
2016	3519.91	3404.1	115.81	608.76	578.89	48400
2017	4069.45	3950.87	118.58	821.90	788.26	49800

资料来源：1991～2018 年丽江统计年鉴

表 4-2　丽江旅游总收入与社会总收入比较一览表

年份	社会总收入/亿元	旅游总收入/亿元
1995	17.88	3.26
2000	30.81	18.66
2001	33.40	20.43
2002	36.95	23.37
2003	41.41	24.04
2004	50.38	31.76
2005	60.33	38.58
2006	70.17	46.29
2007	84.82	58.24
2008	101.10	69.54
2009	117.44	88.66
2010	143.59	112.46
2011	178.50	152.22
2012	212.24	211.21
2013	248.81	278.66
2014	261.84	378.79
2015	290.01	483.48
2016	310.18	608.76
2017	339.48	821.90

资料来源：1996～2018 年丽江统计年鉴

根据表 4-2 的统计数据绘制出图 4-2，从图中可以看出旅游总收入与社会总收入基本呈同步上升的趋势。2000～2005 年，旅游总收入和社会总收入的增长速度较慢，增幅较小；但 2006～2017 年，旅游总收入和社会总收入都飞速发展，这主要得益于丽江旅游业的迅猛发展。由于计算方式的不同，旅游总收入甚至超过了社会总收入，且两者差距逐年增大，故旅游业作为丽江社会总收入的一个主要来源，其贡献率不言而喻。

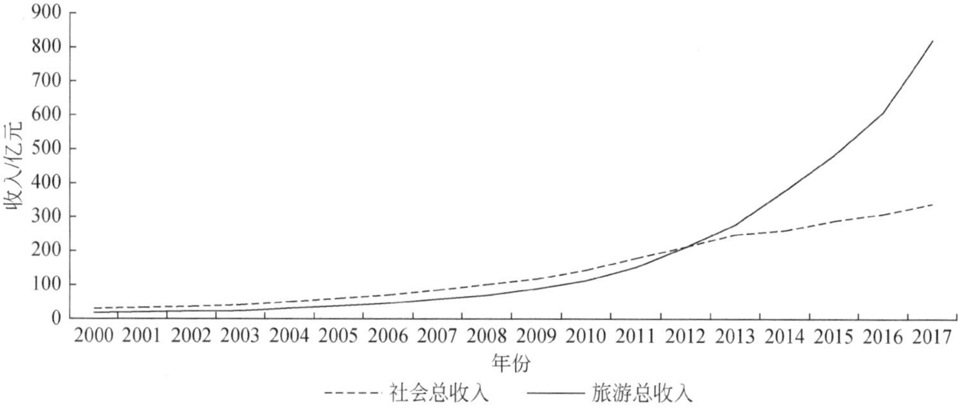

图 4-2　丽江旅游总收入与社会总收入对比分析图

旅游业作为第三产业中最具活力和潜力的产业，极大地带动了丽江第三产业的发展，推动了产业结构的调整和优化。改革开放以来，丽江产业结构由“一三二”排序逐渐演变为“三二一”排序（表 4-3）。旅游业的发展带动了交通运输、商务、餐饮、娱乐、保健等产业的发展，提供了大量就业机会，提高了人民生活水平。

表 4-3　丽江主要年份产业结构　　（单位：%）

年份	第一产业占比	第二产业占比	第三产业占比
1978	53.3	19.7	27.0
1985	48.5	20.9	30.6
1990	45.8	22.3	31.9
1995	41.1	26.4	32.5
2000	30.3	26.1	42.1
2005	23.8	28.5	47.7
2006	22.0	31.6	46.5
2007	21.8	33.0	45.2

续表

年份	第一产业占比/%	第二产业占比/%	第三产业占比/%
2008	20.6	34.8	44.6
2009	18.8	37.6	43.6
2010	18.1	38.3	43.6
2011	17.1	41.7	41.2
2012	17.2	42.3	40.5
2013	16.5	45.3	38.2
2014	16.88	43.06	40.06
2015	15.37	39.86	44.77
2016	15.26	39.09	45.65
2017	14.61	40.40	44.99

资料来源：1978～2007 年数据来源于纳麒等（2009）；2008～2017 年数据来源于丽江统计年鉴

4.2.3　丽江旅游发展与城镇发展的关系

丽江旅游业的发展加快了城镇化进程，提升了城市魅力，使丽江成为世界著名的旅游城市。在丽江旅游业发展战略的指导下，丽江城市发展定位以旅游为主体功能，并按旅游、文化、城市、生态一体化的目标打造和经营丽江城市。可以说，丽江旅游发展极大地带动了丽江城市发展。第一，旅游发展加快了城镇化进程。一方面，旅游开发加剧了丽江古城的空间置换，大量古城内的原住居民迁出古城搬往新城居住，推动了新城建设；另一方面，旅游发展吸引了大量游客和外来从业人员进入丽江，促进了旅游接待服务设施和城市居住生活设施的大量建设，从而推动了城市空间的迅速扩张。第二，旅游发展推动了城市基础设施建设，完善和提高了城市功能。丽江从提升城市形象、改善人居环境和促进旅游发展出发，先后完成了大研古城民居修复和基础设施改造、木府恢复重建、束河古镇建设等项目，以及祥和丽城、玉龙新县城、三河整治、市区道路交通网等城市建设项目，开展了不协调建筑拆迁整治工作和城市的绿化、美化、亮化工程，使得丽江城市的整体功能布局、居住环境和景观风貌得到了较大提升，为当地居民和旅游者营造了一个舒适宜人的生活环境和旅游环境。第三，旅游发展加强了城市文化建设，对丽江的历史文化、民俗文化、艺术文化、建筑文化、服饰文化、饮食文化、商业文化、生态文化等进行了充分挖掘和展示，提升了城市形象和影响力，打造了人文丽江、休闲丽江、生态丽江的城市品牌，塑造了丽江独具特色的城市魅力。

同时，丽江的特色城镇化道路，也对丽江旅游业的快速发展起到了重要带动作用。丽江在推进城镇化的过程中，始终坚持以旅游振兴城市，以城市带动旅游的城镇化发展思路，着力打造集田园、山水、文化为一体的适宜旅游、休闲、度假和居住的国际化旅游城市。在城镇化过程中，丽江注重体现其旅游文化特色，充分考虑丽江新城区与古城景区、雪山景区的协调，与城市文化氛围的适应。水系、绿化和建筑等方面做到既体现丽江民族特色，又具有时代特点。此外，丽江加大环境建设和综合整治力度，提高城市绿化水平，建设有丽江特色的山水园林城市景观，切实保护和建设好自然生态与人文生态环境，使丽江的经济增长和旅游产业发展建立在生态环境保护的基础上。

4.2.4 丽江旅游发展与文化发展的关系

丽江旅游业的发展促进了民族文化的保护、挖掘和传承，实现了旅游与文化的双赢。第一，旅游发展促进了丽江文化的传播和交流。旅游者到异国他乡旅游，学习和了解当地的文化，并把旅游目的地的本土文化传播出去。同时，旅游者又将本国、本地区或本民族的文化带到旅游目的地，通过自己的言行举止传播给旅游目的地的居民。第二，旅游发展促进了丽江传统文化的保护和传承。文化是丽江旅游业的灵魂，地方政府为了发展旅游，加大对民族和历史等文化资源的保护力度，将文化保护纳入城乡总体规划与建设中，并增加保护资金的投入，培养传承艺人，修复重要的文化遗址，资助传统艺术展演活动的举办。同时，当地城乡居民在旅游发展中获得了利益，增强了民族认同感和自豪感，保护传统文化的自觉性也越来越高。第三，旅游发展促进了丽江文化产业的繁荣。旅游发展带来的影响力和知名度的提高，为丽江发展文化产业提供了良好的基础和条件。通过政府引导和市场运作，丽江的文化产业不断得到发展壮大。早在 2002 年，全市文化单位创办的各类节目就吸引了大量游客观看，创造 2 亿元产值，占据了旅游业的三分天下。到 2004 年，丽江市民营文化企业阵营不断壮大，以大研纳西古乐会和东巴宫为代表的一大批民营文化企业不断崛起。这些民营文化企业的兴起和发展，极大地丰富了旅游文化市场，有效地探索了文化产业化发展的路子，取得了较好的经济效益。经过多年的开拓与经营，丽江现已形成“纳西古乐”“东巴文化”“木府博物院”“丽水金沙”“印象 • 丽江”等知名的文化产业品牌。文化是丽江之魂，文化旅游是丽江旅游的突出特征，文化产业依托旅游业而兴起，旅游业依靠文化而升华。

4.3　丽江古城旅游挤出效应的调查

丽江旅游业的快速发展始于 1994 年，丽江古城的旅游开发建设始于 1997 年，旅游挤出效应也随之出现，尤其是 1999 年以后伴随着旅游服务设施的大规模建设，大研古城进入井喷式旅游开发，呈现出明显的旅游挤出现象。2005～2010 年，丽江古城的旅游挤出效应达到高峰，不仅大研古城旅游挤出效应突出，束河古镇在 2003 年开发以后也呈现出明显的旅游挤出效应。2011 年以后，丽江古城旅游挤出效应趋于缓和，但进入新的动态平衡阶段，不仅有原住居民的继续外迁，也有外来经营商户的不断迁入和迁出。

4.3.1　1999 年旅游挤出效应开始显现

1999 年，云南昆明召开世界园艺博览会，丽江作为分会场获得了发展机遇，世博会带动了丽江基础设施的大规模建设，也推动了丽江古城旅游的快速发展。在商业化开发的浪潮之下，原住居民纷纷迁出古城，大量传统民居被改造为商业空间。同年，云南省政府与美国大自然保护协会（The Nature Conservancy，TNC）合作的“滇西北保护与发展行动计划”项目之“文化模块”丽江项目组，对丽江古城进行了深入细致的调查。调查报告中的部分内容从侧面反映出 1999 年丽江古城的旅游挤出效应，基本情况如下。

1986 年，丽江古城有居民 4269 户 15279 人，1999 年古城居民减少至 4156 户 14477 人。13 年间累计有 1527 户（35.77%）5001 人（32.73%）迁出古城，年均有 117.5 户 385 人迁出古城，最高的 1990 年达 293 户 1165 人，最低的 1999 年也有 68 户 193 人。同时，13 年间累计有 1350 户 4051 人迁入古城居住，年均有 103.8 户 311 人迁入古城（郭家骥，2010）。原住居民迁出丽江古城的原因主要有两个：一是现代化生活的吸引。1980 年以前，由于国家实行福利住房制度，不允许职工居民购房和建房，80%的职工居民都居住在古城的公房和私房中，十分拥挤。1980 年，丽江县政府根据国家政策开始允许职工居民购（建）私房，由于新城住宅区居住环境质量明显优于古城，大批古城居民开始迁出古城和迁往新城。二是古城居住生活不方便。古城道路狭窄、交通不便，且环卫设施、消防设施、农贸市场、日用百货商店等公用设施缺乏，再加上建筑密度大、房屋年久失修，使得古城整体居住环境质量下降。13 年间，虽然丽江古城人口总数并未减少太多，但迁出的大部分是古城本土纳西族居民，迁入的大部分是外来经商务工者，使古城主体居民置换并呈现出非本地化和非民族化的特征。

随着纳西族居民的外迁，大量外来商户涌入古城，传统的家庭作坊式手工业生产和民族土特产品贸易也随之减少，毫无地方民族特色的旅游商业充斥着古城。如新义街积善巷 57 个临街店铺中，本地人经营的仅 22 个，占 38.6%；外地人经营的有 35 个，占 61.4%。在所经营的 16 个行业中，杂货、客栈、小食店等几个本小利微的行业为本土居民经营，珠宝玉器、工艺品、服装等行业均为外地人所把持，所经营的产品 90%是外来产品，真正的丽江特色产品不足 10%。此外，大量外来人口的涌入，使得古城的民族文化、本土文化被外来文化所置换，纳西族的语言、服饰、节日、礼俗、道德等迅速失落（杨一奔和段松廷，2005）。

同样是在 1999 年，联合国教科文组织的项目官员兼人类学家 Peters H A 也对丽江古城进行了调查，其部分调查结果反映出功能和文化方面的旅游挤出效应，基本情况如下。

丽江古城列为世界遗产保护地后，开始大力发展旅游。一开始，当地居民对旅游业这个新的财源似乎十分欢迎，纷纷办起了小餐馆、小客栈和旅游纪念品商店；可后来却纷纷迁出了古城，并将房子租给了来自昆明、大理的商人和来自四川、福建等地的外省人。很多商店出售的都是千篇一律的廉价中国旅游商品而不再是当地产品，餐馆也卖起了昆明菜或四川菜。1999 年世博会之后，丽江古城出现大批玉器店；截至 1999 年 10 月，共有 180 家玉商在丽江古城落户。据对丽江古城一条街的参与性调查，这条街共有商店 64 家，其中 37 家由外地人经营（22 家是玉器加木雕店），占总数的 58%；其余 27 家是纪念品商店、客栈和饭馆等与旅游有关的店铺，为当地人生活服务的店铺一家都没有。四方街也从出售肉类、蔬菜和日用生活品的综合市场，变成了为游客服务的旅游工艺品市场。此外，当地居民对新来的外地人存在不满，认为他们污染了丽江古城的环境，增加了犯罪和火灾隐患。然而，正是当地居民把自己的房子租给这些外地人，才导致外地人的大量涌入（Peters，2001）。

4.3.2 2005～2010 年旅游挤出效应达到高峰

2005 年以后，丽江旅游业持续快速发展，旅游挤出效应达到高峰，原住居民大量外迁，商铺、酒吧、客栈等旅游服务设施迅速增加。《云南民族关系调查研究》（郭家骥，2010）对丽江市古城区大研街道办事处和束河街道办事处 13 个社区中 8 个与旅游业关系密切的社区，进行了民族关系现状专题研究，调查报告从侧面反映出 2008 年以前几年间丽江古城的旅游挤出效应，现将其中相关内容概述如下。

1. 大研街道办事处五一社区

2005 年五一社区实际的原住居民为 743 户 2670 人，2007 年为 705 户 2557 人（户籍人口为 1028 户 3459 人）。五一社区并不是古城中最热闹的地区，但仍然有约 1200 多人的外来人口居住在这里。纳西族老人杨庚福说：

由于周围环境太嘈杂，许多古城居民就搬走了。我们兴仁下段原大佛寺巷这一段，1996 年有 27 户 100 多人，现在只剩下 4 户 18 人了。这几年政府为留住古城居民采取了一些措施，如整修道路、安装路灯、厕所免费等，从 2004 年开始实行惠民政策，给每一个古城居民每月发 10 元钱的补助，但吸引力还是太小。

2. 大研街道办事处新义社区

2004 年，新义社区实际的原住居民只有 159 户 494 人，2007 年进一步降至 146 户 392 人（户籍人口为 471 户 1500 人）；到 2007 年末，新义社区的原住居民已有约 74%的人口迁离了古城，取而代之的是 2800 多人的外来人口。其中，四方街居民小组外迁最突出：2007 年，户籍人口有 69 户 223 人，实际留下的只有 16 户 38 人，迁出率高达 83%。居委会副书记和亮光说：

丽江旅游业发展，对古城居民带来了两个方面的直接影响。一方面是古城居民得到了实惠，外来商家为古城注入了活力，古城居民 $10m^2$ 的铺面每月租金可收入三四千元，热点地段还不止，有的家庭一年仅房租收入一项，就可达 10 多万元，……另一方面就是古城居民外迁，居住在古城生活上有许多不便之处，……年轻人都搬出去了，只剩下一些老年人住在古城里。

3. 大研街道办事处新华社区

2007 年新华社区实际的原住居民为 189 户 657 人（户籍人口为 457 户 1589 人），仅 2005～2007 年就迁走了 108 户 381 人。同时，大量流动人口迁入新华社区，仅正式办理了暂住证的流动人口就有 2580 人。居委会副主任和艳娟说：

新华社区是古城旅游业最热闹的地段之一，一间 10 多平方米的铺面就可以租到 10 多万元，著名的酒吧一条街就在这个社区内。前几年，酒吧一条街是古城夜晚最嘈杂的地段，……居民们意见很大，许多人迫不得已而迁离古城，……后来引起古城管理局的重视，采取了限制措施，……现在情况已经大为好转了。

4. 大研街道办事处光义社区

光义社区位于木府周边，下辖 8 个巷段（居民小组），其中位于古城内的 6 个巷段的本土居民也出现了外迁现象，2007 年 6 个巷段实际的原住居民为 310 户 1082 人。据 2008 年 6 月 4 日的统计，这一天居住在光义社区正式办理了暂住证的流动人口就有 2679 人，远远超出了原住居民的数量。这些流动人口中绝大多数是汉族，主要来自福建、江浙、四川，来自鹤庆的白族也不少。居委会书记陈世杰说：

旅游发展起来，外地人越来越多，古城的纳西族确实得到了实惠。……但是随着原住民的迁离，古城原有的文化也在流失。一出门去，到处是商店，到处是南腔北调的人，……本地纳西族不喜欢做生意，整个社区 430 多户商铺中，古城居民经营的不会超过 20 户，……纳西话已经不起作用了，以前还可以用纳西话买东西，现在必须讲汉话才能在古城中买到东西，导致古城居民中“80 后”和“90 后”出生的纳西族都不会讲纳西话了。

5. 大研街道办事处北门坡社区

1981 年初开发时，划给各家各户的地基都比较大，一些人家在古城有房子，在古城外的北门坡也有房子。有一部分人靠出租房屋生活，例如玉河商场巷有 94 户，大约有一半左右的人家把房子租出去了；东岳巷有 90 户，也有三分之一的人家租房子给外地人开客栈。北门坡社区除玉河商场巷和东岳巷外都不在古城范围内，房子可以卖给外地人，自 2004 年以来很多外国人以及在古城做生意的外地老板都在这里买房子。因此，2007 年北门坡社区共有流动人口 2000 多人。

6. 大研街道办事处义尚社区

与前 5 个社区不同，义尚社区是一个以农业人口为主的社区。2007 年义尚社区户籍人口为 469 户 1639 人，其中农业户 364 户 1155 人；流动人口 180 多人，都是外地来打工的人到此租房居住的。居委会王呈文书记和刘林军干事说：

我们社区位于古城边缘，2004 年以前都是以种植蔬菜为生的菜农。2004 年，为了保护世界文化遗产丽江古城的完整，上级政府在我们社区征了 500 亩土地，用于古城中心商业网点的外迁和文化产业开发。

7. 束河街道办事处龙泉社区

2007 年龙泉社区有户籍人口 655 户 2467 人，外来人口 4087 人。外来人口中，约 20%是来自鹤庆的白族，也有一部分来自四川大凉山的彝族，其余绝大多数都是汉族。居委会的木林书记、李忠主任说：

束河的大规模开发始于 2003 年，昆明鼎业集团征用了龙泉村的 800 亩土地，新加坡悦榕集团征用了龙泉村 400 亩土地。现在，人均耕地还有 1.6 亩，但好田人均只有 8 分了，老百姓的生计方式也发生了重大变化，大约有一半人口因为直接参与旅游业而受益，还有 1000 多人地处旅游开发的外围而情况稍差一些，但也通过间接参与获得了受益。在直接参与旅游业的人口中，鼎业集团用了 140 多人，月收入 600～800 元；悦榕集团用了 30 多人，月收入高达 2000 多元；有 258 户人家将自己的房子租给外地老板做生意或居住，平均每家每年有 4 万元左右的收入；……还有几十户人家或自办餐馆，或沿街摆点小食摊，为游客提供餐饮服务。……当然，旅游业发展带来的熙熙攘攘的人流、直到深夜两三点钟游客还在大声高歌的噪音和嘈杂声，也给传统上习惯于日出而作、日落而息的社区居民带来了很大的不适应。

8. 束河街道办事处开文社区

2007 年开文社区户籍人口为 621 户 2556 人，有条件参与旅游业发展的主要是文荣、荣华、东康 3 个位于坝区的居民小组。到 2007 年为止，昆明鼎业集团有限公司、云南大学旅游文化学院、三朵园林公司等单位，共征用了这 3 个居民小组的 2100 亩（1 亩约为 666.7m^2）土地，使其人均耕地面积从原来的 2 亩下降到现在的 1 亩，新开辟的生计来源与龙泉社区基本相同；不同的是，这 3 个居民小组还留有一定数量的耕地面积，使农业在其生计来源中还占有一点地位。

4.3.3　2011 年以后旅游挤出效应趋缓

2011 年以后，大研古城和束河古镇的旅游挤出效应趋于缓和，有能力和有条件外迁的原住居民已经基本迁出，原住居民外迁数量的增速放缓，而外来经营户却频繁地迁入与迁出，呈现出高流动性的特征。2011～2013 年，为全面了解丽江古城旅游发展中的文化景观变迁情况，课题组先后多次对丽江古城的大研古城、束河古镇和白沙古镇进行了深入调查。现将调查中获取的旅游挤出效应相关内容概述如下。

2007 年大研古城所在的大研街道办事处户籍人口为 7478 户 24585 人，2010 年降至 7347 户 23894 人，户籍人口减少了 131 户 691 人（表 4-4）。

表 4-4　大研街道办事处户籍人口基本情况

项目	2007 年	2008 年	2009 年	2010 年
户数/户	7478	7356	7351	7347
人口/人	24585	24150	24115	23894

资料来源：大研街道办事处

随着丽江古城的旅游发展，大研街道办事处辖区内的产业结构也发生了一定的变化。制造业因与古城保护和旅游发展不相适应而迁出古城，由 2007 年的

68 户下降至 2008 年的 1 户。与旅游发展相适应的零售业、餐饮业和住宿业则快速发展起来。2007～2011 年，零售业从 1282 户增加至 1605 户，增加 25%；餐饮业从 379 户增加至 487 户，增加 28%；住宿业从 459 户增加至 768 户，增加 67%（表 4-5）。

表 4-5 大研街道办事处经营户基本情况 （单位：户）

年份	制造业	运输业	零售业	餐饮业	住宿业	建筑业	其他	合计
2007	68	168	1282	379	459	12	143	2511
2008	1	175	1653	397	555	18	195	2994
2009	1	163	1557	457	656	19	199	3052
2010	1	233	1570	477	744	21	152	3198
2011	1	260	1605	487	768	22	163	3306

数据来源：大研街道办事处

2011 年 10 月，大研街道办事处光义社区总经营户户数约 820 户，实际的原住居民经营户约 300 户，外来经营户约 520 户。社区内经营门店有客栈约 100 家、餐饮约 20 家、商铺约 400 家，主要由外地人经营，纳西人经营户只有约 3 户，外地人经营户又以福建、浙江经营户比较多，且为家族式的。2003 年，光义社区的商铺不超过 100 家；2007 年，商铺约 200 家，客栈约 40 家，餐饮约 12 家，实际的原住居民经营户约 500 户。2010 年原住居民进一步大量外迁，到 2011 年 10 月止，原住居民经营户还剩约 300 户。仍然留在古城的原住居民主要分为三种情况，一是房屋质量和居住生活条件较好，但老人不愿意搬出古城；二是房屋为大杂院或位置太偏，不好出租或租金太低，无法支撑在新城买房；三是低保户和困难户，一般住在大杂院内，买不起新城的房子，只好留在古城居住。原住居民的外迁动摇了古城文化根基，为了保证纳西文化传习，光义社区定期组织纳西打跳活动和纳西母语培训。

2011 年 10 月，大研街道办事处新华社区在籍居民有 464 户 1608 人，实际的原住居民约 17 户，外来经营户约 238 户。社区内的新华小学共有学生约 337 人，其中外地生源学生约为 320 人，约占学生总人数的 95%，但 26 名教师均为丽江本地人。为保证纳西语的传承，居委会每个星期会组织讲授两节母语课，社区内的原住居民和外地人均可以参加学习，经营户还可以参与每年四期的纳西母语培训。

2011 年 10 月，大研街道办事处新义社区实际的原住居民约 67 户 304 人，外来经营户约 520 户，2009 年原住居民约 111 户 450 人，仅 3 年时间原住居民就减少了约 44 户 146 人。2011 年 10 月，束河街道办事处龙泉和开文社区的外来经营户约

1220 户 3000 多人，原住居民约 970 户 3997 人，其中街尾村的原住居民约剩 2 户。

面对丽江古城原住居民不断外迁的问题，政府为了留住原住居民采取了一系列惠民措施：政府每年财政拨款 250 万～300 万元，用于资助古城内的原住居民；留在古城内的原住居民可获得一定的生活补助，补助金额从 15 元/（人·月）涨至 25 元/（人·月），后又涨至 30 元/（人·月）；实施公房竞租，鼓励纳西族居民租住公房改善生活条件，并且政府补贴一部分；在古城内设置便民中心，用电瓶车帮助居民运货。另外，政府规定丽江古城内的房屋只能出租不能买卖，一定要卖，只能卖给丽江古城管理有限责任公司，或者丽江本地人。

2013 年 8 月，对大研古城、束河古镇和白沙古镇的商业服务设施的调查显示（表 4-6）：大研古城的商业服务设施最多，有 3624 家；其次是束河古镇，有 1502 家；最少的白沙古镇，仅有 89 家。大研古城、束河古镇和白沙古镇的商业服务设施都以旅游购物、住宿和休闲餐饮这三类居多。大研古城有旅游购物 1506 家，占 41.56%；住宿 1243 家，占 34.30%；休闲餐饮 426 家，占 11.75%。束河古镇有旅游购物 682 家，占 45.41%；住宿 481 家，占 32.02%；休闲餐饮 156 家，占 10.39%。白沙古镇有旅游购物 37 家，占 41.57%；住宿 13 家，占 14.61%；休闲餐饮 15 家，占 16.85%。这三类商业服务设施主要是为游客服务的，古城中可以为居民日常生活服务的商业设施很少。大研古城有日用零售 100 家，占 2.76%；束河古镇有日用零售有 31 家，占 2.06%；白沙古镇有日用零售有 9 家，占 10.11%。

表 4-6　大研古城、束河古镇和白沙古镇商业服务设施统计表

设施类别	大研古城		束河古镇		白沙古镇	
	数量/家	占比/%	数量/家	占比/%	数量/家	占比/%
旅游购物	1506	41.56	682	45.41	37	41.57
住宿	1243	34.30	481	32.02	13	14.61
休闲餐饮	426	11.75	156	10.39	15	16.85
日用零售	100	2.76	31	2.06	9	10.11
公共服务	52	1.43	11	0.73	—	—
旅行社	104	2.87	24	1.60	—	—
文化	17	0.47	8	0.53	4	4.5
摄影	—	—	34	2.26	—	—
其他	176	4.86	75	4.99	11	12.36
合计	3624	100.00	1502	100.00	89	100.00

资料来源：根据 2013 年 8 月实地调研数据统计得出

4.4　丽江古城旅游挤出效应的特征与作用机理

丽江古城旅游挤出效应的特征主要表现在经济性、社会性、空间性、文化性四个方面，作用机理则表现为：在资本循环、权力干预和利益相关者博弈的运作逻辑下，古城空间生产过程产生了旅游挤出效应。

4.4.1　丽江古城旅游挤出效应的特征

丽江古城的大研古城、束河古镇和白沙古镇的旅游发展时间和程度均不相同。大研古城旅游发展时间最早，可以追溯到20世纪80年代，但大研古城旅游的真正崛起是从1996年“2·3”地震和1997年丽江古城申报世界文化遗产成功开始的。震后的恢复重建抢救和保护了大研古城的历史风貌和民居建筑，申遗成功提升了丽江古城的知名度，从此大研古城走上了旅游发展的快车道，成为三个片区中旅游发展最成熟的地区。束河古镇的旅游快速发展始于2003年昆明鼎业集团有限公司对束河古镇的整体开发。束河古镇的旅游开发采取了“保留古村落（老区）和按照传统建筑风格、村落风格开辟新区”的分区开发模式，极大地扩展了束河古镇的用地规模，塑造出束河古镇不同于大研古城的独特魅力。但总体来看，束河古镇的旅游发展程度与大研古城不相上下。白沙古镇的旅游发展最为缓慢，由于区位条件不如大研古城和束河古镇优越，加之政策上强调以保护乡村田园风光为主，白沙古镇的旅游发展受到一定制约，旅游发展程度远不如大研古城和束河古镇。因此，旅游挤出效应在大研古城和束河古镇表现得最为突出，并呈现出以下四个方面的特征。

1. 经济性——旅游商业经济的繁荣与危机

丽江古城的商业繁荣古已有之，尤其是抗日战争时期，丽江成为中国与印度的贸易枢纽之一，成为纳西族地区最大的商业城镇。抗日战争结束后，丽江商业由盛转衰，但仍然保持了一定的商业活力。1949年之前，丽江大研古城居民90%以上为纳西族，80%以上的人口依靠手工业和商业为主要生活来源，有2500多人从事手工生产，大小商户有1200多家（郭大烈等，1994）。1949年后的计划经济时期，大研古城的工商业发展受到一定制约。1994年以后，随着丽江旅游业的崛起和发展，丽江古城迎来了商业繁荣的又一个春天。

旅游商业经济的繁荣，打破了丽江古城原有的安静祥和的生活氛围，居住功能被商业功能挤出。大研古城和束河古镇充斥着购物、餐饮、酒吧、客栈等满足游客旅游需求的商业服务设施；古镇内人流熙熙攘攘、店铺鳞次栉比、商品琳琅满目，一派热闹繁华的景象。从微观层面来讲，丽江古城旅游挤出效应的经济性就是原住居民出租房屋获得租金，外来经营户承租房屋并提供商业服务获得利润，政府和企业也在古城的商业化开发过程中获得经济利益；从宏观层面来讲，丽江古城旅游挤出效应的经济性就是丽江古城借助世界文化遗产的品牌效应成为著名旅游目的地，旅游商业经济的繁荣由古城扩大到整个城市，进而带动地方经济的全面发展。然而，丽江古城商业繁荣的背后也潜藏着危机，迅速膨胀的旅游商业服务设施占据了古城的大部分空间，古城变为了一个没有纳西族居民的主题公园和旅游超市；设施复制和商品雷同导致商户之间的同质化竞争异常激烈，也造成了商铺的频繁转让和经营户的频繁流动，一次次的铺面转让使得房屋租金不断升高，获利空间越来越小，最后有可能导致市场崩盘，泡沫破灭。因此，如何通过政策引导实现旅游商业经济的理性发展是丽江古城旅游发展面临的主要问题之一。

2. 社会性——居住社区向旅游社区的转型

随着旅游业的发展，丽江古城的原住居民纷纷迁出古城，原因主要有两个：一是旅游发展带来了土地增值，将古城的房屋出租可以获得不错的收益，从而在新城购买条件更好的房子居住；二是游客和外来经营户涌入古城，带来了交通拥挤、环境污染、噪声扰民、治安和消防压力大等问题，导致古城居住环境质量下降，原住居民不得不迁出古城。原住居民的迁出和外来人口的涌入，使得丽江古城的社会关系结构发生了深刻的变化，逐步由原来的以原住居民为主体的“居住社区”演变为以游客和外来经营户为主体的“旅游社区”（图 4-3）。

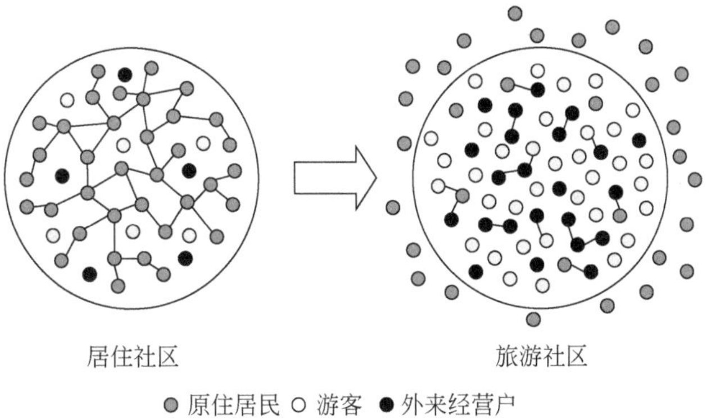

图 4-3　居住社区与旅游社区的模式图

在居住社区中，原住居民是主体，游客和外来经营户数量较少，原住居民之间依托血缘、亲情、权威建立起较为紧密的邻里关系。在旅游社区中，原住居民大量外迁，原有的紧密和谐的邻里关系被打破；迁走的原住居民分散在新城中，面临构建新的邻里关系；留在古城内的原住居民少而分散，原有的邻里关系难以维系，与外来经营户之间的新型邻里关系也不易建立。游客和外来经营户成为社区主体，游客流动性很强，除个别停留时间较长或反复重游的游客可能与外来经营户或原住居民建立一点联系外，绝大多数游客都属于来去匆匆的过客。外来经营户与原住居民之间、外来经营户之间有可能依托业缘、友情、合作建立起较为松散的邻里关系，外来经营户之间可能建立起同乡或家族式的邻里关系，但无论何种关系，都因为外来经营户的流动而存在不稳定性。总之，居住社区具有整体化、紧密、稳定的特征，旅游社区则表现出碎片化、松散、多变的特征。

3. 空间性——居住生活与旅游商贸的功能置换

丽江古城旅游挤出效应在空间上呈现出居住生活与旅游商贸的功能置换，即随着原住居民的大量迁出，古城内满足原住居民生活需求的居住和商业服务功能逐渐减少甚至消失，取而代之的是满足游客旅游需求的购物、餐饮、住宿、娱乐、休闲、文化体验等功能。

丽江古城旅游发展初期以观光旅游为主，空间上的旅游挤出效应表现不突出。随着观光旅游逐步向休闲度假旅游转型，丽江古城的商业化开发日趋深入，建起了大量的购物、餐饮、住宿、娱乐等商业服务设施，尤其是客栈的兴建严重蚕食了古城原住民的居住生活空间。据 2013 年 8 月调查显示，大研古城有 3624 家商业服务设施，其中旅游购物 1506 家，住宿 1243 家，休闲餐饮 426 家；束河古镇有 1502 家商业服务设施，其中旅游购物 682 家，住宿 481 家，休闲餐饮 156 家。这些商业服务设施的建设需要占用大量的土地，但丽江古城的土地空间有限，所以商业服务设施建设的基本途径就是对原有土地和建筑空间进行更新改造，将具有居住功能的传统纳西族民居改建为具有纳西族民居物质外壳的客栈、餐饮、娱乐等商业服务设施，形成空间功能置换。

4. 文化性——古城文化的去地方化与再地方化

历史上丽江古城纳西族文化的形成就是多元文化交融的结果，纳西族在与周边其他民族和谐相处、频繁交往的过程中，不仅形成了东巴文化等纳西族特有的传统文化，也吸收了汉、藏、白等民族文化，融入了佛、道、儒等传统文化。伴随着旅游业的快速发展，携带异质文化的游客和外来经营者大量涌入古城，而承载纳西族文化的原住居民纷纷迁出古城，旅游挤出效应使得丽江古城正发生着新一轮的文化变迁与重构。

一方面，游客、外来经营户与原住居民之间的跨文化交流，使得游客及外来经营户的来源地文化、旅游者文化与古城地域文化之间产生交流与碰撞；再加上全球化消费文化对古城文化的渗透和侵蚀，使得丽江古城地域文化的独特性被弱化，呈现出去地方化的倾向。另一方面，丽江古城地域文化的形成与发展深深根植于其独特的地理环境、民族风情和历史积淀，这种文化之根是丽江古城的灵魂所在，不容轻易抛弃；因此，丽江古城地域文化在与外来文化的交流过程中，必然基于文化之根重塑地域文化，呈现出再地方化的倾向。丽江古城的地域文化正是在去地方化和再地方化的过程中不断向前发展，产生不可逆转的嬗变，塑造出现代性与传统性并存、碎片化、多样化的古城文化特色。丽江古城的物质文化与非物质文化都经历着这样的嬗变，东巴文被创造性地应用为旅游纪念品的装饰纹样，时尚文化与民族文化磨合成具有丽江特色的酒吧文化，传统纳西族民居被诠释为现代酒店与传统符号嫁接的体验空间。

4.4.2　丽江古城旅游挤出效应的作用机理

丽江古城旅游挤出效应是古城空间生产的结果，是在资本循环、权力干预和利益相关者博弈运作逻辑下的古城空间生产过程中产生的原住居民挤出、原有功能挤出和原生文化挤出。

4.4.2.1　资本循环、权力干预和利益相关者博弈运作逻辑下的古城空间生产

丽江古城的旅游发展和商业化开发过程就是古城空间的价值实现过程，资本驱动下的价值转变成为引起旅游挤出效应的源动力。旅游挤出前的丽江古城是纳西族居民的居住生活空间，主要体现的是使用价值；旅游挤出后的丽江古城成为游客的休闲空间和外来商户的生产空间，交换价值凸显。资本的本性在于实现自身最大限度的增殖，古城空间从使用价值向交换价值的转变恰好满足了资本增殖的需求，于是大量资本投资于满足旅游需求的购物、住宿、餐饮、娱乐、休闲、体验等消费性物质环境的生产，利用古城创造空间商品销售给游客，以便赚取商业利润，而古城作为原住居民生活空间的功能退居次要地位，甚至消失殆尽。

资本介入的古城空间生产不仅改变了物质空间的价值属性，也重塑了社会空间的结构关系，基于空间使用价值优先的以原住居民为核心的社会关系被打破，取而代之的是基于空间交换价值优先的以游客和外来商户为核心的社会关系，新型社会关系支持下的权力干预和利益相关者博弈控制着古城空间生产。政府、旅游开发商、旅游经营商、原住居民、旅游者、非政府组织、专家学者、地方精英是参与丽江古城空间生产的主要利益相关者，他们的权力大小和利益诉求形成的博弈关系主导着古城空间生产过程。政府和旅游开发商是古城空间生产的主要参与者。政府作为权力的绝对拥有者，具有促进经济发展、保护古城文化、保障人民利益等多元利益诉求；旅游开发商作为古城建设的投资主体，其利益诉求主要为资本利润最大化。原住居民和旅游经营商是古城空间生产的次要参与者。旅游

开发为原住居民带来了实惠，他们通过出租古城房屋获得丰厚租金，但原住居民也因此丧失在古城居住生活的权力而被边缘化；旅游经营商成为实际的古城空间占有者，其利益诉求与旅游开发商一样，也是追求资本利润最大化。专家学者和地方精英是古城空间生产的次要参与者，他们的利益诉求主要为保护古城文化和谋求地方经济发展，专家学者和地方精英凭借其权威性往往能影响政府和旅游开发商的决策。旅游者和非政府组织是古城空间生产的边缘参与者。旅游者只是消费者而不是生产者，但古城空间生产在本质上就是消费空间生产，必须考虑旅游者的消费需求；非政府组织的利益诉求主要为保护古城文化和维护公众利益，但影响力较弱。总之，以政府为权力核心，以创造旅游者消费需求为主线，以实现旅游开发商、旅游经营商、原住居民经济利益最大化为主要目标，成为丽江古城空间生产的基本逻辑，并由此引发丽江古城的旅游挤出效应。

4.4.2.2 古城空间生产过程中产生旅游挤出效应

丽江古城空间生产过程中伴随着原住居民挤出、原有功能挤出和原生文化挤出，它们各自的作用机理如下。

1. 原住居民挤出包括被动挤出和主动挤出两种方式

被动挤出的基本特征是原住居民在旅游目的地空间生产中处于弱势和被动的地位。地方政府为实现旅游发展带来的既得经济利益，将原住居民的土地作为吸引资本投资旅游开发的条件，被征用的土地用于旅游商业化开发，原住居民不得不迁出原来居住生活的社区。主动挤出的基本特征是原住居民在旅游目的地空间生产中处于积极和主动的地位。一方面原住居民意识到自身所持有的土地或房屋在旅游发展中具有增值潜力，可作为投资旅游获取利益的资本；另一方面由于旅游开发带来社区居住环境质量下降，于是原住居民主动迁出原来居住生活的社区，将原有土地或房屋出租、出让，用于旅游商业化开发，这种原住居民的外迁决策更多地取决于个人因素而非制度因素。

在丽江古城的空间生产过程中，两种挤出方式同时并存。其中，大研古城的空间生产主要是由居民个人将房屋出租给外来商户改造为客栈和商铺，表现为主动挤出的特征；而束河古镇的空间生产主要是由昆明鼎业集团有限公司对土地进行统一开发、对居民进行集中安置，表现为被动挤出的特征。

2. 原有功能挤出主要受资本和权力的推动

在丽江古城的空间生产过程中，空间被资本化了，古城所有空间要素被纳入资本生产的逻辑，资本为了实现增殖的目的，必然将古城空间开发、设计、使用和改造为具有更高交换价值的空间商品。于是，在资本逐利的推动下，丽江古城原有的居住生活功能空间逐渐被具有更高交换价值的旅游商业功能空间所置换。

作为权力核心的政府虽然肩负古城保护的重任，但为了谋求丽江经济发展，往往与资本相纠集，服务于资本，为古城空间功能置换提供了政策支持。作为权力主体的古城原住居民虽然拥有古城房屋的所有权和使用权，但在巨大经济利益的诱惑下，将使用权转让给旅游开发商与经营商，丧失了对古城房屋的实际控制权，为古城空间功能置换提供了社会支持。就这样，资本裹挟权力，权力联合资本，共同推动丽江古城空间由使用价值优先的居住生活功能向交换价值优先的旅游商业功能转化。

3. 原生文化挤出受内、外因的作用

从内因来看，丽江古城空间生产引起古城文化的内生性转变。一方面。丽江古城空间生产引起古城民居建筑生产方式的变革。为了建设满足现代旅游消费需求的住宿、餐饮、购物和娱乐设施，人们采用新的建筑技术和材料对古城民居进行改造更新，实现了古城民居的建筑技术进步与革新，也导致了传统纳西族民居文化一定程度的挤出。另一方面，丽江古城空间生产使得文化成为资本、生产资料和消费对象。文化以何种形态进行展演、以何种商品形式出售，是由现代旅游决定的。文化以资本化和商业化的形式被传承，古城空间逐渐丧失原生文化延续发展的社会基础，古城原生文化在空间生产过程中逐渐被挤出。

从外因来看，古城文化在空间生产过程中受到游客及外来商户来源地文化、旅游者文化的冲击和影响，导致古城原生文化被挤出。一方面，来自四面八方的游客和外来商户具有不同的文化素质与背景，游客和外来商户本身所具有的来源地文化在旅游发展过程中会对目的地文化造成潜移默化的影响；另一方面，不同的游客具有相似的旅游者文化，旅游者在旅游过程中常常使用共同的旅游设施，参观相似的旅游景点，并表现出大同小异的行为，这种大众化、同质化的旅游需求和旅游行为，会使丽江古城文化为迎合游客需求而发生变化。

第 5 章　丽江古城文化景观生产特征之一——古城空间扩张化

在旅游挤出效应的压力机制下，丽江古城文化景观生产表现出三个方面的特征，即古城空间扩张化、用地功能消费化、建筑景观符号化。以下 5～7 章将分别就这三个方面对旅游挤出后丽江古城文化景观生产特征进行详细阐述。

2003 年以来，丽江市委、市政府始终围绕建设世界级精品旅游胜地为目标开展城镇化建设工作，着力把丽江市建设成为国际旅游城市。旅游业发展推动了丽江的城镇化进程，也带动了丽江坝区的城镇空间扩张，包括其中的古城空间。本章以古城空间扩张化为研究内容，对丽江城镇化建设、丽江坝区城镇扩张进行详细分析，对丽江古城扩张中的空间生长规律以及扩张后的空间重构特征进行深入研究，从而总结出古城空间扩张化的基本特征和内在规律。

5.1　旅游业推动下的城镇发展

旅游业作为丽江的支柱产业，不仅推动了丽江经济的发展，也带动了丽江城镇化的发展。

5.1.1　丽江城镇化与旅游业发展

丽江城镇化发展与旅游业发展几乎是同步的，丽江城镇化与旅游业之间具有很强的相关性。

5.1.1.1　丽江城镇化建设历程

1. 城镇化缓慢推进阶段（1985～1995 年）

丽江的城镇发展历史悠久，但城镇化水平十分落后。即使是在改革开放初期，丽江经济发展水平有了很大提高，但城镇化进程仍十分缓慢。1983～1986 年期间，丽江、永胜、华坪、宁蒗先后启动和完成了城市规划，其中《丽江县城总体规划（1983—2010）》于 1985 年 11 月 25 日经云南省人民政府批复正式实施。由此，丽江地区各县城开始按规划推进城镇化进程，减少了城镇化建设的盲目性。与此同时，丽江地区还启动了历史文化名城规划工作。1986 年 12 月 8 日，国务院公布第二批 38 个国家历史文化名城名单，丽江大研古城名列其中。1987 年 12 月，《丽江历史文化名城保护规划》颁布实施。在城镇建设方面，丽江地区开始按规划加强城镇道路建设、建立市场设施、完善城镇供水、开展城市绿化、建设商品房，使城市面貌发生了较大变化。1990 年，丽江县县城街道总长 17.65km，城区自来水供给率达 65%，日供水能力达 2000m^3，绿化覆盖率达 14.5%。但由于经济落后，丽江地区城镇化发展十分缓慢。1990 年，丽江地区非农业人口为 9.76 万人，占全区总人口的 9.62%，仅比 1978 年提高 0.98%；城镇化水平达 11.33%，比 1980 年提高了 2.13%（纳麒等，2009）。

20 世纪 90 年代中期，随着经济的发展，丽江经济实力有所增强，丽江按照城镇规划不断加强城镇建设，农业人口向城镇转移，使城镇化水平有了新的提高。一方面，城市基础设施建设得到加强；另一方面，城市管理水平得到提高。1995 年，丽江地区城镇建成区面积达 10km^2，丽江县、华坪县、宁蒗县日供水能力超 1 万 t，城区供水普及率接近 90%。但由于基础薄弱，丽江地区的城镇化推进仍较缓慢。1995 年，非农业人口占全区总人口的比重上升为 10.38%，比 1990 年提高了 0.76%。1995 年城镇化水平为 12.83%，比 1990 年提高了 1.5%（纳麒等，2009）。

2. 城镇化初步发展阶段（1996～2002 年）

1996 年 2 月 3 日，丽江发生了 7 级大地震。地震之后，丽江变灾难为机遇，一手抓抗震救灾，一手抓恢复重建，大力实施城市发展带动战略，加强城乡基础设施建设。丽江地区三年恢复重建共投入资金 14.5 亿元，竣工房屋面积达 85.6 万 m^2。在城乡规划方面，1995～1999 年丽江地区先后编制完成了《丽江城市总体规划（1995—2015）》，以及永胜、宁蒗、华坪城市总体规划。随着经济社会，特别是旅游业的迅猛发展，丽江地区于 2000 年 8 月开始启动丽江城市总体规划修编工作。与此同时，城市建设投资力度加大，城市保护工作成效显著。1996～2002 年，丽江地区城镇竣工房屋投资从 5159 万元上升到 7743 万元，城镇竣工建筑面积从 12.66 万 m^2 上升至 20.93 万 m^2。2002 年，丽江地区城镇人口达 15.60 万人，城镇建成区面积达 20km^2；城区人均综合用地约 200m^2，城镇化水平达 14.00%，比 1995 年提高了 3.08%，比 1980 年的 9.80%提高了 6.11%。至此，丽江地区城镇化水平有了较大提高，城市特色开始初步显现（纳麒等，2009）。

3. 城镇化快速推进阶段（2003 年以来）

2002 年 12 月 26 日，国务院同意撤销丽江地区并设立地级丽江市。2003 年 4 月 1 日，原丽江县分设古城区和玉龙县。由此，丽江市正式成立，开始了具有丽江特色的城镇化发展道路。在城乡规划方面，云南省人民政府先后批准实施《丽江城市总体规划修编(2004—2020)》和《丽江市市域城镇体系规划(2004—2025)》，另外，还完成了玉龙、永胜、华坪、宁蒗四县县城总体规划编制报批工作，完成了丽江市中心城区 10 个片区的控制性详细规划，以及一系列专项规划和村镇规划。在完成城乡规划的基础上，丽江市加大投入，加快城市基础设施建设，初步构建了以古城区为中心、四县县城为重点、乡镇为支撑的城镇发展体系，形成了古城、老城和新城协调发展的格局，有力地促进了全市城镇化水平的提高。2017 年底，丽江市城镇人口占总人口的比重为 39.22%，比 2003 年的 19.66%提高了 19.56%；城镇化水平提高至 39.62%，比 2003 年增加了 23.42%（《丽江统计年鉴 2004》《2017 年丽江市国民经济和社会发展统计公报》《云南统计年鉴2003》《云南统计年鉴2018》)。

2003 年以来，丽江市委、市政府始终围绕建设世界级精品旅游胜地为目标开展城镇化建设工作。经过努力，丽江市中心城区已成为集田园、山水、文化于一体的新型城市，玉龙县政府所在地已成为一座高水平、有特色、有活力的新县城，永胜、华坪、宁蒗县城已成为带动力日渐增强、城市功能日益完善的重点城镇，大研、束河、荣将等小城镇已成为特色鲜明、各展所长的新兴增长点。

5.1.1.2　丽江城镇化与旅游业的相关性

丽江旅游业的快速发展不仅推动了丽江经济发展，也推动了丽江城镇化发展（表 5-1）。

表 5-1　丽江市主要年份城镇化水平与旅游总收入统计表

年份	总人口（万）	城镇人口（万）	城镇化水平（%）	旅游总收入（亿元）
1995	105.9	34.2	32.3	3.26
1996	106.9	34.6	32.4	2.35
1997	107.8	35.1	32.6	9.47
1998	108.6	35.5	32.7	10.40
1999	109.3	35.8	32.8	15.87
2000	110.0	16.6	15.1	18.66
2001	110.8	20.5	18.5	22.69
2002	111.2	21.7	19.5	23.37
2003	111.9	22.0	19.7	24.04
2004	112.7	23.8	21.1	31.76
2005	120.3	32.5	27.0	40.26
2006	121.3	32.9	27.1	46.29
2007	121.6	30.4	25.0	58.24

续表

年份	总人口（万）	城镇人口（万）	城镇化水平（%）	旅游总收入（亿元）
2008	122.1	32.8	26.9	69.54
2009	122.6	33.1	27.0	88.66
2010	124.6	34.0	27.3	112.46
2011	125.4	35.4	28.2	152.22
2012	126.2	39.7	31.5	211.21
2013	126.9	41.4	32.6	278.66
2014	127.5	43.2	33.9	378.79
2015	128.0	45.6	35.6	483.48
2016	128.5	48.1	37.4	608.76
2017	129.0	50.7	39.3	821.90

资料来源：人口数据来源于《云南统计年鉴》，旅游总收入数据来源于《丽江年鉴》。

注：2000 年第五次全国人口普查调整了城镇人口统计口径，导致城镇人口和城镇化水平发生突变。

采用对数线性回归模型，对丽江市主要年份（2000-2017 年）的城镇化水平（因变量）与旅游总收入（自变量）进行相关性分析（图 5-1），得出 Pearson 系数为 0.865，判定系数为 0.749，模型的拟合程度较好。自变量 x 对应的回归系数达到了 0.01 的显著水平。由此判定回归方程与各参数的检验结果都有显著性意义。因此，丽江市城镇化水平与旅游总收入呈显著性正相关。

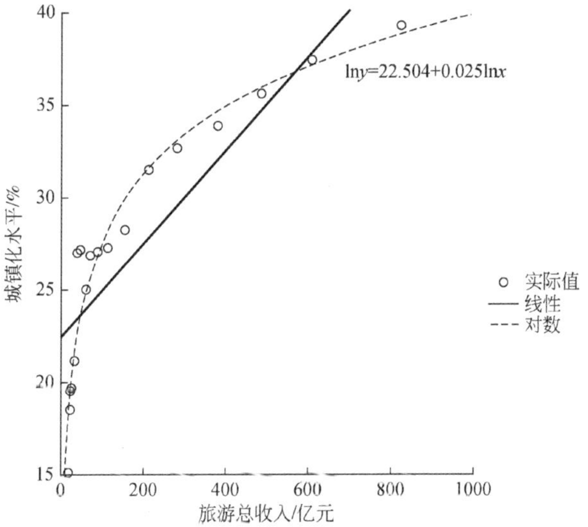

图 5-1 丽江市主要年份旅游总收入与城镇化水平相关性分析图

综上可得如下结论：从丽江市城镇化水平与旅游总收入的高度相关性可以看出，丽江市的经济和城镇发展主要依托旅游业，丽江市的旅游业发展状况直接影响其城镇化水平。

5.1.2 丽江坝区的城镇扩张

丽江坝区的城镇发展在整个丽江市的城镇发展中占有主体地位，旅游业的发展不仅推动了丽江市的城镇化过程，也促进了丽江坝区的城镇扩张。

5.1.2.1 历版城市总体规划概述

1949 年以后，丽江先后于 1958 年、1965 年、1983 年、1991 年、1995 年、2004 年、2010 年编制或修编丽江县城（城市）总体规划，其中 1965 年版已无资料可查。现就历版规划对城市性质、城市规模及用地发展方向等城市发展相关重大问题进行概述，并在此基础上对丽江坝区城镇规模扩张的进程和特征进行分析。

1. 1958 年丽江县城规划方案

1958 年 7 月，国家建筑工程部规划设计院、云南省建筑工程厅工作组协助丽江专区、县草拟丽江县城规划方案。规划方案的核心内容是明确县城的功能分区，确定古城八一路下段机床厂以南为工业区；古路湾专区大礼堂为县城中心，其西北面为居住区，西南面为行政办公区；东南的狮子山及东面的象山为风景区。规划方案提出城市向西、北、南方向发展；城市人口规模近期（1973 年）为 3 万人，远期（1988 年）为 10 万人（陈桔，2006）。

2. 丽江县城总体规划（1983～2010 年）

1983 年版规划的规划期限为：近期 1983～1990 年，远期 1991～2010 年。确定城市性质为：丽江县城是地、县、镇所在地，是全区政治、经济、文化中心，也是纳西文化的中心；是以农林牧产品加工为主的轻手工业城镇；具有丰富的风景资源，可以逐步创造条件成为玉龙雪山风景旅游区。城市向西北方向发展。城市人口规模现状（1983 年）为 3.31 万人，近期（1990 年）为 5 万人，远期（2010 年）为 6 万人。城市建设用地规模现状（1983 年）为 3.22km^2，近期（1990 年）为 4.0km^2，远期（2010 年）为 5.2km^2（陈桔，2006）。

3. 丽江县城总体规划修编（1991～2010 年）

丽江作为全国唯一的纳西族自治县，于 1985 年 7 月被国务院批准为对外开放县，1986 年 12 月被公布为国家历史文化名城，1988 年 8 月被定为国家重点风景名胜区。1991 年版规划的城市性质、规模和城市发展方向等城市发展的重大问题均超越上版规划。

1991年版规划的规划期限为：近期1991～1995年，远期1996～2010年。城市性质定位为：国家级的历史文化名城，玉龙雪山风景名胜区主景区之一；地区行署驻地；发展中的旅游城镇（市）。城市人口规模近期（1995年）为9.8万人，远期（2010年）为13.7万人。城市建设用地规模远期（2010年）为11.8km^2（陈桔，2006）。城区发展调整为向西发展，旧城中心与东干河附近村镇连成一片，便于集中发展、节约用地，远景再向西北方向拓展发展空间。

4. 丽江城市总体规划修编（1995～2015年）

1991～1995年，丽江旅游发展突飞猛进，导致产业结构发生转变，由以农牧产品加工为主转变为以旅游业带动其他产业发展的格局。同时，发展旅游业和保护丽江古城及周边环境之间的矛盾也显露出来。本次总体规划修编的目标是进一步强化对丽江古城的保护，完善城市结构、功能及用地布局调整。

1995年版规划的规划期限为：近期1995～2000年，远期2001～2015年，远景期2016～2030年。城市性质定位为：以雪山、古城、东巴文化为特征的国家级历史文化名城，国家级玉龙雪山风景名胜区主景区之一；地区政治、经济、文化中心；发展中的滇西北高原重点旅游城市。城市人口规模现状（1994年）为6.5万人，近期（2000年）为8.5万人，远期（2015年）为20万人。城市建设用地规模现状（1994年）为8.6km^2，远期（2015年）为30km^2，其中中心城区为24.4km^2（陈桔，2006）。城市发展方向为向西和西北方向发展，南口工业区集中在南部五台山脚下，甘海子旅游度假区集中在玉龙雪山东山脚（图5-2）。

1995年版规划在城市性质确定方面强调了旅游业在丽江县的重要性和特殊性；城市用地布局的调整也比较大，将城市中心向西迁移，并留设了南北向百米绿带。1995年版集中式布局使城区周边村庄得以较为完整的保留，但城市形态与外围山水格局的结合略差，用地向西一直扩展到山脚，对西侧以青龙河为主体、坝区范围最美丽的田园风光带侵占过多，阻断了“玉龙-白沙-束河-文笔海”这一南北向自然历史轴线，未能很好地体现城市与自然的和谐统一关系。

5. 丽江城市总体规划修编（2004～2020年）

根据《丽江城市总体规划修编（2004—2020）》（云南省城乡规划设计研究院，2004），规划期限为：近期2004～2010年，远期2011～2020年，远景2021～2050年。城市性质定位为：以世界遗产为依托的发展中的国际精品旅游城市；具有鲜明地方民族特色，融“山水田城”为一体的国家历史文化名城；丽江市政治中心，滇西北重要的经济、文化、交通、信息中心。城市人口规模（含暂住人口）现状（2003年）为10.4万人，近期（2010年）为13.9万人，远期（2020年）为21万人。城市建设用地规模现状（2003年）为14.7km^2，近期（2010年）为18.0km^2，远期（2020年）为25.0km^2。城市发展方向为向西、西北、西南三个方向发展，

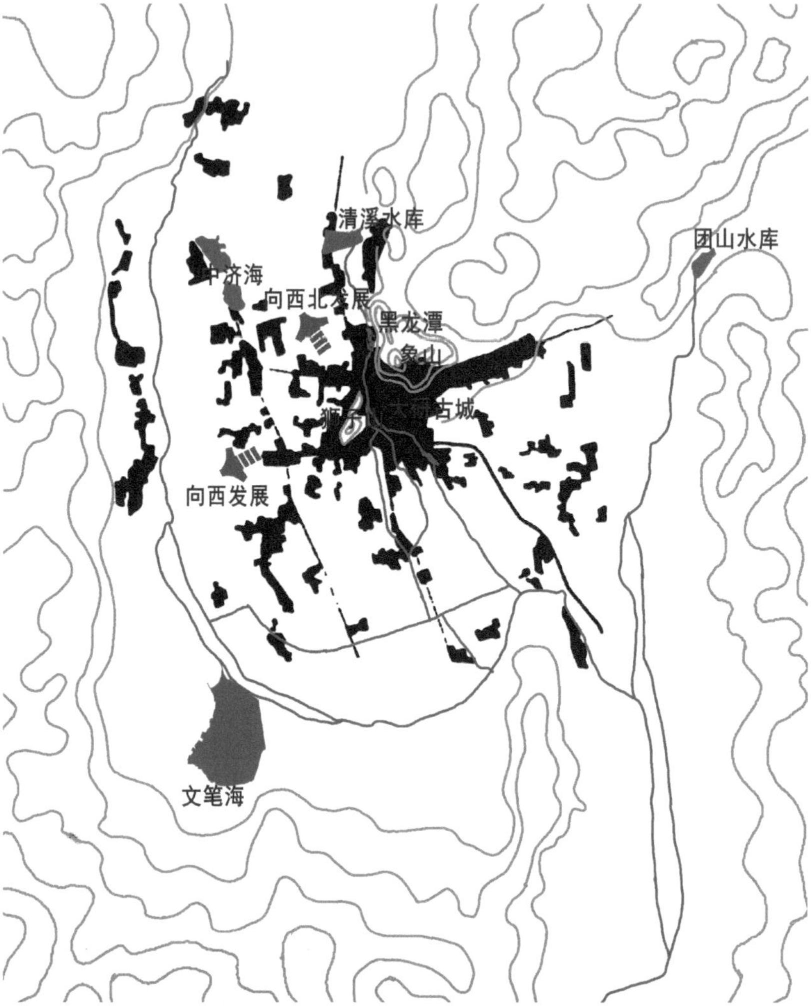

图 5-2　1995 年版丽江城市总体规划的用地现状及发展方向

资料来源：根据云南省城乡规划设计研究院（1995）绘制

古城东向、南向一定范围内严禁新增建设项目。同时，规划确定了“一廊三片”的丽江坝区空间发展形态。“一廊”是指古城以南向南、北延伸的“S”形带状田园风光走廊；“三片”是指丽江坝区城镇呈组团式布局，由大研中心城区、新团片区和玉龙县城片区组成，各片区既相对独立又彼此紧密联系（图 5-3）。

6. 丽江城市总体规划修编（2010～2030 年）

根据《丽江城市总体规划修编（2010—2030）》（云南省城乡规划设计研究院，2010），规划期限为：近期 2010～2015 年，远期 2016～2030 年，远景 2031～

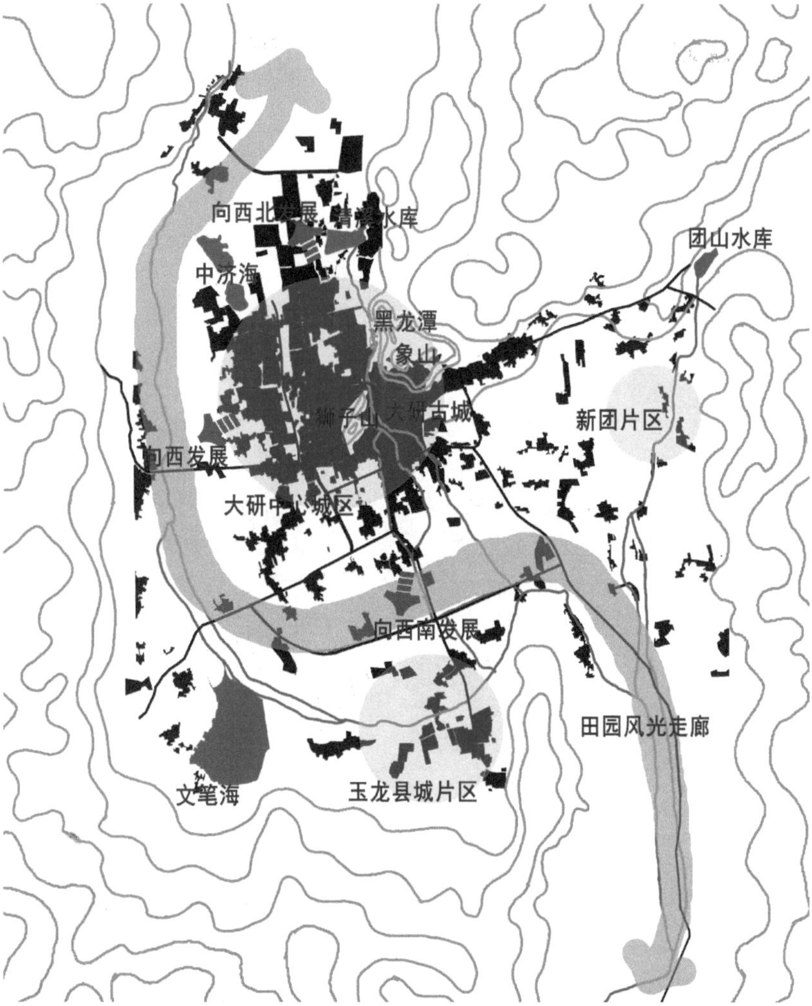

图 5-3　2004 年版丽江城市总体规划的用地现状及发展方向

资料来源：根据云南省城乡规划设计研究院（2004）绘制

2110 年。城市性质定位为：世界遗产地，国家历史文化名城，滇西北中心城市，具有鲜明地方民族特色、融“山水田城村”为一体的国际精品旅游城市。城市人口规模现状（2009 年）为 17.5 万人，近期（2015 年）为 30 万人（古城区 26 万人，玉龙 4 万人），远期（2030 年）为 43 万人（古城区 35 万人，玉龙 8 万人）。城市建设用地规模（2009 年）为 21.6km^2，近期（2015 年）为 38km^2，远期（2030 年）为 49km^2。丽江市中心城区的发展方向为跨过生态廊道向东、向南发展，控制向北发展。在此基础上，规划提出了“一廊四组团”的空间结构。“一廊”是指各组团之间的生态廊道，即田园风光带；“四组团”分别为主城区、新团组团、玉龙组团、南口工业组团，成为与城市中心有着紧密职能分工、承担特色职能的城市功能地域（图 5-4）。

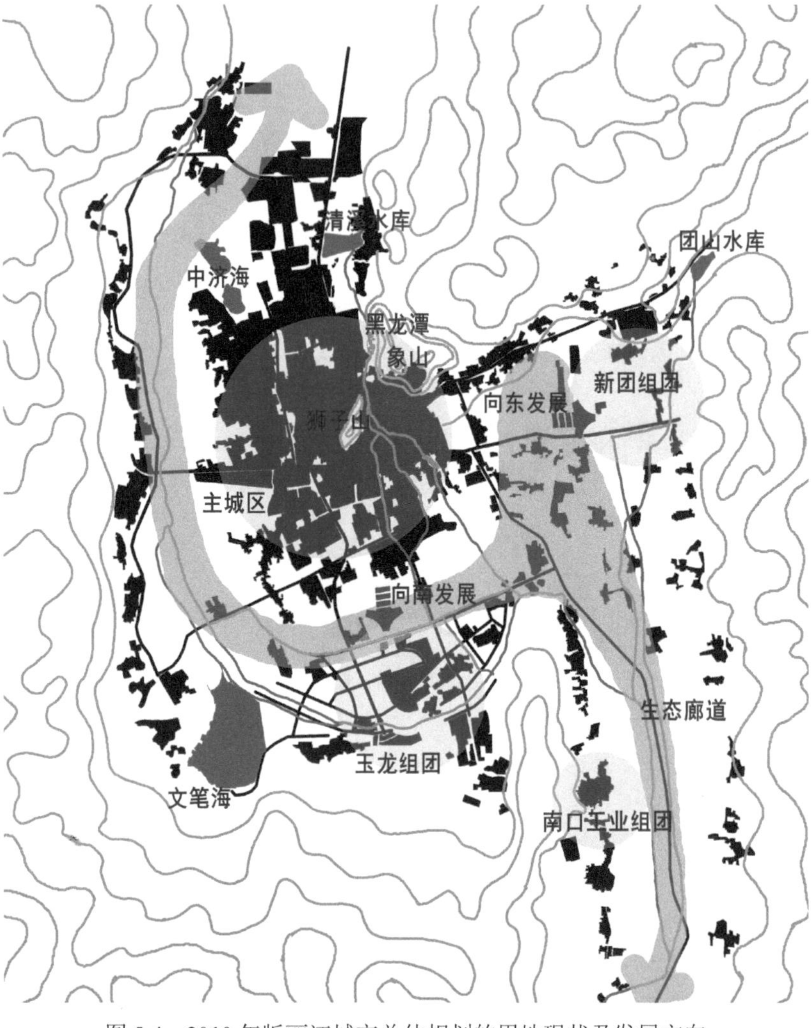

图 5-4　2010 年版丽江城市总体规划的用地现状及发展方向

资料来源：根据云南省城乡规划设计研究院（2010）绘制

5.1.2.2　丽江坝区城镇扩张的进程

从历版城市总体规划的主要内容来看，丽江坝区的城镇空间扩张大致可以划分为三个阶段：

1. 城镇缓慢发展阶段（1985～1995 年）

1985 年以前，丽江地区经济社会发展落后，丽江坝区城镇化发展极为缓慢。丽江坝区的城镇发展速度远远落后于规划预测，1983 年丽江坝区的城市人口规模仅为 3.31 万人，城市建设用地规模仅为 $3.22km^2$。

在 1994 年以前，丽江旅游业尚处于起步阶段，丽江坝区城镇发展尚不具备建设旅游城市的机遇和条件，1983 年版规划未将旅游城市确定为丽江县县城城市性质的内容，1991 年版规划也仅在城市性质定位中提出“发展中的旅游城镇（市）”。此外，1991～1994 年，丽江坝区经济社会发展较为缓慢，城镇发展速度仍然落后于规划预测，1991 年版规划预测城市人口规模近期（1995 年）为 9.8 万人，但 1994 年丽江坝区城市人口仅为 6.5 万人，城市建设用地规模仅为 $8.6km^2$。1983～1994 年，丽江坝区城市人口从 3.31 万人增加至 6.5 万人，年均增长率为 6.33%；城市建设用地从 $3.22km^2$ 增加至 $8.6km^2$，年均增长率为 9.34%（表 5-2、图 5-5）。

表 5-2　丽江历版城市总体规划中城市规模统计

城市规模		1958 年版	1983 年版	1991 年版	1995 年版	2004 年版	2010 年版
城市人口/万人	现状	—	3.31（1983 年）	—	6.5（1994 年）	10.4（2003 年）	17.5（2009 年）
	近期	3（1973 年）	5（1990 年）	9.8（1995 年）	8.5（2000 年）	13.9（2010 年）	30（2015 年）
	远期	10（1988 年）	6（2010 年）	13.7（2010 年）	20（2015 年）	21（2020 年）	43（2030 年）
城市建设用地/km^2	现状	—	3.22（1983 年）	—	8.6（1994 年）	14.7（2003 年）	21.6（2009 年）
	近期	—	4.0（1990 年）	—	—	18.0（2010 年）	38（2015 年）
	远期	—	5.2（2010 年）	11.8（2010 年）	30（2015 年）	25.0（2020 年）	49（2030 年）

数据来源：陈桔，2006；云南省城乡规划设计研究院，2010，2004，1995

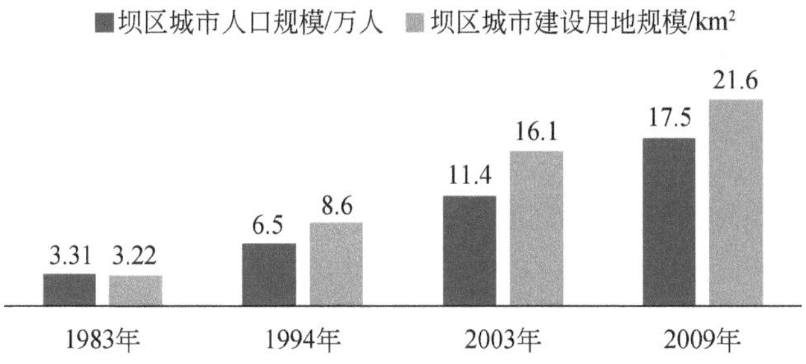

图 5-5　丽江坝区城市人口及建设用地规模变化分析图

数据来源：陈桔，2006；云南省城乡规划设计研究院，2010，2004，1995

2. 城镇初步扩张阶段（1996～2002 年）

1996 年 2 月 3 日，丽江发生大地震，丽江变灾难为机遇。1997 年，丽江古城被列入世界文化遗产。从此，丽江坝区迎来了城镇发展、旅游发展和古城保护的新机遇。

2003 年 4 月 1 日，丽江市分设古城区和玉龙县，丽江坝区的城市人口和建设用地规模应该包括古城区和玉龙县。但 2004 年版丽江城市总体规划没有将玉龙县人纳入中心城区的规模计算中，因此 2003 年坝区的实际城市人口规模为 11.4 万人，城市建设用地规模为 16.1km^2。与 1994 年相比，丽江坝区城市人口规模从 6.5 万人增加至 11.4 万人，年均增长率为 6.44%；城市建设用地规模从 8.6km^2 增至 16.1km^2，年均增长率为 7.22%（表 5-2、图 5-5）。

3. 城镇快速扩张阶段（2003 年以来）

2003 年以来，伴随着丽江旅游业的发展和丽江国际精品旅游城市的建设，丽江坝区城镇扩张十分迅速。丽江坝区的北部地区，仍保留着“农田+村庄”的主要形态，除了通往玉龙雪山的道路，基本上没有城市建设；中部地区，由 2010 年版规划的“中心城区现状图”（图 5-4）可以看出，中心城区城市建设已经向北与束河相连，主要是沿道路发展，城市商业在古城西北福慧路最为集中，其他以居住功能为主；南部地区，虽然玉龙县城的城市建设并未完成，但整体道路系统已经建设完成，规模扩大不少。2010 年版规划已将玉龙县城纳入中心城区，因此 2009 年丽江坝区的城市人口为 17.5 万人，城市建设用地为 21.6km^2，与 2003 年相比，丽江坝区城市人口规模从 11.4 万人增加至 17.5 万人，年均增长率为 7.4%，城市建设用地规模从 16.1km^2 增至 21.6km^2，年均增长率为 5.02%（表 5-2、图 5-5）。

按照 2010 年版规划，城市人口规模远期（2030 年）为 43 万人，城市建设用地规模远期（2030 年）为 49km^2，发展方向为跨过生态廊道向东、向南发展，控制向北发展，从而形成“一廊四组团”的空间结构。如果丽江坝区的城镇发展按此规划实施，丽江古城的大研古城和束河古镇将被城市建设用地所包围，大研古城将失去东、南两面邻接开阔农田的环境特色。丽江坝区城镇周边的田园风光将失去昔日的辽阔与宁静，沦为现代化都市中供人观赏的“田园盆景”。

5.1.2.3　丽江坝区城镇扩张的特征

1. 城市建设用地增速快于城市人口增速

从 1983～2003 年丽江坝区城市人口和城市建设用地的变化来看（图 5-5），城市建设用地增速快于城市人口增速。1983～1994 年，丽江坝区城市人口由 3.31 万人增至 6.5 万人，年均增长率为 6.33%；城市建设用地由 3.22km^2 增至 8.6km^2，年均增长率为 9.34%。1994～2003 年，城市人口由 6.5 万人增至 11.4 万人，年均增长率为 6.44%；城市建设用地由 8.6km^2 增至 16.1km^2，年均增长率为 7.22%。这说明 2003 年以前丽江坝区城市空间持续快速扩张。而 2003～2009 年，城市人口由 11.4 万人增至 17.5 万人，年均增长率为 7.4%；城市建设用地由 16.1km^2 增至 21.6km^2，年均增长率为 5.02%；城市人口增速快于城市建设用地增速，说明丽江坝区城镇土地利用正逐步向集约化发展。

2. 丽江坝区土地利用方式不够集约

根据 1983 年、1994 年、2003 年、2009 年的城市人口和城市建设用地规模，计算得出丽江坝区历年人均城市建设用地为：1983 年 97.28m^2/人，1994 年 132.31m^2/人，2003 年 141.23m^2/人，2009 年 123.43m^2/人。按照《城市用地分类与规划建设用地标准》（GB 50137—2011）中人均建设用地 85～105m^2/人的标准，丽江坝区的人均城市建设用地指标偏高，坝区土地利用方式还不够集约。面对快速膨胀的城市人口和快速扩张的城市用地，进一步加强丽江坝区的土地集约化利用，是满足城市增长需求、保护坝区田园风光和古城周边环境的重要途径。

3. 城市发展方向由"向西、西北"转而"向东、南"

1983 年版规划提出城市向西北方向发展。1991 年版规划将城市发展方向调整为向西发展，远景再向西北方向发展。1995 年版规划提出城市向西和西北方向发展。2004 年版规划提出向西、西北、西南三个方向发展，并确定了"一廊三片"的丽江坝区空间发展形态，沿着漾弓江控制"S"型带状田园风光走廊，在原有古城和新城片区基础上，增加东部的新团片区和南部的玉龙县城片区。2010 年版规划提出城市发展方向为跨过生态廊道向东、向南发展，控制向北发展，并提出了"一廊四组团"的坝区空间结构；与 2004 年版规划相比，作为"一廊"的田园风光带在城市建设用地的挤压下，其控制宽度和面积都大为缩小，"四组团"中主城区和新团组团的用地面积扩张显著，玉龙组团、南口工业组团的用地面积扩张幅度略小。至此，丽江坝区的城镇空间形成以大研古城为核心向西、西北、南、东四个方向扩张的态势。虽然为了保持丽江坝区"山水田城村"的景观格局，规划中提出了以田园风光带分隔的组团式城镇空间形态，但随着丽江坝区的人口增长和用地扩张，田园风光带被越压越窄，大研古城和束河古镇"田-城"相映的特色正逐步退化（图 5-6）。

4."城进田退"的空间发展模式

《丽江县城市总体规划修编（1995—2015）》在城区的布局结构上，将城市的核心功能区西移以缓解新的建设对古城的压力，但并未认识到遗产区周边农田、山体等自然环境要素的价值以及对遗产地原真性保护的重要意义，将大研古城周边的农田规划为特色居住用地，直接导致了遗产区沿祥和路两侧大量城市建设的出现。《丽江市城市总体规划修编（2010－2030）》在布局结构上增加了东部教育片区，对上轮规划中提出的 1200m 生态廊道也彻底推翻，更是将城市建设用地向南扩张将近

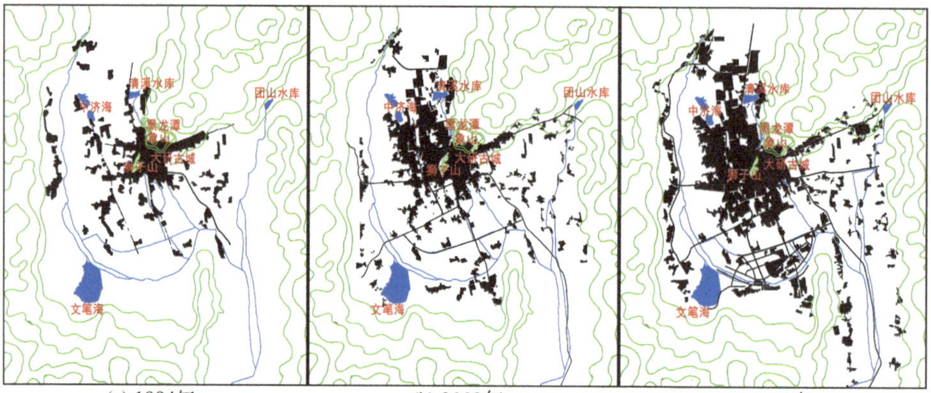

(a) 1994年　　(b) 2003年　　(c) 2009年

图 5-6　丽江坝区城镇扩张示意图

资料来源：根据云南省城乡规划设计研究院（2010，2004，1995）绘制

1600m。不断扩张的城镇空间，不断退让的生态田园，使得丽江坝区“山水田城村”格局中“田”的要素空间越来越小，“城”的要素空间越来越大，丽江古城引以为傲的辽阔田园风光将沦为现代丽江都市的微缩“田园盆景”（图 5-6）。

5. 旅游业、房地产业推动下的城镇空间扩张

旅游业的快速发展使丽江的知名度、名誉度不断提高，“全球人居环境优秀城市”“中国最佳旅游品牌城市”“中国最令人向往的 10 个小城市”“地球上最值得光顾的 100 个小城市”“中国十大休闲城市”等荣誉纷至沓来，昔日顾彼得笔下“被遗忘的王国”，今天已经成为世界著名旅游目的地。旅游业的迅猛发展带来了难得的发展机遇，大量人流、物流、资金流、信息流涌入丽江。从 1995 年丽江引进第一个外资项目——丽江格兰大酒店开始，到玉龙雪山、高星级酒店、丽水金沙、印象丽江等旅游产品的开发，大量国内外知名企业纷纷来丽江投资发展。同时，大量游客和外来人口涌入丽江，不仅推动了旅游接待设施的大规模建设，也刺激了房地产业的蓬勃发展。总之，在世界著名旅游城市的品牌效应下，在旅游业与房地产业的双重作用下，丽江坝区城镇空间快速扩张的势头难以遏制。

5.1.3　旅游挤出效应下的古城空间扩张

旅游挤出效应下，丽江古城空间扩张主要来自两方面的力量：一是游客量快速增长的压力，二是空间置换后土地增值的动力。

自 1994 年丽江旅游业快速发展以来，丽江古城的游客接待量逐年增加。虽然无法精确统计进入丽江古城的游客量，但是古城区游客量统计数据基本可以代表丽江古城的游客量。从古城区游客量统计情况来看，古城区游客接待量除 2003 年因为“非典”影响有所下降外，一直保持着高增长率。其中，国内游客增速较快，国外游客增速较为平缓。2016 年游客量达 2701 万人次，日均接待人数已超过 7 万人次，是 1997 年申报世界遗产地时的 20 倍（表 5-3）。逐年增长的游客量给丽江古城空间承载力带来巨大的压力，为提高古城的游客接待能力，古城空间逐渐向外扩张。

表 5-3　古城区游客量统计表

年份	游客量总数（万人次）	增长率（%）	国内游客（万人次）	国外游客（万人次）
1994	47	—	42.0	5
1995	69.95	48.9	65.35	4.6
1996	106.3	52.0	102.1	4.2
1997	135	27.0	130.2	4.8
1998	153	13.3	148.05	4.95
1999	215	40.5	208.12	6.88
2000	258	20.0	248.8	9.2
2001	290	12.4	279.48	10.52
2002	310	6.9	295.2	14.8
2003	234.02	-24.5	225.78	8.24
2004	280.16	19.7	271.09	9.07
2005	330.36	17.9	314.16	16.2
2006	370.21	12.1	343.3	26.91
2007	423.65	14.4	386.04	37.61
2008	465.45	9.9	425.38	40.07
2009	510.02	9.6	464.64	45.38
2010	582.42	14.2	534.95	47.47
2011	770.59	32.3	712.20	58.40
2012	1001.18	30.0	929.13	72.80
2013	1237.86	23.6	1157.14	80.72
2014	1731.17	39.9	1638.49	92.68
2015	2301.37	32.94	2196.66	104.71
2016	2701	17.4	2594	107
2017	3132.6	16.0	3020.6	110

数据来源：1994-2007 年数据来源于丽江市古城区旅游局提供，2008-2017 年数据来源于丽江市古城区国民经济和社会发展统计公报。

丽江古城的空间扩张，除了应对不断增长的游客量外，更重要的原因是空间置换后土地增值所带来的经济利润。无论是原住居民将房屋出租迁出古城，还是外来商户承租房屋进行商业化改造后开展经营活动，以及旅游开发商租用原住居民房屋或购买古城周边非建设用地进行整体开发，都是为实现土地功能改变后的资本增殖。

在游客量增长和土地增值的双重作用力下，丽江古城空间扩张的态势明显。大研古城的空间扩张特征主要表现为：一是大研古城内的居住生活空间被旅游消费空间所置换，大量传统民居被改造为购物店、餐馆、酒吧和客栈等旅游服务设施；二是旅游服务设施，尤其是客栈，逐步由核心区向边缘区扩散，由遗产区向缓冲区扩散；三是建设用地逐步向周边蔓延和扩张，原有的农田等非建设用地逐步被开发，古城的空间体量逐渐加大。束河古镇的旅游开发在一定程度上是为了缓解大研古城的接待压力，因此束河古镇开发之初就采取了"分区发展模式"，老村作为遗产保护区，在老村南面新征土地开发为旅游商业区，束河古镇的空间体量得以大规模扩张。但是，新区的开发并没能阻止老村功能空间的置换，老村内大量的传统民居与大研古城一样也被改造为旅游服务设施，并且这种空间置换现象有进一步向周边村落蔓延的趋势。白沙古镇的游客接待量比大研古城和束河古镇少得多，白沙古镇空间扩张的动因以居民为满足居住需求而建房为主，当然也存在少量古镇居民将房屋出租后搬出去另建新房的情况。

大研古城、束河古镇和白沙古镇的空间扩张不仅是建设用地规模和空间尺度的简单扩大，更重要的是扩张后的空间形态发生了重构。同时，由于大研古城、束河古镇和白沙古镇的旅游发展程度和开发模式明显不同，因此所表现出来的空间生长规律和空间重构特征也存在一定差异性。

5.2 古城扩张中的空间生长规律

技术路线：采用空间句法，通过对大研古城、束河古镇和白沙古镇进行纵向（历史维度）与横向（空间维度）比较研究，来探究古城扩张中的空间生长规律。大研古城旅游快速发展始于 1996 年"2 • 3"丽江大地震，以及 1997 年丽江古城被列为世界文化遗产以后，因此选择 1997 年和 2014 年大研古城的地形图为基本数据。束河古镇大规模旅游开发始于 2003 年，因此选择 2002 年和 2014 年束河古镇的地形图为基本数据。白沙古镇旅游发展迟缓，空间扩张不如大研古城和束河古镇明显，因此选择 2014 年白沙古镇核心区域和整体聚落的地形图为基本数据。另外，大研古城空间形态分析运用线段分析模型，束河古镇和白沙古镇空间形态分析运用轴线分析模型。

5.2.1　空间句法的原理与技术

空间句法是一种通过对包括建筑、聚落、城市甚至景观在内的人居空间结构的量化描述，来研究空间组织与人类社会之间关系的理论和技术。空间句法中“空间”被认为是城市物质形式和人的社会活动之间的媒介，即城市物质形式通过空间限定人的活动，人也可以根据自己的需求改变物质形式，从而导致空间的变化。这里的空间并不是欧氏几何所描述的可用数学方法来量测的对象，而是以拓扑关系为代表的一种关系，即城市空间是连续的整体网络。空间句法认为城市形态产生运动，也就是说城市的道路网结构在很大程度上决定着人在城市的行为，并进一步影响不同功能设施在城市中的布局。

空间句法分析的基本原理是对空间进行尺度划分和空间分割，通过将城市大尺度空间分割为小尺度空间来提取城市形态的基本特征，建立小尺度空间形态结构特征的连接图；基于图论和可视性，剖析连接图中小尺度空间之间的连接情况，计算一系列的形态变量，从而达到对整个大尺度系统的结构形态的整体认识与把握。空间句法分析流程可以简述为：空间分割—建立小尺度空间连接图—形态变量计算。

空间句法是通过计算机技术（Depthmap 软件）将空间之间的相互联系抽象为连接图，再进行拓扑分析，最终导出一系列的形态分析变量——连接度（connectivity）、控制值（control value）、深度（depth）、集成度（integration）、穿行度（choice）等，从而实现对具有社会意义的空间构成关系进行量化研究。

（1）连接度。空间系统中与凸状空间 a 直接相连的空间数即为 a 的连接度。在实际的空间系统中，某个凸状空间的连接度越高，则说明其空间渗透性越好。

（2）控制值。假设空间系统中每个凸状空间的权重都是 1，则凸状空间 a 从相邻凸状空间 b 分到的权重为凸状空间 b 连接度的倒数，那么与 a 直接连接的凸状空间的连接度的倒数之和就是凸状空间 a 的控制值。

（3）深度。规定相邻两个凸状空间的距离为一个拓扑步数，从凸状空间 a 到凸状空间 b 的最短距离即为这两个凸状空间的深度。空间系统中某个凸状空间 a 到其他所有节点的最短距离的平均值，即为该节点的平均深度（mean depth）：

$$\text{Mean Depth}(a)=\frac{\text{Total Depth}(a)}{N-1} \tag{5-1}$$

式中，Total Depth(a)为凸状空间 a 的总深度；N 为凸状空间总数。

（4）集成度。集成度又分为全局集成度和局部集成度，全局集成度是衡量空间整体组织特征的重要指标。由于平均深度在很大程度上取决于空间系统中凸状空间的数目，为剔除这一影响，P. Steadman 对上述计算方法做了改进，用相对不对称值（relativized asymmetry，RA）来修正平均深度，使其标准化：

$$\mathrm{RA}(a)=\frac{\text{Mean Detpth}(a)-1}{\dfrac{N}{2}-1} \tag{5-2}$$

为方便不同空间系统做比较，空间句法的研究者找到了一个特殊结构的空间系统——钻石型（diamond-shaped）系统，利用空间系统与钻石型系统的比值来横向比较不同空间系统的 RA。这个钻石型系统内所有凸状空间的总深度和平均深度均相等。

$$\text{RA of Diamond}=\frac{N\left\{\log_2\left(\dfrac{N}{3}\right)-1\right\}+1}{\dfrac{(N-1)(N-2)}{2}} \tag{5-3}$$

式中，RA of Diamond 为钻石型系统的 RA。

$$\text{Relativized RA}(a)=\frac{\mathrm{RA}(a)}{\text{RA of Diamond}} \tag{5-4}$$

Relativized RA 为实际相对不对称值，简称为 RRA。在实际空间中，全局深度较小的空间，其可达性较高。全局深度较大的空间，其可达性不高。为使变量值与可达性成正相关，给 RRA 取倒数：

$$\text{Integration}(a)=\frac{1}{\mathrm{RRA}(a)} \tag{5-5}$$

式中，Integration(a)为全局集成度。

（5）标准化穿行度（normalized choice）。穿行度的概念是：空间系统中任意一凸状空间作为“桥”出现在系统中任意两个空间的最短路径中的次数或概率。穿行度可衡量一个元素吸引穿越“交通”的潜力，而全局深度可衡量一个元素吸引到达“交通”的潜力。同时考虑两者，就可综合衡量一个元素吸引“交通”的潜力，用标准化穿行度来表示。由于总深度越低，穿行度越高，这一潜力就越大，因此标准化穿行度的公式可以表示为

$$\text{Normalized Choice}(a)=\frac{\text{Choice}(a)}{\text{Total Depth}(a)} \tag{5-6}$$

在实际城市的线段分析模型运算中，线段分析模型的标准化穿行度用上式计算出来的结果大都呈现出大量数值较小，极少量数值异常大，甚至超越了较小数值好几个数量级。针对这一现象，对公式（5-6）又做了以下的修正：

$$\text{Normalized Choice}(a)=\frac{\log(\text{Choice}(a)+1)}{\log(\text{Total Depth}(a)+3)} \tag{5-7}$$

盛强（2014）从成本和收益的角度对标准化穿行度进行解释，有助于理解该变量的实际的社会意义。总深度和穿行度分别从两个不同的角度描述了空间的不同特征。对每个凸状空间而言，总深度代表了该凸状空间到达其他所有凸状空间的出行过程之中所花费的距离、能量、时间等。因此，总深度其实是对空间系统中出行成本的度量。而穿行度代表了通过空间系统中任意两个凸状空间时，穿过某个凸状空间的次数或概率，即实际城市中，这些空间的人们不需要自身的出行，所能获得的与外界其他人相遇的次数、可能性或概率，可将其解释为“他人出行为这些空间带来的收益”。因此，对每个凸状空间而言，总深度和穿行度分别代表从该空间到达其他空间点所花费的成本和其他所有出行对该空间点带来的收益。对于整个拓扑系统而言，总的成本和总的收益是相等的，这类似于能量的守恒。每个空间点的收益与成本之商代表了该空间点的效率，可称之为空间构成效率（configurational efficiency）。空间构成效率越高的空间，到达其他空间的距离越近，且获得的穿行次数越多，空间的区位越好，因此标准化穿行度可被用于度量空间区位。

5.2.2　大研古城：小规模更新式的有机生长

大研古城的开发方式主要为小规模渐进式改造和更新，原有空间形态没有被剧烈改变，表现出有机生长的空间演进规律。

5.2.2.1　大研古城空间扩张前后的集成度计算

选择 1997 年和 2014 年大研古城的地形图为基本数据，采用空间句法道路网络线段分析模型，对大研古城两个时间点的集成度进行计算，计算结果见图 5-7。

5.2.2.2　大研古城空间生长规律分析

1. 以四方街为集成度核心的空间结构

从 1997 年大研古城道路网络线段图分析的集成度图［图 5-7（a）］可以看出，在旅游挤出效应初期阶段，大研古城的空间结构是以四方街及周边主要道路为集成度核心，并由集成度核心出发，沿着古城的树形道路网络依次向外扩展和延伸，这一空间结构表现出明显的传统村落“自组织”生长特征。从 2014 年大研古城道路网络线段分析的集成度图［图 5-7（b）］可以看出，大研古城的道路网络在旅游快速增长的 17 年间已经逐步向周边地区蔓延和扩张，特别是古城南部地区道路网

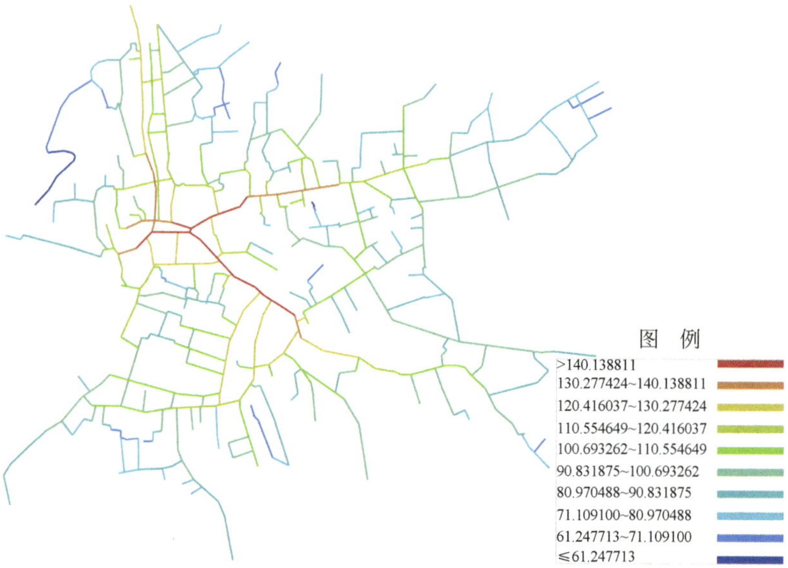

(a) 1997年

(b) 2014年

图 5-7　大研古城道路网络线段分析的集成度图

图中的数值范围包含右边界值，不包含左边界值，余同络的扩张幅度更加明显。同时，大研古城内部道路系统也存在路网密度加大的情况，尤其是关门口东北部片区道路系统的路网密度增加最为明显。虽然大研古城规模存在大幅度向外蔓延和扩张的趋势，但整个古城的集成度核心仍然保持在以四方街为中心的地区。

2.“树形”有机蔓延的空间生长

从 1997 年和 2014 年大研古城道路网络线段分析的集成度图（图 5-7）对比可以看出，集成度由较高能级向较低能级的衰减，是由树形形态的“根部”到“枝干”依次伸展到整个古镇空间，表现出明显的“树形”有机蔓延的空间生长特征。1997 年以后，大研古城的旅游业获得了飞速发展，空间规模也显著向外扩张，但道路网络结构基本按原有形态保留下来，其街巷空间的拓扑结构变化不大，空间构形作为传统自然生长式城镇的特性也没有发生根本性变化。

3. 从“居住家园”到“旅游社区”的功能置换

从 1997 年到 2014 年，虽然大研古城的空间形态特征基本没变，但是由原住居民的“居住家园”发展为旅游者的“旅游社区”，空间功能却发生了根本性转变。

（1）作为“居住家园”的古城。大研古城的纳西原住民，在生活中不断地创造着空间，同时也在空间中生活着。应用空间句法对空间构形与社区空间进行讨论，为研究纳西原住民如何使用古城空间提供了一个分析途径。空间句法理论认为，对于同一空间系统，如果其中某些空间的局部变量值较高，整体变量值也较高，那么这一区域的可理解度就较高。反之，从局部获得的信息是对人的误导，其可理解度就较低。从大研古城不同尺度的局部集成度与整体集成度的拟合情况分析可以看出，200～500m（人的尺度）的协同度（拟合值 R^2）在 0.65 以上（表 5-4）。图 5-7（a）显示，四方街为大研古城的集成度核心，其局部变量和整体变量都在集成度最高的区域。

表 5-4　大研古城不同尺度的局部集成度与整体集成度拟合情况

不同尺度/m	协同度（R^2）	不同尺度/m	协同度（R^2）
200	0.651299	400	0.850998
300	0.809219	500	0.849266

现有研究显示，传统古镇的迷宫式变形网络平面具有较高的可理解度，其中集成度较高的地方往往与更多的街巷相连，即使陌生人也只需稍加走动，便能来到集成度较高且人群活动较集中的少数空间中，中心性空间的可达性较强。丽江古城的空间构形分析中也印证了这一空间规律。大研古城内集成度较高且人群活动较集中的少数空间，显然是以四方街为中心向外辐射形成的集成度核心。这就意味着，四方街及周边区域作为集成度核心起到了有效组织古城社会活动的能力。

自古以来，四方街始终作为大研古城中心保持着活力，原住居民不约而同地来到四方街，进行日常贸易往来。总之，由于整体结构空间可理解度和集成度核心两大要素的存在，大研古城社会功能组织得以井然有序地展开。

通过研究空间构形对社会行为的影响，希列尔（2008）提出“意念社区”的概念。希列尔认为，空间构形通过对运动模式的影响，产生了某些空间人员的聚集，即共同在场。这种人的共同在场，是构成社区的原初要素；从心理学角度来看，又是相互知晓他人的最基本方式。这种共同在场和相互知晓的模式就是构成社区的原初要素。意念社区不是人的简单聚集，它有着一定的结构，即不同人，包括住户和陌生人、男性和女性、成人和儿童等，共同在场的模式和使用空间的目的皆有差别，这些差别多反映出空间构形的潜在作用。

从 1997 年大研古城道路网络线段分析的集成度图［图 5-7（a）］可以清晰看出，集成度核心位于以四方街为中心的空间。这些区域自发地吸引着居民集聚到此，开展公共活动，即希列尔所谓的“共同在场”。这一共同在场所产生的实际社会效应便是，大研古城的居民在频繁的日常生活交往中形成了一种熟人的生活圈，他们的相互知晓和交往为日常生活的居住功能提供了基础，有利于社区功能的形成。正因为如此，大研古城虽然不像大多数汉民族古城那样具有封闭围合的城墙，却依然形成了一种内向吸引的、封闭式的居住生活空间。

（2）作为“旅游社区”的古城。关于安全感，希列尔（2008）的研究发现，在城市结构中，很多住宅区的空间深度较大，这种构形就决定了那里平时很少出现陌生人之间的碰面，住户也形成了这种心理预期，所以当住户在家门口发现陌生人时，就会有所警惕，甚至感到不安。而深度值较浅的古镇街道，则不会出现这种对陌生人的恐惧感，这也是很多住户认为街道比住宅区更安全的原因所在。

关于安全感的讨论，有助于理解丽江大研古城居住社区的瓦解。大研古城空间深度较小的区域集中在以四方街为核心的少数街道上，为街道外部空间的商业服务功能安排提供了预期的心理基础。而空间深度相对较高的区域，则为居民居住提供了私密性相对较高的空间，为居民创造了安静宜人的居住环境。随着 1997 年以后旅游业的飞速发展，大研古城内大量的居住生活空间被旅游商业空间所置换，空间深度下降和游客大量进入造成了居民归属感和安全感的降低，并最终导致原住居民社区结构的瓦解。可以说，除了巨大经济利益引起古城内原住居民大量外迁以外，传统原住居民社区结构的瓦解也是原住居民外迁的重要原因。

5.2.3 束河古镇：大规模开发式的变异生长

束河古镇的开发方式与大研古城不同，没有采取在原有古镇基础上进行小规模渐进式更新的模式，而是采取在老村东南部整体开发大规模新商业片区的模式，因此在空间演进中表现出变异生长的规律。

5.2.3.1　束河古镇空间扩张前后的集成度计算

选择 2002 年和 2014 年束河古镇的地形图为基本数据，采用空间句法道路网络轴线分析模型，对束河古镇两个时间节点的集成度进行计算，计算结果见图 5-8。

5.2.3.2　束河古镇空间生长规律分析

1. 以“老四方街-飞花触水”为集成度核心的空间结构

从 2002 年（旅游开发前）束河古镇道路网络轴线分析的集成度图[图 5-8（a）]可以看出，束河古镇的空间结构是以四方街及周边主要道路为集成度核心，并由集成度核心出发，沿着古镇的树形道路网络依次向外扩展和延伸，表现出明显的传统村落“自组织”生长特征。从 2014 年（旅游开发后）束河古镇道路网络轴线分析的集成度图［图 5-8（b）］可以看出，在旅游快速发展的 12 年间古镇朝东南方向大规模扩张，西南方向有一定规模的扩张。束河古镇的集成度核心由原来的老四方街扩展到了飞花触水，而且东南部片区的集成度远远高于古镇其他区域。古镇东南部新开发商业区集成度较高带来的现实意义是显而易见的，集成度高的区域，空间的可达性高，人流容易聚集到这一区域。新区开发引起的束河古镇空间形态变化，有利于将原来集中在老村的功能疏解到新区来，降低老村的压力。

2.“树形”到“网络形”的空间生长

束河古镇的空间形态在旅游开发前后变化很大。从 2002 年和 2014 年束河古镇道路网络轴线分析的集成度对比（图 5-8）可以看出，2002 年，束河古镇表现出树形生长的规律，集成度由较高能级向较低能级的衰减是由“树形”的“根部”到“枝干”依次伸展到整个古镇，即集成度由高到低呈树枝状生长；2014 年，束河古镇出现了另外一种生长模式，集成度在新开发区域表现出“网络形”生长规律。

旅游开发前，束河古镇是原住民生活的古镇，较高集成度的空间被严格的限定在以老四方街为中心的极少数区域，该区域布置了服务于居民日常生活的零售商业业态，而大范围集成度较低的区域为居住功能区。居住功能区在空间上存在向能级较低的区域贴近的趋势，而集成度核心则为社会生活提供了基础。前文中关于“意念社区”的讨论表明，这一内向型空间形态有利于社区生活的组织。

“网络形”空间形态则将古镇的运动拓展到更大的区域范围内，从 2014 年束河古镇的集成度图可以看出，较高集成度的黄色轴线几乎覆盖了整个东南部区域，

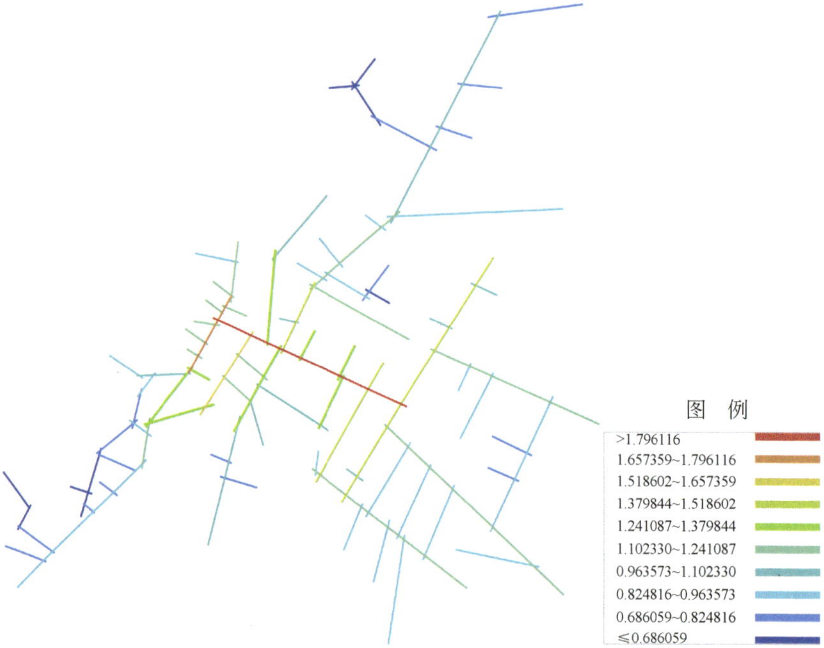

(a) 2002年

(b) 2014年

图 5-8　束河古镇道路网络轴线分析的集成度图

也就是说，网络形道路分布的东南部区域具有吸引更大人流量的潜力。与“树形”空间形态不同，“网络形”空间形态拥有较高能级的运动，为旅游者在古镇更大区域范围内的活动提供了空间载体。

从“树形”到“网络形”的空间生长模式，在本质上对应了两种不同形态的城市空间诉求。“树形”城市空间有着天然的将公共生活和社区居住通过外部性与内部性相互分离的潜在属性；而“网络形”城市空间拥有更多潜力提供城市运动，但是“网络形”城市空间提供高能级运动可能的同时，付出了牺牲传统社区居住空间的代价。

5.2.4　白沙古镇：乡村居住社区型的缓慢生长

选择 2014 年白沙古镇的地形图为基本数据，采用空间句法道路网络轴线分析模型，对白沙古镇核心区域和聚落空间的集成度进行计算，计算结果见图 5-9。

白沙古镇的旅游发展程度远低于大研古城和束河古镇，虽然也吸引了不少游客前来观光，但古镇依然保持着作为纳西居民居住生活空间的基本特征。从 2014 年白沙古镇核心区域道路网络轴线分析的集成度图［图 5-9（a)］可以看出，十字古街为集成度核心区域，古镇的商业功能主要集中于此，为居民日常生活的商业

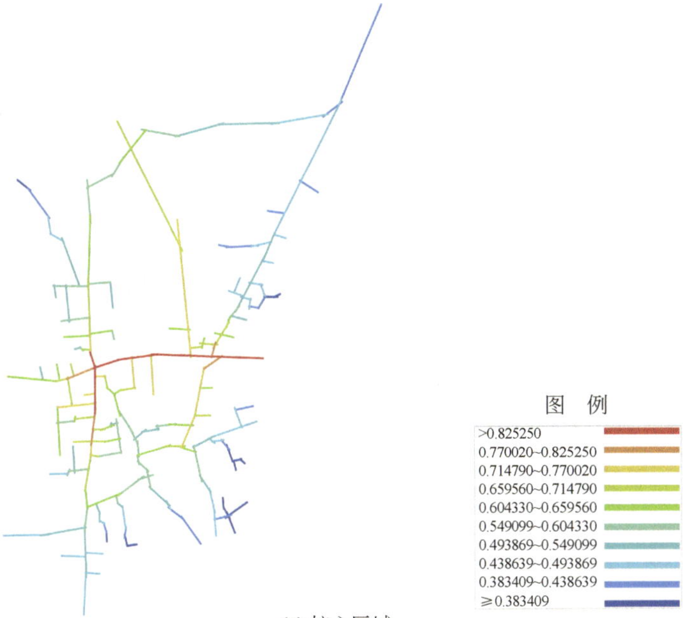

(a) 核心区域

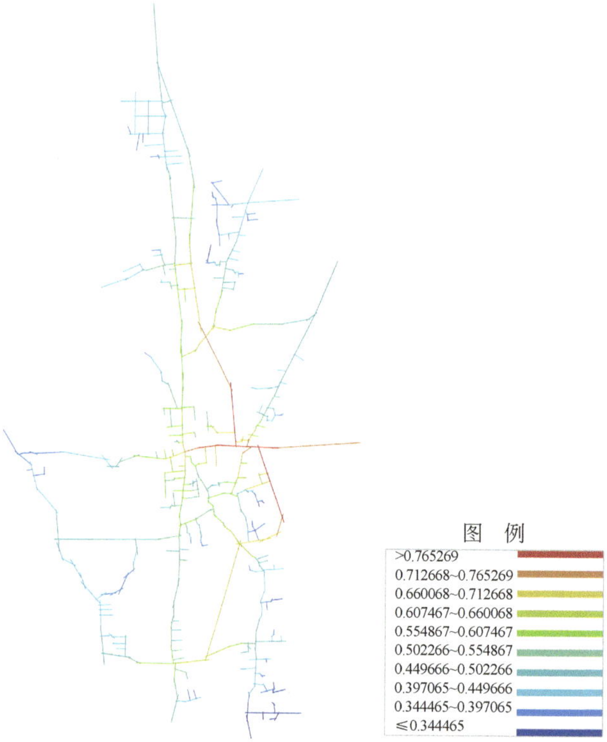

(b) 聚落空间

图 5-9　2014 年白沙古镇核心区域和聚落空间道路网络轴线分析的集成度图

贸易、人际交往等功能提供了空间载体。此外，作为集成度核心的十字古街位于“树形”的“根”部，白沙古镇沿十字古街向外围依次扩展的生长规律为居民提供了较为封闭、私密的居住空间。而以十字古街为核心的古镇中心则不断得到强化，商业功能不断聚集。四方街旁作为村落入口标志的牌楼，进一步从空间上限定了内部与外部的空间秩序（图 5-10）。内与外的划分，体现了居住功能对封闭性、私密性空间诉求，以及社区生活对公共性、开放性空间诉求之间的矛盾。

近年来，白沙古镇的聚落空间逐渐扩展到周围更大的区域，这些新近扩张的区域均属于居住功能。从对白沙古镇聚落空间道路网络轴线分析的集成度图［图 5-9（b）］可以看出，古镇规模扩张后，古镇周边新建设区域的空间集成度依然是最低的，这说明在古镇扩张的过程中，居住功能自发地扩展到集成度较低的区域。居住功能具有趋近于集成度较低区域的分布规律，反映了居住功能对空间私密性的要求较高。

图 5-10 白沙古镇村落入口牌楼

商业功能在集成度核心区域的扩张和居住功能向集成度较低区域的扩张，分别代表了两种不同功能的空间诉求，这两种空间诉求是白沙古镇“树形”聚落空间生长的根本动因。

5.2.5 丽江古城空间生长规律总结

对比大研古城、束河古镇和白沙古镇，丽江古城空间生长主要表现出以下三个规律。

1. 四方街仍是空间结构的中心

从 1997 年和 2014 年大研古城集成度的对比分析可以看出，尽管大研古城受旅游挤出效应的影响，空间规模逐步向周边地区蔓延和扩张，内部道路系统也存在路网密度加大的情况，但整个古城的集成度核心仍然保持在以四方街为中心的地区，可见四方街仍是大研古城空间结构的中心。

从 2002 年和 2014 年束河古镇集成度的对比分析可以看出，由于束河古镇采取分区开发模式，在老村东南部开发了大片商业区，使得古镇空间规模迅速扩张，也造成了古镇整体空间形态和道路网络的变化。但是，束河古镇仍然延续了以老四方街为集成度核心的空间结构特征，只不过古镇的集成度核心向东南方向有所扩展，由原来的老四方街扩展到了新区中心（飞花触水）。

从 2014 年白沙古镇核心区域的集成度分析可以看出，以四方街为中心的十字古街区域是古镇的集成度核心，古镇的商业功能主要集中于此，为居民日常生活的商业贸易、人际交往等功能提供了空间载体，也成为餐馆、酒吧、客栈等旅游接待服务设施集中的区域，为游客的休闲、娱乐和体验等活动提供了空间载体。

因此，以四方街为中心的区域是丽江古城的集成度核心，四方街仍是丽江古城空间结构的中心。

2. 不同主体功能决定空间生长规模与连接度大小

大研古城和束河古镇的旅游发展较为迅速，受旅游挤出效应的影响程度较大，都由原来的居住生活功能置换为旅游商业功能。而白沙古镇旅游发展较为迟缓，受旅游挤出效应的影响程度较小，仍然延续了纳西族传统村落的居住生活功能。因此，大研古城和束河古镇的空间生长规模明显大于白沙古镇的空间生长规模。

此外，由于功能不同，大研古城、束河古镇与白沙古镇在空间生长方式上也表现出不同的特征。大研古城和束河古镇是以旅游商业功能为主，空间形态上更强调连接性和开放性，因而内部道路系统存在路网密度加大的情况，在原有树枝状道路的基础上增加了很多连接性道路，减少了尽端式道路在道路网络中所占的比例，从而增强了空间的连接性和开放性。而白沙古镇是以居住生活功能为主，空间形态上更强调私密性和封闭性，因而古镇仍然延续了树枝状道路的基本特征，尽端式道路在道路网络中所占比例较大。

3. 不同开发方式导致空间生长从“树形”到“网络形”演变

大研古城与束河古镇的旅游发展程度相当，受旅游挤出效应的影响程度也相似；但是，由于二者采取的空间开发方式不同，所以它们在空间生长过程中表现出不同的形态特征。

大研古城采取的是小规模渐进式的更新方式，即没有在古城内进行大拆大建的大规模更新改造，而是以小片区、几个院落或单个院落为基本单元进行小规模更新改造。因而，大研古城在空间形态上延续了原有的“树形”特征，集成度由较高能级向较低能级的衰减，是由树形形态的“根部”到“枝干”依次伸展到整个古城空间，表现出明显的“树形”有机蔓延的空间生长特征。大研古城的道路网络结构基本按原有形态保留下来，其街巷空间的拓扑结构变化不大，空间构形作为传统自然生长式城镇的特性也没有发生根本性变化。

束河古镇与大研古城不同，采取的是分区开发模式，在原有老村的东南面新建了大规模商业区，使得束河古镇改变了传统自然生长式城镇的特性。受“自组织”与“他组织”的综合作用，束河古镇在空间生长过程中表现出形态变异的特征。也就是说，束河古镇除了表现出树形生长的规律，还出现了另外一种生长模式，即在新开发区域表现出“网络形”生长规律。与“树形”空间形态不同，“网络形”空间形态拥有较高能级的运动，为旅游者在古镇更大区域范围内活动提供了空间载体。

从“树形”到“网络形”的空间生长模式，在本质上对应了两种不同形态的城市空间诉求。“树形”城市空间有着天然的将公共生活和社区居住通过外部性与内部性而相互分离的潜在属性。“网络形”城市空间拥有更多潜力提供城市运动，但付出了牺牲传统社区居住空间的代价。

5.3　古城扩张后的空间重构特征

技术路线：以 2014 年现状调研获取的大研古城、束河古镇和白沙古镇的城市道路系统为基本数据，运用空间句法分析软件对大研古城、束河古镇和白沙古镇的空间形态进行定量分析，包括连接度、深度、集成度、穿行度的分析；在此基础上研究大研古城、束河古镇和白沙古镇扩张后的空间重构特征，并通过横向比较提炼丽江古城空间重构的总体特征。另外，大研古城空间形态分析运用线段分析模型，束河古镇和白沙古镇空间形态分析运用轴线分析模型。

5.3.1　大研古城的空间重构特征

5.3.1.1　大研古城空间构形的计算

采用空间句法中的线段分析模型对 2014 年大研古城道路空间系统进行计算和分析，图 5-11、表 5-5 分别是大研古城连接度、深度、集成度、穿行度的计算结果和分析数据。

(a) 连接度

图　例
>16239.049609
15052.739844~16239.049609
13866.430078~15052.739844
12680.120312~13866.430078
11493.810547~12680.120312
10307.500781~11493.810547
9121.191016~10307.500781
7934.881250~9121.191016
6748.571484~7934.881250
≤6748.571484

(b) 深度

>208.667986
193.424184~208.667986
178.180381~193.424184
162.936578~178.180381
147.692776~162.936578
123.448973~147.692776
117.205170~132.448973
101.961368~117.205170
86.717565~101.961368
≤86.717565

(d) 穿行度

图 5-11　2014 年大研古城道路网络线段分析图

表 5-5　2014 年大研古城道路网络线段分析的属性

变量	数值	数量/条	变量	数值	数量/条
连接度	＞5.500000	11	深度	＞16239.049609	2
	5.000000～5.500000	85		15052.739844～16239.049609	1
	4.500000～5.000000	0		13866.430078～15052.739844	5
	4.000000～4.500000	327		12680.120312～13866.430078	15
	3.500000～4.000000	0		11493.810547～12680.120312	45
	3.000000～3.500000	401		10307.500781～11493.810547	122
	2.500000～3.000000	0		9121.191016～10307.500781	207
	2.000000～2.500000	248		7934.881250～9121.191016	272
	1.500000～2.000000	0		6748.571484～7934.881250	303
	≤1.500000	44		≤6748.571484	144
集成度	＞208.667986	25	穿行度	＞238837.500000	12
	193.424184～208.667986	54		212300.000000～238837.500000	7
	178.180381～193.424184	110		185762.500000～212300.000000	12
	162.936578～178.180381	171		159225.000000～185762.500000	5
	147.692776～162.936578	208		132687.500000～159225.000000	8
	132.448973～147.692776	224		106150.000000～132687.500000	28

续表

变量	数值	数量/条	变量	数值	数量/条
集成度	117.205170～132.448973	191	穿行度	79612.500000～106150.000000	23
	101.961368～117.205170	95		53075.000000～79612.500000	51
	86.717565～101.961368	32		26537.500000～53075.000000	88
	≤86.717565	6		≤26537.500000	882

5.3.1.2　大研古城空间构形的解释

下面将逐一对大研古城连接度、深度、集成度、穿行度的分析结果进行解释：

1. 连接度较高的道路空间少而分散

大研古城道路网络线段分析的连接度平均值为 3.17384，最小值为 1，最大值为 6，标准偏差为 1.01788。由图 5-11（a）可以看出，大研古城的连接度较低，图中除了为数不多的几条黄色和偏红色的线段，其余大部分线段都偏蓝、偏绿。从大研古城道路网络线段分析的连接度属性（表 5-5）可以进一步看出：在 1116 条线段中，连接度在 2.500000 以下的有 292 条，连接度为 3.000000～3.500000 的有 401 条，连接度为 4.000000～4.500000 的有 327 条，连接度在 5.000000 以上的有 96 条，分别占总线段数量的 26.16%、35.93%、29.30%、8.60%，连接度在 4.500000 以下的线段占总线段数量的 91.40%，低连接度的线段在大研古城内占有了绝大多数。尤其是连接度在 3.500000 以下的有 693 条，占总线段数量的 62.09%。以上分析说明，大研古城连接度较高的空间数量不多，多数道路连接度为 4 以下，且高连接度空间比较分散，缺乏相互联系。

2. 深度以四方街为中心沿主要道路逐级向外递增

大研古城道路网络线段分析的深度平均值为 8623.31，最小值为 5562.26，最大值为 17425.4，标准偏差为 1735.68。由图 5-11（b）可以看出，大研古城的深度表现出以四方街为中心向沿主要道路逐级向外递增的趋势，即越靠近中心，深度越低，越靠外围或道路末端，深度越高。从丽江大研古城道路网络线段分析的深度属性（表 5-5）中可以进一步看出：在 1116 条线段中，深度值在 6748.571484 以下的有 144 条，占总线段数量的 12.90%；深度在 6748.571484～7934.881250 的有 303 条，占总线段数量的 27.15%；深度在 7934.881250～9121.191016 的有 272 条，占总线段数量的 24.37%；深度在 9121.191016～10307.500781 的有 207 条，占总线段数量的 18.55%。深度较低的前四类线段数量共 926 条，占总线段数量的 82.97%。以上分析说明，深度较低的道路在大研古城中心区大范围存在，深度较高的道路在大研古城内不多。

3. 集成度值以四方街为中心沿主要道路逐级向外递减

大研古城道路网络线段分析的集成度平均值为 150.021，最小值为 71.4738，最大值为 223.912，标准偏差为 28.7234。由图 5-11（c）可以看出，大研古城的集成度表现出以四方街为中心沿主要道路逐级向外递减的趋势，即越靠近中心，集成度越高；越靠外围或道路末端，集成度越低。从大研古城道路网络线段分析的集成度属性（表 5-5）中可以进一步看出：1116 条线段中，集成度在 208.667986 以上的线段有 25 条，占总线段数量的 2.24%；集成度在 193.424184～208.667986 的线段有 54 条，占总线段数量的 4.84%；集成度在 178.180381～193.424184 的线段有 110 条，占总线段数量的 9.86%，集成度较高的前三类线段数量占总线段数量的 16.94%。以上分析说明，对大研古城空间形态起控制作用的集成度高的道路在古城中占有量较低。

4. 穿行度普遍较低

大研古城道路网络线段分析的穿行度平均值为 22876，最小值为 0，最大值为 265375，标准偏差为 45810.2。由图 5-11（d）可以看出，整个大研古城穿行度较高的线段为数不多，分布在古镇中心位置，大量线段的穿行度均较低。从大研古城道路网络线段分析的穿行度属性（表 5-5）中可以进一步看出：1116 条线段中，穿行度在 26537.500000 以下的线段有 882 条，占总线段数量的 79.03%；穿行度在 238837.500000 以上的线段有 12 条，占总线段数量的 1.08%。以上分析说明，大研古城穿行度高的空间并不多，主要集中在五一街、七一街靠近四方街的区域。

5.3.1.3 大研古城空间重构的特征

根据线段分析模型对大研古城道路空间系统的计算和分析结果，可以得出扩张后的大研古城具有以下空间重构的特征。

（1）大研古城道路空间系统的连接度普遍较低，连接度在 3.5000000 以下的线段的有 693 条，占总线段数量的 62.09%。这说明大研古城道路系统重构后表现出“树形+网状”的特征，道路弯弯曲曲似迷宫，且尽端路较多，道路间的相互连接性不够强。

（2）大研古城道路系统中深度较低区域以四方街为中心向四周发散，广泛分布于五一街、七一街、新华街、东大街等范围。这说明大研古城空间重构后表现出朝向中心和主要道路的开放性特征，以四方街为中心辐射五一街、七一街、新华街、东大街等的区域空间深度低，为大研古城旅游活动的开展提供了良好条件，而深度较高的区域则随着道路等级的降低朝向外围的树枝状空间生长。

（3）大研古城空间重构后，集成度核心位于古城的中心部位，即以四方街为中心辐射周边区域。虽然集成度高的道路在大研古城中占有量较低，但集成度核心发挥着控制整个古城空间形态的作用，使得位于古城中心位置的四方街的中心性得到了凸显，印证了四方街成为大研古城游客聚集中心的现实。

（4）大研古城的穿行度值普遍较低，穿行度值高的区域主要集中在四方街，以及五一街、七一街与四方街相连的路段。大研古城内越靠近中心的道路穿行度值越高，穿行度值高的区域到达其他区域的潜力更大，这意味着从大研古城中心（四方街）到达其他区域的潜力更大。与四方街较高的穿行度和强烈的中心性相对比，大研古城大部分区域达到其他区域的潜力都较小。

5.3.2　束河古镇的空间重构特征

5.3.2.1　束河古镇空间构形的计算

采用空间句法中的轴线分析模型对 2014 年束河古镇道路空间系统进行计算和分析，图 5-12、表 5-6 分别是束河古镇连接度、深度、集成度、穿行度的计算结果和分析数据。

(a) 连接度

图　例
>4719.800
4437.600000~4719.800000
4155.400000~4437.600000
3873.200000~4155.400000
3591.000000~3873.200000
3308.800000~3591.000000
3026.600000~3308.800000
2744.400000~3026.600000
2462.200000~2744.400000
≤2462.200000

(b) 深度

图　例
>0.892245
0.835147~0.892245
0.778049~0.835147
0.720951~0.778049
0.663853~0.720951
0.606754~0.663853
0.549656~0.606754
0.492558~0.549656
0.435460~0.492558
≤0.435460

(c) 集成度

(d) 穿行度

图 5-12　2014 年束河古镇道路网络轴线分析图

表 5-6　束河古镇（2014）道路网络轴线分析的属性

变量	数值	数量/条	变量	数值	数量/条
连接度	＞8.200000	1	深度	＞4719.800000	1
	7.400000～8.200000	3		4437.600000～4719.800000	5
	6.600000～7.400000	2		4155.400000～4437.600000	9
	5.800000～6.600000	9		3873.200000～4155.400000	11
	5.000000～5.800000	17		3591.000000～3873.200000	22
	4.200000～5.000000	0		3308.800000～3591.000000	23
	3.400000～4.200000	29		3026.600000～3308.800000	62
	2.600000～3.400000	68		2744.400000～ 3026.600000	88
	1.800000～2.600000	144		2462.200000～ 2744.400000	64
	≤1.800000	38		≤2462.200000	26
集成度	＞0.892245	8	穿行度	＞21645.900000	1
	0.835147～0.892245	14		19240.800000～21645.900000	2
	0.778049～0.835147	28		16835.700000～19240.800000	4

续表

变量	数值	数量/条	变量	数值	数量/条
集成度	0.720951～0.778049	52	穿行度	14430.600000～16835.700000	4
	0.663853～0.720951	63		12025.500000～14430.600000	4
	0.606754～0.663853	60		9620.400000～12025.500000	7
	0.549656～0.606754	35		7215.300000～9620.400000	18
	0.492558～0.549656	25		4810.200000～7215.300000	11
	0.435460～0.492558	17		2405.100000～4810.200000	47
	≤0.435460	9		≤2405.100000	213

5.3.2.2　束河古镇空间构形的解释

下面将逐一对束河古镇连接度、深度、集成度和穿行度的分析结果进行解释。

1. 连接度普遍较低

束河古镇道路网络轴线分析的连接度平均值为 2.67524，最小值为 1，最大值为 9，标准偏差为 1.37057。由图 5-12（a）可以看出，束河古镇的连接度较低，道路网络轴线分析的连接度图中除了为数不多的几条黄色和偏红色轴线，其余大部分轴线都偏蓝、偏绿。从丽江束河古镇道路网络轴线分析的连接度属性（表 5-6）中可以进一步看出：在 311 条轴线中，连接度在 2.600000 以下的有 182 条，连接度在 2.600000～3.400000 的有 68 条，连接度在 3.400000～4.200000 的有 29 条，分别占总轴线数量的 58.52%、21.86%、9.32%，连接度在 4.200000 以下的轴线占古镇总轴线数量的 89.71%。以上分析说明，低连接度的轴线在束河古镇道路网络轴线中占有了绝大多数，多数道路连接度在 4.200000 以下，尤其是连接度在 2.600000 以下的轴线占总轴线数量近六成。

2. 以老四方街为中心向四周扩散的区域深度最低

束河古镇道路网络轴线分析的深度平均值为 3058.98，最小值为 2180，最大值为 5002，标准偏差为 522.851。由图 5-12（b）可以看出，束河古镇的深度呈现出东南部低，西北部高的总体态势，最低深度区域集中在以老四方街为中心向四周扩散的区域。从束河古镇道路网络轴线分析的深度属性（表 5-6）可以进一步看出：在 311 条轴线中，深度在 2462.200000 以下的有 26 条，深度在 2462.200000～2744.400000 之间的有 64 条，深度在 2744.400000～3026.600000 的有 88 条，分别占总轴线数量的 8.36%、20.58%、28.30%，共计 57.24%。以上分析说明，深度较低的道路空间所占比重较高，深度最低的区域集中在老四方街及其周边地区；古镇东南部属于新开发的商业区，深度较低；而青龙河以西的地区，深度较高。

3. 以老四方街为中心向四周扩散的区域集成度最高

束河古镇道路网络轴线分析的集成度平均值为0.666993，最小值为0.378362，最大值为0.949344，标准偏差为0.11459。由图5-12（c）可以看出，束河古镇的集成度东南部远远高于西北部，且集成度核心围绕老四方街逐步扩展开来。从束河古镇道路网络轴线分析的集成度属性（表5-6）中可以进一步看出：在311条轴线中，集成度在0.892245以上的轴线有8条，占总轴线数量的2.57%；集成度在0.835147～0.892245的轴线有14条，占总轴线数量的4.50%；集成度在0.778049～0.835147的轴线有28条，占总轴线数量的9.00%。集成度较高的前三类轴线数量占总轴线数量的16.07%。以上分析说明，对束河古镇空间形态起控制作用的集成度高的道路在古镇中占有量较低，且集中分布在以老四方街为中心向四周扩散的区域；束河古镇东南部新开发的商业区，集成度普遍较高；而青龙河以西的地区，集成度普遍较低。

4. 穿行度较高的轴线主要集中在古镇东南部

束河古镇道路网络轴线分析的穿行度平均值为2748.98，最小值为0，最大值为24051，标准偏差为4125.96。由图5-12（d）可以看出，束河古镇中穿行度较高的轴线为数不多，但这些穿行度较高的暖色轴线几乎覆盖了古镇东南部区域。从束河古镇道路网络轴线分析的穿行度属性（表5-6）可以进一步看出：在311条轴线中，穿行度在21645.900000以上的轴线有1条，占总轴线数量的0.32%；穿行度在19240.800000～21645.900000的轴线有2条，占总轴线数量的0.64%；穿行度16835.700000～19240.800000的轴线有4条，占总轴线数量的1.29%；穿行度在14430.600000～16835.700000的轴线有4条，占总轴线数量的1.29%。以上分析说明，束河古镇的穿行度普遍较低，穿行度较高的轴线仅占总轴线数量的3.54%，但却大范围地辐射了整个古镇，尤其是古镇的东南部区域。

5.3.2.3　束河古镇空间重构的特征

根据轴线分析模型对束河古镇道路空间系统的计算和分析结果，可以得出扩张后的束河古镇具有以下空间重构的特征。

（1）束河古镇道路空间系统的连接度普遍较低，整个古镇连接度在2.600000以下的轴线接近六成，这说明束河古镇道路系统重构后仍然未形成完整的“网络型”道路系统，道路弯弯曲曲似迷宫，且尽端路较多，道路间的相互连接性不够强。

（2）束河古镇道路深度最低的部分集中在老四方街及其周边区域，道路系统深度较低的部分在东南部新开发的商业区占据了较大范围，而青龙河以西地区的深度较高。这说明束河古镇空间重构后表现出东南部区域开放性较高的特征，为该区域旅游商业活动的组织提供了良好的条件。青龙河以西的地区相对比较封闭，为客栈功能的组织创造了良好的私密性。

（3）束河古镇空间重构后，集成度核心沿古镇老四方街向东南方向扩展到更大的区域范围，形成以老四方街和飞花触水为中心的集成度核心。同时，集成度较高的轴线几乎覆盖了古镇的整个东南部区域，凸显了该片区作为新开发商业区的中心性地位，印证了飞花触水成为束河古镇游客聚集中心的现实。

（4）束河古镇的穿行度普遍较低，但古镇东南部的穿行度较其他区域高。进一步分析束河古镇的路网结构发现，东南部区域道路系统的“网络状”特征较为明显，而古镇其他区域道路系统的“树枝状”特征较为突出，这说明束河古镇“网络状”道路的穿行度高于“树枝状”道路。

5.3.3　白沙古镇的空间重构特征

5.3.3.1　白沙古镇空间构形的计算

采用空间句法中的轴线分析模型对 2014 年白沙古镇道路空间系统进行计算和分析，图 5-13、表 5-7 分别是白沙古镇连接度、深度、集成度、穿行度的计算结果和分析数据。

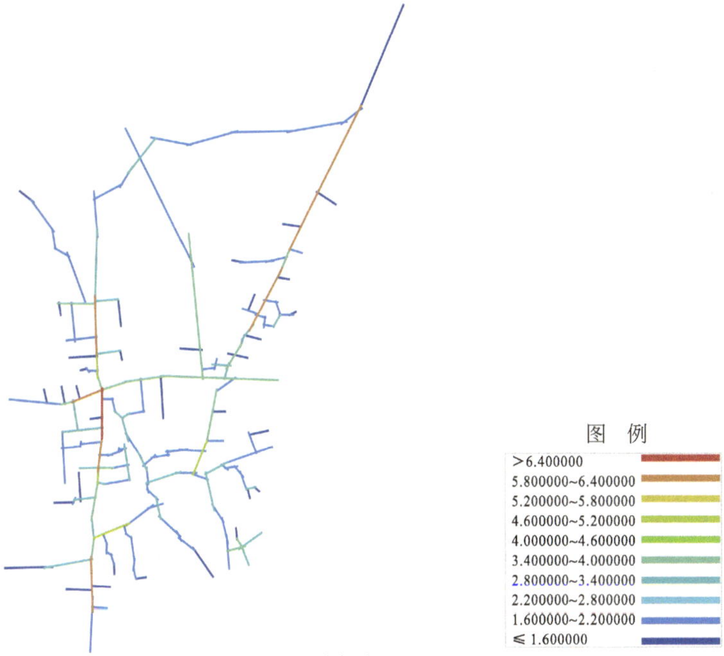

(a) 连接度

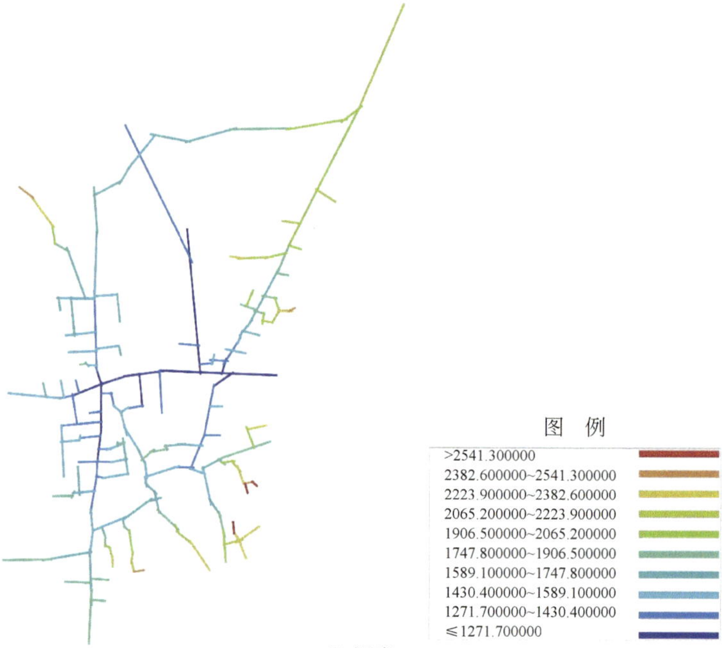
图　例
>2541.300000
2382.600000~2541.300000
2223.900000~2382.600000
2065.200000~2223.900000
1906.500000~2065.200000
1747.800000~1906.500000
1589.100000~1747.800000
1430.400000~1589.100000
1271.700000~1430.400000
≤1271.700000

(b) 深度

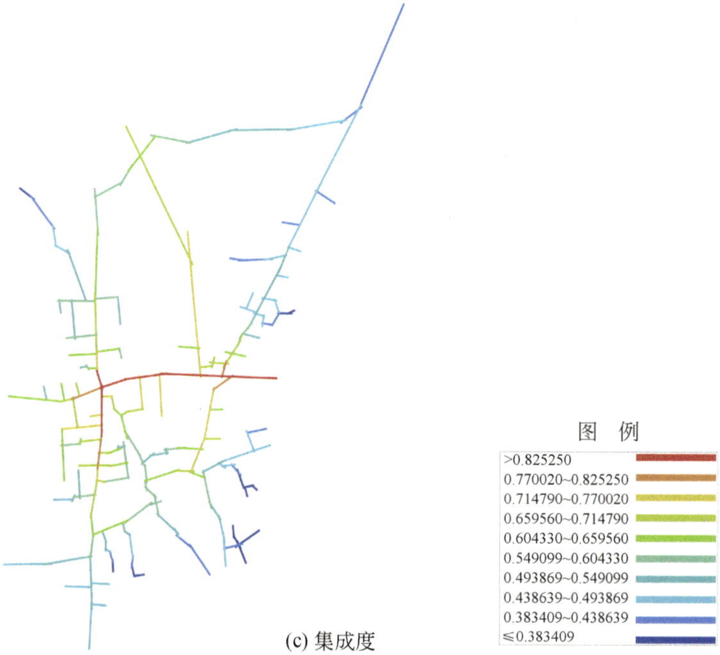
图　例
>0.825250
0.770020~0.825250
0.714790~0.770020
0.659560~0.714790
0.604330~0.659560
0.549099~0.604330
0.493869~0.549099
0.438639~0.493869
0.383409~0.438639
≤0.383409

(c) 集成度

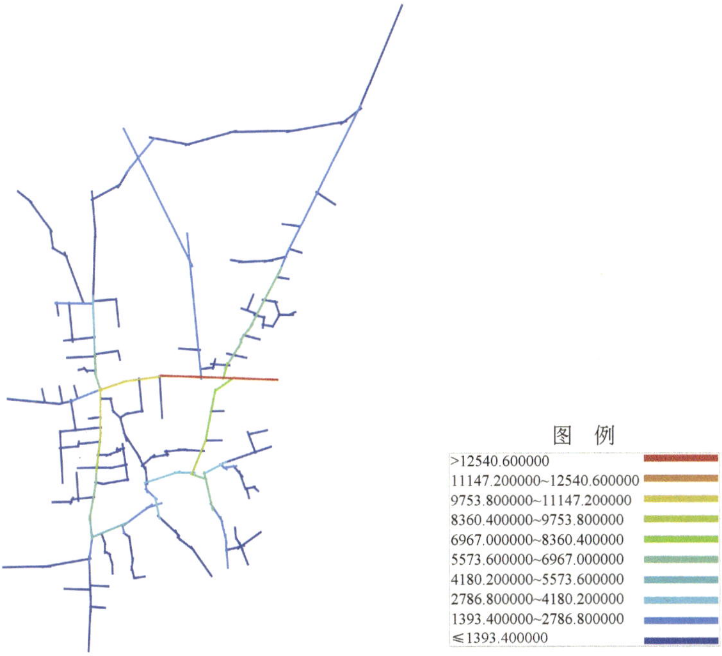

(d) 穿行度

图 5-13　2014 年白沙古镇道路网络轴线分析图

表 5-7　2014 年白沙古镇道路网络轴线分析的属性

变量	数值	数量/条	变量	数值	数量/条
连接度	>6.400000	1	深度	>2541.300000	3
	5.800000～6.400000	6		2382.600000～2541.300000	4
	5.200000～5.800000	0		2223.900000～2382.600000	11
	4.600000～5.200000	4		2065.200000～2223.900000	11
	4.000000～4.600000	15		1906.500000～2065.200000	15
	3.400000～4.000000	0		1747.800000～1906.500000	24
	2.800000～3.400000	27		1589.100000～1747.800000	30
	2.200000～2.800000	0		1430.400000～1589.100000	35
	1.600000～2.200000	84		1271.700000～1430.400000	27
	≤1.600000	34		≤1271.700000	11
集成度	>0.825250	5	穿行度	>12540.600000	1
	0.770020～0.825250	4		11147.200000～12540.600000	0
	0.714790～0.770020	10		9753.800000～11147.200000	3

续表

变量	数值	数量/条	变量	数值	数量/条
集成度	0.659560～0.714790	18	穿行度	8360.400000～9753.800000	2
	0.604330～0.659560	24		6967.000000～8360.400000	3
	0.549099～0.604330	26		5573.600000～6967.000000	10
	0.493869～0.549099	26		4180.200000～5573.600000	2
	0.438639～0.493869	28		2786.800000～4180.200000	5
	0.383409～0.438639	16		1393.400000～2786.800000	18
	≤0.383409	14		≤1393.400000	127

5.3.3.2　白沙古镇空间构形的解释

下面将逐一对白沙古镇连接度、深度、集成度和穿行度的分析结果进行解释。

1. 连接度普遍较低

白沙古镇道路网络轴线分析的连接度平均值为2.37427，最小值为1，最大值为7，标准偏差为1.21887。由图5-13（a）可以看出，白沙古镇的连接度较低，道路网络轴线分析的连接度图中除了为数不多的几条黄色和偏红色轴线，其余大部分轴线都偏蓝、偏绿。从白沙古镇道路网络轴线分析的连接度属性（表5-7）可以进一步看出：在171条轴线中，连接度在2.200000以下有118条，连接度在2.800000～3.400000的有27条，连接度在4.000000以上的有26条，分别占总轴线数量的69.01%、15.79%、15.20%。以上分析说明，低连接度的轴线数量占总轴线数量的绝大部分，多数轴线的连接度在4.000000以下，尤其是连接度在2.200000以下的轴线占总轴线数量近七成。

2. “四方街-东入口”为深度最低的区域

白沙古镇道路网络轴线分析的深度平均值为1722.89，最小值为1113，最大值为2700，标准偏差为354.748。由图5-13（b）可以看出，白沙古镇深度较低的区域位于古镇中央的四方街至古镇东入口的区域内。从白沙古镇道路网络轴线分析的深度属性（表5-7）可以进一步看出：在171条轴线中，深度在1271.700000以下的有11条，深度在1271.700000～1430.400000的有27条，深度在1430.400000～1589.100000的有35条，深度在1589.100000～1747.800000的有30条，分别占总轴线数量的6.43%、15.79%、20.47%、17.54%，共计60.23%。以上分析说明，白沙古镇内深度较低的区域占了绝大多数，深度最低的区域集中在四方街至白沙壁画的主要道路上。

3.“四方街-东入口”为集成度最高的区域

白沙古镇道路网络轴线分析的集成度平均值为 0.562197，最小值为 0.328179，最大值为 0.88048，标准偏差为 0.124599。由图 5-13（c）可以看出，白沙古镇集成度较高的轴线集中在四方街至古镇东入口的区域。从白沙古镇道路网络轴线分析的集成度属性（表 5-7）可以进一步看出：171 条轴线中，集成度在 0.825250 以上的轴线有 5 条，占总轴线数量的 2.92%；集成度在 0.770020～0.825250 的轴线有 4 条，占总轴线数量的 2.34%；集成度在 0.714790～0.770020 的轴线有 10 条，占总轴线数量的 5.85%。集成度较高的三类轴线占总轴线数量的 11.11%。以上分析说明，对白沙古镇空间形态起控制作用的集成度高的道路所占比例较小，且集中分布在四方街至古镇东入口的区域。

4. 穿行度较高的区域集中在“四方街-东入口”及其相连主要道路

由图 5-13（d）可以看出，白沙古镇穿行度较高的轴线为数不多，这些穿行度较高的暖色轴线集中在古镇东入口、东入口以南、四方街等区域。从白沙古镇道路网络轴线分析的穿行度属性（表 5-7）可以进一步看出：171 条轴线中，穿行度在 12540.600000 以上的轴线有 1 条，占总轴线数量的 0.58%；穿行度在 9753.800000～11147.200000 的轴线有 3 条，占总轴线数量的 1.75%；穿行度在 8360.400000～9753.800000 的轴线有 2 条，占总轴线数量的 1.17%。以上分析说明，白沙古镇穿行度值较高的轴线仅占总轴线数量的 3.50%，但却占据了以“四方街-东入口”为主轴的古镇中心区域。

5.3.3.3　白沙古镇空间重构的特征

白沙古镇的旅游发展程度远低于大研古城和束河古镇，因此白沙古镇的空间扩张也比较缓慢。根据轴线分析模型对白沙古镇道路空间系统的计算和分析结果，可以得出扩张后的白沙古镇具有以下空间重构的特征。

（1）白沙古镇道路空间系统的连接度普遍较低，整个古镇连接度在 2.200000 以下的轴线接近七成，这说明白沙古镇道路系统重构后仍然保留着传统村落“树枝状”道路系统的特征，尽端式道路很多，道路之间的相互连接度很差。

（2）白沙古镇内空间深度较低的区域占比较大，深度最低的区域集中在四方街至白沙壁画的主要道路上。这说明白沙古镇空间规模较小，道路系统简单，虽然尽端式道路很多，但大部分都能与古镇干路直接相连。

（3）白沙古镇空间重构后，对空间形态起控制作用的集成度高的道路所占比例较小，但由于白沙古镇空间规模较小，沿古镇东部的主入口和中心的四方街所形成的集成度核心，已经能够控制着整个白沙古镇的空间形态。

（4）白沙古镇的穿行度普遍较低，穿行度较高的区域集中在古镇东入口、东入口以南、四方街等区域。这说明白沙古镇的道路系统为简单的“树枝状”，东入口和四方街是古镇空间结构的主线。

5.3.4 丽江古城空间重构特征总结

大研古城是明代以后逐步从村落和集市发展起来的城镇，白沙古镇和束河古镇是丽江纳西族最早的居住地之一，大研古城和束河古镇的旅游开发是在原有城镇和村落的基础上进行的，白沙古镇目前还保持为原生态的纳西族传统村落。因此，在某种程度上，纳西族传统村落逐渐演变为旅游小镇的空间重构特征，可以通过白沙古镇与束河古镇、大研古城的对比分析来进行探索。

1. 以四方街为中心的空间组织逻辑

从大研古城的集成度分析［图 5-11（c）］可以看出，大研古城的集成度核心沿四方街分别向三个方向延展，东北方向沿小石桥方向延伸至五一街兴仁上段；东南方向延伸最长，延伸至七一街官门口方向直至万子桥；西南方向因受狮子山阻挡，延伸最短。束河古镇的集成度核心则是以老四方街为中心，扩展至飞花触水[如图 5-12(c)]。白沙古镇的空间集成度核心完全与十字古街重合[图 5-13(c)]。

从大研古城、束河古镇和白沙古镇集成度分析的对比中发现，其空间的集成度核心均位于四方街。大研古城、束河古镇和白沙古镇虽然空间规模不同，旅游开发后空间规模扩张也表现出各自不同的规律，但是依然表现出以四方街为集成度核心的空间结构。

2. 从“丰”字形到网状的空间重构路径

大研古城的空间规模最大，其次是束河古镇，白沙古镇的空间规模最小。从大研古城、束河古镇和白沙古镇平面构形的对比分析中可以看出，伴随着空间规模的扩大，平面构形也趋于复杂，也就是说，空间规模的扩大不仅仅是数量上的积累，还体现在空间形态和空间规律的重构。对比大研古城、束河古镇和白沙古镇的轴线（线段）数量和连接度关系（表 5-8）可以看出，随着空间规模的扩大，平均连接度呈现出上升的趋势，说明道路之间的连接更加紧密。

表 5-8　2014 年大研古城、束河古镇和白沙古镇轴线数量和平均连接度

	大研古城	束河古镇	白沙古镇
平均连接度	3.17384	2.67524	2.37427
轴线（线段）数量/条	1116	311	171

规模最小的白沙古镇内存在大量的“丰”字形街巷空间，古镇的道路网络沿

着“丰”字形空间朝尽端生长，越靠近尽端的道路空间深度越大。白沙古镇最大的“丰”字形空间（太平村）的尽端，出现了一条人踩出来的临时性道路，将相邻的三个尽端式空间联系起来，导致这三条尽端式道路的空间深度大大降低。这一空间生长规律表明，居住空间有自然而然地朝向尽端式空间生长的趋势，但这一趋势并不是无限制的，当空间深度越来越大，超出一定极限时，就会新增道路使尽端式空间相互联系。古城空间生长过程中联系性道路的出现，不仅降低了道路空间深度，也引起道路的网络化重构，从而导致道路连接度增加。空间规模较大的大研古城和束河古镇内存在大量的网状街巷空间，“丰”字形街巷空间所占比重明显小于白沙古镇，这也说明随着古城空间的生长和扩大，联系性道路越来越多，道路的连接度也逐渐增强。

从以上分析可以得出，古城空间生长不仅仅是规模数量上的增加，还表现出较为复杂的空间重构规律，即由简单的“丰”字形街巷空间生长为复杂的网状街巷空间，联系性道路逐渐增加，尽端式道路所占比重逐渐减少，道路的连接度也逐渐增强。“丰”字形街巷的向外生长和连接度道路的不断出现，共同导致了古城空间的重构。

第6章　丽江古城文化景观生产特征之二——用地功能消费化

20 世纪 90 年代以后，丽江旅游业的迅速崛起和丽江古城的商业化开发，加剧了古城原住居民的大量外迁，古城房屋被大量出租和改造为旅游服务设施，古城的居住生活功能被旅游商业功能所置换，用地功能呈现出消费化的倾向。本章以用地功能消费化为研究内容，对丽江古城空间消费的逻辑、空间消费的主体与客体进行深入分析，对丽江古城用地结构消费化以及消费空间分布特征进行深入研究，试图总结出丽江古城用地功能消费化的基本特征和内在规律。

6.1　旅游挤出效应下的空间消费

在旅游挤出效应下，丽江古城被生产为空间商品，呈现出明显的空间消费特征。

6.1.1　丽江古城空间消费的逻辑

丽江古城空间消费的逻辑主要表现在以下两个方面。

1. 从“空间中的生产”到“空间的生产”

传统的以物品为重心的社会生产都占据有一定的空间，这种生产是“空间中的生产”。第二次世界大战以后，由于生产方式转变、科技进步和全球化，西方发达国家开始将生产重心由物品向空间转移，“空间的生产”成为资本积累和利润最大化的有效途径。空间既是生产的工具，也是消费的工具。空间已经成为商品，在发展过程中遵循资本积累和利润追逐的规律，并作为一个整体被纳入现代资本主义的生产模式中，被利用来生产剩余价值。

伴随着旅游业的快速发展，丽江古城也被纳入空间生产的轨迹中，购物、餐饮、住宿、休闲、娱乐、游憩等满足游客旅游需求的空间不断地被生产，古城由原来的以纳西族居民为主体的居住生活空间，转变为以游客和外来经营户为主体的旅游消费空间。旅游发展中丽江古城建成环境的开发符合资本积累和利润追逐的规律，古城空间作为一个整体被纳入资本循环过程中，被利用来生产剩余价值。

2. 从“空间中的消费”到“空间的消费”

从传统观念来看，城镇居民的各种消费离不开相应的消费空间，例如在商场中购物、在餐饮店中品尝美食、在酒吧中品酒聊天、在游乐园中娱乐、在健身馆中健身、在美容院中享受美容服务等，这些在特定空间中进行的消费活动都可以称为“空间中的消费”。随着消费文化的盛行和消费社会的发展，空间已从过去的财富消耗者、体现者转变成了财富的创造者，并被纳入消费社会的“生产-消费”体系中。由于生产与消费是社会生产关系中不可分割的一对要素，从“空间中的生产”到“空间的生产”的转变，意味着空间作为商品被消费在所难免。在资本和利润的驱动下，土地和空间作为稀缺资源必然成为一种商品，一种消费品。尤其是现代城市休闲娱乐业的发展和城市旅游的兴起，使得许多城市空间成为可观、可玩、可游和可以体验的商品。这样就从“空间中的消费”转向“空间的消费”，空间不再仅仅是消费活动发生的场所，空间本身也成为商品和消费对象。

旅游活动是一种消费活动，旅游者离开居住地前往旅游目的地，是为了饱览秀丽的自然风光和体验绚丽的人文风情。可以说，旅游本质上就是一种对旅游目的地空间的消费。随着旅游业的快速发展，大量游客涌入丽江古城，无论是游览古城“家家流水、户户垂杨”的诗情画意，欣赏古朴秀丽的纳西族民居，还是体验鲜活迷人的民俗风情，都是对古城空间的消费。丽江古城不再只是纳西人居住生活的空间，民居也不再只是纳西人生活起居的住宅。在旅游发展的浪潮下，整个丽江古城成为商品和消费对象，游客来到古城是为了追求空间的视觉消费和体验消费，品味丽江古城别样的风貌和风情，以获得情感和精神上的愉悦。

6.1.2　丽江古城空间消费的主体与客体

丽江古城空间消费的主体是旅游者，客体则是丽江古城的使用价值与符号价值，其中符号价值是主要消费对象。

1. 消费的主体

消费者是消费行为的主体。消费既是被动也是主动的过程；既是一种资本增值的过程，也是自我实现的过程。当代消费的内在动力是消费者物质追求与自我价值实现的要求，而外因是资本与市场努力确保人们积极地以各种方式参与到消费活动中去。因此，不同消费主体的需求在一定程度上决定了消费空间的生产。Douglas 等（1980）提出以商品的消费和使用来划分社会的阶层关系，把商品分为主类消费品（如食物），技术类消费品（如旅游、消费者资本装备），信息类消费（如信息商品、教育、艺术、闲暇消遣）。上层人群不但有较高的收入，还有判断信息产品和服务的能力，以信息类消费品为主要消费对象；下层人群由于在资金、知识上的差距，只能以“衣食住行”方面的消费品为主要消费对象；中产阶级在消费文化的传播与发展中起到了至关重要的作用，是消费文化的代言人。新型文化媒介人（新型小资产者）是新兴知识普及化过程中最好的接受者和传播者，推动着消费新理念、新模式以及新生活方式的传播与发展。此外，从性别来看，女性成为带动消费的主力军，通过选择商品和服务而指导消费。从年龄来看，青年在消费文化中扮演着重要的角色，促使市场不断创造新鲜事物和青春符号，也吸引着人们去追逐快节奏、活力、动感、喜新厌旧的消费景象和消费态度。

旅游者是丽江古城空间消费的主体，旅游者的消费需求影响着丽江古城的消费空间生产。从旅游六要素来看，旅游者的活动主要包括吃、住、行、游、购、娱。从旅游者动机来看，Crompton（1979）提出了九种动机，包括七种社会心理因素或推动型动机（逃避世俗环境、寻求和评价自我、放松、声望、回归、增进亲友关系、加强社会交往），两种文化动机或拉动型动机（新奇和教育）。Aderhold（1995）对欧洲八个主要客源国家三万多名被试者进行调查，发现旅游者动机集中于追求自由、社会交往、游憩与健康、尝试体验、享受自然环境五个方面。

综上所述，丽江古城作为以旅游者为消费主体的非日常消费空间，其消费空间生产是在旅游者需求、资本与市场操纵的双重作用力下进行的。旅游者作为受消费文化和消费社会影响的群体，其消费需求受中产阶级、新型小资产者、女性、青年等主导群体的消费理念和消费模式的影响。同时，旅游者作为从事旅游活动的特殊群体，其消费需求又受到旅游六要素和旅游动机等的影响。

2. 消费的客体

消费时代，商品消费不仅只是使用价值和交换价值的消费，更是符号价值的消费。商品的符号价值一般包括两个层次：一是商品的独特性符号，即通过设计、造型、口号、品牌、形象等途径，显示与其他商品不同的独特性；二是商品本身的社会象征性，商品成为代表某种社会地位、生活方式、生活品味和社会认同等的符号。波德里亚（2006）认为商品符号的消费才是当今消费的主要目的，消费者购买商品除了使用它们，还希望获得附加的身份象征或生活情调等方面的符号价值。

因此，丽江古城作为商品日益成为文化符号，携带着相应的附加信息，古城的形象、品牌、风格、情调、地位象征等显性或隐性的符号成为旅游者主要的消费对象。在洛克的《中国西南古纳西王国》和顾彼得的《被遗忘的王国：丽江 1941－1949》这两本书中，丽江的形象是“古纳西王国”。2002 年，《新周刊》一句口号式广告“今天你丽江了吗？”使丽江一时间风靡全国。通过旅游宣传网站、电视、旅游书籍、旅游论坛及游客游记等的宣传，丽江那种“纳西古乐、东巴文化、闲适生活”的印象逐渐深入人心，成为城市中拥有怀旧情绪的“小资”们脱离现代社会，追求心灵自由的理想之地，丽江形象由此演变为“小资天堂”。2003 年《丽江的柔软时光》的出版，2004 年热播剧《一米阳光》在丽江的拍摄，又使得“艳遇之都”成为丽江的新形象。以“云南丽江艳遇之都”作为关键词通过百度搜索引擎进行搜索（2014.12.3），可得到 2020000 个搜索结果，可见丽江已被贴上“艳遇、邂逅、疗伤”的标签。2005 年之后，丽江在民间话语中成为“艳遇之都”，丽江古城被谈论的不再是“少数民族风情”，而是“休闲娱乐”。来到丽江古城的旅游者，有的是纯粹的观光客，跟着旅行社的导游来，走马观花转一圈，拍几张照片就走了；有的是生活上失意的人，比如恋爱中的失恋者、事业上的失败者、工作中遇到困难的人等，他们来丽江的目的是进行心理调适；有的游客来丽江为的是呼吸丽江空气、体验古城味道；有的年轻游客每年来丽江十多次，为的是到丽江来追求艳遇。丽江古城作为消费对象，除了具有游览、居住、休闲、娱乐等使用价值，已被赋予了更多的符号价值。

6.1.3　丽江古城消费空间的构成

丽江古城是以旅游者为消费主体的非日常消费空间，旅游者来到丽江古城主要进行的旅游活动包括观光、购物、休闲、娱乐、饮食、住宿、文化体验等。丽江古城消费空间主要包括游览空间、旅游购物空间、休闲餐饮空间、住宿空间、文化体验空间、资讯空间、日用零售空间、公共服务空间等（表 6-1），其中针对旅游者提供消费服务的是前 6 类空间。游览空间是利用丽江古城历史形成的空间要素进行梳理和改造而成的，不作为文化景观生产讨论的重点内容。

表 6-1　丽江古城消费空间的构成

序号	消费空间的类型	消费空间的具体内容
1	游览空间	游览空间是指供旅游者游览、观光的空间，包括古城街巷、文物古迹、景区景点、重点民居等。大研古城的游览空间主要有四方街、新华街、东大街、新义街、五一街、七一街、光义街、狮子山万古楼景区、狮子山公园、科贡坊、百岁坊、忠义坊、水磨坊、大石桥、小石桥、三眼井等；束河古镇的游览空间主要有四方街、中和路、青龙路、清泉路、青龙桥、九鼎龙潭、疏河龙潭、四方听音广场、龙泉路、茶马广场、飞花触水等
2	旅游购物空间	旅游购物空间是指供旅游者购买旅游纪念品、土特产等的购物商店。丽江古城的旅游购物空间主要包括中高档工艺品（玉器、银器等）商店、手工艺品商店、服饰（创意服饰、民族服饰）商店、土特产商店、非物质文化遗产商店等
3	休闲餐饮空间	休闲餐饮空间是指供旅游者饮食、休闲、娱乐等的空间。丽江古城的休闲餐饮空间主要包括小吃店、餐馆、吧类（酒吧、茶吧、咖啡吧、书吧等）

续表

序号	消费空间的类型	消费空间的具体内容
4	住宿空间	住宿空间是指供旅游者短暂居住的空间。丽江古城的住宿空间主要包括个体客栈（个体经营的小型客栈）、公司客栈（公司经营的规模较大的酒店、客栈等）、民居（原居民居住的住宅，也有的兼做接待游客的客栈）
5	文化体验空间	文化体验空间是指供旅游者体验丽江民族文化、宗教文化、民俗文化、艺术文化等的空间，主要包括文化传习所、寺庙、故居等。大研古城的文化体验空间主要有木氏土司府、东巴宫、文昌宫、方国瑜故居、普贤寺、嵌雪楼、丽江古城博物院、丽江古城民居博物馆、丽江原生态音乐博物馆等；束河古镇的文化体验空间主要有大觉宫、三圣宫、龙泉寺、石莲寺、茶马古道博物馆、茶马王故居纪念馆、束河皮匠历史展览馆等；白沙古镇的文化体验空间主要有白沙纳西文化园、白沙壁画、白沙锦绣艺术院等
6	资讯空间	资讯空间是指为旅游者提供资讯服务的旅行社
7	日用零售空间	日用零售空间是指供旅游者和原住居民购买日用生活必需品的购物商店。丽江古城的日用零售空间主要包括小超市、便利店、药店等
8	公共服务空间	公共服务空间是指为原住居民和旅游者提供公共服务的公厕、学校、居委会、邮政所、银行等

6.2 丽江古城用地结构消费化特征

技术路线：根据上海同济城市规划设计研究院编制的《世界文化遗产丽江古城保护规划（2012）》，采用其中关于大研古城、束河古镇、白沙古镇遗产区和缓冲区的用地现状图纸和数据，对大研古城、束河古镇、白沙古镇遗产区 2002 年或 2007 年至 2012 年的用地结构变化特征，以及缓冲区 2012 年的用地结构特征进行分析，并进一步总结出丽江古城用地结构消费化的特征。

6.2.1 大研古城用地结构的高消费化特征

大研古城旅游发展程度较高，因此用地结构表现出高消费化特征。

1. 遗产区用地结构

2002 年、2007 年和 2012 年大研古城缓冲区范围有一些调整和变化，所以用地功能调查范围也不尽相同，但是遗产区范围基本未变，对比历年的用地结构可以看出：居住用地规模明显减少，商业用地，特别是旅馆用地急剧增加。居住用地占建设用地比例由 2002 年的 46.49%下降至 2012 年的 14.9%，减少了 31.59%；而商业服务业设施用地占建设用地比例从 2002 年的 11.73%上升至 2012 年的 40.3%，增加了 28.57%（图 6-1）。

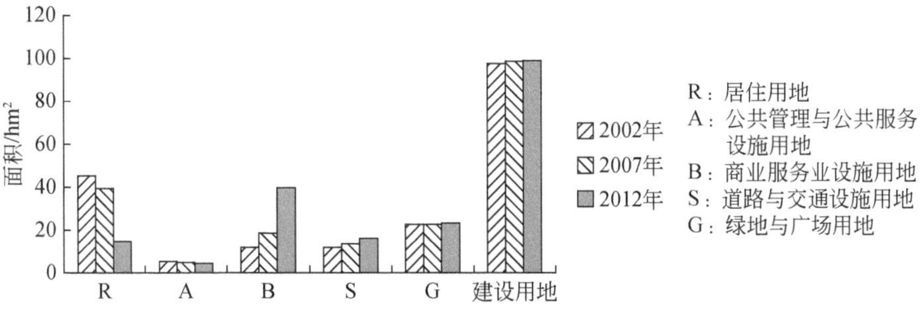

图 6-1　大研古城遗产区主要类型用地规模变化分析图

资料来源：上海同济城市规划设计研究院，2012

2012 年大研古城（含黑龙潭）遗产区面积约 1.01km^2，伴随着旅游业的快速发展，遗产区内的商业服务业设施用地迅速增加，居住用地的比例下降，纯粹作为居住的用地所剩无几，2012 年居住用地占建设用地的比例不到 15%。民居客栈遍布整个遗产区，虽然部分客栈也容纳了居住功能，但是大研古城内绝大部分民居已被改造为商业设施，用地结构消费化特征明显。现代商业服务业设施用地过多，对遗产区环境与水系造成了一定的污染。同时，酒吧、餐饮等用地与居住用地的混合布置，也造成了对周边居民区的污染和干扰，使得居民生活与旅游业均受到一定影响。遗产区内的公共管理与公共服务设施包括丽江电视台，古城区工人文化宫、图书馆、嵌雪楼、文昌宫等，基本集中在狮子山上。遗产区内的文物古迹基本都已经得到修缮，但是有些民居院落类型因被商业功能占用，在维修中被改建现象严重；还有一些文物的周围环境没有得到保护，对整个建筑群影响较大。大研古城除狮子山外基本没有公园，公共绿地较少，居民和游客缺乏必要的休憩场所，大研古城整体绿化率相对比较低，主要道路两侧绿化也有待完善。

2. 缓冲区用地结构

2012 年，大研古城（含黑龙潭）缓冲区范围东至金安路，南至祥和路，西至民主路，北侧包括玉河生态走廊和黑龙潭以东象山山体，总面积约 4.54km^2。缓冲区内有 40%的用地为象山的黑龙潭公园，其他以北门坡的居住用地以及南门的商业服务业设施用地比例最高，公共服务设施以几个学校为主，同时还有少量仓储和一些办公设施，分布在金虹路与民主路上。总体上，居住用地占建设用地的 13.4%，商业服务业设施用地占建设用地的 11.9%，公共管理与公共服务设施用地占建设用地的 9.6%。商业服务业设施用地过多，南门地区新建的规模较大的商业用地，严重破坏了大研古城空间尺度和肌理，对大研古城整体风貌影响较大。缓冲区内文物古迹包括文庙、武庙、玉河书院、方国瑜墓等，前两处均已废弃，虽然历史文化价值较高，但损坏严重。玉河书院仍在使用中，情况一般。

6.2.2　束河古镇用地结构的高消费化特征

束河古镇旅游发展程度较高，因此用地结构表现出高消费化特征。

1. 遗产区用地结构

2002 年，束河古镇旅游业尚未起步，新建需求很少，不少住宅出现空置现象。2003 年以来，借助大研古城旅游快速发展的风潮，束河古镇也开始大力发展旅游业，用地需求大量增加。从束河古镇遗产区 2007 年、2012 年的用地构成来看，5 年内用地发展的主要特点为：第一，遗产区建设用地规模不断增加。2007 年建设用地规模为 9.91hm^2，2012 年增至 11.9hm^2，5 年时间增加了 20.1%（图 6-2）；第二，居住用地不断减少，商业服务业设施用地快速增加。居住用地比例由 2007 年的 36.22%下降至 2012 年的 12.6%，减少了 23.62%；而商业服务业设施用地从 2007 年的 35.32%上升至 2012 年的 64.8%，增加了 29.48%。第三，市政公用设施、道路与交通设施得到较大改善。第四，农田等非建设用地减少，遗产区自然环境风貌受到威胁。

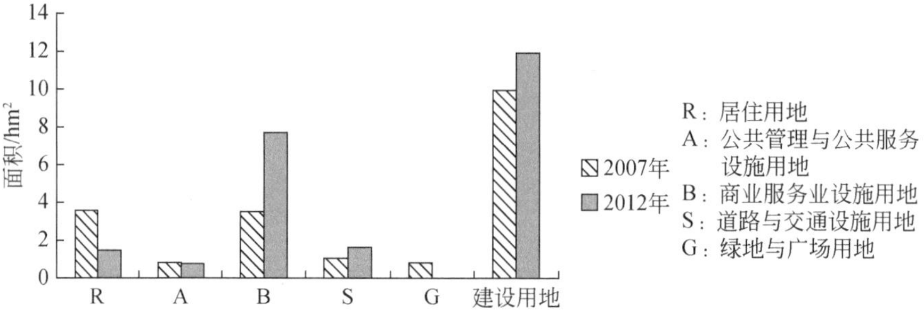

图 6-2　束河古镇遗产区主要类型用地规模变化分析图

资料来源：上海同济城市规划设计研究院，2012

2012 年束河古镇遗产区面积约 14.5 hm^2。从用地布局来看，束河古镇以四方街为中心集中分布商业和服务设施，青龙河两岸也分布着商业设施。民居客栈遍布于整个遗产区内，并沿康普巷向东以及聚宝山蔓延。束河古镇的建设用地绝大部分为商业服务业设施用地，占 64.8%，居住用地仅占 12.6%，公共管理与公共服务设施用地占 6.7%。由此看出，随着束河古镇旅游业的发展，商业扩展迅速，束河古镇用地结构消费化特征明显。

2. 缓冲区用地结构

2012 年，束河古镇缓冲区范围内仅有西侧山脚和东北侧还保留了一定量的居住用地，但该区域内的原住居民也有出租房屋开客栈的倾向，已经基本无人居住。

束河古镇本地居民在缓冲区外东部和北部地区另建新居，但新建住宅与缓冲区紧邻，且体量较大，与束河古镇整体风貌不甚协调。缓冲区东南侧为整体开发的大规模商业用地，已将传统村落逐步侵蚀，商业区内居住用地比例很少。总体上，居住用地占建设用地的 16.4%，商业服务业设施用地占建设用地的 52.1%，公共管理与公共服务设施用地占建设用地的 3.7%。

6.2.3　白沙古镇用地结构的低消费化特征

白沙古镇旅游发展较为迟缓，因此用地结构表现出低消费化特征。

1. 遗产区用地结构

虽然 2012 年白沙古镇遗产区和缓冲区的范围均有所调整，但白沙古镇仍然保留了传统居住功能，旅游商业功能发展有限，且村落周边的农田保护较好，没有大规模建设侵占耕地或西侧山体，较好地保持了白沙古镇“村庄+田园”的原生纳西族村落形态。2012 年与 2007 年的用地布局相比，功能布局上并没有较大突破，仍然是以四方街牌楼为界，北部沿街集中布置商业，大型公共设施在村庄边缘分布，南部则为多个居住村落。西南部木都村已经向东蔓延至束白公路，四方街北部商业明显增加，主要还是沿路布置。2007 年和 2012 年，居住用地分别占建设用地的 78.35%和 72.3%，商业服务业设施用地分别占建设用地的 2.48%和 2.5%，公共管理与公共服务设施用地分别占建设用地的 13.92%和 13.3%。从白沙古镇遗产区 2007 年、2012 年的现状用地构成来看，这 5 年遗产区用地发展的主要特点为：第一，行政建设用地不多，用地拓展缓慢；第二，遗产区用地延续了原有的居住生活功能，居住用地始终占据主要地位；第三，商业服务业设施和公共服务与管理设施始终集中在遗产区北部，但商业服务业设施用地近期有加速发展的趋势；第四，道路交通设施和市政设施逐步得到改善。

2012 年白沙古镇遗产区面积约 21.10hm^2。从用地布局来看，白沙古镇遗产区以三类居住用地和农田为主，商业服务业设施用地主要集中在四方街南北向街道两侧，四方街东西向街道布置有老年活动中心等少量的公共服务设施，白沙乡政府位于街道东端。白沙古镇遗产区居住用地居多，占建设用地的 72.3%；商业服务业设施用地较少，占建设用地的 2.5%；公共管理与公共服务设施用地占建设用地的 13.3%，其中白沙琉璃殿和大宝积宫是国家级重点文物保护单位，被用作文化展示之用。

2. 缓冲区用地结构

2012 年，白沙古镇缓冲区以农田为主，城市建设用地仅为总面积的 30.8%。缓冲区用地结构十分简单，主要是居住用地；其间有少量的行政办公用地和基本公共服务用地，主要分布在主干道两侧。总体上，居住用地占建设用地的 63.7%，商业服务业设施用地占建设用地的 2.1%，公共管理与公共服务设施用地占建设用地的 13.9%。

6.2.4　丽江古城用地结构消费化的总体特征

对比分析大研古城、束河古镇和白沙古镇得出，丽江古城用地结构消费化表现出如下特征。

1. 白沙古镇遗产区用地结构仍以居住用地为主

白沙古镇旅游发展较为迟缓，受旅游挤出效应的影响程度较低，古镇内的购物店、餐馆、酒吧、客栈等旅游接待服务设施数量不多。白沙古镇仍然保留了传统居住功能，用地结构以居住用地为主。2007 年，白沙古镇遗产区居住用地为 10.75hm^2，占建设用地的 78.35%；2012 年，居住用地为 9.96hm^2，占建设用地的 72.3%。白沙古镇商业服务业设施用地较少。2007 年，白沙古镇遗产区商业服务业设施用地为 0.34hm^2，占总用地的 2.48%；2012 年，白沙古镇遗产区商业服务业设施用地为 0.35hm^2，占建设用地的 2.5%。2012 年与 2007 年相比，白沙古镇居住用地略有减少，但仍占总用地的七成以上，商业服务业设施用地的规模基本维持不变。

2. 大研古城和束河古镇遗产区内商业服务业设施用地大幅度增加

大研古城和束河古镇旅游发展较为成熟，受旅游挤出效应的影响程度较高，对比大研古城和束河古镇遗产区历年的用地结构可以看出：居住用地规模明显减少，商业服务业设施用地规模大幅度增加。

2002 年，大研古城遗产区的居住用地为 45.29hm^2，占建设用地的 46.49%；商业服务业设施用地为 11.54hm^2，占建设用地的 11.73%。2007 年，大研古城遗产区居住用地为 39.23hm^2，占建设用地的 39.87%；商业服务业设施用地为 18.65hm^2，占建设用地的 18.95%。2012 年，大研古城遗产区居住用地为 14.73hm^2，占建设用地的 14.9%；商业服务业设施用地为 39.94hm^2，占建设用地的 40.3%。2012 年与 2002 年相比，大研古城遗产区居住用地比例减少了 31.59%，商业服务业设施用地比例增加了 28.57%。

2007 年束河古镇遗产区的居住用地为 3.59hm^2，占建设用地的 36.22%；商业服务业设施用地为 3.5hm^2，占总用地的 35.32%。2012 年，束河古镇遗产区居住用地为 1.5hm^2，占建设用地的 12.6%；商业服务业设施用地为 7.7hm^2，占建设用地的 64.8%。2012 年与 2007 年相比，束河古镇遗产区居住用地比例减少了 23.62%，商业服务业设施用地比例增加了 29.48%。

3. 束河古镇缓冲区内商业服务业设施用地比例较大

2012 年，束河古镇缓冲区范围内仅有西侧山脚和东北侧还保留了一定量的居住用地，缓冲区东南侧为整体开发的大规模商业用地，已将传统村落逐步侵蚀，商业区内居住用地比例很少。因此，束河古镇缓冲区内商业服务业设施用地的比例较大，居住用地比例较小。2012 年，束河古镇缓冲区内的居住用地为 6.6hm^2，占建设用地的 16.4%；商业服务业设施用地为 21.0hm^2，占建设用地的 52.1%。其中，零售商业用地为 5.5hm^2，占建设用地的 13.6%；餐饮用地为 3.3hm^2，占建设用地的 8.2%；旅馆用地为 12.2hm^2，占建设用地的 30.3%，是商业服务业设施用地的主体。

4. 旅馆用地是商业服务业设施用地的主体

从 2012 年大研古城和束河古镇商业服务业设施用地的构成来看，旅馆用地所占比例最高。大研古城遗产区商业服务业设施用地为 39.94hm^2，其中旅馆用地为 28.39hm^2，占商业服务业设施用地的 71.08%；缓冲区商业服务业设施用地为 45.59hm^2，其中旅馆用地为 23.26hm^2，占商业服务业设施用地的 51.02%。束河古镇遗产区商业服务业设施用地为 7.7hm^2，其中旅馆用地为 4.0hm^2，占商业服务业设施用地的 51.95%；缓冲区商业服务业设施用地为 21.0hm^2，其中旅馆用地为 12.2hm^2，占商业服务业设施用地的 58.10%。

白沙古镇旅游发展相对迟缓，未出现将传统民居大规模改造为客栈的情况，因此白沙古镇的旅馆用地规模不大。2012 年，白沙古镇遗产区商业服务业设施用地为 0.35hm^2，其中旅馆用地为 0.05hm^2，占商业服务业设施用地的 14.29%；缓冲区商业服务业设施用地为 0.55hm^2，其中旅馆用地为 0.15hm^2，占商业服务业设施用地的 27.27%。

6.3　丽江古城消费空间分布特征

空间句法理论认为，城镇道路网络的空间组构是影响人流活动的根本决定因素，而人流活动的聚集在很大程度上影响了城镇空间的功能布局。因此，以城市道路网络空间拓扑结构为骨架的城镇空间形态也就影响了城镇空间的功能布局。空间句法理论在很大程度上推动了“空间构成-功能”相关性研究的发展。近年来，空间句法又提出了两个突破性理论：“无所不在的中心性”和“模糊边界”。“无所不在的中心性”是指不同规模的中心遍布于城市的各个角落，这不是简单的多中心结构，而是更为复杂的中心性网络，其中包含多尺度的交织、镶嵌、互动、构成等，被认为是一种城市普遍性的空间现象。“模糊边界”是指良好城市的功能分区不是通过清晰不变的边界限定而形成，而是通过空间网络的多尺度分异而形成，从而保持了各个分区之间适度的可达性，使得分区边界随尺度的变化而变化，以适应不同尺度的社会经济的聚集。

下文将利用空间句法理论的这一基本原理，对大研古城、束河古镇和白沙古镇的消费空间分布特征进行研究。技术路线如下：首先，以2014年调研获取的第一手资料为依据，确定旅游购物空间、休闲餐饮空间、住宿空间、文化体验空间、资讯空间、日用零售空间、公共服务空间等8~9类消费空间的兴趣点，并将数据输入到ArcGIS中，以此建立丽江古城消费空间分布的地理空间数据库；其次，基于此数据与集成度分析相结合深入研究大研古城、束河古镇和白沙古镇旅游购物空间、休闲餐饮空间、住宿空间、文化体验空间、资讯空间、日用零售空间等大类消费空间分布特征，并进一步分析大研古城和束河古镇旅游购物空间、休闲餐饮空间、住宿空间的小类消费空间分布特征；最后，结合大研古城、束河古镇和白沙古镇不同的旅游开发模式，讨论消费空间分布特征的差异。

6.3.1　丽江古城大类消费空间分布特征

本节将大研古城、束河古镇和白沙古镇进行横向对比，以深入分析和研究丽江古城大类消费空间的分布特征。

6.3.1.1　大研古城大类消费空间的分布

大研古城消费空间分为8大类、22小类（表6-2）。

表6-2　大研古城消费空间统计表

大类消费空间类型	数量（大类）/家	占比（大类/总体）/%	小类消费空间类型	数量（小类）/家	占比（小类/大类）/%
旅游购物空间	1506	41.56	手工艺品类	485	32.20
			民族服饰类	322	21.38
			土特产类	290	19.26
			中高档工艺品类	278	18.46
			创意服饰类	118	7.84
			非物质文化遗产类	13	0.86
休闲餐饮空间	426	11.75	吧类	90	21.13
			小吃类	53	12.44
			餐馆类	283	66.43

续表

大类消费空间类型	数量（大类）/家	占比（大类/总体）/%	小类消费空间类型	数量（小类）/家	占比（小类/大类）/%
住宿空间	1243	34.30	个体客栈类	892	71.76
			公司客栈类	54	4.35
			民居类	297	23.89
文化体验空间	17	0.47	传习所类	11	64.71
			寺庙、故居类	6	35.29
资讯空间	104	2.87	旅行社	104	100.00
日用零售空间	100	2.76	小超市/便利店	100	100.00
公共服务空间	52	1.43	公厕	23	44.23
			学校	12	23.08
			居委会	7	13.46
			邮政所	3	5.77
			银行	7	13.46
其他	176	4.86	—	—	—
合计	3624	100.00	—	—	—

数据来源：2013 年 8 月实地调研

从大研古城整体的消费空间分布特征来看［图 6-3（a）］，大部分类型的消费空间是由大研古城中心（四方街）逐步向四周扩散分布，初步反映了一般性消费空间的中心集聚效应。然而，从各大类消费空间的具体分布特征来看，各大类消费空间有各自不同的空间分布规律。

旅游购物空间对道路网络集成度的依赖程度最大，休闲餐饮空间次之[图 6-3(b)、图 6-3（c）]，其中旅游购物空间除了向四方街集聚，还表现出向玉河广场（北入口）集聚的特征，休闲餐饮空间则对古城入口的依赖性不大。这一集聚特征可以从游客的实际出行得到解释：以古城情景体验为主要活动的游客行为对步行的可达性表现出强烈的依赖。由于玉河广场为游客进入大研古城的主要集散中心，区域大量人流的涌入使得旅游购物空间向这一区域集聚。休闲餐饮空间对步行可达性的依赖弱于旅游购物空间，但也表现出与道路网络集成度较强的正相关性。由于初到古城的游客并不会产生迫切的饮食需求，故而休闲餐饮空间并没有表现出向玉河广场集聚，只表现出向四方街集聚。

便利店、小超市形式的日用零售空间分布在集成度较高的道路上[图 6-3(a)]，在集成度中心和古镇北侧的金虹路上出现了较明显的集聚现象。与旅游购物空间的分布不同，日用零售空间在大研古城北侧金虹路上的集聚是面向低消费游客群体服务的，该区域同时还集聚了廉价餐馆，表现出日用零售空间与廉价餐饮空间共生的特点。

N
图 例
旅游购物空间
休闲餐饮空间
住宿空间
公共服务空间
资讯空间
文化体验空间
日用零售空间
其他空间
道路网络集成度
>208.667986
193.424184~208.667986
178.180381~193.424184
162.936578~178.180381
147.692776~162.936578
132.448973~147.692776
117.205170~132.448973
101.961368~117.205170
86.717565~101.961368
≤86.717565

(a) 整体消费空间分布

(b) 旅游购物空间分布

(c) 休闲餐饮空间分布

(d) 住宿空间分布

图 6-3　大研古城大类消费空间分布图

住宿空间呈现出大体均匀分布的特征［图 6-3（d）］，在可达性占有上退居旅游购物空间与休闲餐饮空间之后。住宿空间通常是利用位于道路尽端、交通闭塞、偏僻安静地段的民居改建而成，因此形成了在大面上均匀分布的特征。虽然住宿空间对可达性要求较旅游购物与休闲餐饮空间弱，但是依然表现出对视域可见性的空间诉求，这可以从客栈区域道路上各种式样的招牌看出来。比如，位于大研古城北侧的小峰王府客栈，从主路上仅可以看到设置在巷路入口的招牌，招牌对游客的引导弥补了该客栈在主路上被遮挡的缺陷（图 6-4）。可见性可以描述为信息的可达性，该案例代表了古城客栈通过招牌的信息可达性弥补客栈物理可达性的空间现象。

图 6-4　小峰王府客栈招牌的可见性分析

以发布旅游资讯为主要功能的旅行社占据了集成度较高的道路［图 6-3（a）］，同时表现出对入口空间的邻近性集聚特征。这种与旅游购物空间和休闲餐饮空间相似的分布规律，暗示了资讯服务业对较高集成度区域潜在人流的市场需求。对这一空间想象的通俗描述为：对资讯服务而言，谁占有了游客，谁就占据了市场。

公共服务空间与文化体验空间在大研古城的分布较为均匀［图 6-3（a）］。相比较而言，文化体验空间在古镇东部和南部区域几乎没有分布。这是因为东部的大部分区域是新建的大研中学，南部区域为旅游开发后大研古城向外蔓延扩张的旅游商业区，这两个区域在旅游开发前鲜有原住居民，相应的文化体验空间也比较匮乏。

6.3.1.2　束河古镇大类消费空间的分布

束河古镇消费空间分为 9 大类、22 小类（表 6-3）。

表 6-3　束河古镇消费空间统计表

大类消费空间类型	数量（大类）/家	占比（大类/总体）/%	小类消费空间类型	数量（小类）/家	占比（小类/大类）/%
旅游购物空间	682	45.41	手工艺品类	173	25.37
			民族服饰类	148	21.70
			土特产类	130	19.06
			中高档工艺品类	151	22.14
			创意服饰类	79	11.58
			非物质文化遗产类	1	0.15
休闲餐饮空间	156	10.39	吧类	47	30.13
			小吃类	20	12.82
			餐馆类	89	57.05
住宿空间	481	32.03	个体客栈类	350	72.77
			公司客栈类	18	3.74
			民居类	113	23.49
文化体验空间	8	0.53	文化演出	1	12.50
			寺庙、故居类	2	25.00
			活动中心	3	37.50
			博物馆	2	25.00
资讯空间	24	1.60	旅行社	24	100.00
日用零售空间	31	2.06	小超市/便利店	31	100.00
公共服务空间	11	0.73	公厕	5	45.46
			学校	1	9.09
			邮政所	1	9.09
			银行	4	36.36
摄影空间	34	2.26	—	—	—

续表

大类消费空间类型	数量（大类）/家	占比（大类/总体）/%	小类消费空间类型	数量（小类）/家	占比（小类/大类）/%
其他	75	4.99	—	—	—
合计	1502	100.00	—	—	—

数据来源：2013 年 8 月实地调研

如前文所述，大研古城消费空间分布呈现出以四方街为中心向周围扩散的特征。束河古镇与大研古城不同，束河古镇消费空间在分布上，除了呈现出大部分消费空间以老四方街为中心向周围扩散的一般性中心集聚效应，还在南部入口区有大规模集聚、在东部入口有小规模集聚，呈现出较为明显的朝向入口区域集聚的特征。这是由于大研古城与束河古镇在旅游开发模式和空间扩张特征上均不一样。大研古城没有采取新增大量用地的旅游开发模式，而是在原有基础上小规模渐进式更新，空间扩张也是在原有空间形态基础上逐步向外生长蔓延；束河古镇则是通过分区的方式，在原有老村附近新增大量土地用于旅游开发，空间扩张呈现出大规模跨越式发展的特点，原有空间形态被打破，老四方街的中心性下降［图 6-5（a)］。

从各大类消费空间的具体分布特征来看，各大类消费空间有各自不同的空间分布规律。束河古镇的旅游购物空间在分布上表现出明显的多中心集聚特征，分别形成了老四方街片区、南部主入口片区和东门入口片区 3 个集聚中心，体现出旅游购物空间的两种集聚模式，即向古镇传统空间中心（集成度核心）和入口区域集聚。这是由于束河古镇经过大规模开发建设后，总体空间形态发生了变化，一方面老四方街仍然持续作为古镇的集成度核心，另一方面古镇空间的大规模扩张提升了南部和东部两个入口区域的可达性和集聚性［图 6-5（a)］。与大研古城相似，束河古镇的休闲餐饮空间在分布上对可达性的依赖程度同样退居旅游购物空间之后，但在老四方街集成度核心区域的集聚更为明显，在主入口和东门也出现了两个不同大小的集聚中心［图 6-5（b)、图 6-5（c)］。大研古城的住宿空间在整个空间中的分布呈现出一种均衡状态，束河古镇的住宿空间分布则不同，体现出南部片区住宿空间分布数量较少，其他区域均匀分布的特征［图 6-5（d)］。这是由于南部片区为整体新开发的商业街区，建筑内部空间格局大多不适合做客栈，且房屋租金较高，适合用作利润率更高的旅游购物空间和休闲餐饮空间。

与大研古城不同，束河古镇内出现了一定规模的摄影店。由于摄影空间与旅游购物空间、休闲餐饮空间等消费空间的经营方式不同，其商品的生产和销售不完全在店铺内完成，因此摄影空间表现出与众不同的分布特征。束河古镇的摄影空间主要集聚在老四方街以东的龙泉路上，此外在古镇南部集成度较低的道路上也有分布，这说明摄影空间对可达性的要求并不高，对集成度依赖程度比旅游购物空间小［图 6-5（e)］。

N
图　例
休闲餐饮空间
住宿空间
公共服务空间
资讯空间
摄影空间
文化空间
旅游购物空间
日用零售空间
其他
道路网络集成度
>0.892245
0.835147~0.892245
0.778049~0.835147
0.720951~0.778049
0.663853~0.720951
0.606754~0.663853
0.549656~0.606754
0.492558~0.549656
0.435460~0.492558
≤0.435460
北门
东门
主入口
四方听音广场

(a) 整体消费空间分布

(b) 旅游购物空间分布

(c) 休闲餐饮空间分布

(d) 住宿空间分布

(e) 摄影空间分布

图 6-5　束河古镇大类消费空间分布图

总体而言，束河古镇各大类消费空间的分布，并未呈现出像大研古城那样与道路网络集成度高度吻合。虽然束河古镇旅游购物空间和休闲餐饮空间在分布上基本符合从高集成度向低集成度依次扩散的特征，但由于受古镇大规模整体开发模式的影响，旅游开发商在项目规划中确定的功能分区对各大类消费空间分布的集聚特征具有较大影响，例如，旅游购物空间和休闲餐饮空间分别形成了老四方街片区、南部主入口片区和东门入口片区 3 个集聚中心，住宿空间在南部新开发的商业街区较少分布。束河古镇空间大规模扩张后，对消费空间的分布而言，入口区域的区位优势更加明显。

同时，束河古镇经过大规模旅游开发和空间扩张后，并没有表现出像大研古城那样有机更新后所形成的发育完善的空间形态特征。这主要表现在：束河古镇扩张的边界呈现出破碎化状态，四方听音广场以西、主入口区域，以及老四方街以东，均存在大量待开发用地，束河古镇东北部未开发区域内存在大量与古镇犬牙交错的农田；束河古镇内部的消费空间分布也存在破碎化倾向，例如，束河古镇西侧青龙河旁边开发的哈里谷，大面积酒店与古镇其他区域几乎不发生任何交流。束河古镇空间形态发育不完善，是造成束河古镇空间构形特征与消费空间分布特征之间相关性不如大研古城那么明显的重要原因之一。

6.3.1.3 白沙古镇大类消费空间分布特征

白沙古镇消费空间分为 6 大类、13 小类（表 6-4）。

表 6-4 白沙古镇消费空间统计表

大类消费空间类型	数量（大类）/家	占比（大类/总体）/%	小类消费空间类型	数量（小类）/家	占比（小类/大类）/%
旅游购物空间	37	41.57	手工艺品类	12	32.43
			民族服饰类	9	24.32
			土特产类	2	5.41
			染布作坊	14	37.84
休闲餐饮空间	15	16.85	吧类	10	66.67
			餐馆类	5	33.33
客栈空间	13	14.61	个体客栈类	13	100.00
文化体验空间	4	4.50	纳西文化园	1	25.00
			白沙壁画	1	25.00
			活动中心	1	25.00
			木氏刺绣学校	1	25.00

续表

大类消费空间类型	数量（大类）/家	占比（大类/总体）/%	小类消费空间类型	数量（小类）/家	占比（小类/大类）/%
日用零售空间	9	10.11	小超市/便利店	8	88.89
			药店	1	11.11
其他	11	12.36	—	—	—
合计	89	100.00	—	—	—

数据来源：2013 年 8 月实地调研

白沙古镇的旅游发展程度较低，消费空间分布特征相对简单。在白沙古镇十字古街四周集成度较高的区域集聚了旅游购物类店铺 37 家，休闲餐饮类店铺 15 家，客栈 13 家（图 6-6）。此外，主要服务于原住居民的商业设施和公共设施也都集聚在这一区域。文化体验类中的纳西文化园、活动中心、木氏刺绣学校等因受到政府扶持，在空间上也占据集成度较高的区域。而在比例上占绝大多数的原住民居住生活空间，却在空间分布上退居到集成度较低的区域。从对原住居民的访谈中得知，他们也有将房屋出租、迁出古镇的意愿。如果地方政府不能采取有效措施留住原住居民，白沙古镇也极有可能走向空间消费化的道路。

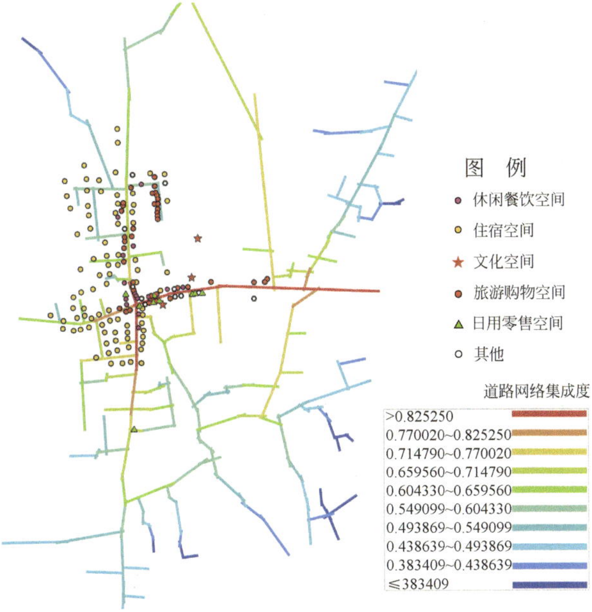

图 6-6　白沙古镇大类消费空间分布图

6.3.2 丽江古城小类消费空间分布特征

由于白沙古镇消费空间数量较少，因此本节只将大研古城和束河古镇进行横向对比，以探究丽江古城小类消费空间的分布特征。

6.3.2.1 大研古城小类消费空间的分布特征

为了进一步深入研究大研古城各类消费空间的具体分布特征，本节详细考察各小类消费空间的分布。

1. 旅游购物空间各小类消费空间分布特征

大研古城旅游购物空间包括手工艺品类、民族服饰类、土特产类、中高档工艺品类、创意服饰类、非物质文化遗产类（以下简称非遗类）6 类小类消费空间（表 6-5）。

表 6-5　大研古城旅游购物空间分类统计表

分类	手工艺品类	民族服饰类	土特产类	中高档工艺品类	创意服饰类	非遗类	合计
数量/家	485	322	290	278	118	13	1506
比例/%	32.20	21.38	19.26	18.46	7.84	0.86	100.00

对旅游购物空间各个小类空间的分布特征进行两两对比发现，每个小类消费空间表现出在空间分布与数量多少上相关性极强的序列特征，小类消费空间的数量越多，所占空间的集成度越高，所占空间越有利。具体的空间占有序列如下：手工艺品类＞民族服饰类＞土特产类＞中高档工艺品类＞创意服饰类＞非遗类（图 6-7）。从这一空间占有的序列来看，越是小型零售性质的经营业态（手工艺品类、民族服饰类）对可达性的依赖越强；与之相反，越是具有品牌效应的经营业态（中高档工艺品类、创意服饰类）对可达性的依赖越弱。非遗类空间受古城保护政策的影响较大，且在大研古城中没有形成较大规模，因此在空间上呈现出均匀分布的特征。

进一步分析各小类消费空间分布特征发展发现，所有小类消费空间在空间的集聚并没有呈现出与大类旅游购物空间相似的分布特征，即简单地由集成度核心和入口空间逐步向外扩散和衰减的特征，而是沿集成度核心和入口空间形成多个空间集聚中心，且各集聚中心不重合。小类消费空间集聚现象表明，小类消费空间在街巷内能沿集成度核心和入口空间涌现出若干个大小不一、边界模糊的集聚中心。同时，各小类消费空间在空间占有上的序列性特征，导致了各小类消费空间的集聚中心在空间上间隔分布的特点，即空间占有力强的小类消费空间的集聚中心总是率先占有集成度高的区域和入口空间，空间占有力弱的小类消费空间则向较低集成度和距离入口空间较远的区域集聚（图 6-7）。小类消费空间这种多中心性分布的规律印证了希列尔关于“无所不在的中心性”和“模糊边界”的理论解释。

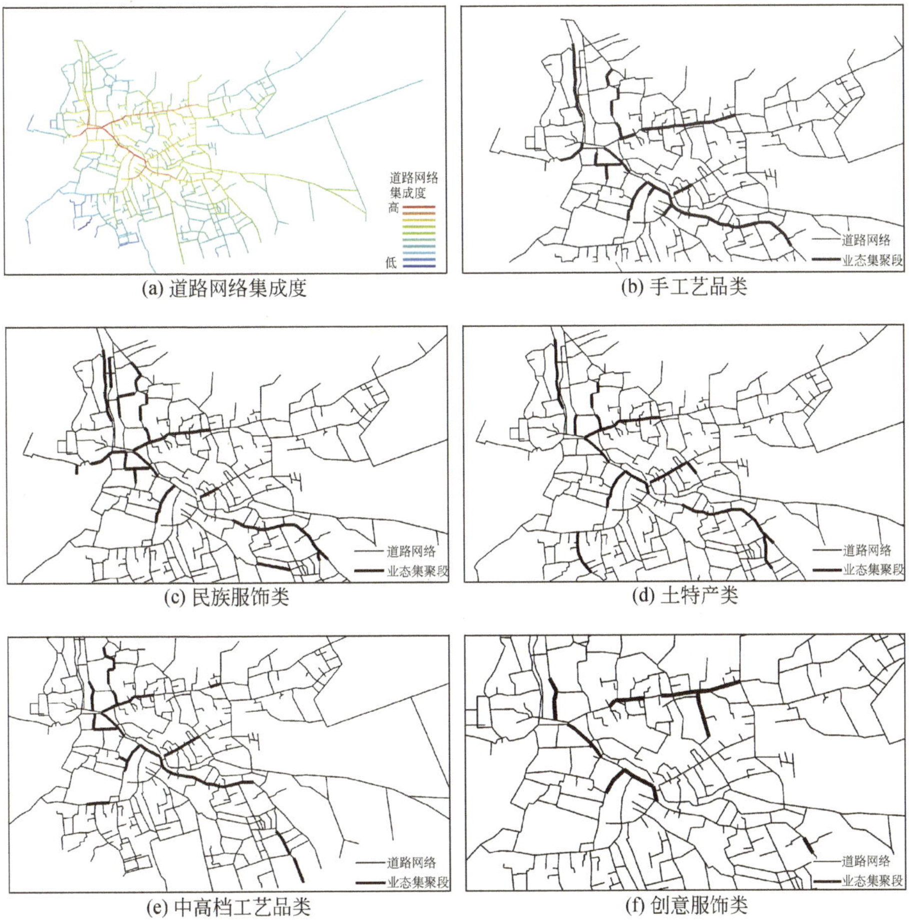

(a) 道路网络集成度　(b) 手工艺品类　(c) 民族服饰类　(d) 土特产类　(e) 中高档工艺品类　(f) 创意服饰类

图 6-7　大研古城旅游购物空间各小类消费空间集聚线段分析

非遗类数量太少，空间分布没有表现出明显的集聚特征

另外，大研古城旅游购物空间小类消费空间的集聚特征还表现在：虽然各小类消费空间大都集聚在为数不多的街道段落上，但这些街道段落集聚了各小类消费空间一半以上的数量（表 6-6）。这种空间集聚现象进一步说明，“无所不在的中心性”和“模糊边界”也同样符合空间句法的早期理论中“极少数集成度高的线段对城市起控制作用”这一论点。同时，各小类消费空间的多中心性集聚又支持了旅游购物空间的中心性集聚，各个不同的大类消费空间又叠加出整个大研古城消费空间的中心性集聚，这样多个小类消费空间的叠加分布就将四方街及周边区域打造为大研古城的活力中心。

表 6-6 旅游购物空间各小类消费空间集聚线段所占比重

	手工艺品类	民族服饰类	土特产类	中高档工艺品类	创意服饰类
集聚段消费空间数量/消费空间总数量	323/485	225/322	169/290	214/278	55/118
集聚线段数占总线段数的比例/%	66.6	69.9	58.3	77.0	46.6

2.休闲餐饮空间各小类消费空间分布特征

大研古城休闲餐饮空间包括吧类、小吃类、餐馆类 3 类小类消费空间(表 6-7)。

表 6-7 大研古城休闲餐饮空间分类统计表

	吧类	小吃类	餐馆类	合计
数量/家	90	53	283	426
比例/%	21.13	12.44	66.43	100.00

休闲餐饮空间各小类消费空间的集聚表现出较为明显的中心性分布特征，即各小类消费空间大部分集聚在为数不多的少数街道段落上，且这些街道段落集聚了各小类消费空间一半左右的数量（图 6-8、表 6-8），但休闲餐饮空间的各小类消费空间中心性分布特征，不如旅游购物空间的各小类业态中心性分布特征明显。休闲餐饮空间对可达性的依赖程度要弱于旅游购物空间，其集聚中心在空间分布上表现为更大的范围和更模糊的边界。

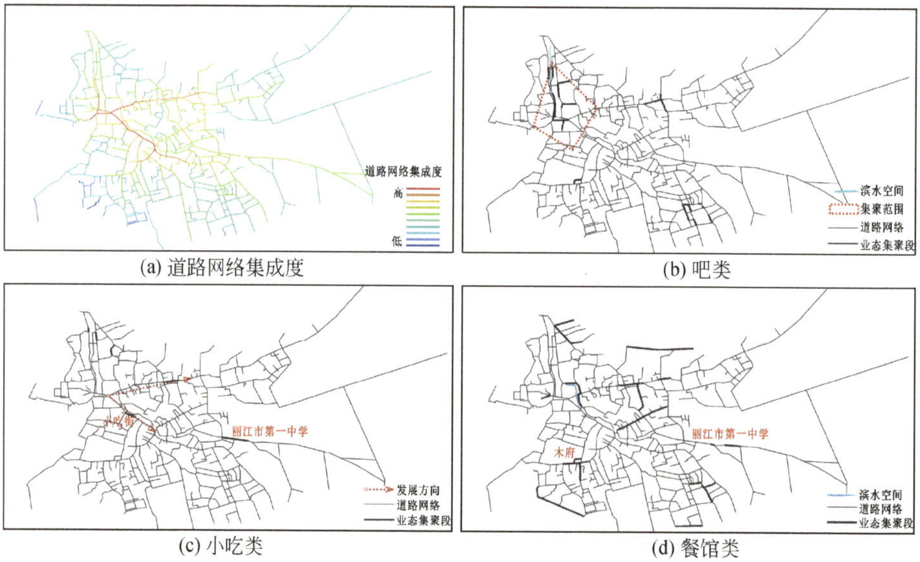

图 6-8 大研古城休闲餐饮空间各小类消费空间集聚线段分析

表 6-8　休闲餐饮空间的各小类消费空间集聚线段所占的比重

	吧类	小吃类	餐馆类
集聚段消费空间数量/消费空间总数量	50/90	22/53	162/283
集聚线段占总数的比例/%	55.6	41.5	57.2

吧类空间在新华街滨水区域形成了较为明显的集聚中心。酒吧街作为大研古城的新名片具有较强的品牌认知度和吸引力，因此酒吧街既占据了高集成度的入口空间，也占据了景观优越的滨水区。而对可达性依赖最强的旅游购物空间被挤压到临近酒吧街的西侧道路上。这一空间分布规律说明酒吧街的品牌中心对空间表现出极为强烈的占有特性。此外，吧类空间在大研古城南侧古佑巷附近也形成了规模较小的中心，但并未形成类似新华街酒吧一条街那样的品牌中心。

小吃类空间在分布上呈现出由四方街向大石桥方向和官门口方向的放射式发展，并且四方街和官门口两个集成度较高的区域形成了小吃街和大型室内美食城。也就是说，小吃类空间形成了四方街和古城小吃街两个活力中心，这两个活力中心对空间的集成度中心表现出极强的正相关性。此外，小吃类空间在丽江市第一中学门口也出现较为明显的集聚，与四方街和官门口的集聚中心不同，丽江市第一中学门口的小吃类空间集聚中心的服务对象不是游客，而主要是当地的学生群体。

餐馆类空间在大石桥附近形成了依托滨水空间为特征的集聚中心，该区域也是大研古城高档餐馆的集聚区。此处河岸线距离建筑边界较远，属于大研古城中为数不多的滨水开敞空间，餐馆布置于此可以利用滨水区营造良好的半室外空间，为游客营造优雅、舒适的就餐环境，也有利于提高餐馆的档次，从而使滨水景观资源价值实现效益最大化（图 6-8、图 6-9）。

图 6-9　大石桥区域餐馆的滨水开敞空间

3. 住宿空间各小类消费空间分布特征

大研古城住宿空间包括个体客栈类、公司客栈类、民居类 3 类小类消费空间（表 6-9）。个体客栈类是指房屋整体出租后由个体商户经营的客栈类型，公司客栈类是指房屋整体出租后由酒店公司经营的客栈类型，民居类是指原住居民自己居住或部分接待游客的住宿空间类型。

表 6-9　大研古城住宿空间分类统计表

	个体客栈类	公司客栈类	民居类	合计
数量/家	892	54	297	1243
比例/%	71.76	4.35	23.89	100.00

大研古城的住宿空间中，个体客栈类有 892 家，公司客栈类有 54 家，民居类有 297 家。由于住宿空间的分布较为均匀，不具有沿街巷系统的线段集聚特征，因此住宿空间研究将直接使用原始的兴趣点数据进行分析。从图 6-10 可以看出，个体客栈类在大研古城住宿空间中占据了统治地位，均匀地分布于大研古城的各个角落。客栈文化在丽江大研古城蔚然成风，“丽江开客栈”成为独具文化特色的丽江现象。公司客栈类在大研古城核心区域分布较为集中，这些公司在大研古城旅游发展初期借助雄厚的资本兼并了数家邻近院落，占据了大研古城中心许多空间品质极佳的位置，并对客栈进行营销性创意产品包装。例如，“一品天下文苑”室内外装修考究、“花间堂隐泉”具有绝佳的观城视野、“桃花岛驿站”创造了徐霞客仙游系列主题等，这些都是公司客栈类的经营典范。民居类基本由原住居民居住或经营，从其空间的分布特征看，大多分布在集成度较低的蓝色线段的道路周围，这说明个体客栈类和公司客栈类将民居类挤压到了更加偏僻、区位不佳的空间位置上。同时，民居类在空间分布上呈现出破碎化的态势。造成这种民居类分布特征的原因有二：一是旅游商业功能对居住生活功能的挤压和切割；二是民居类受资金和经营能力限制，无法提供高质量的旅游接待服务，被个体客栈类和公司客栈类所排挤。

6.3.2.2　束河古镇小类消费空间的分布特征

为了进一步研究束河古镇各类消费空间的具体分布特征，有必要详细考察各小类消费空间的分布。

1. 旅游购物空间各小类消费空间分布特征

束河古镇旅游购物空间包括手工艺品类、民族服饰类、土特产类、中高档工艺品类、创意服饰类、非遗类 6 类小类消费空间（表 6-10）。

(a) 住宿空间的各小类消费空间分布

(b) 个体客栈类

(c) 公司客栈类

(d) 民居类

图 6-10　大研古城住宿空间各小类消费空间分布图

表 6-10　束河古镇旅游购物空间分类统计表

	手工艺品类	中高档工艺品类	民族服饰类	土特产类	创意服饰类	非遗类	合计
数量/家	173	151	148	130	79	1	682
比例/%	25.37	22.14	21.70	19.06	11.58	0.15	100.00

与大研古城的旅游购物空间分布特征相似，对束河古镇旅游购物空间的各个小类消费空间的分布特征进行两两对比发现，每个小类空间表现出在空间分布与数量多少上相关性极强的序列特征，小类消费空间的数量越多，所占空间的集成度越高，所占空间越有利。具体的序列如下：手工艺品类＞中高档工艺品类＞民族服饰类＞土特产类＞创意服饰类＞非遗类（图 6-11、表 6-11）。这一空间占有序列与大研古城的序列略有不同，大研古城中高档工艺品类排第四位，而束河古镇中高档工艺品排第二位。结合调研情况看，大研古城的中高档工艺品商店主要为销售玉器、珠宝、高品质银器等高档商品的店铺，大量低档次银器店被归入了手工艺品类；而束河古镇内销售玉器、珠宝、高品质银器等高档商品的店铺很少，所以把低档次银器店归入中高档工艺品类，这样就使得束河古镇的中高档工艺品店更多地具有了小型零售商业的特点。因此，从束河古镇旅游购物空间的各小类消费空间占有序列来看，越是小型零售性质的经营业态（手工艺品类、中高档工艺品类、民族服饰类）对可达性的依赖越强，越是具有品牌效应的经营业态（创

意服饰类）对可达性的依赖越弱。非遗类空间在束河古镇只有一家，位于束河古镇主入口处，其空间区位的选择主要受到保护政策的影响。

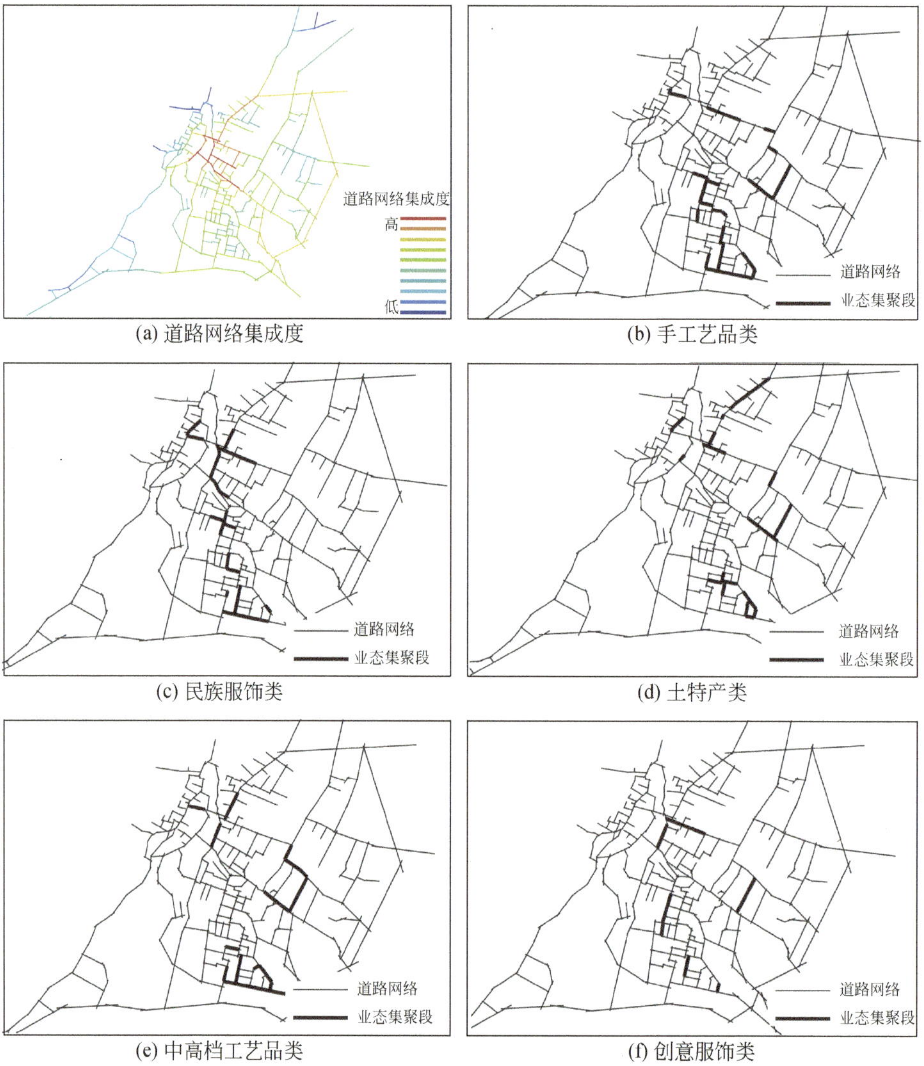

图 6-11　束河古镇旅游购物空间各小类消费空间集聚线段分析

表 6-11　旅游购物空间的各小类消费空间集聚线段所占的比重

	手工艺品类	中高档工艺品类	民族服饰类	土特产类	创意服饰类
集聚段消费空间数量/消费空间总数量	140/173	105/151	87/148	73/130	38/79
集聚线段数占总线段数的比例/%	80.9	69.5	58.8	56.2	48.1

进一步分析束河古镇旅游购物空间各小类消费空间的分布特征发现，其空间集聚于三个中心（老四方街、主入口、东门入口）。其中，手工艺品类和中高档工艺品类对步行空间的依赖性最强，在从主入口到老四方街的区域内大量集聚分布，其集聚线段相关性极强；而民族服饰类、土特产类、创意服饰类的集聚线段相关性不强。此外，束河古镇旅游购物空间各小类消费空间的集聚也同样符合希列尔关于“无所不在的中心性”和“模糊边界”的中心性涌现法则。与大研古城不同，束河古镇受整体开发规划中功能疏解思路的影响更加明显，旅游购物空间在主入口和东门入口处集聚，形成与老四方街并存的三个集聚中心（图 6-11）。

另外，束河古镇旅游购物空间小类消费空间的集聚特征还表现在：虽然各小类消费空间大都集聚在为数不多的街道段落上，但这些街道段落集聚了各小类消费空间一半以上的数量（表 6-11）。束河古镇的中心性分布法则同样符合空间句法早期理论中“极少数集成度高的线段对城市起控制作用”这一论点。各小类消费空间的多中心性集聚又进一步支持了旅游购物空间的中心性集聚，各大类消费空间又叠加出整个束河古镇消费空间的中心性集聚。

2. 休闲餐饮空间各小类消费空间分布特征

束河古镇休闲餐饮空间包括吧类、小吃类、餐馆类 3 类小类消费空间（表 6-12）。

表 6-12　束河古镇休闲餐饮空间分类统计表

	吧类	小吃类	餐馆类	合计
数量/家	47	20	89	156
比例/%	30.13	12.82	57.05	100.00

束河古镇的吧类空间并没有形成像大研古城那样的酒吧一条街，但在老四方街附近区域分布密集，在主入口区也有零星分布。吧类空间集聚的老四方街、青龙河以及飞花触水等区域，都位于束河古镇的老村范围内，也是束河古镇的景观核心区，这说明束河古镇吧类空间对景观环境品质的要求较高（图 6-12）。

束河古镇的小吃类空间在南部主入口新开发区域的集聚分布特征明显，但其集聚特点与集成度并不吻合，这说明小吃类空间的分布受整体开发规划的功能分区作用明显。进一步分析束河古镇小吃类空间的经营类型发现，除了靠近主入口处规划建设的“束河风味美食街”外，其余都是米线店、饵丝店等店铺，束河古镇小吃类空间的经营类型和特色都远逊于大研古城。束河古镇餐馆类空间在从老四方街到飞花触水的区域形成了一个较大的集聚中心，另外，在主入口和东门入口处形成了两个不同规模的集聚中心（图 6-12）。

N
图　例
吧类
道路网络集成度
>0.892245
0.835147~0.892245
0.778049~0.835147
0.720951~0.778049
0.663853~0.720951
0.606754~0.663853
0.549656~0.606754
0.492558~0.549656
0.435460~0.492558
≤0.435460

(a) 吧类

N
图　例
小吃类
东河风味美食街
道路网络集成度
>0.892245
0.835147~0.892245
0.778049~0.835147
0.720951~0.778049
0.663853~0.720951
0.606754~0.663853
0.549656~0.606754
0.492558~0.549656
0.435460~0.492558
≤0.435460

(b) 小吃类

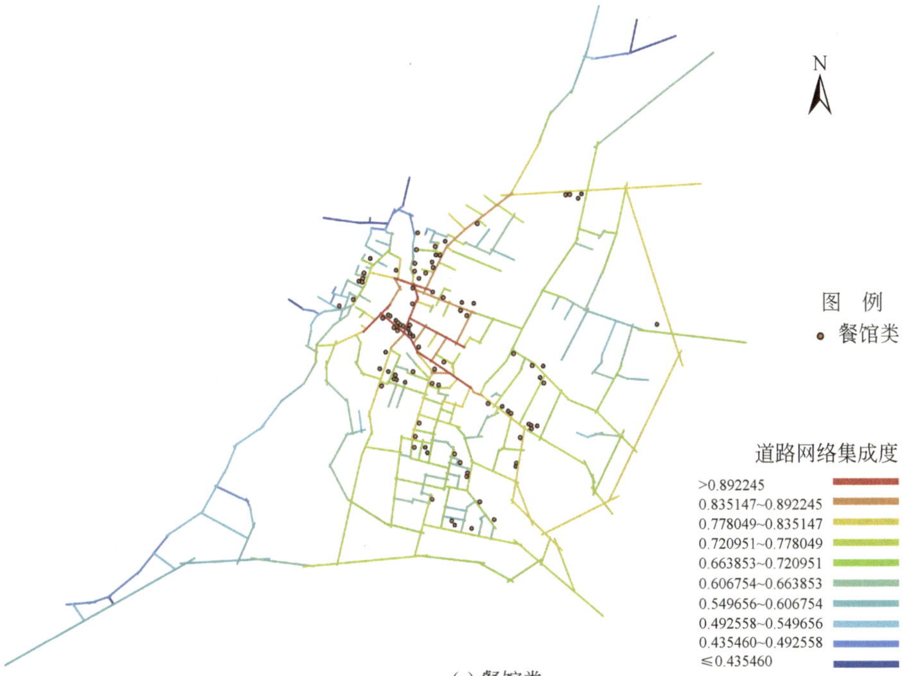

(c) 餐馆类

图 6-12　束河古镇休闲餐饮空间各小类消费空间分布图

3.住宿空间各小类消费空间分布特征

束河古镇住宿空间包括个体客栈类、公司客栈类、民居类 3 类小类消费空间。其中，个体客栈 350 家，公司客栈 18 家，民居 113 家（表 6-13）。个体客栈类是指房屋整体出租后由个体商户经营的客栈类型，公司客栈类是指房屋整体出租后由酒店公司经营的客栈类型，民居类是指原住居民自己居住或部分接待游客的住宿空间。

表 6-13　束河古镇住宿空间分类统计表

	个体客栈类	公司客栈类	民居类	合计
数量/家	350	18	113	481
比例/%	72.77	3.74	23.49	100.00

个体客栈类空间在束河古镇住宿空间分布上占据了统治地位。但是个体客栈在老村范围内的分布更加密集，在古镇南部整体新开发片区内的分布较为稀疏。这主要与南部区域整体开发时的功能定位有关。由于南部区域被定位为商业街区，房屋租金较高，且建筑内部空间不适宜开设客栈，因此该区域主要布置了旅游购物空间和休闲餐饮空间。公司客栈类空间在束河古镇内的分布较为稀疏，但哈里

谷、康华丽水阳光酒店分别占据了景观较好的青龙河附近和入口区，具备星级酒店的大规模接待功能。民居类空间主要分布在老四方街周围以及古镇东北部片区。老四方街周围的民居类空间均属于老村内留下来的原住居民的居住或接待空间，而古镇东北部片区内的民居类空间主要是新近搬迁过来的居民建设的居住或接待空间。束河古镇原住居民的居住生活空间，已经整体搬迁至古镇以北的中和、文明两个自然村，古镇南部的开文村，以及古镇西侧的松云、庆云两个自然村（图 6-13）。

从束河古镇原住居民向古镇周边区域大规模搬迁的现状来看，束河古镇在老村附近建设大片新商业街区的分区开发模式，只保住了老村的物质外壳，却没能阻止老村原住居民的大量外迁。此外，在老村外围建设新村的方式加速了原住居民的外迁，使得束河古镇的住宿空间越来越多地成为游客和外来经营户的居住空间，而非原住居民的居住空间。伴随着老村空间功能的置换，为适应购物、餐饮和客栈等功能需求，越来越多的纳西族传统民居院落被改造成缺乏传统特色的简单院落。

(a) 个体客栈类

(b) 公司客栈类

(c) 民居类

图 6-13　束河古镇住宿空间各小类消费空间分布图

6.3.3 丽江古城消费空间分布的总体特征

6.3.3.1 整体消费空间的单中心与多中心分布

丽江古城整体消费空间分布表现出单中心和多中心两种不同的分布特征，大研古城和白沙古镇为单中心分布特征，束河古镇为多中心分布特征。大研古城大部分类型的消费空间都是以四方街为中心向周围扩散。这是由于大研古城的空间扩张是在原有基础上逐渐向外围蔓延和生长，延续了以四方街为中心的空间形态，因此大部分类型的消费空间首先集聚在以四方街为中心的集成度核心，形成单中心的分布特征。白沙古镇的旅游发展程度较低，为数不多的旅游接待服务设施集中布置在以四方街为中心的十字古街区域；此外，为原住居民提供日常生活服务的商业设施和公共设施也布置在该区域。这是由于白沙古镇的空间扩张比较缓慢，仍然保持了古镇原有的以四方街为中心的空间形态，因此消费空间集聚在以四方街为中心的集成度核心，形成单中心的分布特征。

束河古镇与大研古城、白沙古镇不同，其大部分类型的消费空间在分布上除了呈现出以老四方街为中心向四周扩散的集聚效应外，还在南部入口区有大规模集聚、在东部入口有小规模集聚。这是由于束河古镇的空间扩张不是在原有空间形态基础上逐步向外蔓延和生长，而是采用分区开发模式在老村东南面整体开发了大规模新商业片区，使得束河古镇的空间形态发生了变异式生长，空间结构的中心在老四方街的基础上逐渐向东部和南部延伸和拓展。因此，束河古镇的整体消费空间在老四方街、南部入口（含四方听音广场）、东部入口形成了 3 个集聚中心，呈现出多中心分布特征。

6.3.3.2 大类消费空间的线状与面状分布

从大研古城、束河古镇和白沙古镇整体消费空间的分布图中可以看出两种明显的分布规律，一种是沿着主要道路两侧高密度集聚的线状分布，另一种是邻接次要道路或尽端道路低密度分散的面状分布。这种线状和面状分布特征与消费空间类型直接相关。符合线状分布特征的消费空间主要为旅游购物空间、休闲餐饮空间、日用零售空间、资讯空间。由于这 4 类消费空间对可达性要求较高，一般分布在集成度较高的道路上，因而形成了沿主要道路两侧高密度集聚的线状分布特征。符合面状分布特征的消费空间主要为住宿空间。与前面 4 类消费空间相比，住宿空间对可达性要求较低，一般分布在集成度较低的道路上，因而形成了邻接次要道路或尽端道路低密度分散的面状分布特征。此外，这种线状密集与面状分散的分布特征还与土地经济价值有关。主要道路的临街面土地经济价值较高，一般布置利润较高的旅游购物空间、休闲餐饮空间、日用零售空间等消费空间；而次要道路和尽端道路所邻接区域的土地经济价值较低，布置利润相对较低的住宿空间。

6.3.3.3　大类消费空间对集成度依赖程度的递减特征

从大研古城、束河古镇和白沙古镇大类消费空间的分布规律来看，不同类型消费空间对集成度依赖程度不同。旅游购物空间对集成度依赖程度最大，其次是休闲餐饮空间；便利店、小超市形式的日用零售空间分布在集成度较高的道路上，以发布旅游资讯为主要功能的资讯空间也占据了集成度较高的道路；公共服务空间与文化体验空间在古镇的分布较为均匀，对集成度依赖程度较低；住宿空间呈现出大体均匀分布的特征，对集成度依赖程度最小（图 6-14）。

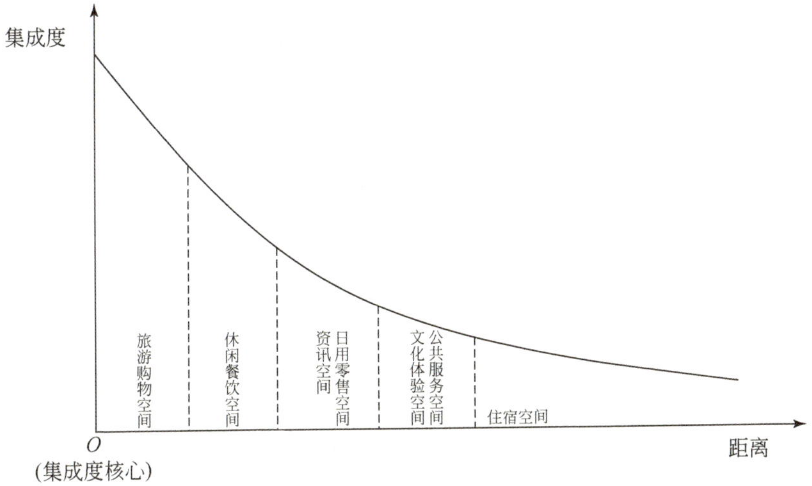

图 6-14　大类消费空间对集成度依赖程度的递减特征

6.3.3.4　小类消费空间的多中心集聚与均匀性分散

1.旅游购物空间各小类消费空间的多中心集聚

旅游购物空间各小类消费空间在空间分布上，并没有呈现出与旅游购物空间相似的分布特征，即简单地由集成度核心和入口空间逐步向外扩散和衰减的特征，而是沿集成度核心和入口空间形成多个空间集聚中心，且各空间集聚中心不重合。小类消费空间这种多中心性分布的规律印证了希列尔关于“无所不在的中心性”和“模糊边界”的理论解释。此外，虽然各小类消费空间大都集聚在为数不多的街道段落上，但这些街道段落集聚了各小类消费空间一半以上的数量。这说明各小类消费空间的多中心性集聚又进一步支持了旅游购物空间的中心性集聚，各个不同的大类消费空间又叠加出整体消费空间的中心性集聚。

2. 休闲餐饮空间各小类消费空间的多中心集聚

休闲餐饮空间各小类消费空间的集聚也表现出较为明显的中心性分布特征，即各小类消费空间大部分集聚在为数不多的街道段落上，且这些街道段落集聚了各小类消费空间一半左右的数量，但休闲餐饮空间各小类消费空间中心性分布特征，不如旅游购物空间各小类消费空间中心性分布特征明显。

3. 住宿空间各小类消费空间的均匀性分散

住宿空间各小类消费空间的分布较为均匀，不具有沿街巷系统的线段集聚特征。但在均匀性分布的基础上，住宿空间各小类消费空间在空间区位的选择上呈现出不一样的特征。个体客栈类在住宿空间中占据了统治地位，均匀地分布于古城的各个角落。公司客栈类一般占据区位条件和环境品质比较好的区域，或是利于较大规模开发的区域。民居类大多分布在集成度较低的道路周围，且在空间分布上呈现出破碎化的态势。造成这种结果的原因有二：一是旅游商业功能对居住生活功能的挤压和切割；二是民居类受资金和经营能力限制，无法提供高质量的旅游接待服务，被个体客栈类和公司客栈类所排挤。

6.3.3.5　旅游购物空间各小类消费空间的序列分布

旅游购物空间各个小类消费空间在空间分布上表现出明显的序列特征，小类消费空间的数量越多，所占空间的集成度越高，所占空间越有利。大研古城旅游购物空间各小类消费空间的集成度由高到低的序列为：手工艺品类＞民族服饰类＞土特产类＞中高档工艺品类＞创意服饰类＞非遗类。束河古镇旅游购物空间各小类消费空间的集成度由高到低的序列为：手工艺品类＞中高档工艺品类＞民族服饰类＞土特产类＞创意服饰类＞非遗类。束河古镇与大研古城的分布序列稍有不同，这是因为束河古镇的中高档工艺品店在品牌、品质和档次上比大研古城稍逊一筹，使得束河古镇的中高档工艺品店更多地具有了小型零售商业的特点。从大研古城和束河古镇旅游购物空间的各小类消费空间的占有序列来看，越是小型零售性质的经营业态对可达性的依赖越强，越是具有品牌效应的经营业态对可达性的依赖越弱。

第 7 章　丽江古城文化景观生产特征之三
——建筑景观符号化

丽江古城作为旅游消费空间，空间的使用价值弱化、符号价值凸显，建筑景观和古城空间本身成为一种被符号充斥着的消费对象，古城内的纳西族民居建筑逐步演变为具有象征意义的、表达特殊空间情感和氛围的符号化景观。本章以建筑景观符号化为研究内容，对丽江古城建筑景观的价值转变和符号消费取向进行深入分析，对丽江古城整体建筑景观符号现状以及建筑景观要素符号化进行深入研究，从而总结出丽江古城建筑景观消费的基本特征和内在规律。

7.1　旅游挤出效应下的符号消费

在旅游挤出效应下，丽江古城建筑景观的使用价值被弱化，符号价值被强化，建筑景观呈现出明显的符号消费特征。

7.1.1　建筑景观消费的价值转变

在旅游发展的推动下，整个丽江古城正成为商品和消费对象，建筑景观也成为旅游商品和消费品。建筑景观与其他商品一样，既有使用价值，也有符号价值。建筑不仅能满足人们对居住和使用等方面的功能需求，而且其本身也是一种能够满足心理和情感需求的商品。丽江古城作为旅游目的地和非日常消费空间，游客来此旅游的目的就是逃离日常生活的景观环境，在充满纳西族建筑风情的古城空间中游览以获得别样的视觉和情感体验。因此，游客对古城空间进行消费的重要对象就是景观符号，古城建筑景观的使用价值被弱化，而符号价值的消费被强化（图 7-1）。

7.1.1.1　建筑景观使用价值的弱化

旅游发展之前，丽江古城是纳西人聚居的家园，古城内的民居建筑以居住功能为主。随着旅游发展，丽江古城的建筑景观日益成为旅游商品，建筑更多地成

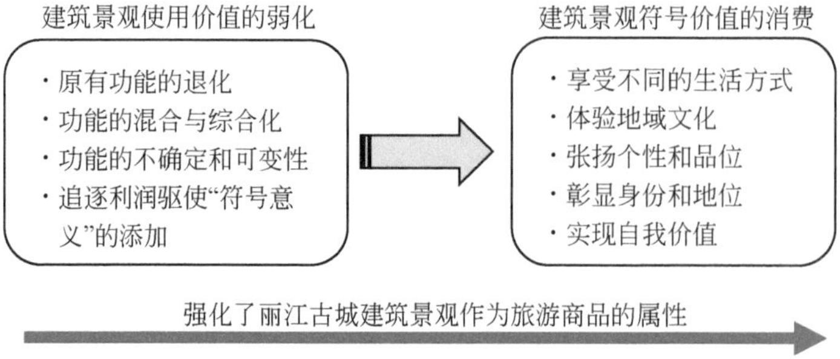

图 7-1　丽江古城建筑景观从使用价值消费到符号价值消费的转变

为产生利润的工具，古城内传统民居建筑原有的居住功能逐渐退化，让位于交换价值更高的购物、餐饮、住宿等功能。同时，传统民居建筑的实用性功能可以根据消费市场的需求进行变换，因此其使用功能变得不再固定和单一。尤其是在旅游消费活动对古城空间的全面渗透下，建筑功能的混合、调整和置换已经成为丽江古城空间发展的一大特征，大量居住功能的民居建筑被置换为旅游商业功能的建筑，已有的旅游商业功能的建筑也会因为商户的频繁流动而不断改变功能。建筑使用功能的不稳定性进一步弱化了建筑景观使用价值的重要性，在古城内改变建筑的功能比改变建筑的造型更加容易。

由于在消费社会中，商品的符号价值超越使用价值成为创造利润的主要来源。因此，在丽江古城日益成为旅游商品的过程中，提高利润的最重要手段就是让古城空间附加上更多和更受欢迎的符号意义。于是建筑景观符号功能凸显，而使用价值的重要性被弱化了。丽江古城的传统建筑，已经远远超越了原有的传统居住功能，而演变成为地域文化和旅游生活的象征符号。旅游者来到丽江古城，消费的不仅只是建筑景观的使用价值，更多的是建筑景观的历史文化、传统风格、特色品牌、情感体验等。

7.1.1.2　建筑景观符号价值的消费

丽江古城的形象与环境、风格与品质、空间格局等所蕴含的丰富文化内涵和象征意义成为古城空间符号消费的主要对象，古城内建筑景观的消费也与享受不同的生活方式、体验地域文化、张扬个性和品位、彰显身份和地位、实现自我价值等紧密地联系在一起。

1. 享受不同的生活方式

波德里亚（2006）认为，符号价值使商品成为某种特定的文化和生活方式的象征，拥有某种商品就拥有了某种与众不同的生活意义和文化价值。游客来到丽江古城，吸引他们的并不仅仅是小桥流水的街景、古朴典雅的民居、琳琅满目的商品，还有他们在古城空间中享受到的自由自在、小资情调的生活方式。游客徜徉于古城之中，去商店购物、去酒吧喝酒、去咖啡店喝咖啡、去客栈住宿，无疑体现了游客逃离日常生活，追求自由、闲适、放纵、小资情调的生活方式和态度。

2. 体验地域文化

罗杰克（Chris Rojek）在对后现代社会的旅游和消费空间的研究中提出了“出尘之所”的概念，认为有四种典型的空间：事故发生地（与名人或名人死亡有关的地点的商业开发）、遗迹（在发生地或通过舞台造型重现过去的情景）、文学景区（建立在著名文学人物的虚构世界上）、主题公园（具有特殊体验模式的休闲娱乐中心）（钱尼，2004）。丽江古城就是一个“出尘之所”，一个提供地域文化体验的遗迹型旅游空间。丽江古城中的民居建筑、寺庙、园林等被改造、整修和重建，与旅游消费结合在一起获得了新的生命力，成为吸引外地游客的旅游休闲场所。如今的丽江古城，尤其是大研古城和束河古镇，已经成为一种传统纳西族民居风格的商业旅游空间，以购物、餐饮、休闲、娱乐、文化展示等功能为主，并以舞台化的形式重现丽江古城的传统风貌。

3. 张扬个性和品位

建筑景观的风格化趋势，满足了人们个性化的消费需求。市场的竞争必然促进建筑景观商品朝向个性化发展，尤其是形象上的个性和特色日益成为吸引消费者的卖点，因此建筑景观被加以风格化改造以迎合消费需求。丽江古城建筑景观在协调统一的整体风貌控制下，也存在个性和品位的张扬。购物店、酒吧、客栈等的装修与装饰已经远远超出了传统纳西族民居的固有风格和特色；购物店吸引人的卖点是文化艺术氛围；酒吧街真正销售的不是饮料而是时尚的西方情调；客栈给予人的不仅只是住宿，还有文化韵味和生活品质。由此可见，个性和品位作为一种符号无疑已经为丽江古城建筑景观带来了更大的附加值。

4. 彰显身份和地位

在空间商品消费的过程中，人们日益看重身份和地位的符号意义，不同阶层、职业、年龄、性别和不同亚文化的群体往往消费与自身身份和地位相协调的空间商品。丽江古城既有悦榕庄等高档酒店，也不乏七天、青年旅社等经济酒店；既有装修豪华、环境优雅的高档餐厅，也有路边小吃店和小食摊。出入高档消费空间、入住高级酒店已成为中产阶级身份和地位的表达，而赖在民居客栈晒太阳、发呆也成为文艺青年的标配。丽江古城内不同档次的消费空间往往成为不同阶层旅游者身份和地位的象征，甚至《新周刊》都提出口号式广告“今天你丽江了吗？”，已经把到丽江旅游等同于小资身份的标签。

5. 实现自我价值

马斯诺（2013）的需求层次理论提出了生理、安全、社交、尊重、自我实现 5 个层次的需求。自我实现需求是指通过自己的努力，实现自己对生活的期望。旅游者来到丽江古城是为了逃离日常生活环境的桎梏，追求身心的放松与放纵。无论是享受不同的生活方式、体验地域文化，还是张扬个性和品位、彰显身份和地位，最终都是为了实现自我价值。

7.1.1.3　建筑景观的价值重塑

在旅游发展之前，丽江古城建筑景观的价值主要是作为纳西人居住生活空间载体的使用价值。在旅游发展的过程中，丽江古城逐渐被包装成旅游商品，古城建筑景观的价值也随之重塑，不仅使用价值发生了变化，还被赋予了新的符号价值内容（表 7-1）。在使用价值方面，原有的古城民居建筑主要具有居住生活功能，为了适应购物、住宿、饮食、交往、娱乐等旅游商业功能的需求，必须进行改造和再利用，完善建筑功能、优化配套设施、改善景观环境、提高服务质量。在符号价值方面，丽江古城建筑景观的文化内涵、风格形象、特色品牌和情感体验等成为其作为旅游商品的重要特质；为了实现这种符号消费的需求，建筑景观的重塑应注重打造纳西族民居建筑的风格和形象、迎合时尚消费和流行文化趋势、满足游客体验不同生活方式的需求。

表 7-1　丽江古城建筑景观的价值重塑

<table>
<tr><th>价值重塑</th><th>使用价值方面</th><th>符号价值方面</th></tr>
<tr><td rowspan="2">主要内容</td><td>建筑景观的物质空间体系</td><td>建筑景观的象征空间体系</td></tr>
<tr><td>功能布局的合理性
配套设施的齐全度
各项服务的完善性
旅游生活的舒适度</td><td>建筑的文化内涵
建筑的风格形象
建筑的特色品牌
建筑的情感体验</td></tr>
<tr><td>追求目标</td><td>舒适宜人、安全方便的建筑景观环境</td><td>建筑景观的内涵、个性与特色</td></tr>
<tr><td>消费方式</td><td>使用（购物、住宿、饮食、交往、娱乐等）</td><td>感知与体验（生活方式、地域文化、个性和品位、身份和地位、自我价值等）</td></tr>
<tr><td>具体举措</td><td>完善建筑功能
优化配套设施
提高服务质量
改善景观环境</td><td>打造纳西族民居建筑的风格和形象
迎合时尚消费和流行文化趋势
满足游客体验不同生活方式的需求</td></tr>
</table>

7.1.2　建筑景观的符号消费取向

在旅游发展过程中，丽江古城建筑景观不仅在使用价值上发生了改变，还被赋予了新的符号价值。这种价值重塑的过程与旅游者对建筑景观的符号消费取向密切相关，主要包括建筑景观的特色消费、体验消费、时尚消费、视觉消费。

1. 建筑景观的特色消费

差异、个性与特色是建筑景观作为旅游吸引物和消费对象最基本的要求。在丽江古城由纳西人居住生活空间向旅游者商业消费空间的转型过程中，古城内的建筑景观被烙上了地方文化和消费文化的双重印记。一方面，传统纳西族民居是丽江古城最具吸引力和差异性的建筑景观特色，需要继承和延续；另一方面，为适应旅游消费的需求，古城内的建筑需要进行适当改造和重新利用。因此，传统纳西族民居三坊一照壁、四合五天井的基本格局，石砌勒脚、粉白墙面、青灰筒板瓦屋面的建筑外观，“起山落脉”的悬山式屋顶，“见尺收分”的墙体，门楼、照壁、门窗槅扇、瓦当、泥狮、悬鱼等装饰，都成为代表丽江古城建筑景观特色的符号，成为建筑景观符号消费的对象。这些符号因代表了丽江古城特色而被继承和延续，但也因为受到全球文化、资本运作和游客需求的影响而变异。

2. 建筑景观的体验消费

美国未来学者托勒夫（2006）认为，在人类相继经历了农业经济、工业经济、服务经济之后，体验经济将成为最新的发展浪潮。消费者的体验来自于对商品的遐想、感觉和趣味，重点在于商品所提供的服务或文化意义，而非商品的物质本身。丽江古城作为一个旅游目的地，承担起了为旅游者提供难忘体验的重任。丽江古城“三山为屏、一川相连”的山水灵气，“家家流水、户户垂杨”的诗情画意，民居鳞次栉比、商品琳琅满目的热闹繁华，以及神秘的纳西古乐、欢乐的纳西打跳，都带给旅游者一种异于日常生活的新奇、质朴、闲暇的情感体验。为了强化旅游者的体验经历，建筑景观成为体验消费的重要场所，根据消费者的兴趣、态度、嗜好、情绪、知识等，以建筑空间作为“布景”，以销售商品作为“道具”，以服务作为“舞台”，使顾客在商店购物、在酒吧品酒、在餐馆吃饭、在客栈住宿等消费活动中都能获得美好的体验，感受丽江古城独有的生活方式和文化氛围。

3. 建筑景观的时尚消费

时尚的概念与消费文化的发展是分不开的。美国社会学家布鲁默（Herbert George Blumer）认为消费社会的时尚是一种集体情绪、集体趣味和集体选择，时尚反映了人们“紧跟时代”“站在时代前列”的愿望（徐健，2006）。丽江古城的建筑景观作为一种旅游商品，消费过程中的时尚消费取向同样影响着建筑景观的生产。为了迎合旅游者时尚消费的需求，古城建筑景观必须创造出具有新奇体验的时尚元素以应对旅游者多元和多变的消费趣味。例如，丽江的酒吧街就是时尚消费与传统民居建筑的完美结合，时尚流行的西方酒吧文化与纳西族民居建筑嫁接，营造出具有小资情调的时尚消费，也营造出独具丽江特色的酒吧文化。夜间的丽江酒吧街，亮起一盏盏摇曳的烛光，窗内是或悠扬或豪放的歌声，窗外是静静流淌的小河，倒映着一捧寂寞、几许乡愁、几多浪漫。

4. 建筑景观的视觉消费

商品竞争在一定意义上是对注意力的竞争，商品的外观、包装和形象等视觉因素吸引着消费者的注意力，商品的使用价值让位于其外在的形象价值，物质层面的装饰和美化成为普遍潮流，视觉刺激和享受成为人们消费的重要内容。丽江古城的建筑景观作为一种旅游商品，除去其具有的功能、文化、社会等方面的意义，带给旅游者最直观的刺激就是其视觉感受和美学意义。另外，要想在注意力竞争中取得优势，建筑景观的外在形象就必须醒目、吸引眼球，并使人过目不忘。因此，丽江古城的建筑景观必然存在视觉消费的取向。原有的质朴、协调、统一的纳西族民居建筑形象在旅游商业化的冲击下被打破了，各个店家为吸引旅游者的注意力，对建筑的立面、色彩、装饰等进行了创造性的设计，使购物店、餐馆、酒吧、客栈等旅游商业建筑呈现出与传统纳西族民居建筑不一样的视觉形象。

7.2　丽江古城整体建筑景观符号现状

技术路线：以院落类型、建筑风貌和建筑类型作为衡量古城整体建筑景观的主要指标，根据上海同济城市规划设计研究院编制的《世界文化遗产丽江古城保护规划（2012）》，采用其中关于大研古城、束河古镇和白沙古镇遗产区和缓冲区整体建筑景观指标的数据，对大研古城、束河古镇和白沙古镇的院落类型符号现状、建筑风貌符号现状、建筑类型符号现状进行深入分析，并在此基础上归纳出丽江古城整体建筑景观符号现状的特征。

7.2.1　院落类型符号现状

丽江古城内的院落包括传统纳西族民居院落、简单合院和其他类型院落。传统纳西族民居院落又分为三坊一照壁、四合五天井、前后院、一进两院、两坊拐角 5 种类型。丽江古城各类型院落的数量和比例见表 7-2。

表 7-2　丽江古城院落类型统计表

院落类型	大研古城				束河古镇				白沙古镇			
	遗产区		缓冲区		遗产区		缓冲区		遗产区		缓冲区	
	数量/个	比例/%	数量/个	比例/%	数量/个	比例/%	数量/个	比例/%	数量/个	比例/%	数量/个	比例/%
三坊一照壁	237	12.4	50	3.9	4	1.7	11	2.5	60	25.7	89	29.4
四合五天井	85	4.4	8	0.6	1	0.4	1	0.2	1	0.4	3	1.0
前后院	37	1.9	4	0.3	3	1.2	0	0	2	0.9	2	0.6
一进两院	24	1.3	3	0.3	1	0.4	0	0	3	1.3	0	0
两坊拐角	137	7.2	84	6.6	14	5.8	30	6.8	69	29.6	63	20.8
简单合院	1016	53.2	774	60.5	188	77.7	306	69.4	84	36.1	109	36.0
其他	374	19.6	356	27.8	31	12.8	93	21.1	14	6.0	37	12.2
合计	1910	100.0	1279	100.0	242	100.0	441	100.0	233	100.0	303	100.0

资料来源：上海同济城市规划设计研究院，2012

1. 大研古城的院落类型

大研古城遗产区内的院落类型仍然以传统纳西族民居院落和简单合院为主，有少量其他类型院落。随着大研古城的旅游发展，大研古城内出现了大批民居客栈，遗产区内大量传统院落被改建和重建，以满足新使用价值的需求。改建和重建的院落不再按照传统模式建设，从而形成大量简单合院。大研古城遗产区内简单合院占 53.2%，其他类型院落占 19.6%，传统纳西族民居院落占 27.2%。

大研古城缓冲区内的院落以简单合院、其他类型院落居多，根据传统纳西族民居模式建设的院落很少。为数不多的传统纳西族民居院落以两坊拐角和三坊一照壁为主要形式。大研古城缓冲区内简单合院占 60.5%，其他类型院落占 27.8%，传统纳西族民居院落占 11.7%。

2. 束河古镇的院落类型

束河古镇遗产区内的传统纳西族民居院落形式保存情况较差，传统纳西族民居院落整体比例还不到 10%，其中以两坊拐角和三坊一照壁形式居多，且零散地分布于遗产区内。简单合院是最主要的院落形式，究其原因：一是旅游发展导致客栈大量涌现，造成对原有民居的大规模改建；二是南部青龙河东侧的新建商业区，在规划建设时并未严格按照传统院落格局进行修建。束河古镇遗产区内简单合院占 77.7%，其他类型院落占 12.8%，传统纳西族民居院落仅占 9.5%。

束河古镇缓冲区内的院落以简单合院最多，其次是其他类型院落，传统纳西族民居院落以两坊拐角形式最多。其他类型院落比遗产区内的数量要多，基本上为商业设施。束河古镇缓冲区内简单合院占 69.4%，其他类型院落占 21.1%，传统纳西族民居院落仅占 9.5%。

3. 白沙古镇的院落类型

白沙古镇遗产区内的传统纳西族民居院落形式保存较完好，以三坊一照壁和两坊拐角的形式居多，主要分布在白沙古镇南北街以西。简单合院主要为南北街沿街商铺院落，因商业功能需求，院落呈长条形，基本不设厢房，前店后宅。白沙古镇传统纳西族民居院落中四合五天井形式较少，这与居民生活要求有关；而前后院、一进两院这种大户使用的形式也较少，这与白沙古镇一直以来的政治、经济地位有关。白沙古镇遗产区内简单合院占 36.1%，其他类型院落占 6.0%，传统纳西族民居院落占 57.9%。

白沙古镇缓冲区内的院落类型与遗产区相似，以三坊一照壁、两坊拐角和简单合院形式最多；其他类型院落比遗产区内数量要多，基本为行政办公院落，沿城市干道分布。白沙古镇缓冲区内简单合院占 36.0%，其他类型院落占 12.2%，传统纳西族民居院落占 51.8%。

7.2.2　建筑风貌符号现状

根据丽江古城的现实情况，建筑风貌的评价标准如下：一类风貌建筑，保存完好的古建筑和按风貌要求重新修复过的建筑。二类风貌建筑，原有建筑风貌基本保留，但门窗已经有所破损，墙体也有不同程度破坏的建筑。三类风貌建筑，原有建筑形式基本保留，但门窗已经严重破坏，墙体和屋顶也有不同程度破坏，或者门窗被重新开设，失去了原有风貌特点的建筑；新建建筑中质量较好但风格一般的建筑。四类风貌建筑，违章搭建的棚，风貌已经无存的古建筑，严重违章建筑，建筑质量严重破坏的建筑。大研古城、束河古镇、白沙古镇遗产区和缓冲区内各类风貌建筑的面积和比例见表 7-3。

表 7-3　丽江古城建筑风貌统计表

			一类风貌建筑	二类风貌建筑	三类风貌建筑	四类风貌建筑	合计
大研古城	遗产区	面积/m^2	9562	67483	362405	122097	561547
		比例/%	1.7	12.0	64.5	21.8	100.0
	缓冲区	面积/m^2	3354	17760	400667	605238	1027019
		比例/%	0.3	1.7	39.0	59.0	100.0

续表

			一类风貌建筑	二类风貌建筑	三类风貌建筑	四类风貌建筑	合计
束河古镇	遗产区	面积/m^2	2057	14522	49066	23459	89104
		比例/%	2.3	16.3	55.1	26.3	100.0
	缓冲区	面积 m^2	—	9608	188849	35136	233593
		比例/%	—	4.1	80.9	15.0	100.0
白沙古镇	遗产区	面积/m^2	4223	31973	24802	2778	63776
		比例/%	6.6	50.1	38.9	4.4	100.0
	缓冲区	面积/m^2	1898	40312	38749	10600	91559
		比例/%	2.1	44.0	42.3	11.6	100.0

资料来源：上海同济城市规划设计研究院，2012

1. 大研古城的建筑风貌

大研古城遗产区内的建筑中一类风貌建筑主要为文物，部分修缮品质较高的民居等；有些保护民居及文物虽然建筑外部传统风貌较好，但内部风貌不够完整。二类风貌建筑主要为保存较好的传统民居建筑及沿街商业居住建筑，既包括保持了传统纳西族民居特色风貌的建筑，也包括一般的特色不明显的传统民居建筑，是构成大研古城整体风貌的重要部分。三类风貌建筑包括修缮不当的传统建筑和风貌协调的传统风格新建筑。前者是指在修缮过程中失去了特色风貌的传统民居建筑；后者是指震后运用传统材料和工艺新建或修复的传统风格新建筑。风貌上与传统建筑十分协调。四类风貌建筑包括修建不当的传统风格建筑和现代风格建筑。前者主要为改造后的酒吧街建筑和改动较大的客栈建筑，存在建筑尺度过大、材料不当、营造方式不妥等问题；后者主要包括遗产区内部插建的砖混建筑，存在体量较大、层数较高、材料使用不当等问题。大研古城遗产区内三类风貌建筑最多，占 64.5%；四类风貌建筑次之，占 21.8%；而一类风貌建筑最少，仅占 1.7%。

大研古城缓冲区内的建筑中，一类风貌建筑主要为文物和个别建筑修缮品质较高的民居建筑等；二类风貌建筑主要为一般的传统民居建筑，分布零散杂乱，整体无特色，不突出；三类风貌建筑包括修缮不当的传统建筑和风貌协调的传统风格建筑；四类风貌建筑包括修建不当的传统风格建筑和现代风格建筑。大研古城缓冲区内以三类和四类风貌建筑为主，占 98.0%。

2. 束河古镇的建筑风貌

束河古镇遗产区内的建筑风貌整体性保存情况不佳，建筑改造导致传统风貌逐步消失。风貌未经改动、保存质量较好的传统建筑数量较少，且基本为已经修缮过的文物保护单位或重点保护民居，而保存质量较好的传统建筑占比不足 25%。重新修建的传统风格建筑占有相当大的比重，这类建筑虽然大部分按照纳西族传统民居的样式建造，但在外墙材料、窗户门扇、屋顶等方面有所改动，仅有少部分能够与传统风貌相协调，大部分改造过度。束河古镇遗产区内三类风貌建筑最多，占 55.1%；四类风貌建筑次之，占 26.3%；而一类风貌建筑最少，仅占 2.3%。

束河古镇缓冲区内最多的建筑是南部新建的大规模商业建筑，这些建筑采用仿照传统建筑的方式建造，在体量、色彩等方面能够与传统风貌协调。现代风格建筑多是砖混结构，数量较少，主要包括行政办公、学校等公共设施用房。束河古镇缓冲区内以三类和四类风貌建筑为主，占 95.9%，且没有一类风貌建筑。

3. 白沙古镇的建筑风貌

白沙古镇遗产区内的建筑风貌整体性保存较好。风貌未经改动、保存质量较好的传统民居建筑数量较少。保存较好、略有改动的传统民居建筑数量较多，这类建筑基本保持了纳西族传统民居的特色，且少量改动并没有损害建筑风貌。重新修建的传统风格建筑也占有一定比重，这类建筑按照传统纳西族民居的样式建造，虽然在外墙材料、窗户门扇、屋顶等方面有所改动，但能够与传统风貌相协调，没有太大影响。另外，白沙古镇遗产区内现代风格建筑很少。白沙古镇遗产区内二类风貌建筑最多，占 50.1%；三类风貌建筑次之，占 38.9%；而四类风貌建筑最少，仅占 4.4%。

白沙古镇缓冲区内的建筑风貌整体性也保存较好，但现代风格建筑比遗产区内多，一般是砖混结构，主要包括行政办公、学校等公共设施用房。白沙古镇缓冲区内以二类和三类风貌建筑为主，占 86.3%；四类风貌建筑占 11.6%；一类风貌建筑占 2.1%。

7.2.3 建筑类型符号现状

根据现状建筑风格与使用功能，大研古城、束河古镇、白沙古镇遗产区和缓冲区内的建筑类型可以划分为 3 大类、7 小类。3 大类包括传统建筑、现代建筑和其他类型建筑。传统建筑是指遵循传统建造方式和使用传统材料、体现地方特色的建筑。现代建筑是指采用现代建筑技术与按照现代使用要求建造的建筑。传统建筑又可分为传统民居建筑、传统商铺建筑、传统公共建筑；现代建筑又可分为现代居住建筑、现代商业建筑、现代公共建筑。各种类型建筑的面积和比例见表 7-4。

表 7-4　丽江古城建筑类型统计表

			传统民居建筑	传统商铺建筑	传统公共建筑	现代居住建筑	现代商业建筑	现代公共建筑	其他类型建筑	合计
大研古城	遗产区	面积/m^2	380884	84417	23304	26342	29140	13753	3707	561547
		比例/%	67.8	15.0	4.2	4.7	5.2	2.4	0.7	100.0
	缓冲区	面积/m^2	195060	9070	14451	209485	414092	148863	35998	1027019
		比例/%	19.0	0.9	1.4	20.4	40.3	14.5	3.5	100.0
束河古镇	遗产区	面积/m^2	29378	12454	2644	22633	20760	1124	111	89104
		比例/%	33.0	14.0	3.0	25.4	23.3	1.2	0.1	100.0
	缓冲区	面积/m^2	90705	5558	542	35859	89895	8207	2827	233593
		比例/%	38.8	2.4	0.2	15.4	38.5	3.5	1.2	100.0
白沙古镇	遗产区	面积/m^2	50241	4693	2807	1976	2759	1300	—	63776
		比例/%	78.8	7.4	4.4	3.1	4.3	2.0	—	100.0
	缓冲区	面积/m^2	77138	1581	1300	713	2450	8377	—	91559
		比例/%	84.3	1.7	1.4	0.8	2.7	9.1	—	100.0

资料来源：上海同济城市规划设计研究院，2012

1. 大研古城的建筑类型

大研古城遗产区内的建筑中，传统民居建筑包括典型的传统纳西族民居和震后修建的类似形制民居建筑。传统商铺建筑的建筑体量较民居略小，集中分布在四方街向外延伸的几条街上，如五一街、七一街等；传统商铺以两层为主，上层开窗，底层包括“门+窗”和“排门板”两种形式。传统公共建筑通常为历史上行政、教育、宗教礼仪建筑，如文庙、木氏土司府、文昌宫等。现代居住建筑一般包括三种形式，一为砖混结构的坡屋顶建筑，基本散布在缓冲区内；二为联排式多层建筑，集中在北门坡地区；三为现代独栋居住建筑，具有塑钢门窗、瓷砖贴面。现代商业建筑主要有两种，一是有大面积展示橱窗的形式简单的建筑，主要分布在缓冲区外围城市道路两侧；二是新建的仿古商业建筑，建筑细部加入了部分现代元素或改变门窗形式，如南门与玉河走廊片区的建筑。现代公共建筑指解放后建设行政、教育类建筑，多为条状多层建筑。其他类型建筑指厂房、市场等简单大空间建筑，以及现代公共建筑群中的辅助建筑。大研古城遗产区内以传统民居建筑和传统商铺建筑为主，占 82.8%。

大研古城缓冲区内以现代居住建筑、现代商业建筑和现代公共建筑为主，占 75.2%。其中，现代商业建筑比例高达 40.3%，都是旅游发展起来后建设完成的，但商业店铺出租或者经营情况并不理想，玉河生态走廊空置率较高。缓冲区内传统建筑所占比例较小，其中传统民居建筑占 19.0%，传统公共建筑占 1.4%，传统商铺建筑仅占 0.9%。

2.束河古镇的建筑类型

束河古镇遗产区的建筑类型主要有三类，即传统民居建筑、现代居住建筑和现代商业建筑，其他类型建筑比例都很少。这是由于受旅游挤出效应的影响，束河古镇内建筑的更新改造较为普遍，改造或新建建筑往往不能严格按照传统纳西族民居的风格、材料和工艺进行修建，对古镇整体风貌影响较大。束河古镇遗产区内现代居住建筑和现代商业建筑比例最大，占 48.7%；传统民居建筑和传统商铺建筑比例也较大，占 47%。

束河古镇缓冲区内的建筑绝大多数是传统民居建筑和现代商业建筑，分别占 38.8%和 38.5%；现代建筑比例较高，占 57.4%，而传统建筑比例仅有 41.4%。

3. 白沙古镇的建筑类型

白沙古镇遗产区内的建筑绝大多数是传统民居建筑，占 78.8%；现代建筑比例较低，占 9.4%。一方面说明白沙古镇的文化遗产保存情况较好，尚未受到旅游开发对整体建筑风貌的破坏；另一方面也说明白沙古镇的功能比较单一，白沙古镇基本上还是一个纳西族传统聚居地，仅有少量的管理与商业服务功能。

白沙古镇缓冲区内的建筑绝大多数还是传统民居建筑，占 84.3%；现代建筑比例较低，占 12.6%。

7.2.4 丽江古城整体建筑景观符号的现状特征

对比分析大研古城、束河古镇和白沙古镇可以看出，丽江古城整体建筑景观符号主要表现出以下特征。

1. 传统院落逐渐退化为简单合院

传统纳西族民居院落类型主要包括三坊一照壁、四合五天井、前后院、一进两院、两坊拐角。随着丽江古城的旅游发展，为满足客栈、餐馆、酒吧等新功能的需求，遗产区内大量传统纳西族民居院落被改建和重建为简单合院。大研古城遗产区内的简单合院占 53.2%，束河古镇遗产区内的简单合院占 77.7%。同时，缓冲区内院落也以简单合院居多，究其原因主要有两个：一是原住居民为满足现代生活需求而进行改建和重建院落；二是经营户为满足旅游接待服务需求而进行改建和重建院落。大研古城缓冲区内的简单合院占 60.5%，束河古镇缓冲区内的简单合院占 69.4%。

白沙古镇由于受旅游发展的影响较小，传统纳西族民居院落形式保存较为完好，遗产区内三坊一照壁型院落占 25.7%，两坊拐角型院落占 29.6%；缓冲区内三坊一照壁型院落占 29.4%，两坊拐角型院落占 20.8%。白沙古镇简单合院的占比相对较少，遗产区内简单合院占 36.1%，缓冲区的简单合院占 36.0%。白沙古镇简单合院的出现主要是由于原住居民为满足现代生活需求而进行改建和重建院落。

简单合院的大量出现，使得丽江古城的传统纳西族民居院落符号特色逐渐退化。

2. 传统特色风貌逐渐演变为新传统风格

丽江古城内传统特色风貌较好的建筑主要为文物、保存较好的传统纳西族民居和沿街商业建筑。随着丽江古城的旅游业发展，这种传统特色较好的一类和二类风貌建筑在丽江古城中所占的比重逐渐下降。大研古城遗产区内一类和二类风貌建筑共占 13.7%，束河古镇遗产区内一类和二类风貌建筑共占 18.6%。缓冲区建筑传统特色保存比遗产区差。大研古城缓冲区内一类和二类风貌建筑共占 2.0%；束河古镇缓冲区内无一类风貌建筑，二类风貌建筑占 4.1%。目前，大研古城和束河古镇以三类和四类风貌建筑为主，尤其是三类风貌建筑成为大研古城和束河古镇的建筑风貌主体。大研古城遗产区内三类风貌建筑占 64.5%，缓冲区内三类风貌建筑占 39.0%；束河古镇遗产区内三类风貌建筑占 55.1%，缓冲区内三类风貌建筑占 80.9%。

白沙古镇受旅游发展的影响较小，古镇建筑传统特色保存较好，遗产区内一类和二类风貌建筑共占 56.7%，缓冲区内一类和二类风貌建筑共占 46.1%。

作为大研古城和束河古镇建筑风貌主体的三类风貌建筑，包括修缮不当的传统建筑和风貌协调的传统风格新建筑。也就是说，随着丽江古城的旅游业发展，大研古城和束河古镇建筑的传统特色风貌正逐步弱化。由于建筑使用价值的转变和符号消费的需求，大研古城和束河古镇的民居建筑在改造和新建过程中，要么采用传统材料和工艺改建为传统风格的新建筑，要么采用新材料和工艺修建为仿传统风格的现代建筑，大研古城和束河古镇建筑的传统特色风貌正逐渐演变成为新传统风格。

3. 传统建筑仍占有相当比例

从大研古城、束河古镇和白沙古镇的整体情况来看，传统建筑仍占有相当比例，但是由于旅游发展程度和旅游开发模式不甚相同，大研古城、束河古镇和白沙古镇在建筑类型上也体现出各自不同的特点。大研古城遗产区建筑主体为传统建筑，占 86.9%；其中，传统民居建筑占 67.8%，传统商铺建筑占 15.0%，传统公共建筑占 4.2%。而缓冲区的建筑主体为现代建筑，占 75.2%；其中，现代居住建筑占 20.4%，现代商业建筑占 40.3%，现代公共建筑占 14.5%。束河古镇与大研古城不同，大研古城的旅游开发主要是在原有古镇基础上进行更新改造，因此较多地保留了传统建筑；而束河古镇的旅游开发采取分区开发模式，在原有老村的东南部新建了大片商业区，因此束河古镇内现代建筑比重较高。束河古镇遗产区内现代建筑占 50%，其中现代民居建筑占 25.4%，现代商业建筑占 23.3%，现代公共建筑占 1.2%；缓冲区内现代建筑占 57.4%，其中现代居住建筑占 15.4%，现代商业建筑占 38.5%，现代公共建筑占 3.5%。白沙古镇受旅游发展的影响最小，较好地保持了纳西族传统村落和居住家园的特色，因此古镇建筑类型的主体是传统民居建筑。白沙古镇遗产区的传统民居建筑占 78.8%，缓冲区内传统民居建筑占 84.3%。

传统建筑在丽江古城的建筑中仍占有较大比例，这是丽江古城整体建筑风格基本协调的重要原因。

7.3　丽江古城建筑景观要素符号化特征

技术路线：基于 2013 年 4 月至 2014 年 8 月四次实地调研获取的第一手资料，从建筑内部空间、立面色彩、外部装饰三个方面对大研古城、束河古镇和白沙古镇的建筑景观要素符号化特征进行深入分析和研究，在此基础上总结出丽江古城建筑景观要素符号化的总体特征。具体的研究思路为：第一，建筑内部空间符号化特征研究主要是根据实地调研绘制的建筑平面图，对餐馆、酒吧、客栈和民居等不同类型建筑的代表性平面形式进行分析。第二，建筑立面色彩符号化特征研究主要针对建筑饰面色彩和视觉色彩。其中，建筑饰面色彩研究是选取古城中商业建筑（购物店、餐馆、酒吧），客栈建筑与民居建筑的典型案例，通过色卡比对建立色彩数据库，借鉴芒塞尔色度图法，采用 HSB 色彩模型为数据分析指标，按色相（hue，H）、饱和度（saturation，S）、亮度（bright，B），分析不同性质建筑的色彩特征；建筑视觉色彩研究是选取以四方街为起点向外延伸的主要道路及支路的沿街建筑立面，每 50m 为一个调研单元，每个单元选取起始 10m 作为色彩取样段，借助摄影方式对取样段建筑的光线过渡面进行建筑主色色彩取样，后期利用 Photoshop 软件进行可视化表达和数字化分析。第三，建筑外部装饰符号化特征研究主要是根据调研获取的图像资料，与文献研究中得出的丽江古城民居建筑外部装饰特色进行对比分析。

7.3.1　传统民居建筑景观要素的特征

在研究丽江古城建筑景观要素符号化特征之前，本节先全面、系统地介绍丽江古城传统纳西族民居景观要素的特征。

7.3.1.1　建筑景观要素构成

建筑景观要素包括内部空间与外部空间。内部空间是指内向的空间要素，包含建筑内部的平面形式、功能布局以及相应的细部特征。外部空间是指构成建筑外界面的形式、色彩、装饰等要素，以及建筑物与周边环境中的树木、山峦、水面、街道、广场等形成的公共空间。本章对建筑景观符号化特征的分析，主要着眼于内部空间的平面形式和功能布局，以及外部空间的建筑立面色彩和外部装饰。

平面形式：建筑单体或群体的组合方式。丽江古城传统纳西族合院式民居的平面格局主要包括六种形式：两坊拐角、三坊一照壁、四合五天井、前后院、一进两院、多院组合。在旅游挤出效应下，纳西族民居成为旅游商品和消费对象，纳西族民居建筑在保持合院式平面格局基本不变的基础上，为适应购物、餐饮、住宿等功能需求，对建筑的平面形式和功能布局进行了一定改造。

功能布局：建筑内部功能的布局方式，包括不同使用功能房间的空间组合方式，各功能房间之间的交通联系方式等。丽江古城传统纳西族民居为居住生活空间，建筑内部的功能布局是围绕居民生活功能和家庭关系进行布置的。在旅游挤出效应下，古城内的民居建筑不再是居住生活空间，而演变为旅游商业空间，建筑内部的功能组织以旅游活动需求为出发点，导致功能布局发生变化。

建筑立面色彩：可以是建筑材料本身具有的，也可以是人工附加的，是建筑外在形象最直接的表达，并具有丰富的表现力以及一定的象征涵义。建筑立面色彩分析内容包括建筑饰面色彩和建筑视觉色彩两种。建筑饰面色彩是建筑的固有色，建筑视觉色彩是建筑在受环境或其他因素影响下呈现出的整体色彩感受。丽江古城建筑景观作为视觉消费的对象，其建筑视觉色彩是研究的重点。

建筑外部装饰：建筑外部屋顶、墙面、门窗、铺地等的装饰构造、材料和纹样，是表达建筑特色的重要媒介，与建筑立面色彩一样具有丰富的表现力和一定的象征涵义。丽江古城传统纳西族居民非常注重房屋的装饰，屋顶、墙面、门窗格扇、梁柱、院落铺地等部分都有着精美细致的装饰；无论是木装饰还是石作、瓦作装饰，都显示出很高的建筑艺术成就。在旅游挤出效应下，丽江古城纳西族民居建筑的外部装饰，一方面受资本运作和现代建筑技术的影响，表现出简化和异化的特点；另一方面受消费文化的影响，表现出求新求异和烦琐装饰的特点。

7.3.1.2　建筑内部空间特征

1. 平面形式——地理环境与多元文化的体现

经过长期的发展演变，丽江古城传统纳西族民居受地理环境、经济条件、纳西文化、社会与家庭关系等的影响，形成了融合纳西族、汉族、白族文化的合院式住宅建筑形式。总体来说，传统纳西族民居的平面形式为由单个房间构成坊，由坊构成院，形成“间—坊—院—进”的层级关系，依据院落规模大小不同可以分为一坊房、两坊房、三坊一照壁、四合五天井、多进院等（图 3-8）。不管采用哪种平面形式，传统纳西族民居在布局上都讲究顺应地势和水流，多选择坐北朝南或坐西朝东的方位以利于采光、阻挡冬季风寒和遮蔽夏季暑热，体现出顺应自然的特征。

2. 功能布局——生活与生产活动需求的体现

传统纳西族民居的内部功能布局，受纳西族婚姻家庭制度、民间风俗习惯以及汉族、白族文化的影响等，主要具有居住功能、公共活动功能、宗教活动功能及辅助功能。

居住功能。居住功能是丽江古城传统纳西族民居的主要使用功能，居住功能的基本构成单元包括正房、厢房。正房是民居院落的主体建筑，正中明间为堂屋，两侧的次间多作为家里长辈居住的场所。厢房地位次于正房，垂直布置于正房两侧，一般作为晚辈书房、卧室或其他用途。有的民居带有供客人住的客房，一般布置在楼上。这种居住功能的安排和布置体现出明确的长幼、尊卑和内外之分，反映出传统纳西族民居深受汉文化的影响。

公共活动功能。经过多年发展与演进，丽江古城传统纳西族民居形成了供居住者进行起居、会客、餐饮、休闲等公共性活动的室内与室外空间。正房中心的明间（又称当心间）多设置为厅堂，作起居、待客之用。屋中央设置火塘，墙上挂灶神形象。火塘是纳西人日常生活和精神文化的中心，各种人生礼仪和东巴教仪式等多围绕其举行。合院中心的开敞庭院是进行家庭活动，晾晒谷物等的最佳场所。此外，正房前有宽大的前廊（厦子），厢房前也可能有前廊。厦子是纳西人进行起居、休闲、待客、餐饮等公共活动的半室外空间，家庭手工业的操作也多在厦子中进行（图 7-2）。

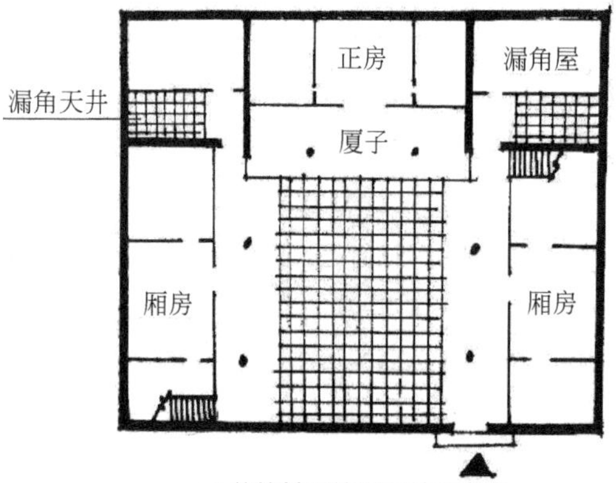

(a) 传统纳西族民居功能布局

(b) 厦子

图 7-2　丽江古城传统纳西族民居功能布局及厦子图

宗教活动功能。纳西族文化重视祭天、祭祖先的活动，传统纳西族民居院落中通常都为这种功能安排了专门的空间。在纳西族的文化认知中，祭祀行为是神圣的，不能嬉笑吵闹或让外人参观，所以佛龛、供桌等一般设在正房、厢房的楼上，以保证祭奠时的肃静，有时楼上也布置一间经堂供喇嘛居住。

辅助功能。传统纳西族居民的辅助房间（杂物储藏间、厨房、猪圈等）一般安排在各坊房屋连接处所形成的漏角屋中。正房或厢房的楼层上一般也设有杂物储藏间。另外，前廊还可用来储藏和晾晒粮食。漏角天井既起通风、采光、排烟及排雨水等作用，也可以作为生活辅助性空间。智慧的纳西族人民还利用厚实的墙体增加了厨房空间，利用二层建造骑厦、掉厦等方式加大楼上使用空间。

7.3.1.3　建筑立面色彩特征

纳西族是典型的黑、白崇拜民族，黑与白作为正义与邪恶的化身，贯穿整个东巴经书与祭祀活动，构成东巴文化中的主要色彩。尚黑文化作为纳西族的传统文化，至今仍留存于纳西族的语言词汇、对山水的命名习惯、族称、服饰等各方面。纳西族对白色和黄色的崇尚是受到了藏传佛教中白教和黄教的影响。丽江古城对红色的应用则是受汉文化的影响。在纳西族文化中，黄色、红色和蓝色具有独特寓意。黄色代表黄土大地，红色代表权利或不可思议的神奇力量，蓝色代表大自然的空透感及华丽可爱，由此可见纳西族对自然的崇拜和对人权的重视。总之，黑与白是纳西文化传统色彩的主色调，红、黄、蓝、绿等则为点缀色。受纳西族文化影响，丽江古城传统民居建筑采用以青灰、白、黄、红为主的色彩体系。墙面大多呈现白色，也有采用土黄色作为墙面颜色的；屋面采用青灰色的筒板瓦；大门与檐口多采用红色系，并点缀以彩色绘画和雕塑等装饰。

7.3.1.4　建筑外部装饰特征

丽江古城传统纳西族民居的屋顶、墙面、门窗槅扇等部分都有着精美细致的装饰装修，显示出很高的建筑艺术成就。

屋顶装饰特征。传统纳西族民居的屋顶为筒板瓦覆盖的悬山式屋顶，屋脊、檐口、屋面都呈曲线形式，当地称为“起山落脉”。屋脊并不像汉族建筑那样有很丰富的装饰。最能体现传统纳西族民居特色的装饰一是瓦当，二是悬鱼。瓦当上雕刻有古钱币、古印章、五星图形、纳西东巴符号等图案。悬鱼是指屋脊端部长度约 80cm 的红色鱼形或叶状木片。悬鱼是纳西族民居建筑区别于白族、藏族民居建筑的重要特征，有着吉庆有余的寓意，又因为鱼代表水而被作为土木结构房屋的避火镇物（图 7-3）。

图 7-3　丽江古城传统纳西族民居屋顶及外墙装饰

资料来源：朱良文，2005

外墙装饰特征。外墙包括后檐墙和山墙两部分，都有自下而上的向内收分，当地称为“见尺收分”。后檐墙采用“横三段手法”，下段为石砌，中段为土坯墙，上段木柱外露，柱间加木质板墙或开窗。山墙处理手法多样，大致包括：有柱无墙，有墙无柱，下墙上柱，半边有墙、半边有柱。外墙表面只做抹灰粉白，有时连抹灰也不做，保持墙体本身的颜色。墙面不做任何装饰图案，有时墙角处镶贴青砖，俗称“金镶玉”，或在石砌墙基中镶嵌“暗八仙”等装饰图案。

门楼装饰特征。门楼是丽江古城传统纳西族民居的重点装饰部分之一。门楼形式主要有砖拱式、木过梁平拱式和木构架式三种。砖拱式门楼最为常见，多做成两边低、中间高的三滴水牌楼形式，配合筒板瓦顶用砖层层挑檐，最后在端部起翘。木过梁平拱式门楼属砖木混合结构，以木过梁承重，外面包薄砖，同样做成三滴水牌楼形式。木构架式门楼多为由单坡或双坡屋面构成的一滴水形式，檐下用多层花板、花罩装饰。三种门楼门洞的边框一般都用青砖铺设成砖缝整齐的墙柱，檐口下面及门洞边的砖常配有颇为精美的线脚，勒脚处有时会处理成局部镶以带花纹图案的大理石块柱础形状（图 7-4）。

门窗槅扇装饰特征。无论哪一坊房屋，底层明间面对天井的一面都设有三组六扇雕饰精细的槅扇门，它是纳西族民居中细木作的精华所在。每扇木门槅扇通常分为 5 个框，上、中、下三个小框及其间隔的大框，下部的大框多为“一块玉”的门肚板，上部的大框多为一块木雕艺术品。木雕的图案多为治家格言、万字图案、鸟禽动物、四季花卉、琴棋书画、博古器皿等。每一坊次间两个房间面对天井的一面，为采光需要，上部各有一扇花窗槅扇，形状或圆或方，雕有精细的梅花、菊花、象眼、古钱、绣球、万字、冰裂等花饰。较近代的纳西族民居的窗中间还镶有透明玻璃（图 7-5）。

(a) 砖拱式门楼　(b) 木过梁平拱式门楼　(c) 木构架式门楼

图 7-4　丽江古城传统纳西族民居门楼装饰

资料来源：朱良文，2005

图 7-5　丽江古城传统纳西族民居门窗槅扇装饰

资料来源：朱良文，2005

铺地装饰特征。院落天井是丽江古城传统纳西族民居的平面构图中心，其铺地通常用块石、瓦片或卵石等简单材料按民间风俗铺砌成有象征意义的图案，如四蝠闹寿、麒麟望月、鹭鸶踩莲、八仙过海等。由于天井多为方形，因此图案铺设多呈向心性，配合黑白对比，有着强烈的装饰效果，但隐现不张扬。厦子的铺地同样用大方砖、六角砖、八角砖等与卵石、瓦片间隔组砌，但不强调向心性和象征意义，只采用具有韵律感的几何图案（图 7-6）。

(a) 天井铺地（八仙过海）　(b) 厦子铺地局部图案

(c) 天井铺地（四蝠闹寿）　(d) 天井铺地（鹿鹤同春）

图 7-6　丽江古城传统纳西族民居门楼装饰

资料来源：朱良文，2005

综上所述，传统纳西族民居的平面形式、功能布局、建筑立面色彩、建筑外部装饰等特征，是对居住实用功能和纳西族文化特质的表达。传统纳西族民居展现出的宁静祥和的整体特征，源于纳西族追求天人合一、崇尚自然、重视人文气息的民族特性。丽江古城传统纳西族民居的特征形成，既是适应自然地理环境的结果，也是满足纳西族生活与生产活动需求的产物，更是丰富多元的纳西族文化的表征。

7.3.2　建筑内部空间的符号化特征

在旅游挤出效应下，丽江古城由居住生活空间演变为旅游消费空间，古城内纳西族民居的使用价值被削弱，符号价值凸显；建筑的实用性功能因丽江古城空间消费的需求而发生改变，商店、餐馆、酒吧、客栈和居住构成的建筑功能体系代替了原来单纯居住的建筑功能体系。其中，餐馆、酒吧、客栈和居住建筑的符号化特征更为突出，表现在 4 个方面：新使用价值下的空间重组，体验消费下的空间异化，体验消费与时尚消费下的空间创新，新、老使用价值混合下的空间拼贴。

7.3.2.1　新使用价值下的空间重组——餐馆类建筑

在旅游挤出效应下，丽江古城民居建筑的使用价值由居住生活转变为购物、餐饮、住宿等。新使用价值的需求使得传统纳西族民居建筑固有的内部空间关系被打破，从而导致内部空间重组，尤以餐馆类建筑最具代表性。游客对餐馆类建筑的空间消费主要体现在使用价值上，符号价值处于从属地位。在使用价值方面，居住和餐馆两种使用功能对建筑内部空间的要求截然不同，居住类建筑是围绕生活起居的需求，组织厅堂、卧室、客房、厨房、储藏室等各个小功能房间的空间布局，而餐馆类建筑是围绕游客就餐的需求，以大尺度用餐空间为主体来组织空间布局。在符号价值方面，餐馆类建筑需要为游客创造一种身处古城民居环境中的就餐体验，因此既要保持传统纳西族民居的基本特色，又要满足游客就餐的空间需求，往往造成纳西族民居建筑“表皮化”的结果，即传统纳西族民居平面形式和功能布局被破坏，传统纳西族民居特色只能在建筑外部的立面中得以体现。

案例分析：

例 1　97 民族村（大研古城）

97 民族村位于大研古城四方街新义街 17 号，建于解放前，为挂牌的重点保护民居。建筑为土木结构，前后两进院形式，且院落规模较大，现已完全改为餐馆类建筑（图 7-7）。

功能布局：前院的一层除沿街少数房间用作购物店外，其余完全被改造成小吃城；各坊之间的隔墙被拆除，与天井一起形成一个大空间，周边为小吃摊位，中间为游客就餐空间；建筑二层的就餐空间甚至已经扩展到中部天井和两坊之间的漏角空间。后院一层各坊之间的隔墙被拆除，与天井一起形成一个大空间，中间为民俗表演场，周边为就餐空间；建筑二层的后半部分作为厨房，其余仍为就餐空间。

平面形式：为扩大经营面积，建筑一层改变传统的“间—坊—院”形式，拆除各间的隔墙和各坊朝向天井的墙体，形成通透的大空间。为保持合院式民居的特色，建筑二层退出天井的空间位置，但两进院落的天井上方都被简易屋顶所覆盖，以满足游客在院中进餐的需求。前院已丧失传统纳西族民居应有的院落结构，后院的厦子和各坊的结构还能辨出，这种特征不是出于使用者的建筑保护意识，而是源于建筑使用功能的需求（前院为小吃城，后院为吧类性质的就餐空间）。前院与后院的不同改造方式充分反映了消费需求对建筑平面形式的影响。此外，在改造后的院落中，传统纳西族民居中正房作为空间主体的特征已不复存在，两侧厢房的屋顶已高过正房。

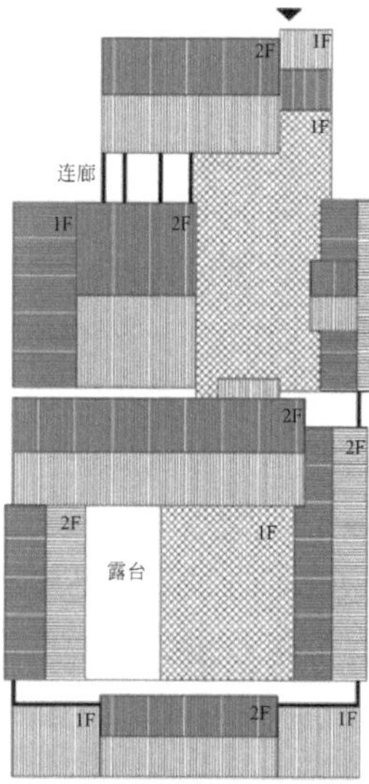

(a) 总平面

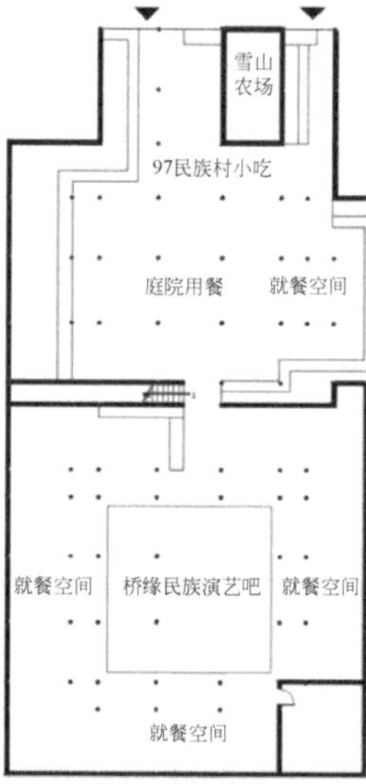

(b) 一层平面

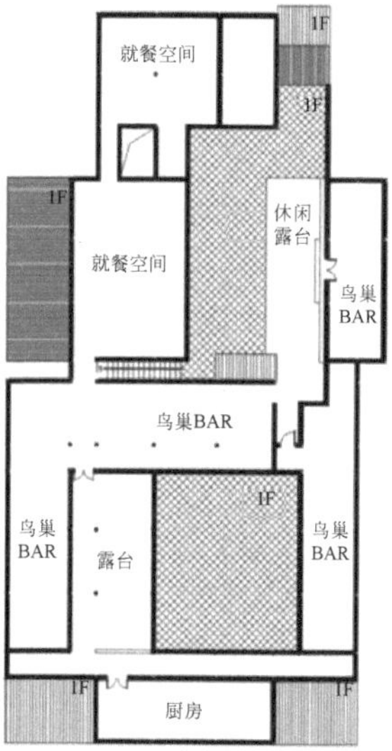

(c) 二层平面

(d) 天井

(e) 天井

图 7-7　97 民族村建筑平面及天井

例 2　白沙时光餐厅（白沙古镇）

白沙古镇的旅游开发程度不如大研古城和束河古镇那么高，餐馆类建筑大多利用原有建筑临街的坊来开店，而对后面的院落空间改动很小。白沙时光餐厅是为数不多的将整座院落作为餐馆使用的餐馆类建筑，建筑位于白沙行政村三元一社 24 号，其建筑平面现状见图 7-8。

功能布局：建筑入口由原来前坊右侧的厦子处，移至前坊的临街面处。原来入口的位置被改为卫生间。正房一、二层的隔墙被拆除，与厦子一起形成大空间，并用作就餐空间。前坊一层的隔墙被拆除，用作就餐空间；二层为杂物储藏间。左厢房作为厨房使用，与正房形成的漏角空间仍保留原来储藏杂物的功能。

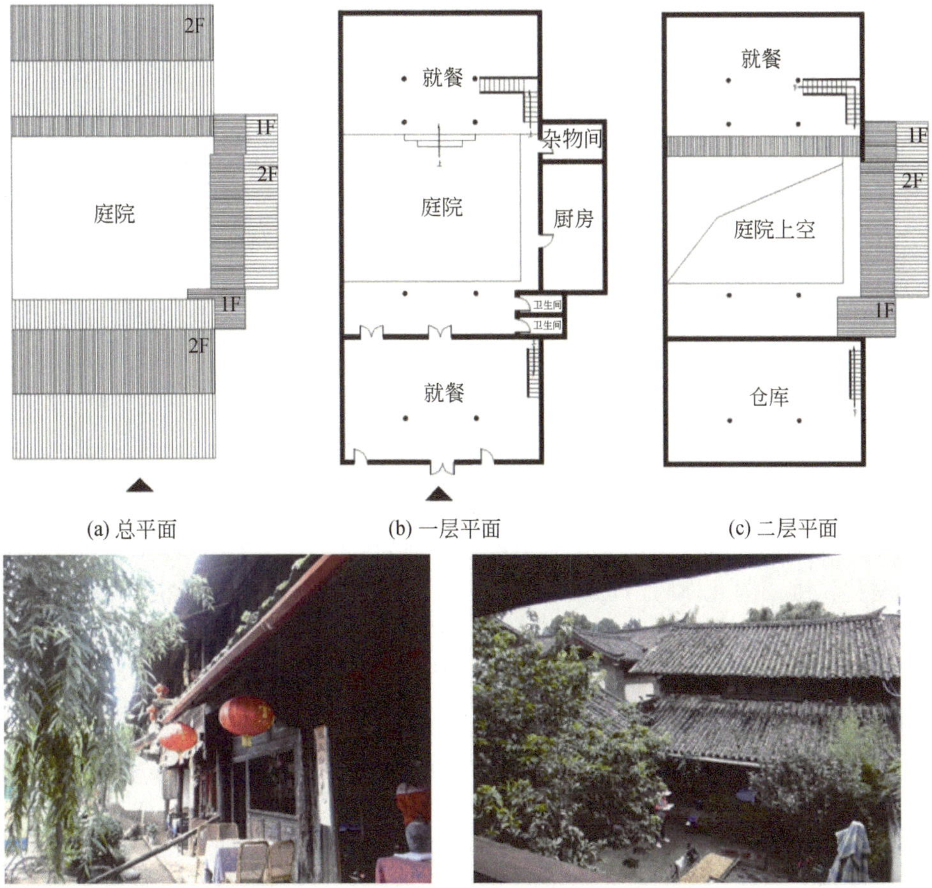

(a) 总平面　(b) 一层平面　(c) 二层平面

(d) 门面　(e) 院落

图 7-8　白沙时光餐厅建筑平面及院落景观

平面形式：整个院落的平面格局为三坊一照壁的形式，改造为餐馆类建筑后，院落总体布局和建筑体量组合关系基本未发生变化。门楼与照壁的形式也得以保留，天井中的园林景观布置也未做更改，整个院落还能呈现出原有居住院落的氛围。

97 民族村与白沙时光餐厅相比，前者的建筑改造程度比后者剧烈。这是因为大研古城的游客量远远多于束河古镇，餐馆的接待需求大，因此大研古城餐馆类建筑的空间使用率要求比白沙古镇高。此外，有的餐馆类建筑从功能布局到平面形式，均已经丧失纳西族民居应有的特色，成为在传统建筑表皮下构建的现代建筑空间（图 7-9）。

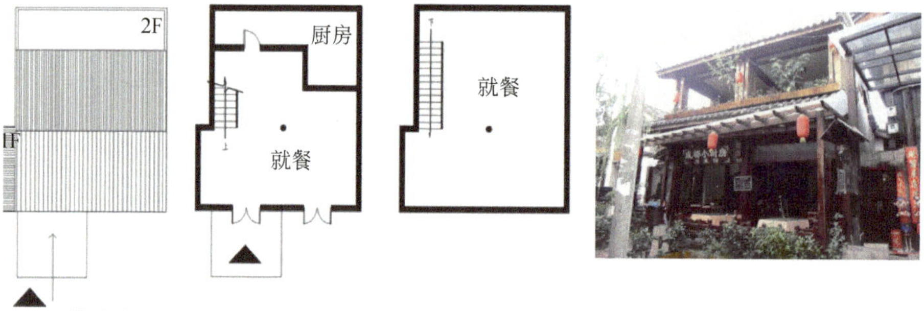

(a) 总平面　　(b) 一层平面　　(c) 二层平面　　(d) 建筑外观

图 7-9　成都小厨房（柬河古镇）建筑平面及外观

7.3.2.2　体验消费下的空间异化——客栈类建筑

在旅游挤出效应下，整个丽江古城都变成空间消费的对象，游客畅游于古城，或观景，或购物，或吃饭，或住宿，更多地是为了体验古城悠闲的生活方式和独特的文化氛围，因此体验消费成为丽江古城建筑景观符号消费的重要内容之一。为了满足旅游者的体验消费需求，古城建筑既要保持传统纳西族民居原有的内部空间特色，又要迎合游客对生活、休闲和娱乐品位等的追求。这样就会使传统民居建筑在保持原有内部空间关系基本不变的情况下，增加一些新的功能和设施，导致空间异化，而这种空间异化现象以客栈类建筑最具代表性。客栈类建筑与传统民居建筑的使用价值相似，都是满足居住生活需求的功能空间，但二者的使用主体不同。传统民居建筑的使用主体是原住居民（纳西人），而客栈类建筑的使用主体是游客。原住居民的消费需求偏重于居住本身的使用价值，而游客的消费需求偏重于自身居住习惯的满足和纳西人居住方式的体验，具有使用价值与体验消费的双重需求。因此，客栈类建筑内部空间改造表现出小规模更新的特点，即在保持传统纳西族民居内部空间格局和功能基本不变的前提下，按照游客的居住需求来完善配套设施、优化居住条件，满足游客对空间的体验消费需求。

案例分析：

例 3　花间堂（大研古城）

花间堂是一连锁品牌客栈，起源于丽江，目前在丽江、香格里拉、苏州、杭州等多个旅游目的地都有分布。大研古城的花间堂位于五一街文治巷 97 号，是一家配套有意式餐厅和 SPA（水疗）会所的高级私人客栈。花间堂经营者说：“我们这家花间堂是高级私人客栈，配套有意大利餐厅和私人 SPA 会所，条件和环境都是非常高档的。”基于此定位，建筑功能由原来朴实的传统纳西族民居转变为富有品味的私人会所，满足了游客体验消费的需求和自我价值的实现，其建筑平面现状见图 7-10。

(a) 总平面　(b) 一层平面　(c) 二层平面

(d) 入口　(e) 正房与天井

(f) 大堂　(g) 厢房　(h) 新加小院

图 7-10　花间堂建筑平面及院落景观

功能布局：建筑入口由原来的位置移至前坊的明间和右侧间，前坊的隔墙被拆除，形成大堂，装修为典雅的中式风格。正房的主体地位得以保留，一层格局基本没变，只是中间的堂屋变成了供游客使用的书屋，两侧房间为员工用房；二层的隔墙拆除后形成一间套房。楼梯也从传统位置（底层侧间）移至后院内，改为外置楼梯。左右两侧的厢房，中间用作楼梯间和供游客进行室外休息的场所，两侧布置客房。为扩大经营面积，整个四合五天井院落的东南角，又十分突兀地加盖了一个小院，院内布置“L”型建筑，有四间客房，小院的围墙和庭园中简易的木质亭子与传统纳西族民居风格不甚协调。

平面形式：建筑主体部分依然保持着传统纳西族民居四合五天井的形式，只是在入口东侧加筑了一个小院。天井、厦子都得以保留，正房的主体地位也未改变，但正房入口处加设了一层较高的木构架，导致建筑被遮挡大半。院落中心的天井内放置有木板制作的长桌，四周还布置有景观水池。虽然整个院落空间的基本形式没变，但总体风貌已异化为纳西风格、中式风格和江南风格的杂糅，这无疑是对经营者审美取向和旅游者体验消费需求的迎合。

例 4　锦里客栈（白沙古镇）

白沙古镇具有未加修饰的乡村气息，古镇内的客栈类建筑更加注重为游客营造一种休闲、惬意的乡村居住环境。锦里客栈位于白沙行政村三元一社 19 号，其建筑平面现状见图 7-11。

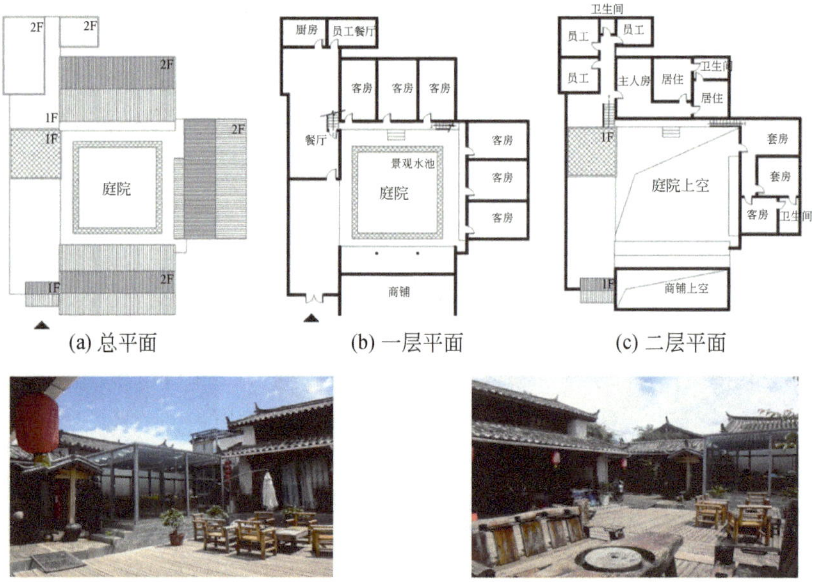

(a) 总平面　(b) 一层平面　(c) 二层平面

(d) 天井　(e) 天井

图 7-11　锦里客栈建筑平面及院落景观

功能布局：入口位置得以保留，前坊一、二层拆除隔墙后形成通高的商铺。正房与右厢房二层的内部房间被重新划分，形成包含客厅、卧室与卫生间的现代居住空间。照壁前的空间加盖了阳光房用作游客的休闲茶座。茶座后加盖了两层建筑，一层用作厨房，二层用作员工用房。锦里客栈经营者说："原来的院子不是这样的，这些都是我们后来加的，做了玻璃餐厅，后面建了厨房，楼上也加了员工的房间，不然不够用。每个建筑的二层我们做的都是套房，一边是游客住，另一边是我们一家人住。"

平面形式：建筑院落的平面格局为三坊一照壁的形式。主体建筑外观没有改变，除了突兀的阳光房，其余三坊仍然保持着原有的建筑体量。改动最大的是院落中心的天井，地面被抬高，中间铺设木质地板，遮挡了原有庭院的铺装，地板周围设环状水池，突出中心活动平台，天井内原有的树木及景观也被移除，庭院的传统风貌遭到破坏。

客栈类建筑除了通过改造原有院落打造的高品质、体验式传统居住空间，也有生硬模仿传统建筑风格的新建现代式酒店空间（图 7-12）。

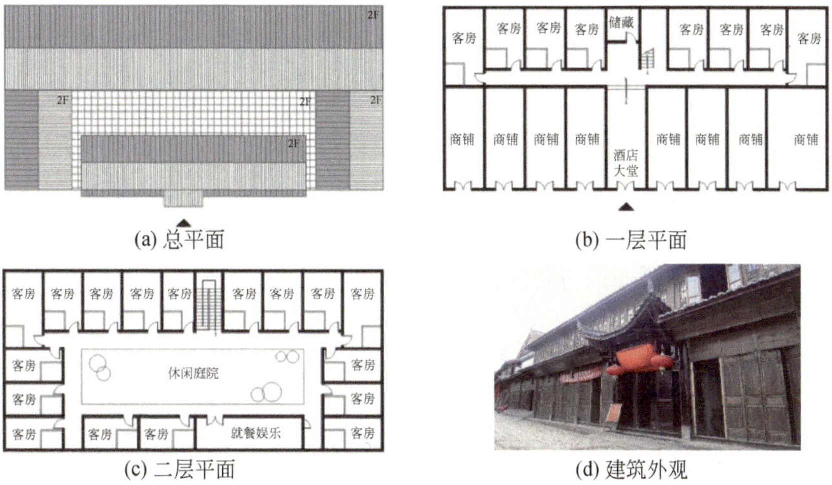

(a) 总平面　(b) 一层平面　(c) 二层平面　(d) 建筑外观

图 7-12　老街商号精品客栈（束河古镇）建筑平面及外观

7.3.2.3　体验消费与时尚消费下的空间创新——酒吧类建筑

丽江古城的历史文化和传统文化固然具有独特的魅力和吸引力，但在全球化消费文化的影响下，丽江古城的形象不仅是拥有秀美自然风光、浓郁民族风情的"古纳西王国"和"美丽的纳西家园"，还被贴上了"小资天堂"和"艳遇之都"的时尚标签。旅游者来到丽江古城不仅可以游览古城风光、品味纳西风情，还可以体验古城悠闲自在的生活方式，追逐当代时尚潮流的小资情调。在体验消费和时尚消费的引领下，传统纳西族民居突破原有的内部空间特征，被赋予创新性的功能布局与空间特质，这种空间创新在酒吧类建筑中表现尤为突出。酒吧类建筑对于丽江古城来说完全是一个舶来品，起源于西方、盛行于中国当代的酒吧文化与纳西族传统文化相碰撞，形成独具丽江特色的酒吧文化。丽江古城内的酒吧类建筑也与其他功能建筑大相径庭，在内部空间上表现出明显的创新特征，即传统纳西族民居的“间—坊—院—进”形式被颠覆，酒吧文化的空间特征被强行植入，从空间格局到室内装饰无一不体现出酒吧文化独有的特色，形成大尺度酒吧空间上覆盖一组小尺度坡屋顶的奇特形式，传统纳西族民居建筑的特色元素如马赛克般贴附于现代酒吧空间的内部。在与原住居民的访谈中得知，大研古城的酒吧一条街原来建有古朴雅致的纳西族民居，如今却变成灯红酒绿的酒吧街，破坏了古镇恬静闲适的氛围。原住居民说：“原来那里都是村子和住户，水也很清，大家都在河里洗菜，可安静了，和现在一点都不一样。”

案例分析：

例 5　一米阳光酒吧老店（大研古城）

一米阳光酒吧是丽江古城最有名也是发展最早的酒吧，一米阳光酒吧老店位于大研古城新华街（酒吧一条街），其建筑平面现状见图 7-13。

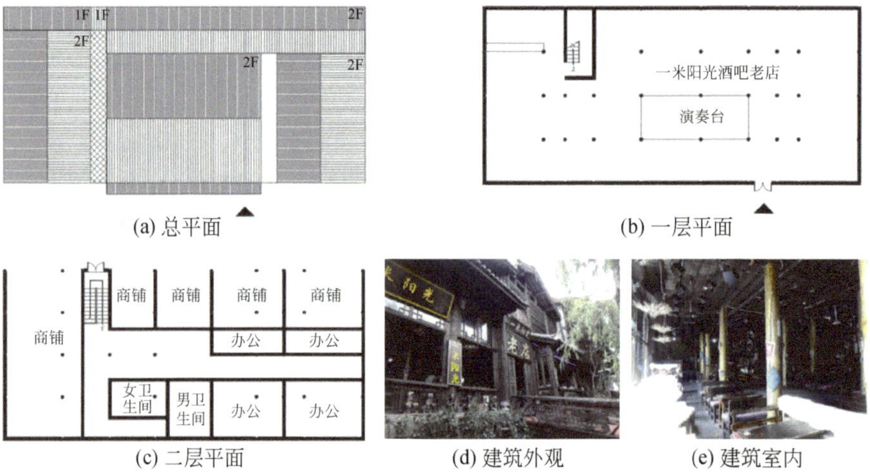

图 7-13　一米阳光酒吧老店建筑平面及风貌

功能布局：建筑一层已经没有传统建筑“间—坊—院”的特征，而是通透的大空间，中心布置舞台，四周包围着座椅。二层空间被墙体分割为卫生间与工作人员办公室，临近新华街双石段一侧的房间为商铺。整个建筑功能布局完全适应了现代酒吧的经营需求，室内装修氛围也是一派富丽堂皇的喧闹感觉。

平面形式：传统纳西族民居“间—坊—院”的形式不复存在，只能从屋顶和室内的沉重木柱依稀辨认出原有建筑空间格局。经分析发现，原有建筑应属四合五天井的院落形式。建筑门楼的位置正是现在酒吧主入口的位置，位于两坊之间。原有的庭院已被加盖屋顶与四周的坊形成一个整体，传统风貌早已不复存在。

例 6　贝尔斯酒吧和红谷之家皮具店（束河古镇）

贝尔斯酒吧和红谷之家皮具店位于老四方街与青龙桥的交叉口处，顺应地形布置成不规则的两坊院落，其建筑平面现状见图 7-14。

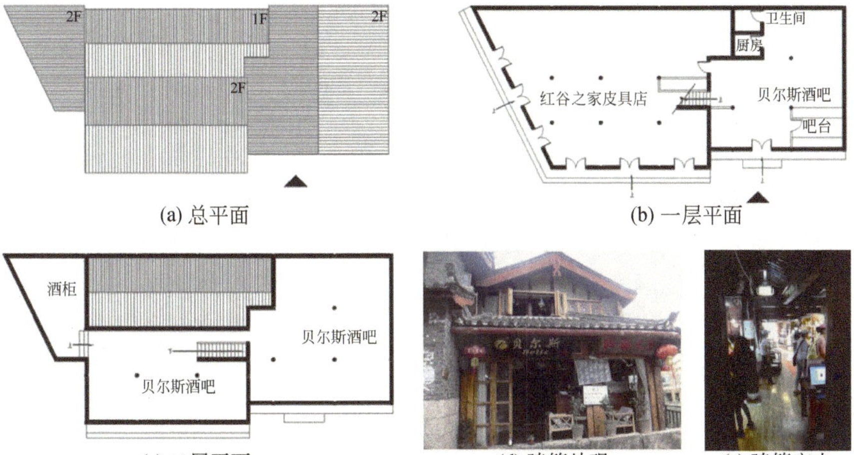

(a) 总平面　(b) 一层平面

(c) 二层平面　(d) 建筑外观　(e) 建筑室内

图 7-14　贝尔斯酒吧和红谷之家皮具店建筑平面及风貌

功能布局：两坊的一层分别作为红谷之家皮具店和贝尔斯酒吧的经营场所，红谷之家皮具店为扩大经营面积，将整个院落包进了室内。贝尔斯酒吧的一层划分出了吧台、厨房和卫生间，二层利用拐角处的房间设置了酒柜，其余均为游客就餐的大空间。

平面形式：建筑原为不规则的两坊院落，由于所处位置的特殊性使得建筑无法向外扩张空间，院落基本格局得以保留。但是红谷之家皮具店为扩大经营面积占用了两坊围合成的天井，两坊院落形式只能从建筑屋顶的组合关系辨认出来。

此外，丽江古城还有另外一种类型的酒吧，它不追求空间使用效率的最大化，更倾向于依托原汁原味的传统纳西族民居，营造一种舒适、悠闲的乡村氛围。这种类型的酒吧不会对原有传统民居的内部空间进行大规模改造，只进行局部空间的小规模改造与功能调整（图 7-15）。

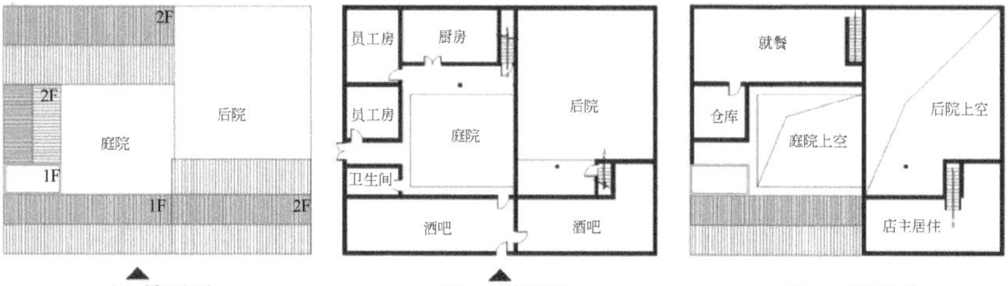

(a) 总平面　(b) 一层平面　(c) 二层平面

图 7-15　这里酒吧（白沙古镇）建筑平面

7.3.2.4　新、老使用价值混合下的空间拼贴——半居住类建筑

在旅游挤出效应下，原住居民纷纷迁出古城，并将古城内的房屋出租，导致丽江古城的居住生活空间被旅游商业空间所置换。但也有少量原住居民选择继续留在古城居住，只将自有房屋的部分空间出租，导致老的居住功能与新的商业功能混合布置于同一院落中。新、老两种功能对建筑内部空间的要求各不相同，这样就造成了新、老使用价值混合下的空间拼贴。这种具有空间拼贴特征的半居住类建筑在平面形式上基本保持原有的院落空间格局不变，居住与商业功能分别布置于不同的坊内，从而保持一定的相对独立性。作为居住功能的坊对内部空间的改造较小，作为商业功能的坊对内部空间的改造较大，最终形成不同功能、不同布局的坊拼贴在同一院落空间中。

案例分析：

例 7　新义街官院巷 36 号、37 号建筑（大研古城）

该建筑位于新义街官院巷 36 号、37 号，原本是规模较大的一进两院式民居建筑，现在仅 36 号仍为居住建筑，37 号已被开发为客栈使用，其建筑平面现状见图 7-16。

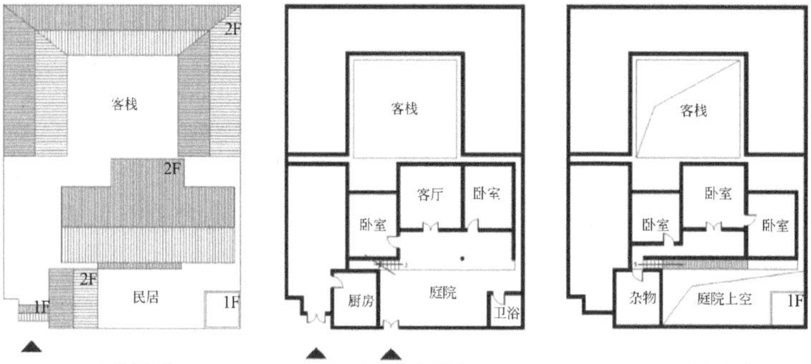

(a) 总平面　(b) 一层平面　(c) 二层平面

图 7-16　新义街官院巷 36 号、37 号建筑平面

功能布局：整个建筑的平面格局为一进两院。后院为原住居民的居住空间，据居住者讲述，现在居住部分为原有院落的一个侧坊，且原有房间的入口均朝向主院，为了保证客栈的经营面积和独立性，现在房间入口与厦子改为朝向后面的小院；为保证居住面积，将建筑由一层加盖至二层，一层与二层的中心间为待客、起居空间，侧间为卧室，仍然延续了传统纳西族民居的布局方式。此外，院落中增建了两座简易房，用作卫浴、厨房、储藏间等。前院则作为客栈用房，其内部格局完全按照客栈的功能要求进行布置。

平面形式：建筑平面布局整体上采用一进两院的形式，前院为客栈空间，后院为居住空间，两个院落相对独立，有各自的入口。前院虽然保持了三坊的合院式结构，但正房与左、右厢房的秩序感已丧失。后院居住空间的功能布局虽然仍延续了传统纳西族民居的布局方式，但天井已不能发挥家庭公共活动空间的功能，只能用作交通空间和堆放杂物之地。

例 8　新华街双石段 11 号（大研古城）

该建筑位于新华街双石段 11 号，其建筑平面及剖面现状见图 7-17。

(a) 剖面图　(b) 1.5m处平面　(c) 3.5m处平面

(d) 5.5m处平面　(e) 7.5m处平面　(f) 总平面

图 7-17　新华街双石段 11 号建筑平面及剖面

功能布局：该建筑不仅地形高差复杂，功能也复杂。正房一层的明间和右侧间仍为原住民的居住空间，左侧间和左厢房的一层均租赁给经营户居住。由于地形高差的原因，正房二层为临新华街双石段的一商铺，左侧厢房的二、三层为临新华街双石段的商铺及经营户居住空间。右厢房被用作古城印象酒吧。

平面形式：由于地形高差的原因，在遵循传统纳西族民居四合五天井形式的基础上，建筑空间组合关系别具一格，加之左侧厢房加盖了第三层商铺，造成正房的主体地位不突出。同时，原本作为家庭公共活动空间的中心天井，成为租户晾晒衣服和堆放杂物的空间，天井铺地也不是由石块和瓦渣铺砌的富有纳西族文化特色的图案，而是简易地用水泥抹平。

例 9　老村居住建筑（束河古镇）

束河古镇的传统纳西族民居绝大部分被改造为商铺与客栈，少数环境不佳的民居院落被租给经营户作为居住空间，虽仍作为居住功能，但纳西族民居的传统风貌已消失殆尽。案例点位于束河古镇的老村，其建筑平面现状见图 7-18。

(a) 总平面　(b) 一层平面　(c) 二层平面

图 7-18　老村居住（束河古镇）建筑平面

功能布局：该建筑院落类型为两坊拐角型，两坊的一层都被改造成沿街商铺，二层被改造为经营户的租住空间。为方便租户的生活，天井内搭设了一层的厨房。

平面形式：从屋顶形式看，该建筑原为形制规整的两坊房，门楼连接正房宽敞的厦子。改造后的院落保留了原有的建筑格局与体量，以及门楼的位置，但厦子被占用使得入口空间十分局促。此外，在天井内部加盖厨房破坏了庭院空间的完整性，庭院丧失了原来作为家庭公共活动空间的功能，仅用作租户的就餐空间。

7.3.3　建筑立面色彩的符号化特征

建筑立面色彩是建筑景观视觉消费的重要内容之一。色彩作为一种视觉符号，其作用包括识别功能、美化功能和情感功能。识别功能是指当建筑处于群体环境中时，以色彩作为标识突出自身、划分空间层次和表明不同用途，对使用者起引导和识别作用；美化功能是指合理应用色彩突出建筑形体的特点，加强建筑材料的表现力，通过色彩装饰使建筑融入周边环境，或者从周边环境中显露出来；情感功能是指强调色彩作为符号的象征意义，通过色彩装饰引起人们的心理变化，从而给人以特殊的情感体验，如红色给人以热情，橙色给人以温暖，紫色给人以神秘，白色给人以平静等。

在旅游挤出效应下，丽江古城的建筑立面色彩成为建筑景观的视觉消费对象，为了营造出引人注目的视觉效果，购物店、餐馆、酒吧、客栈等旅游服务设施的建筑立面色彩逐渐变化，呈现出与传统纳西族民居立面色彩不一样的特征。同时，大研古城、束河古镇和白沙古镇的旅游发展程度不同，造成大研古城、束河古镇和白沙古镇的建筑立面色彩变化特征也不尽相同。

7.3.3.1　建筑饰面色彩特征

建筑饰面色彩反映的是建筑的固有色，包括主色、辅色和点缀色。主色是指在建筑立面上所占面积不小于立面上其他任意一种颜色的 3/4，且占据立面某一区域或在立面上分布有规律、整体感强的色彩；辅色一般存在于建筑屋顶、立面或基底等并非装饰构件上，且分布有规律、不散乱；点缀色是建筑的装饰色，主要出现在店牌、檐口、挂饰等装饰构件上。

选取古城中商业建筑（购物店、餐馆、酒吧）、客栈建筑与民居建筑的典型案例，将其建筑饰面色彩的各属性进行色卡比对并建立色彩数据库。数据库包括建筑基本信息、色彩基本信息和色彩样本信息三个部分。在此基础上，借鉴日本的芒塞尔色度图法，形成由 x 轴代表色相、y 轴代表饱和度、z 轴代表亮度构成的芒塞尔色立体空间图，每种色彩以（H,S,B）的坐标存在于色彩空间中，结合芒塞尔色立体展开的 2D 色度图，按建筑性质对建筑色彩的三要素（色相、饱和度、亮度）进行研究，最终以 3D 散点图和 2D 色度图的数字化方式进行表达，从而科学、直观地分析出不同性质建筑的色彩特征。

1. 鲜艳夺目的商业建筑饰面色彩

主色偏向中高饱和度、高亮度的红色系。商业建筑主色的色相集中于暖色系区域，且色彩点全部集中于 7.5R～10YR 这个色相区域，即处在红色的色相带里。80%的样本饱和度在 50%左右，整体呈中高度饱和度。亮度集中于 60%～70%。结合色彩数据库分析发现，主色多出现在建筑大门，排门板式的商业建筑使得大门成为立面色彩的主体[图 7-19（a）、图 7-20（a）]。

辅色集中于红色系与青灰色系。红色系的色彩呈现中高饱和度与中高亮度的特征，青灰色系的色彩则呈现低饱和度、中亮度的特征。结合色彩数据库分析发现，红色系的辅色出现在檐口、门窗及入口立柱，青灰色系的辅色则出现在屋瓦以及石材墙裙[图 7-19（b）、图 7-20（b）]。

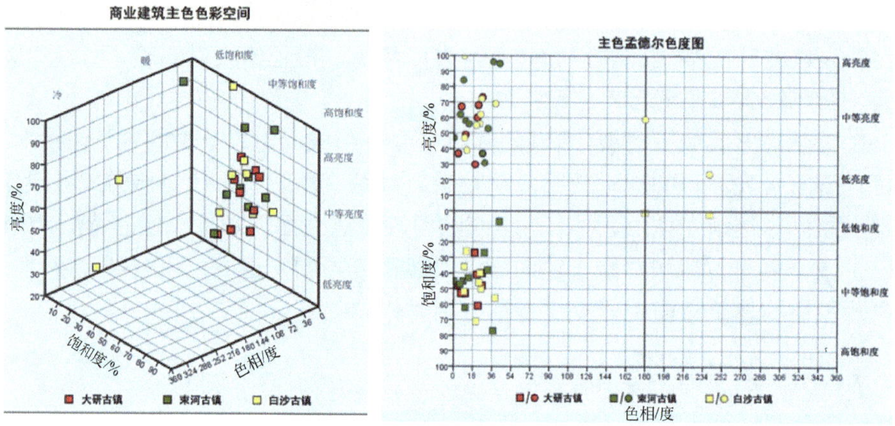

(a) 商业建筑饰面主色色彩的量化分析

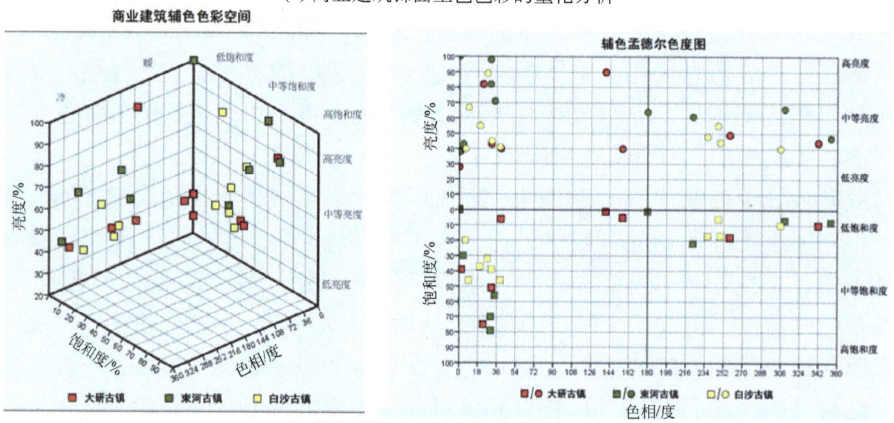

(b) 商业建筑饰面辅色色彩的量化分析

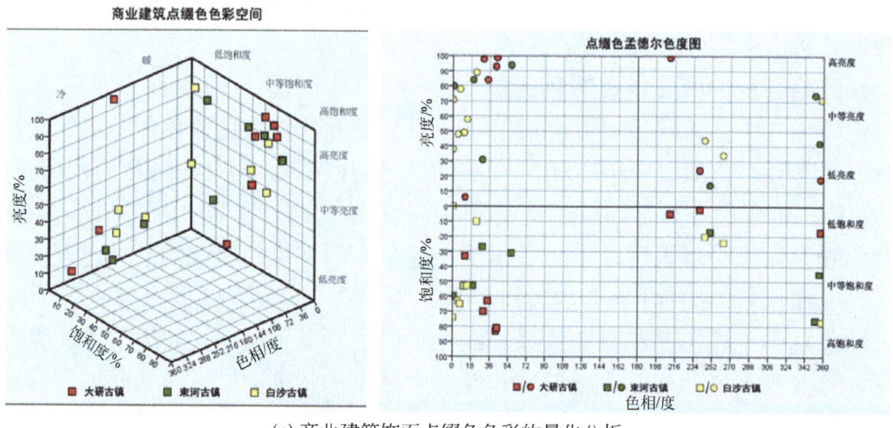

(c) 商业建筑饰面点缀色色彩的量化分析

图 7-19　丽江古城商业建筑饰面色彩量化分析

左侧为芒塞尔色立体空间图，右侧为芒塞尔色度图

(a) 主色　(b) 辅色　(c) 点缀色

图 7-20　丽江古城商业建筑饰面色彩

点缀色偏向多种高纯度色彩。从点缀色在芒塞尔色立体空间图和芒塞尔色度图上的分布可以看出，点缀色不像主色那样集中，高亮度、高饱和度的红、黄色系颜色是商业建筑钟爱的点缀色，少量商业建筑采用低饱和度的蓝色作为点缀色。结合色彩数据库的分析，商业建筑门头处常悬挂高饱和度的红色灯笼与暗红色的主色相搭配；牌匾与门柱的装饰常采用高亮度、高饱和度的色彩；少量店铺的招牌采用了深蓝色的点缀色，而此类建筑的主色调往往是饱和度较高的黄色系[图 7-19（c）、图 7-20（c）]。

综上所述，丽江古城商业建筑饰面色彩的主色为红、黄（木质）色系，尤其以红色系居多，辅色是红色系与青灰色系，点缀色常选取亮度或饱和度与主色反差较大的色彩。丽江古城商业建筑饰面色彩会选取不同饱和度与亮度的色彩进行搭配以突出建筑本身，即利用色彩增强建筑的可识别性。此外，大研古城、束河古镇和白沙古镇商业建筑的主色都高度集中在中高饱和度、高亮度的红色系区域，说明红色对商业建筑景观的视觉消费具有重要意义。高饱和度、高亮度的红色容易使人亢奋，商业建筑正是借助红色对人的心理影响来刺激游客的视觉消费，吸引游客驻足停留。门头上悬挂的大红灯笼起到了同样的作用。

2. 沉稳柔和的客栈建筑饰面色彩

主色偏向低饱和度、高亮度的多种色彩。客栈建筑的主色色相分布区域较广，不像商业建筑那样集中。从色相聚集度来看，客栈建筑的主色多分布在 N6.25 的灰色系与 7.5B 的青灰色系，黄红色系的出现频率也较高。但不论色相取值如何，亮度值在 70%以上，超过 90%的样本色彩饱和度在 22%以下，呈现出高亮度、低饱和度的特征。通过对色彩数据库的比对发现，出现低饱和度、高亮度，以及色相分布不集中的原因在于客栈建筑的构建方式与所处位置。当客栈建筑位于古城次级道路或边缘区时，多以实墙面围合，主色是以白色为基调，糅合多种环境色，因此会出现饱和度与亮度集中但色相不集中的现象；当客栈建筑位于古城主路时，主立面多与商业建筑混杂在一起，因此主色选取与街道色调一致的红、黄色系[图 7-21（a）、图 7-22（a）]。

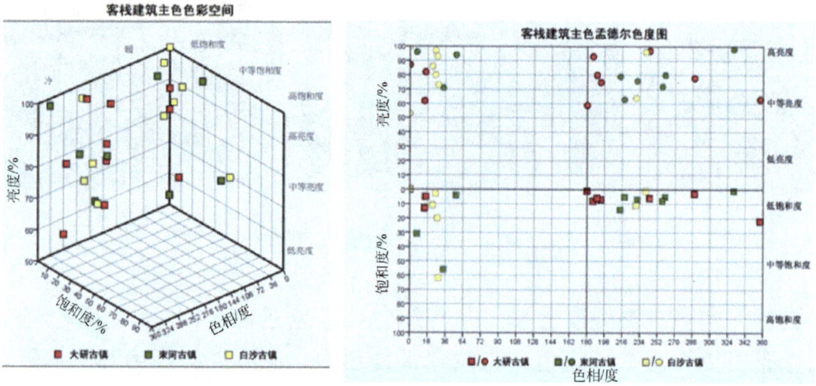

(a) 客栈建筑饰面主色色彩的量化分析

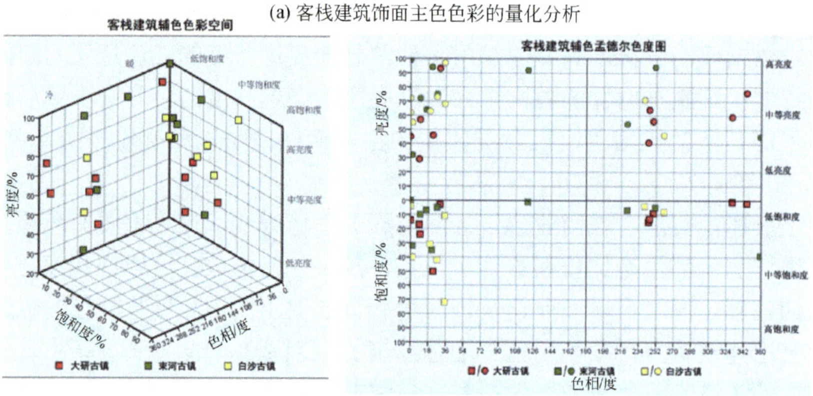

(b) 客栈建筑饰面辅色色彩的量化分析

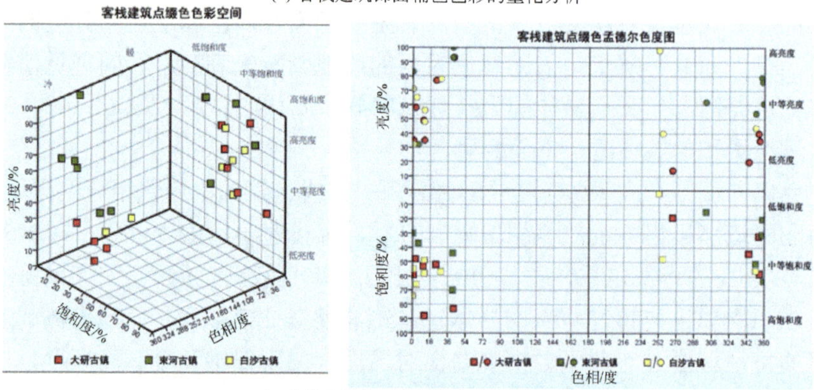

(c) 客栈建筑饰面点缀色色彩的量化分析

图 7-21　丽江古城客栈建筑饰面色彩量化分析

左侧为芒塞尔色立体空间图，右侧为芒塞尔色度图

(a) 主色　　(b) 辅色　　(c) 点缀色

图 7-22　丽江古城客栈建筑饰面色彩

辅色集中于黄色系与蓝灰色系。客栈建筑辅色多为低保和度、中高亮度的黄色系与黄红色系，即以低保和度的黄色系居多，蓝灰色系次之。结合色彩数据库分析发现，大多数客栈的建筑主墙面为抹灰实墙，多采用木质门柱和土黄色墙裙与墙面搭配，辅色也因此偏向黄色系。蓝灰色系主要出现在屋顶[图 7-21（b）、图 7-22（b）]。

点缀色偏向黄色系与黄红色系。不同于商业建筑点缀色多样化的特点，客栈建筑的点缀色集中于黄色系与黄红色系，且亮度和饱和度几乎都在 50%左右。结合色彩数据库分析发现，大多数客栈的点缀色多出现在入口处的门头、木质门板以及门前装饰等构件中。色彩亮度与饱和度也不及商业建筑那样极端，与主色、辅色的搭配呈现出柔和协调的特点[图 7-21（c）、图 7-22（c）]。

综上所述，丽江古城客栈建筑饰面色彩呈现出沉稳柔和的特征。主色是低饱和度的浅色系，辅色与点缀色的色彩稍重，搭配主色烘托出沉稳柔和的视觉效果，营造出舒适安逸的客栈氛围，有助于满足游客对古城悠闲生活方式的体验需求。

3. 古朴自然的民居建筑饰面色彩

主色色彩高度集中。民居建筑主色色相高度聚集于黄红色系，且饱和度与亮度也呈现出低饱和度、中高亮度的特点。由于民居建筑多采用实墙面围合院落的布局方式，因此外墙面多为抹灰墙面，以白色为基调，并辅以多种环境色构成建筑主色，呈现出纯朴柔和的色调[图 7-23（a）、图 7-24（a）]。

辅色色彩多样化。民居建筑的辅色色相选择多样，仅在黄红色系出现不明显集聚，但色彩饱和度与主色一样为低保和度，这是由于未经商业开发的民居依旧保持着传统风貌，尤其白沙古镇。因此，与色调统一的主色不同，辅色因各个建筑的立面元素呈现出多样化的特点。如墙面上的石材墙基、斑驳的土墙、入口的木质大门、木质立柱等具备的固有色彩，均可作为民居建筑的辅色[图 7-23（b）、图 7-24（b）]。

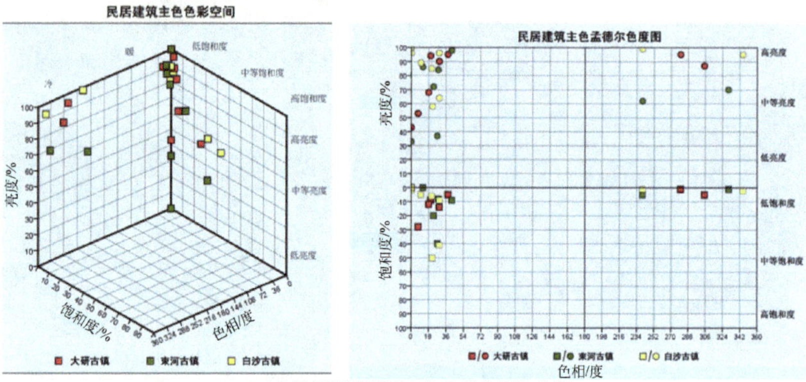

(a) 民居建筑饰面主色色彩的量化分析

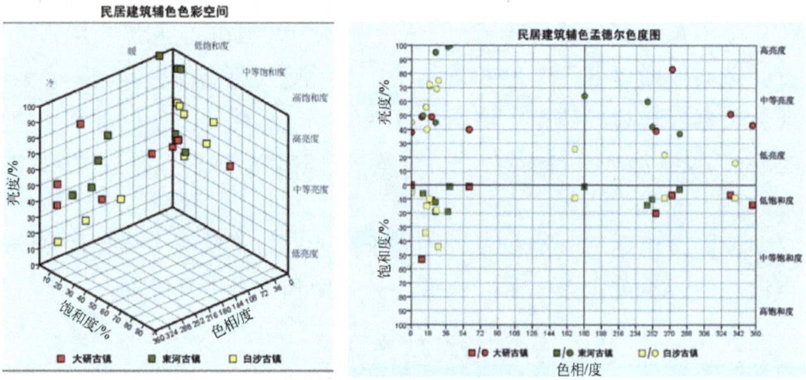

(b) 民居建筑饰面辅色色彩的量化分析

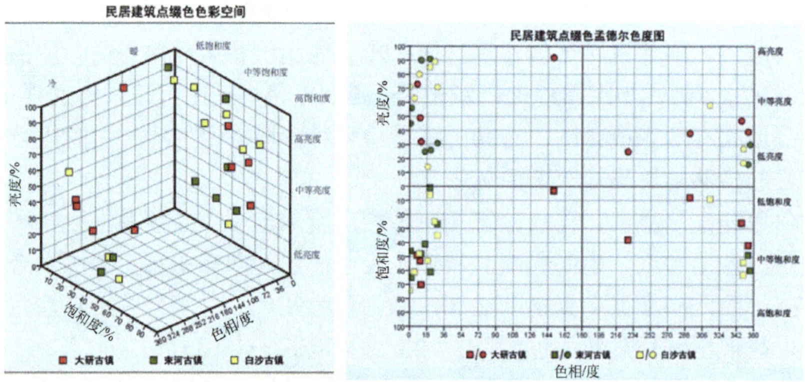

(c) 民居建筑饰面点缀色色彩的量化分析

图 7-23　丽江古城民居建筑饰面色彩量化分析

左侧为芒塞尔色立体空间图，右侧为芒塞尔色度图

(a) 主色　(b) 辅色　(c) 点缀色

图 7-24　丽江古城民居建筑饰面色彩

点缀色集中于红色系。民居建筑的点缀色集中于红色系，结合色彩数据库分析发现，门头、檐口等构件，以及对联、灯笼等装饰的色彩构成了民居建筑点缀色。民居建筑点缀色与商业建筑和客栈建筑均不相同，更偏向于传统纳西族民居固有的色彩，而非旅游商业化的刻意而为[图 7-23（c）、图 7-24（c）]。

综上所述，民居建筑的饰面色彩具有古朴自然的特征，与商业建筑和客栈建筑的饰面色彩大相径庭。古朴自然的饰面色彩反映了民居建筑本身所承载的传统文化，也满足了游客对于原生民居空间的体验消费需求。

7.3.3.2　建筑视觉色彩特征

建筑立面色彩的研究内容包括固有色彩与视觉色彩，建筑饰面色彩反映的是建筑固有色彩。建筑饰面材料的固有色在受到光影、气候、空气、距离等因素影响后会产生一定色度差异，人们平时所观察到的城市建筑色彩实际上是视觉效果色，是人眼对建筑色彩的综合反应。与建筑饰面色彩相比，建筑视觉色彩可以更直观地表达出游客对丽江古城建筑立面色彩的感知。为此，本节试图通过大研古城、束河古镇和白沙古镇的建筑视觉色彩的对比分析，来探讨不同旅游发展程度与模式下，以及不同类型建筑空间分布下，丽江古城建筑立面色彩所呈现的特征。

1. 大研古城建筑视觉色彩特征

如图 7-25 所示，研究对象选取以四方街为起点，向外扩散的 5 条主路（路段 1～5）及若干支路，分析得出大研古城建筑视觉色彩具有以下特征。

主路建筑视觉色彩由四方街向外演变特征明显。如图 7-26 所示，路段 1 的建筑视觉色彩色相集中在暖色系，且以红色居多；饱和度沿四方街向北呈明显下降趋势，色彩纯度越来越低；亮度的曲线呈上升趋势，靠近北部的建筑视觉色彩以白色居多。路段 3、4 的建筑视觉色彩与路段 1 相似，由四方街向外呈现出饱和度呈降低趋势、亮度呈升高趋势的变化特征。这是由于越靠近四方街，商业建筑集聚程度越高；离四方街越远，商业建筑集聚程度越低，取而代之的是客栈建筑。

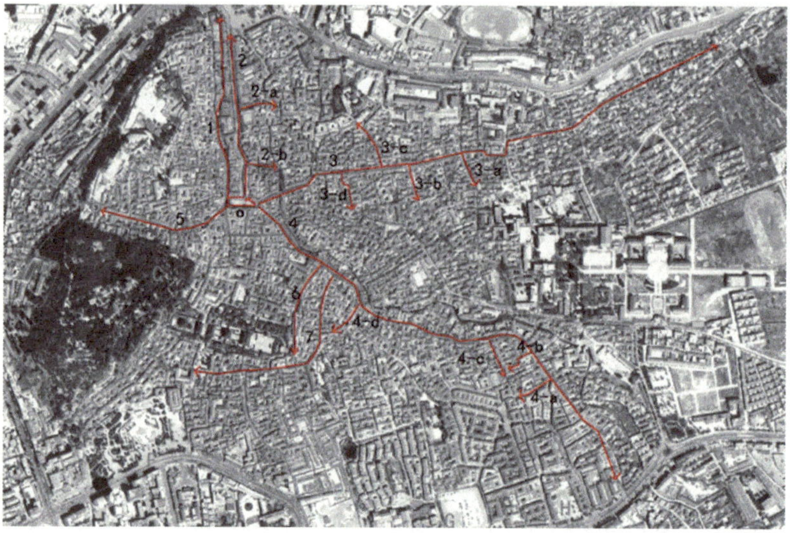

图 7-25　大研古城建筑视觉色彩调研路径

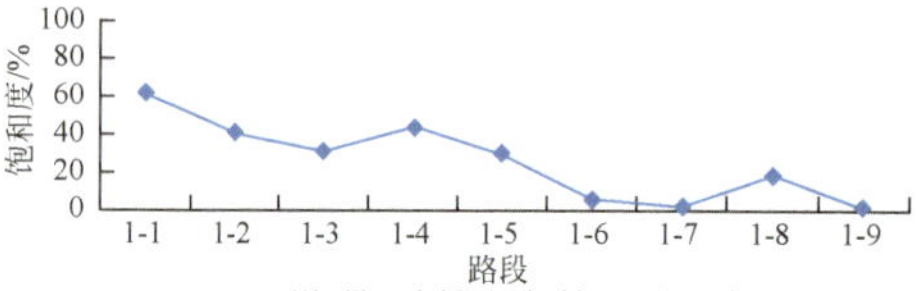

(a) 路段1建筑主色饱和度分析

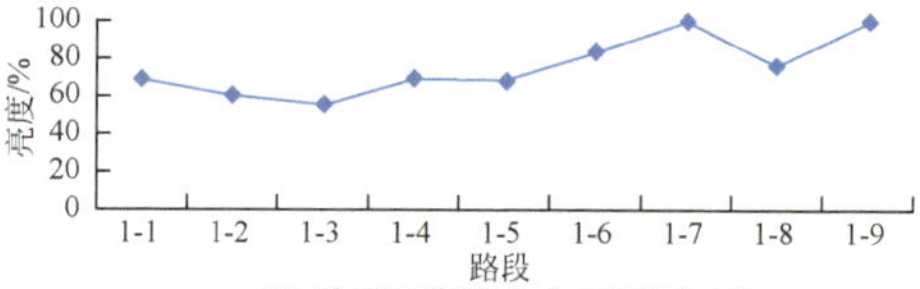

(b) 路段1建筑主色亮度分析

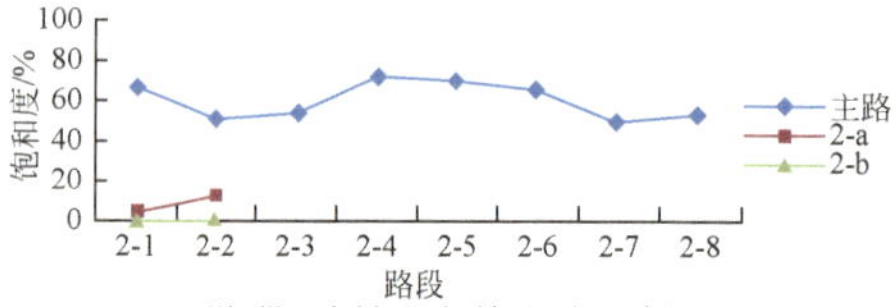

(c) 路段2建筑主色饱和度分析

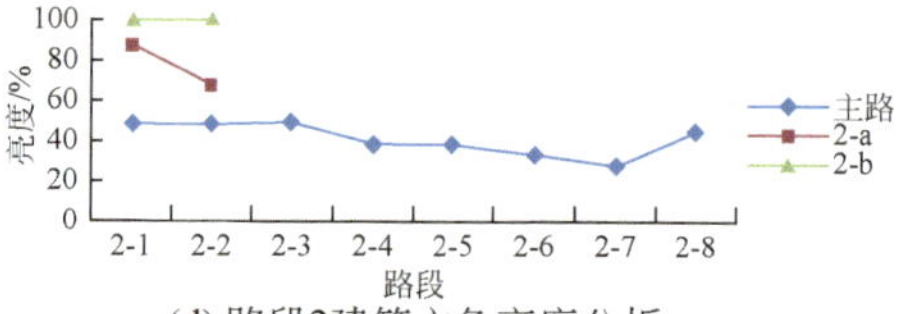

(d) 路段2建筑主色亮度分析

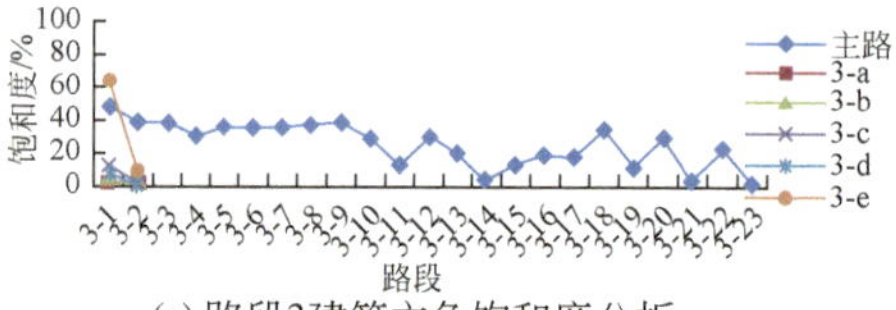

(e) 路段3建筑主色饱和度分析

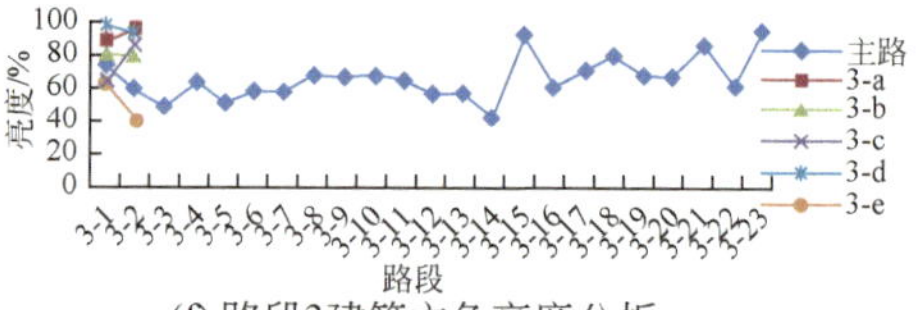

(f) 路段3建筑主色亮度分析

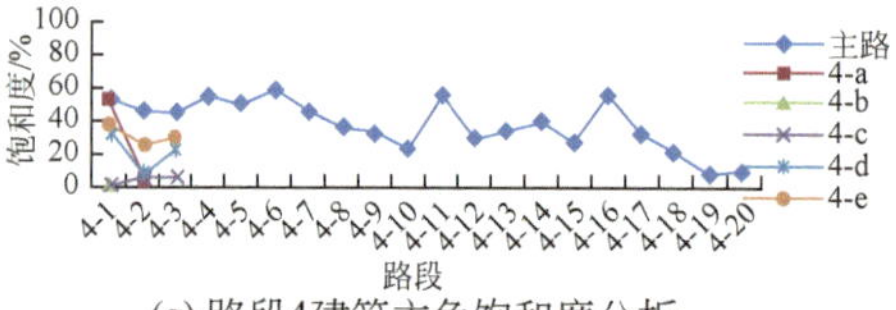

(g) 路段4建筑主色饱和度分析

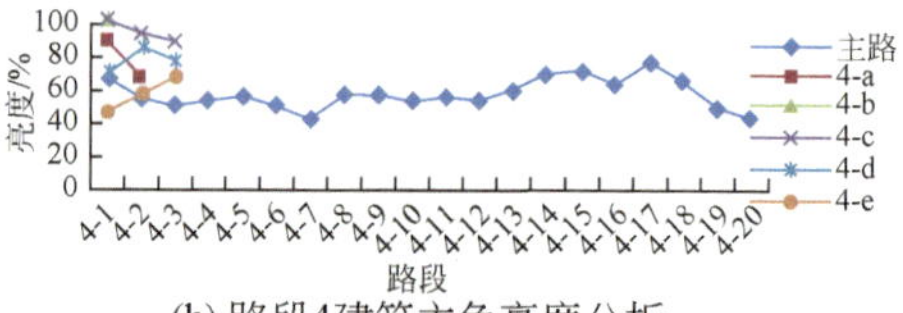

(h) 路段4建筑主色亮度分析

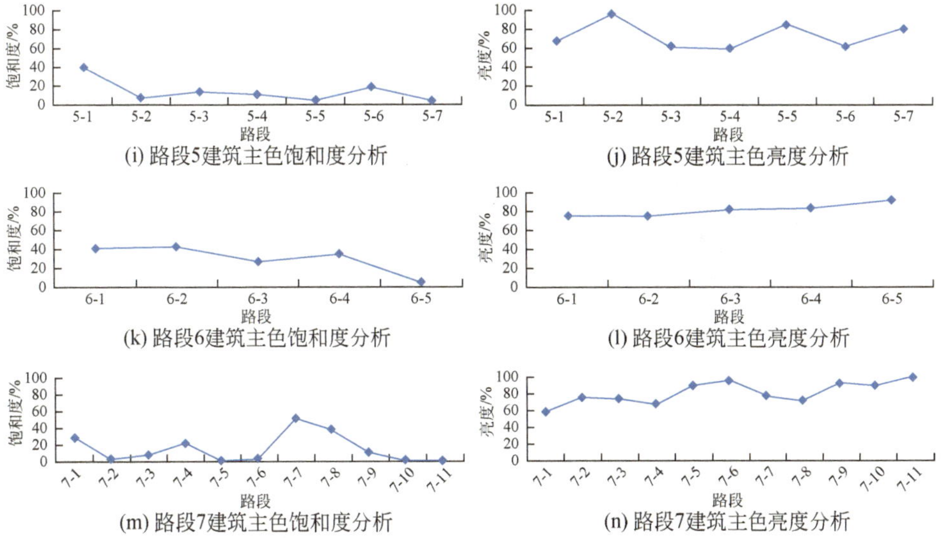

图 7-26　大研古城建筑视觉色彩特征分析

路段 2 建筑视觉色彩演变趋势并不明显，饱和度与亮度值几近相似。这是由于路段 2 的北端为大研古城的北入口——玉河广场，由玉河广场至四方街的路段 2 属于商业建筑高度集聚的地段，建筑功能类型没有太大变化。

主路与支路建筑视觉色彩差异显著。如图 7-26 所示，在路段 3、4 中主路与支路的建筑视觉色彩特征相差十分显著，主路建筑视觉色彩的饱和度高于支路，而亮度低于支路。这是由于主路的商业建筑集聚程度高，而支路主要布置客栈建筑和民居建筑。

形成上述特征的原因为大研古城旅游开发没有采取大拆大建的模式，而是在保持和延续原有空间格局的基础上采取小规模渐进的模式，建筑功能的空间置换呈现出以四方街为中心逐步向外扩散的特点，因此大研古城的建筑视觉色彩也呈现出以四方街为中心逐步向外的饱和度呈降低趋势、亮度升呈高趋势的线性演变特征。

2. 束河古镇建筑视觉色彩特征

如图 7-27 所示，研究对象选取以四方街为起点，向外扩散的 5 条主路以及靠近入口的 2 条道路，分析得出束河古镇建筑视觉色彩具有以下特征。

主路建筑视觉色彩由四方街向外色彩演变特征明显。束河古镇具有与大研古城相似的特征，其路段 1～4 沿街建筑视觉色彩（图 7-28）以四方街为中心向外呈现出饱和度呈降低趋势、亮度呈升高趋势的变化特征。这是由于越靠近四方街，商业建筑集聚程度越高；离四方街越远，商业建筑集聚程度越低，取而代之的是客栈建筑。

图 7-27　束河古镇建筑视觉色彩调研路径

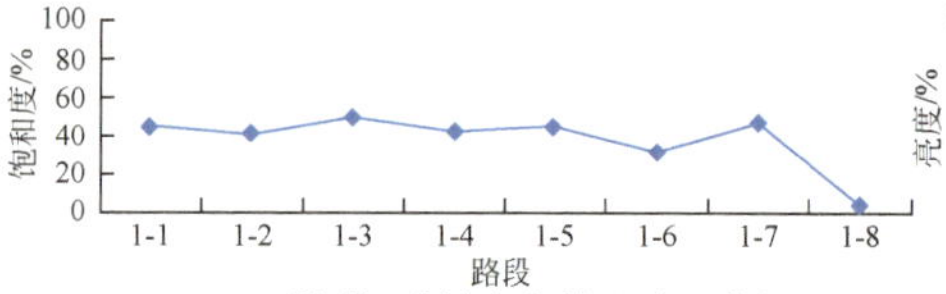

(a) 路段1建筑主色饱和度分析

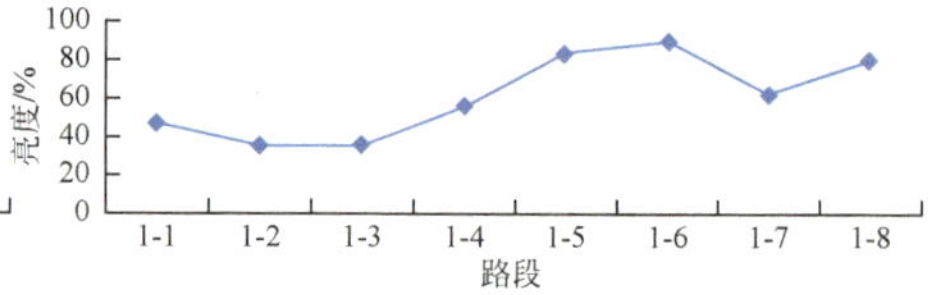

(b) 路段1建筑主色亮度分析

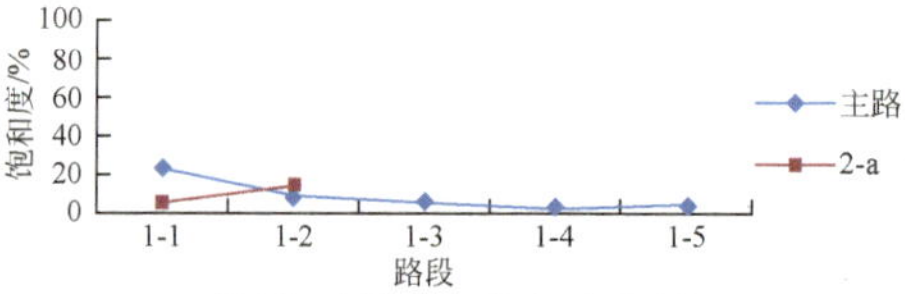

(c) 路段2建筑主色饱和度分析

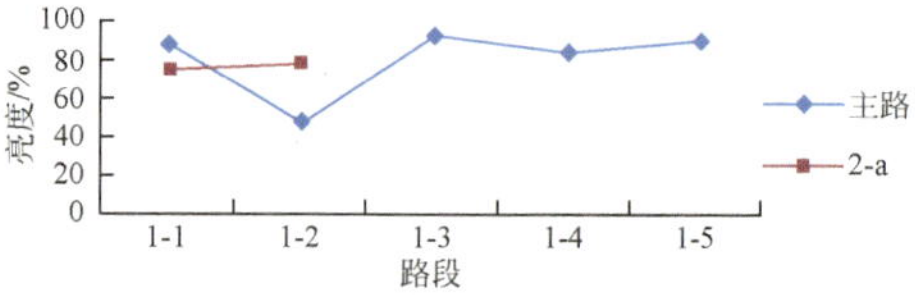

(d) 路段2建筑主色亮度分析

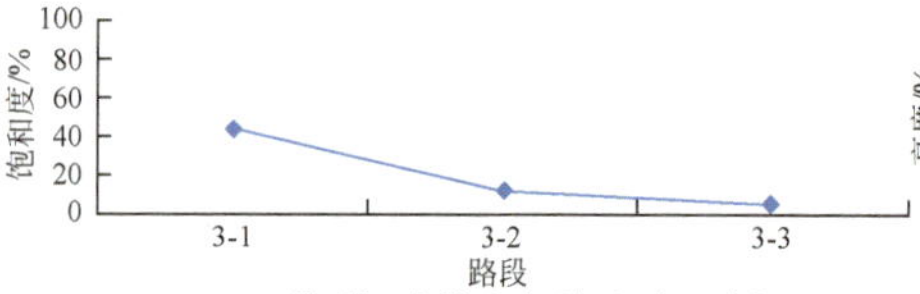

(e) 路段3建筑主色饱和度分析

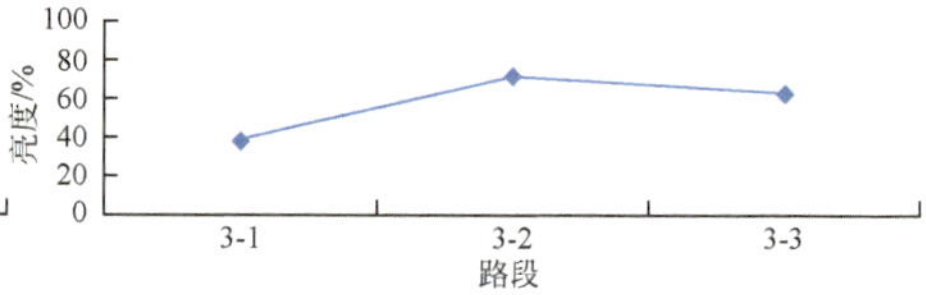

(f) 路段3建筑主色亮度分析

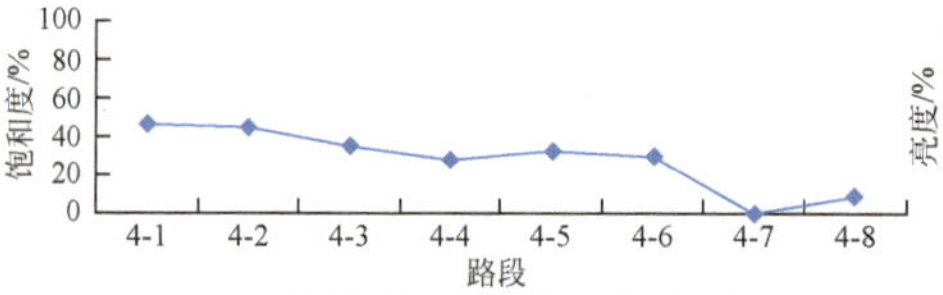

(g) 路段4建筑主色饱和度分析

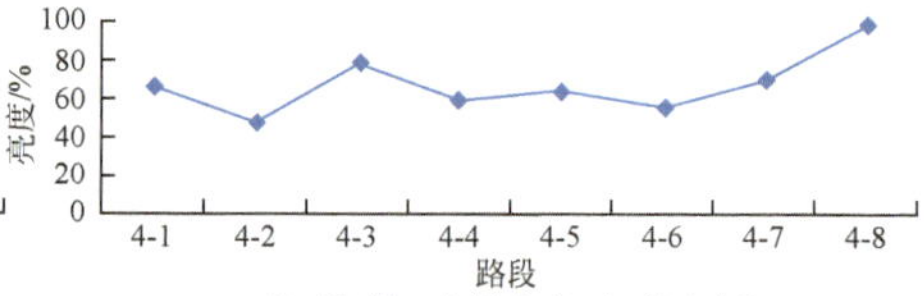

(h) 路段4建筑主色亮度分析

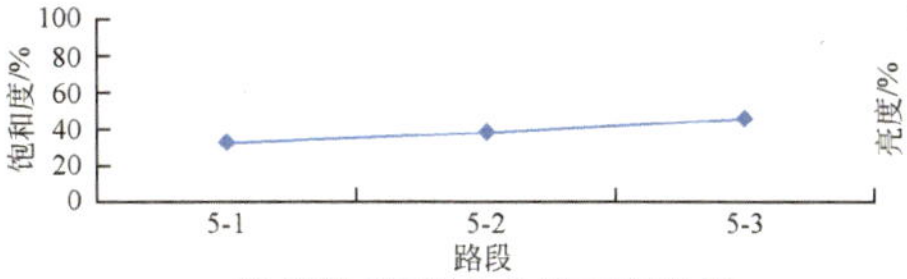

(i) 路段5建筑主色饱和度分析

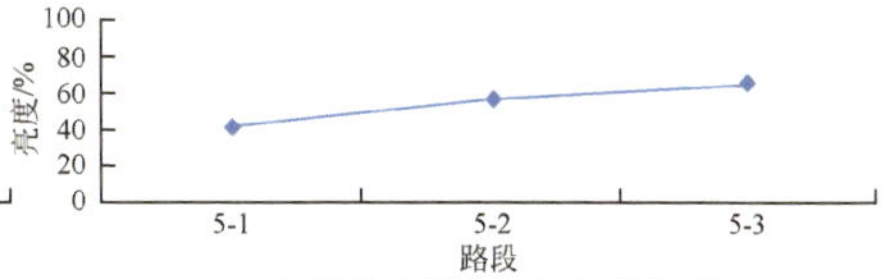

(j) 路段5建筑主色亮度分析

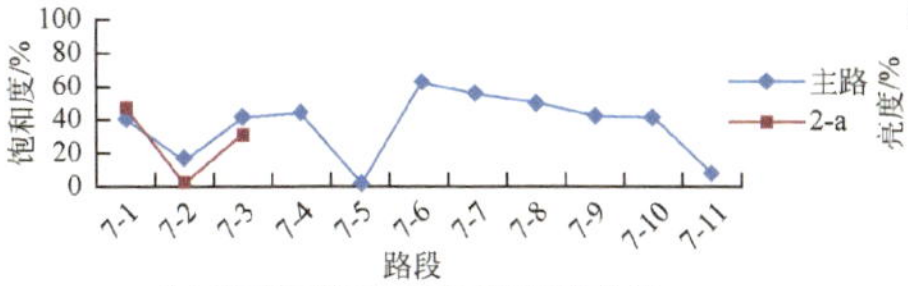

(k) 路段6建筑主色饱和度分析

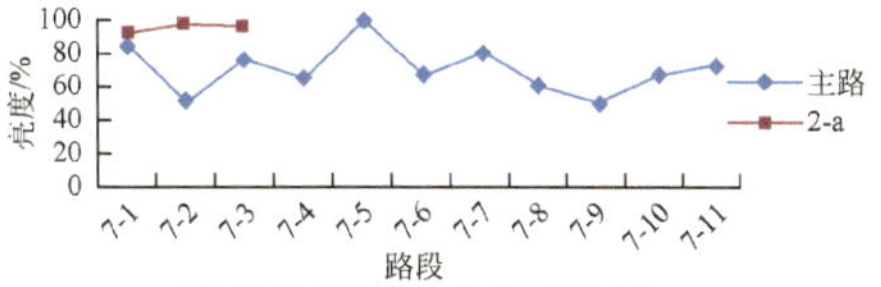

(l) 路段6建筑主色亮度分析

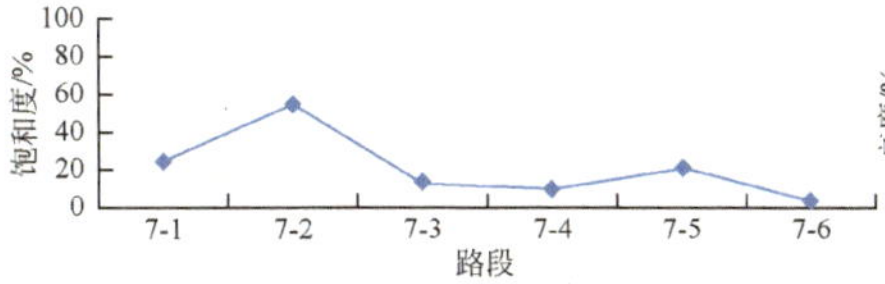

(m) 路段7建筑主色饱和度分析

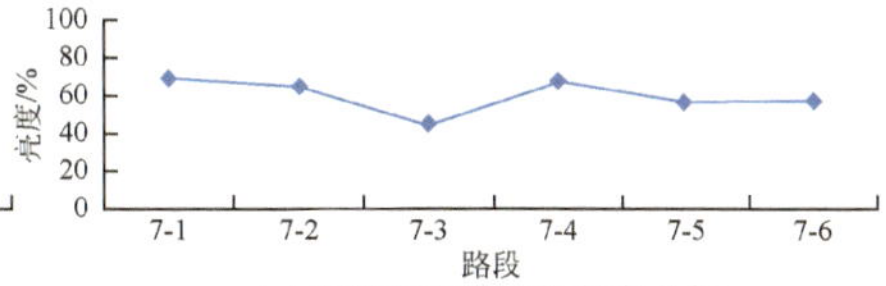

(n) 路段7建筑主色亮度分析

图 7-28　束河古镇建筑视觉色彩特征分析一

新四方街（四方听音广场）成为建筑视觉色彩中心。路段 9 为连接老四方街与南门入口的道路。由路段 9 的沿街建筑视觉色彩分析（图 7-29）可以看出，饱和度以四方街为中心向外先降低，后又有起伏；亮度则以四方街为中心向外先略微升高，后又有起伏。饱和度曲线起伏的波峰和亮度曲线起伏的波谷正是束河古镇新开发商业区的中心——新四方街（四方听音广场）。也就是说，以新四方街为中心向外同样存在建筑视觉色彩饱和度呈降低趋势、亮度呈升高趋势的变化特征。

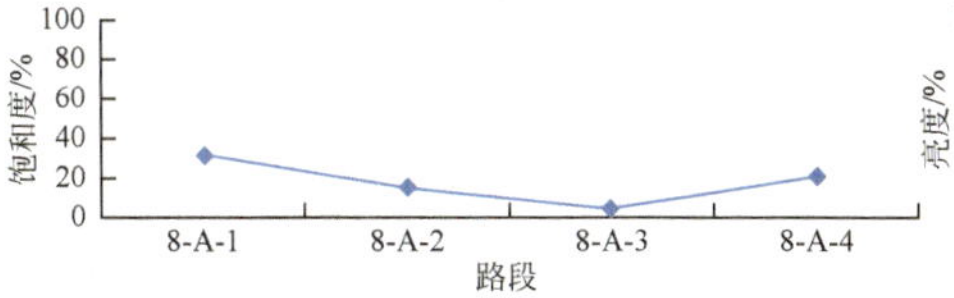

(a) 路段8-A建筑主色饱和度分析

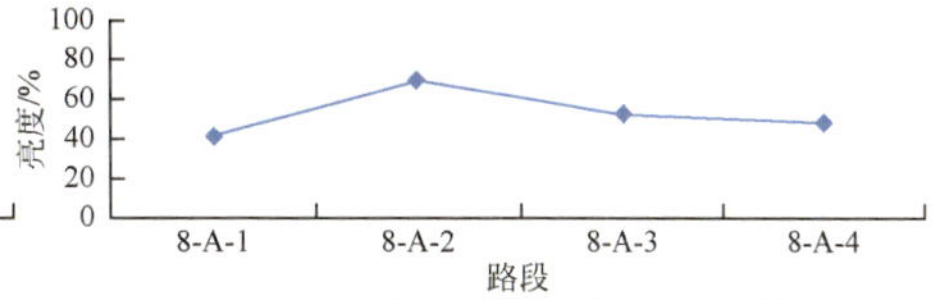

(b) 路段8-A建筑主色亮度分析

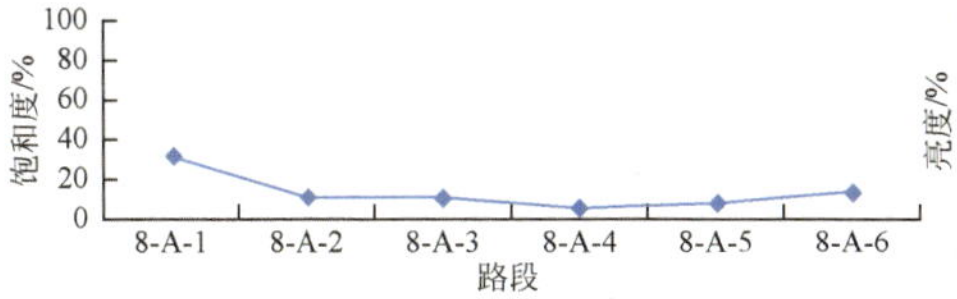

(c) 路段8-B建筑主色饱和度分析

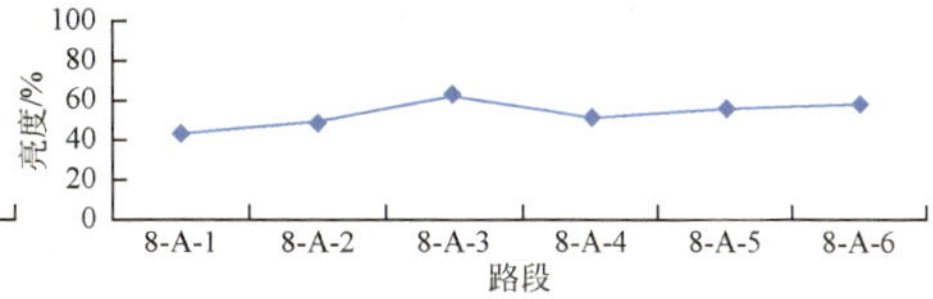

(d) 路段8-B建筑主色亮度分析

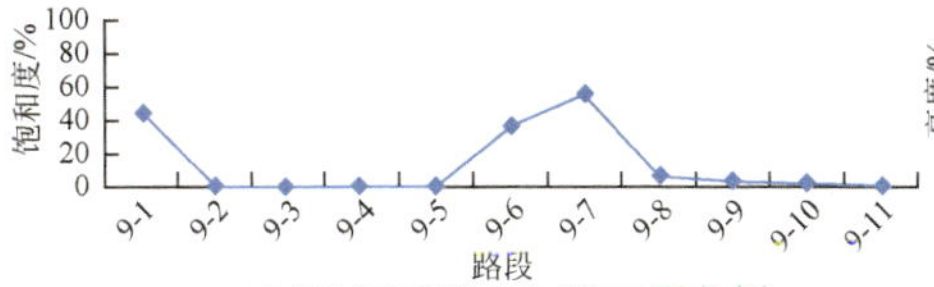

(e) 路段9建筑主色饱和度分析

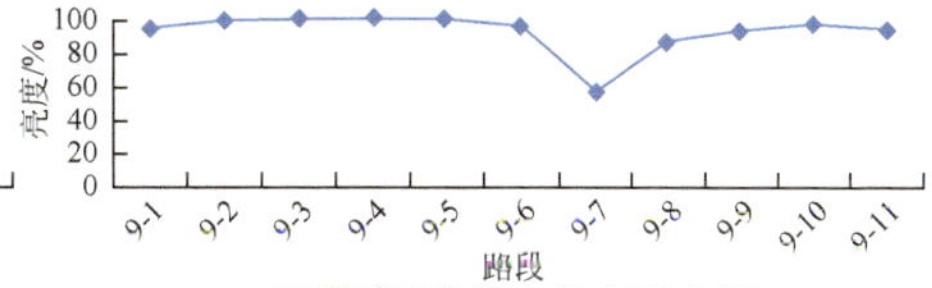

(f) 路段9建筑主色亮度分析

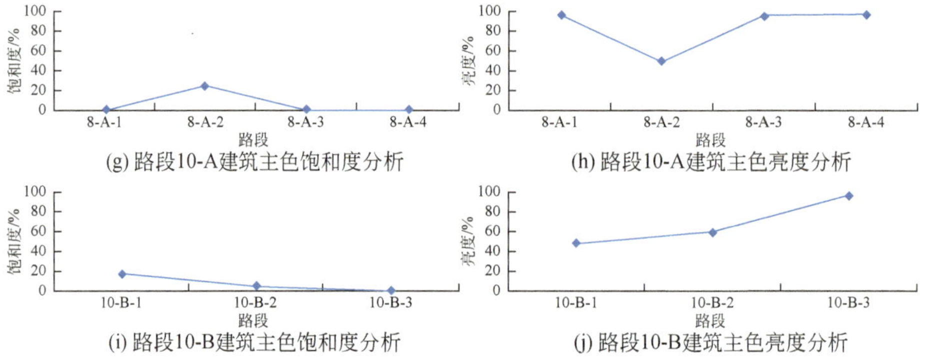

图 7-29　束河古镇建筑视觉色彩特征分析二

束河古镇的旅游发展仅次于大研古城，且处于上升期。与大研古城以四方街为中心向外扩散的旅游发展模式不同，束河古镇采取了依托老村开发新区的发展模式，在老村的东南部以新四方街为中心开发建设了大面积商业区，使得束河古镇空间格局呈现出新、老四方街的双中心结构，建筑视觉色彩也相应呈现出新、老四方街两个色彩中心的特征。

3. 白沙古镇建筑视觉色彩特征

如图 7-30 所示，研究对象选取以四方街为起点，向外扩散的 4 条主路，分析得出白沙古镇建筑视觉色彩具有以下特征。

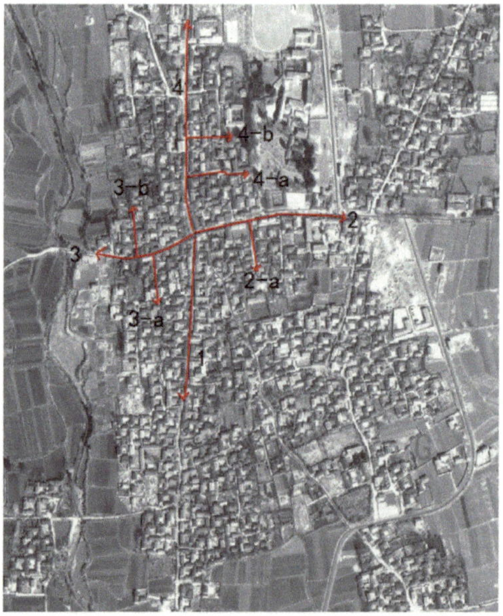

图 7-30　白沙古镇建筑视觉色彩调研路径

主路建筑视觉色彩由四方街向外的线性演变特征不明显。白沙古镇建筑视觉色彩特征与大研古城和束河古镇明显不同，并未呈现出明显的线性演变特征。由四方街向西延伸的路段 3，沿街建筑视觉色彩的饱和度和亮度并未呈现出明显的线性变化特征。同时，从主路与支路建筑视觉色彩的对比分析来看，靠近四方街一侧的 3-a 支路路段的建筑视觉色彩特征与主路相近，远离四方街的 3-b 支路路段的建筑视觉色彩特征与主路有明显差异。这是由于白沙古镇的旅游发展程度不如大研古城和束河古镇那么高，古镇功能仍然以居住生活为主，为旅游服务的购物店、餐馆、酒吧等商业设施较少，客栈也大多结合传统民居混合布置。因此，白沙古镇的建筑视觉色彩在总体上呈现出比较协调统一的特征，较好地保持了传统纳西族民居原有的色彩特点（图 7-31）。

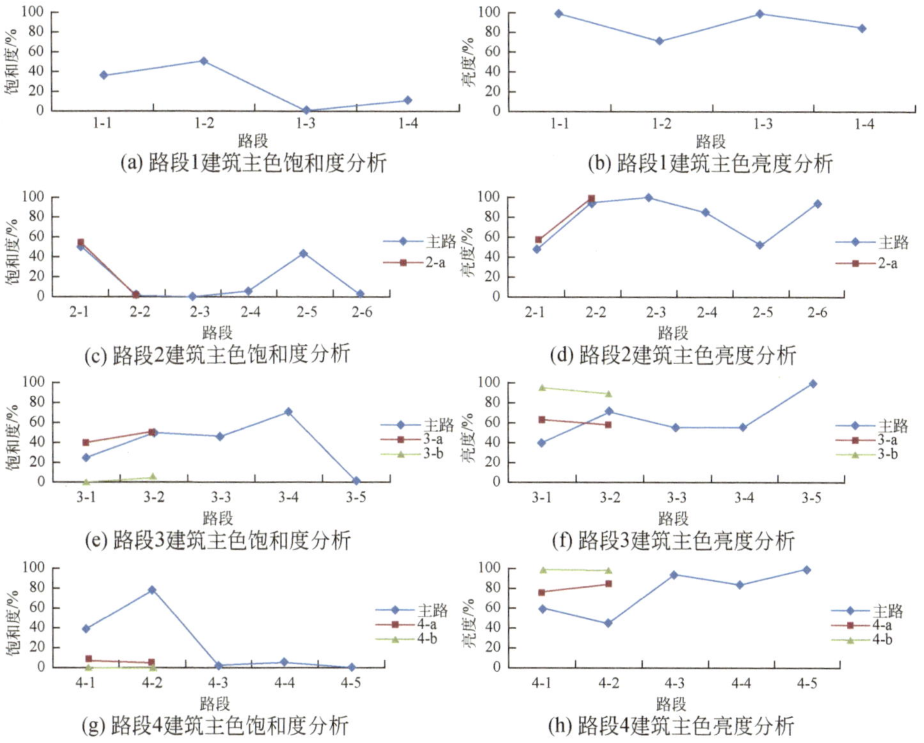

图 7-31　白沙古镇建筑视觉色彩特征分析

商业建筑集中路段的建筑视觉色彩具有线性演变特征。白沙古镇的商业建筑主要布置在四方街以北的南北向主路上（路段 4），因此这条道路与其他道路的沿街建筑视觉色彩特征不一样，呈现出以四方街为中心向北延伸饱和度呈降低趋势、亮度呈升高趋势的线性演变特征，且主路的建筑视觉色彩饱和度高于支路，而亮度低于支路。也就是说，白沙古镇路段 4 表现出与大研古城路段 3、4 相似的特征。这是由于白沙古镇路段 4 为古镇内商业建筑集聚的主要街道，越靠近四方街，商业建筑集聚程度越高；越远离四方街，商业建筑集聚程度越低，最后商业建筑被民居建筑所替代（图 7-31）。

白沙古镇尚处于旅游发展的起步阶段，以四方街为中心的十字街成为商业发展的重点。购物店、餐馆、客栈等集中布置于十字街西段和北段围合成的区域中，因此该区域建筑视觉色彩呈现出与大研古城相似的线性演变特征。

7.3.4 建筑外部装饰的符号化特征

建筑装饰是依附于建筑实体而存在的一种艺术表现形式。早期的建筑装饰主要是对建筑构件进行艺术化处理和加工，如中式建筑屋顶、梁枋、门窗等都十分典型。随着时间推移和技术进步，建筑装饰除了对建筑构件进行艺术化处理和加工外，另一种纯粹的、附加的装饰逐渐成为建筑装饰的主流，建筑装饰所蕴含的象征意义突显出来，建筑装饰在表现美观的同时，还反映民族、地域、宗教、伦理、习俗和心理等多样的文化内涵。

丽江古城传统纳西族民居非常注重建筑装饰，利用装饰的象征功能，将纳西族的宗教、文化艺术、风俗等内涵融入其中，使装饰成为纳西族传统文化的表征。另外，建筑装饰受到不同历史、地域和文化的影响，在造型与形式、题材与内容等方面呈现出丰富的表现形式和效果。总之，民居装饰是纳西族传统文化的重要体现方式之一。随着丽江古城的旅游发展，一方面，建筑装饰作为纳西族文化的象征，而被当作建筑景观的重要符号加以保护和传承，但对纳西族民居文化理解不透彻，往往导致保护和传承不到位；另一方面，传统纳西族民居装饰作为符号消费的对象，在外来文化、建筑技术和资本运作等因素的综合作用下，逐渐呈现出简化和异化的特征。下文将从屋顶、外墙、门窗及天井等建筑外部装饰的材料、形式等方面分析建筑外部装饰的符号化特征。

7.3.4.1 屋顶装饰特征

传统纳西族民居的屋顶简洁而富有韵味，一般为筒板瓦覆盖的悬山式屋顶，屋脊、檐口、屋面为“起山落脉”的曲线形式，瓦当和悬鱼是最能体现纳西族特色的细部装饰。在旅游挤出效应下，作为纳西族民居第五立面的屋顶是丽江古城建筑景观符号消费的重要对象，基本保持了青灰色筒板瓦覆盖的悬山式屋顶风貌，但屋顶装饰没有严格按照传统纳西族民居的做法进行设计和建造，在屋面材料、屋面形式、细部装饰等方面都呈现出简化和异化的趋势。

1. 屋面材料

在丽江古城内，无论是保留建筑还是新建建筑，屋面材料并没有太大变化，总体上仍然保持了青灰色筒板瓦覆盖屋顶的做法。但部分民居建筑在改造过程中，为满足消费活动需求在天井内加盖屋顶以营造半室内空间，玻璃、塑料、彩钢板等现代低成本屋面材料的应用，造成传统民居建筑第五立面材料混杂、风格混乱、缺乏秩序感（图 7-32）。

(a) 杂乱的屋顶形态　(b) 生硬的屋面

(c) 不考虑举折的屋面　(d) 起翘夸张的屋面　(e) 做法错误的悬鱼　(f) 装饰繁琐的檐口

图 7-32　屋顶装饰特征分析

2. 屋面形式

丽江古城内大量改造或新建建筑的屋面形式与传统纳西族民居大相径庭，“起山落脉”的经典样式被简化为完全不考虑举折的单调形式，屋面正脊平直没有“起山”，肩脊笔直没有“落脉”，甚至还出现了完全不考虑屋面坡度的做法。屋顶轮廓缺少高低起伏的变化，正房比厢房屋顶高的传统做法也被抛弃。同时，屋角大幅度起翘的夸张做法在古城中屡见不鲜，类似江南风格的繁复屋顶做法也混杂在古朴的纳西族民居中，最终造成了丽江古城建筑屋面形式的生硬乏味和任意杂糅（图 7-32）。

3. 细部装饰

瓦当和悬鱼是传统纳西族民居中最有特色的屋顶细部装饰，但在大量改造和新建的建筑中已较少采用这种传统的装饰要素，体量庞大的山墙面上生硬地加盖了屋顶，却未做任何装饰。有些建筑即使做了悬鱼，也只是对传统建筑的简单模仿，在做法上存在错误。有些建筑在屋檐下增加了许多烦琐的装饰，破坏了传统纳西族民居古朴、简洁的特征。这种屋顶细部装饰的消失或异化现象，是在符号消费的导向下，由于缺乏对传统纳西族民居文化的深刻理解，而出现的对传统民居建筑特色的简单化刻意模仿（图 7-32）。

7.3.4.2 外墙装饰特征

传统纳西族民居的外墙包括后檐墙和山墙两部分，都有“见尺收分”的做法。后檐墙采用“横三段手法”，山墙采用有柱无墙，有墙无柱，下墙上柱，半边有墙、半边有柱等做法。外墙表面只做抹灰粉白，有的不抹灰而保持墙体本身颜色。墙面不做任何装饰图案，有时会将暗八仙、金镶玉等图案嵌入石砌墙基中。传统纳西族民居作为商铺时，一般采用木质门板装饰外墙。在旅游挤出效应下，为满足旅游消费活动的需求，传统纳西族民居的外墙装饰特征在购物店、餐馆、酒吧、客栈等旅游商业设施中消失殆尽，外墙装饰中的传统符号被抽象和剥离。在满足新使用价值需求的前提下，外墙被肆意地改造为经营户和旅游者所理解的纳西族民居特色。

1. 墙面材料

随着时代变迁和技术进步，建筑材料也会推陈出新，以适应现代生活的需求。随着丽江古城的旅游发展，古城建筑在更新改造过程中也不乏新技术和新材料的应用。只不过这种改造不是为了满足原住居民的生活需求，而是为了满足游客的旅游消费活动需求。建筑空间本身成为旅游消费的对象，建筑墙面材料的更新也是为了服务于这种消费需求。例如，为了满足游客体验丽江古城安逸生活方式的消费需求，带有浓重现代气息的咖啡厅在古城中大量出现，许多经营者将建筑外墙改造成通透的大玻璃，以营造出晒太阳、观景、人看人的空间体验。此外，为了迎合旅游者对丽江古城传统建筑文化的体验要求，古城内出现了大量仿传统建筑。这些建筑由于缺乏对传统纳西族民居的理解和尊重，并没有采用传统的建筑材料和营建技法，而是根据功能需求以及投资人和设计者的个人喜好来进行建造，使得混凝土墙体表面画线、墙上彩绘、采用红砖砌墙等做法在古城内屡见不鲜（图 7-33）。

2. 墙面形式

与墙面材料的更新相比，丽江古城内仿传统建筑对墙面形式的肆意改造有过之而无不及。在旅游消费的驱使下，墙面形式作为建筑外观最直接的表达，被浓墨重彩地加以创新性改造，传统纳西族民居中“见尺收分”“横三段手法”等朴素自然的营造方式已荡然无存，取而代之的是令人眼花缭乱的各种繁复、杂糅做法。例如，传统商铺临街墙面的做法是一层采用木质门板，二层采用木质吊柱、栏杆等形式。而在旅游挤出效应下，丽江古城内商铺墙面装饰却体现出现代与传统杂糅的特点，烦琐的装饰、新旧建筑材料的混用等现象比比皆是。尤其是最能体现传统纳西族民居特色的山墙，被商家改造得面目全非，比例不协调、装饰过多、任意开窗等做法已经成为古城新建和改造建筑的通病。而这些肆意改造的墙面形式通过复制传播的方式被逐渐贴上了传统纳西族民居的标签，也逐渐成为旅游者习以为常的传统符号（图 7-33）。

(a) 玻璃墙面

(b) 画线墙面

(c) 墙面比例不协调

(d) 墙面生硬

(e) 红砖墙面

(f) 墙面装饰过多

图 7-33　外墙装饰特征分析

7.3.4.3　门窗装饰特征

丽江古城传统纳西族民居的门楼和门窗槅扇都极富特色，门楼形式主要有砖拱式、木过梁平拱式和木构架式三种，木质槅扇门上的木雕装饰有治家格言、鸟禽动物、四季花卉、琴棋书画、博古器皿等图案，木质窗槅扇有梅花窗、菊花窗、象眼窗、古钱窗、绣球窗、万字窗、冰裂窗等样式。门楼和门窗槅扇体现了传统纳西族民居建筑艺术的精华。在旅游挤出效应下，丽江古城内改造或新建建筑的门窗装饰与传统纳西族民居的做法大相径庭，从门窗材料到门窗样式都发生了较大变化，传统纳西族民居的门窗装饰艺术逐渐与现代建筑门窗装饰艺术糅合在一起，服务于旅游功能空间的营造，满足游客的特色消费与时尚消费需求。

1. 门窗材料

为了迎合购物店、餐馆、客栈、酒吧等新功能的消费需求，丽江古城内改造和新建的民居建筑往往采用一些现代材料来修建门窗，使得大玻璃门窗、铁制门窗、铝合金门窗等出现在古城内的商业建筑中。但由于门窗材料的改变会对传统纳西族民居的特色造成较大影响，使纳西族民居的符号价值大打折扣，因此丽江古城内改造和新建建筑一般会保持传统门窗材料基本不变的情况下，局部采用现代材料，形成传统与现代材料混合使用的状况（图 7-34）。

(a) 形态生硬、铁门　(b) 比例失调　(c) 现代门楼

(d) 拱形门窗　(e) 起翘夸张　(f) 装饰繁琐

图 7-34　门窗装饰特征分析

2. 门窗形式

与门窗材料的改变相比，门窗形式的变化更为普遍和剧烈。原本最能体现传统纳西族民居装饰艺术的门楼，要么被简化为生硬呆板的现代形式，要么融入其他风格变得装饰烦琐和形式夸张。本属于江南园林建筑的夸张起翘手法，也出现在古城建筑的门楼中。门窗槅扇虽然大部分保持了木质材料的特点，但传统纳西族民居中精美而富有文化内涵的木雕装饰图案和花窗槅扇样式等细木作已消失殆尽。门窗图案大为简化，玻璃在门窗槅扇中所占比例加大，甚至在大研古城酒吧街中出现了与纳西族民居格格不入的仿欧式拱形门窗（图 7-34）。

7.3.4.4　天井装饰特征

历经数百年的沉淀，传统纳西族民居形成了以天井为中心的合院式住宅形式。

天井是传统纳西族民居空间构成的核心，也是纳西人进行家庭公共活动的场所，纳西人在天井或晾晒谷物，或促膝谈心，或制作手工。同时，天井的铺地砌有四蝠闹寿、麒麟望月、鹭鸶踩莲、八仙过海等具有象征意义的图案，表达了纳西人对未来生活的美好祝愿。在旅游挤出效应下，随着传统纳西族民居的使用功能发生改变，天井的使用主体由纳西族居民变成了游客和经营者，天井不再是纳西人家庭公共活动的场所，而变成了游客喝茶、聊天的休闲场所。

1. 天井铺地材料

传统纳西族民居中天井的铺地一般采用块石、瓦片、卵石等简易材料拼出具有象征意义的图案，精美而不张扬。在旅游挤出效应下，为了适应不同功能建筑的使用要求，为了迎合不同旅游者的消费偏好，经营者按照个人意愿对天井进行改造，为游客提供独特的消费体验，如一心一菩提客栈营造的佛教氛围，小巴黎酒吧营造的西方古典氛围。白沙古镇的锦里客栈为了营造江南园林风格的天井，将铺地拆除，代之以木质地板和环状水系的庭院景观。总之，丽江古城内改造或新建建筑的天井铺地材料不再仅限于块石、瓦片、卵石等传统材料，粗糙的水泥地、精细的木地板、时尚的玻璃板等都成为天井铺地材料，铺地的装饰图案也不再仅限于传统文化符号（图 7-35）。

(a) 天井加盖建筑　(b) 铺地被遮挡　(c) 天井加建水池　(d) 江南风格园林

图 7-35　天井装饰特征分析

2. 天井布局方式

传统纳西族民居中以硬质铺地配以植物点缀的天井布局方式，是纳西族遵循自然、崇尚朴素的传统文化的反映，也是纳西族家庭公共活动的需求。旅游功能的注入使得传统纳西族民居的天井被赋予新的使用价值和消费需求，消费文化主导下的天井成为经营者满足游客物质与精神消费需求的工具。一方面，天井的空间优势使其成为游客的公共活动与休闲场所，为了满足这种消费需求，不少客栈类建筑的天井布局都着重于使用功能的更新。如图 7-35（b）所示，花间堂高级私人客栈的天井中布置了巨大的长桌，并设置了遮阳伞，打破了传统纳西族民居的天井布局方式，遮挡了原有院落的硬质铺地，传统纳西族居民的公共活动和精神空间转变成了游客的休闲活动和体验空间。如图 7-35（c）所示，束河古镇古道边餐厅的天井生硬地加建了一片形状不规则的水池，使得传统纳西族民居天井布局中的向心性构图方式被打破。另一方面，丽江古城内改造和新建建筑的天井布局差异性十分明显。江南风格、欧式风格、宗教文化等多元设计主题被植入传统纳西族民居的天井布局中，天井空间演变为满足游客体验消费需求的商品，天井的布局方式就是这种消费需求的符号表现。如图 7-35（d）所示，束河古镇的彼岸花酒吧后院，由曲折石板路、灵动溪水、木质小桥等要素构成的江南园林布局方式，被生硬地移植到传统纳西族民居院落中。

7.3.5 建筑景观要素符号化特征总结

1. 建筑内部空间的多样化重构

在旅游挤出效应下，丽江古城传统纳西族民居的使用价值发生改变，建筑景观作为使用价值的物质空间载体，必然随之改变以适应购物店、餐馆、酒吧、客栈等新使用价值的需求。餐馆类建筑的大尺度就餐空间需求、酒吧类建筑的时尚休闲娱乐空间需求、客栈类建筑的现代住宿空间需求、半居住类建筑的居住与商业混合空间需求，使得丽江古城建筑内部空间为满足各种使用需求而被多样化地重构。新使用价值下的空间重组（餐馆类建筑），体验消费与时尚消费下的空间创新（酒吧类建筑），体验消费下的空间异化（客栈类建筑），新、老使用价值混合下的空间拼贴（半居住类建筑），都使得传统纳西族民居中正房、厢房、辅助用房的基本功能格局被打破，房间之间的隔墙被拆除，正房与厢房的主次地位被破坏。传统纳西族民居中原有的以家庭为核心的长幼、尊卑有序的内部空间组织彻底丧失，取而代之的是新使用价值下多样、无序、松散的内部空间组织。

2. 建筑立面色彩的功能化分异

在旅游挤出效应下，由于建筑功能发生改变，建筑立面色彩也呈现出不同的特征。丽江古城商业建筑（购物店、餐馆、酒吧）饰面色彩的主色为红、黄（木质）色系，尤其以红色系居多，辅色是红色系与青灰色系，点缀色常选取亮度或饱和度与主色反差较大的色彩。商业建筑主色集中在中高饱和度、高亮度的红色系区域，是借助红色对人的心理影响来刺激游客的视觉消费，吸引游客驻足停留；客栈建筑饰面色彩呈现出沉稳柔和的特征，主色是低饱和度的浅色系，辅色与点缀色的色彩稍重，搭配主色烘托出沉稳柔和的视觉效果，营造出舒适安逸的客栈氛围，有助于满足游客对古城悠闲生活方式的体验需求；民居建筑的饰面色彩具有古朴自然的特征，与商业建筑和客栈建筑的饰面色彩大相径庭，反映了民居建筑本身所承载的传统文化，也满足了游客对于原生民居空间的体验消费需求。

丽江古城建筑立面色彩的这种功能化分异特征还反映在了古城空间上，使得大研古城、束河古镇和白沙古镇的沿街建筑立面视觉色彩呈现出不一样的特征。大研古城以四方街为中心逐步向外，呈现出建筑视觉色彩的饱和度趋向降低、亮度趋向升高的线性变化特征，这是因为大研古城旅游开发采取了保持和延续古镇原有空间格局的小规模更新模式，使得以四方街为中心逐步向外，表现出由商业建筑向客栈建筑和民居建筑过渡的建筑功能分布特点；束河古镇则采取了依托老村开发新区的发展模式，在老村的东南部以新四方街为中心开发建设了大面积商业区，建筑视觉色彩呈现出新、老四方街两个色彩中心的特征；白沙古镇内十字街西段和北段的商业发展较为成熟，购物店、餐馆、客栈等集中布置于十字街西段和北段围合成的区域中，因此白沙古镇与大研古城一样，建筑视觉色彩也呈现出以四方街为中心的线性演变特征。

3. 建筑外部装饰的简化与杂糅

在旅游挤出效应下，丽江古城空间成为旅游商品，古城内的建筑景观成为旅游消费对象。旅游者来到丽江古城，除了消费建筑景观的使用价值以外，更重要的是消费建筑景观的符号价值。特色消费、体验消费、时尚消费、视觉消费成为丽江古城建筑景观符号消费的主要内容，而建筑外部装饰成为满足这些消费需求最直接的表达。为迎合当代消费文化潮流和旅游者消费需求，丽江古城建筑外部装饰被不断改造与创新，形成了现代与古老、时尚与传统、全球化与地方化相互杂糅的建筑外部装饰特征。

一方面，丽江古城传统纳西族民居是古城旅游的核心吸引物，必须保护和传承纳西族民居的基本特色。青灰色筒板瓦覆盖的悬山式屋顶、悬鱼和瓦当装饰、“石基+土墙+木柱”的外墙、木质雕花的门窗槅扇、造型精美的门楼、“块石+瓦片+卵石”的图案化铺地等都是丽江古城建筑外部装饰的特色符号。这些符号成为旅游者感受独具丽江魅力的建筑景观的重要载体，满足了旅游者的消费需求。然而，古城内大量建筑在改造和新建过程中，受到建筑成本、建筑技术和对传统建筑文化的理解程度等因素影响，已经逐渐丧失原有建筑外部装饰的细腻与精美，变得粗糙而简化。

另一方面，随着丽江古城的旅游发展，古城民居的使用主体由原住居民变成了经营户和旅游者，使用价值由居住生活变成了购物店、餐馆、酒吧、客栈等。因此，丽江古城建筑外部装饰必须要迎合新使用主体的偏好，适应新使用价值的要求。受消费文化潮流的影响，丽江古城传统纳西族民居的建筑外部装饰融入了各种时尚与西化的元素，逐渐发生异化和杂糅。建筑的屋顶、外墙、门窗、天井等外部装饰，只保留了与传统纳西族民居基本相似的特点，不再严格按照传统纳西族民居的建筑材料和营造方式来进行建设。临街商铺立面装饰烦琐；店铺门口挂起了大红灯笼；酒吧被装饰得富丽堂皇、风格各异；客栈的天井被营造为游客休闲娱乐的场所；建筑外墙采用大面积玻璃，改变了传统纳西族民居的封闭感和厚重感……所有这些改变因迎合了旅游者的时尚消费和体验消费等需求，在潜移默化中成为丽江古城建筑外部装饰的新特色符号，并被旅游者广泛接受。旅游者徜徉于新、旧特色符号拼贴成的建筑景观之中，享受着古城悠闲自在的生活方式和时尚潮流的小资情调，以达成个性化的情感体验和自我实现。

第 8 章　丽江古城文化景观生产的作用机理

文化景观生产就是将所有的景观要素纳入资本生产的逻辑中，在各种权力阶层和利益相关主体的参与下，通过构建复杂的社会关系来生产文化景观产品的过程。本章将针对文化景观生产的这一特性，从文化景观生产的约束力与驱动力、主体与行为对丽江古城文化景观生产的作用机理进行深入研究，在此基础上提炼出遗产地文化景观生产的一般运作逻辑。

8.1　文化景观生产的约束力与驱动力

丽江古城既是历史文化名城和世界文化遗产，也是著名旅游目的地。丽江古城的文化景观生产同时受到文化保护约束力和资本增殖驱动力的作用。

8.1.1　文化保护约束力

作为世界遗产地，丽江古城的首要任务是文化保护，古城文化景观的开发、设计、使用和改造必须服从于文化遗产保护的要求，受到文化保护相关法律、规划和管理的约束。

8.1.1.1　法律约束

法律是约束文化景观生产过程的重要依据，影响丽江古城文化景观生产的相关法律包括国际公约、国家法律、行政法规和地方性法规（表 8-1）。这些法律对丽江古城文化景观生产的作用主要体现在：明确了丽江古城保护管理主体及其职责，制定了严格的丽江古城保护措施。

表 8-1　影响丽江古城文化景观生产的主要相关法律

法律名称	主要内容及作用
《保护世界文化和自然遗产公约》（1972 年）	界定了文化和自然遗产的定义，确定了国家保护和国际保护的职责和内容，建立了保护世界文化和自然遗产政府间委员会，设立了世界遗产基金等，从而在国际层面构建了保护世界文化和自然遗产的机制，为遗产保护提供了资金支持和制度保障

续表

法律名称	主要内容及作用
《世界文化遗产保护管理办法》(2006 年)	明确了国家文物局和地方政府的保护管理职责，以及公民、法人和其他组织的保护义务，对保护规划的编制、不可移动文物和文物保护单位的管理、参观游览和文化旅游的开展、遗产保护的监测巡视等做出了规定
《中华人民共和国文物保护法》(2017 年修正本)	明确了受国家保护和属于国家所有的文物范畴，提出了文物保护利用的具体要求，明确了文物保护的资金支持，强调了不可移动文物、考古发掘、民间收藏文物、文物出境入境的相关要求，在国家层面为文物保护和利用提供了法律依据
《历史文化名城名镇名村保护条例》(2008 年)	对历史文化名城、名镇、名村的申报与批准、保护规划、保护措施、法律责任等内容做出了详细规定，在国家层面为历史文化名城、名镇、名村的保护提供了法律依据
《云南省历史文化名城名镇名村名街保护条例》(2008 年)	对历史文化名城、名镇、名村、名街的确定与撤销、保护规划、保护措施、建设项目管理、法律责任等内容做出了详细规定，在云南省层面为历史文化名城、名镇、名村、名街的保护提供了法律依据
《云南省丽江古城保护条例》(2006 年)	对古城保护管理机构、古城维护费、古城保护措施等内容做出了详细规定，在云南省层面为丽江古城保护管理提供了法律依据
《云南省纳西族东巴文化保护条例》(2006 年)	对东巴文化内涵、保护机构、保护经费、东巴文化产业发展等内容做出了详细规定，在云南省层面为纳西族东巴文化保护提供了法律依据

1. 明确了丽江古城保护管理主体及其职责

在法律层面对丽江古城保护管理主体及其职责的认定，就是明确了丽江古城文化景观生产过程中发挥文化保护作用的权力核心。上述法律分别从国际、国家、地方的不同层级确定了丽江古城保护管理主体及其职责。

《保护世界文化和自然遗产公约》(1972 年)第四条规定："本公约缔约国均承认，保证第 1 条和第 2 条中提及的、本国领土内的文化和自然遗产的确定、保护、保存、展出和遗传后代，主要是有关国家的责任。该国将为此目的竭尽全力，最大限度地利用本国资源，必要时利用所能获得的国际援助和合作，特别是财政、艺术、科学及技术方面的援助和合作。"

《世界文化遗产保护管理办法》(2006 年)第四条规定："国家文物局主管全国世界文化遗产工作，协调、解决世界文化遗产保护和管理中的重大问题，监督、检查世界文化遗产所在地的世界文化遗产工作。县级以上地方人民政府及其文物主管部门依照本办法的规定，制定管理制度，落实工作措施，负责本行政区域内的世界文化遗产工作。"

《中华人民共和国文物保护法》(2017 年修正本)第十四条规定："保存文物特别丰富并且具有重大历史价值或者革命纪念意义的城市，由国务院核定公布为历史文化名城。保存文物特别丰富并且具有重大历史价值或者革命纪念意义的城镇、街道、村庄，由省、自治区、直辖市人民政府核定公布为历史文化街区、村镇，并报国务院备案。历史文化名城和历史文化街区、村镇所在地的县级以上地方人民政府应当组织编制专门的历史文化名城和历史文化街区、村镇保护规划，并纳入城市总体规划。历史文化名城和历史文化街区、村镇的保护办法，由国务院制定。”

《历史文化名城名镇名村保护条例》（2008 年）第五条规定：“国务院建设主管部门会同国务院文物主管部门负责全国历史文化名城、名镇、名村的保护和监督管理工作。地方各级人民政府负责本行政区域历史文化名城、名镇、名村的保护和监督管理工作。”第十七条规定：“保护规划由省、自治区、直辖市人民政府审批。保护规划的组织编制机关应当将经依法批准的历史文化名城保护规划和中国历史文化名镇、名村保护规划，报国务院建设主管部门和国务院文物主管部门备案。”

《云南省历史文化名城名镇名村名街保护条例》（2008 年）第五条规定：“县级以上人民政府应当加强对历史文化名城、名镇、名村、名街保护工作的领导，将其纳入国民经济和社会发展规划，组织编制、实施历史文化名城、名镇、名村、名街保护规划和保护详细规划。”第六条规定：“县级以上人民政府规划（建设）行政主管部门会同同级文物行政主管部门负责历史文化名城、名镇、名村、名街的申报和保护工作。发展和改革、国土资源、环境保护、民族宗教、旅游等行政主管部门按照各自的职责，做好保护工作。”

《云南省丽江古城保护条例》（2006 年）第六条规定：丽江市人民政府设立丽江古城保护管理机构，负责丽江古城保护管理工作，其主要职责包括：①宣传、贯彻有关法律、法规。②具体实施丽江古城保护规划。③组织或者协助有关机构调查、收集、整理、研究丽江古城民族传统文化。④修建和完善丽江古城基础设施和公共设施。⑤依法征收丽江古城维护费和管理、使用丽江古城保护经费。⑥组织开展丽江古城保护方面的宣传、教育、培训、学术研究和对外交流。⑦依法集中行使丽江古城保护管理的部分行政处罚权。丽江古城保护管理机构集中行使部分行政处罚权的实施方案由丽江市人民政府拟定，报省人民政府批准。丽江市及其所属古城区、玉龙纳西族自治县人民政府有关行政主管部门按照各自职责，做好丽江古城的保护工作。

《云南省纳西族东巴文化保护条例》（2006 年）第五条规定：丽江市和有关县（市、区）人民政府文化行政部门是纳西族东巴文化保护工作的主管部门，其职责包括：①宣传、贯彻有关法律、法规和本条例。②制定纳西族东巴文化的保护、开发规划和措施，并组织实施。③组织对纳西族东巴文化资源进行调查、收集、整理。④监督、规范纳西族东巴文化产品的开发利用和市场经营。⑤支持纳西族东巴文化的开发利用工作，发展纳西族东巴文化产业。⑥配合有关部门做好纳西族东巴文字规范化、标准化的有关工作。⑦查处违反本条例的行为。

2. 制定了严格的丽江古城保护措施

在法律层面制定的丽江古城保护措施，是对丽江古城文化景观生产强有力的指导和控制。涉及丽江古城保护措施的国际公约和宪章主要包括《实施〈保护世界文化与自然遗产公约〉的操作指南》《威尼斯宪章》《内罗毕建议》《马丘比丘宪章》《华盛顿宪章》等，具体内容不再赘述。国家和地方制定的丽江古城保护措施主要体现在以下法律条文中。

《历史文化名城名镇名村保护条例》第二十一条至第三十六条，从整体保护、建设活动、禁止活动、核心保护范围和建设控制地带内的保护与控制要求等方面做出了详细规定。其中，第二十一条规定："历史文化名城、名镇、名村应当整体保护，保持传统格局、历史风貌和空间尺度，不得改变与其相互依存的自然景观和环境。"第二十二条规定："历史文化名城、名镇、名村所在地县级以上地方人民政府应当根据当地经济社会发展水平，按照保护规划，控制历史文化名城、名镇、名村的人口数量，改善历史文化名城、名镇、名村的基础设施、公共服务设施和居住环境。"第二十三条规定："在历史文化名城、名镇、名村保护范围内从事建设活动，应当符合保护规划的要求，不得损害历史文化遗产的真实性和完整性，不得对其传统格局和历史风貌构成破坏性影响。"

《云南省历史文化名城名镇名村名街保护条例》第四章第二十一条至第二十九条从设置保护标志、标明保护范围、建立档案、修缮和改建活动、拆除活动、禁止活动、改变使用性质等方面做出了详细规定。其中，第二十四条规定："对确定保护的建筑物、构筑物或者其他设施，使用人有保持原样和安全的义务，在修缮和改建时不得影响其传统格局和历史风貌，其设计方案应当征得所在地规划（建设）行政主管部门的同意，涉及文物保护单位的，还应当征得所在地文物行政主管部门的同意。"第二十五条规定："在国家级历史文化名城、名镇、名村保护范围内，拆除确定保护的建筑物、构筑物或者其他设施的，应当由州（市）规划（建设）行政主管部门审核后，报省建设行政主管部门审批，并报国务院建设行政主管部门备案后，依法办理相关手续。在省级历史文化名城、名镇、名村、名街保护范围内，拆除确定保护的建筑物、构筑物或者其他设施的，应当由县级人民政府规划（建设）行政主管部门审核，报州（市）规划（建设）行政主管部门审批，并报省建设行政主管部门备案后，依法办理相关手续。"第二十六条规定："确定保护的建筑物、构筑物或者其他设施一般不得改变使用性质，确需改变使用性质的，产权人应当向产权所在地县级人民政府规划（建设）行政主管部门提出申请，由县级人民政府规划（建设）行政主管部门提出初审意见，经州（市）规划（建设）行政主管部门批准；进行产权转让的，应当依法办理相关手续，并自转让后

15日内报所在地县级人民政府规划（建设）行政主管部门备案。”

《云南省丽江古城保护条例》（2006年）第十条规定：“丽江古城的修建活动应当按照保护规划进行，保持原有的总体布局、形式、风格、风貌。对丽江古城实行分区保护，保护范围划分为保护区、建设控制缓冲区和环境协调区。保护区、建设控制缓冲区和环境协调区的具体范围由丽江市人民政府在编制丽江古城保护规划时确定并予以公布。保护区内的历史建筑禁止拆除，进行房屋、设施整修和功能配置调整时，外观必须保持原状；建设控制缓冲区内不得建设风貌与古城功能、性质无直接关系的设施，确需改建、新建的建筑物，其性质、体量、高度、色彩及形式应当与相邻部位的风貌相一致；环境协调区内不得进行与古城环境不相协调的建设。”第十二条规定：“未经丽江古城保护管理机构批准，丽江古城内的建（构）筑物不得擅自修缮、改造。丽江古城内的街、巷、门应当按照历史状况及功能原样进行维护、修缮。对影响丽江古城市容市貌和行人安全的残墙断壁、危险建筑物，丽江古城保护管理机构应当组织鉴定并按照鉴定结果要求所有权人予以整修，所有权人整修确有困难的，按照有关规定给予补助。禁止在丽江古城安装太阳能、遮光篷、遮雨篷等影响丽江古城风貌的设施。”

8.1.1.2 规划约束

城乡规划是指导和控制城乡发展的有效手段，城乡规划经法律程序的审批后具有法律效力。近年来，丽江市制定了包括城市总体规划、名城保护规划等在内的一系列相关规划，对丽江古城文化景观生产具有重要的指导作用。

1. 建立健全了城乡规划制度体系

丽江市经过多年的城乡规划实践工作，依照《中华人民共和国城乡规划法》建立健全了包括行政审查、技术咨询、社会参与、行政许可程序等制度，逐步形成了完善的城乡规划制度体系，制定了《丽江城市规划建设管理八条规定》（2005年）、《丽江市城市规划技术管理规定（试行）》（2013年）、《丽江市人民政府关于进一步规范城乡规划区用地规划管理的通知》（2007年）、《丽江市建设项目规划定点验线复线管理暂行规定》（2008年）、《丽江市城市建设管理办法》（2014年）、《丽江市规划局城乡规划行政许可告知书》（2018年）等。

2. 编制了一系列丽江古城相关规划

近年来，丽江市编制了大量与丽江古城相关的规划，主要包括：《丽江市城市总体规划（2010—2030）》、《世界文化遗产丽江古城保护规划》（2012年）、《世界文化遗产丽江古城传统商业文化保护管理专项规划》（2008年）、《丽江束河茶马古镇保护与发展修建性详细规划》（2003年）、《丽江市玉龙县白沙镇总体规划（2010—2030）》、《丽江古城东郊环境整治控制性详规》（2004年）、《丽江古城狮子山片区环境整治规划》(2007 年)、《丽江市大研旅游型特色小镇总体规划(2012—2030)》、《丽江古城外东郊环境整治二期工程规划》(2007 年)、《丽江市金虹山环境整治控制性详细规划》(2007 年)等。下面就其中几项规划的主要内容进行概述。

(1)《世界文化遗产丽江古城保护规划》(2012 年)确定丽江古城遗产地保护内容为：保护丽江古城和周边村镇，以及众多山脉(玉龙雪山、象山、文笔山、狮子山等大小山脉)，湖泊(拉市海、文笔海、清溪水库、中济海等)，田野坝子为主体构成的生态系统及其表现出的自然环境特征；保护丽江大研古城、白沙古镇、束河古镇及其他村镇以群山为背景、以街巷水系为骨架、以集市广场及统治机构为核心、以各处公共建筑与寺庙楼阁为点缀的空间格局，城内为网状、城外呈发散的道路结构，和围绕商业店面形成的传统民居群体聚落、特色民居所共同反映的人工环境特征；保护丽江古城千百年来纳西族及其他民族居民的社会生活、风俗习惯、生活情趣、文化传统、工艺美术、民族特色等方面所反应的人文环境特征。

(2)《世界文化遗产丽江古城传统商业文化保护管理专项规划》(2008 年)针对丽江大研古城 3.8km^2 范围，划定了商业中心区、商业次热区、商业过渡区和商业补充区。商业中心区和商业次热区保持传统商业文化氛围，主要经营以地方特色的民族文化产品为主。部分街区实行相对归行划市，集中展示传统民族文化，局部恢复大研古城传统商业文化景象。商业过渡区的经营项目以旅游服务为主，其中南门区以旅游住宿、餐饮和酒吧服务为主，玉河走廊可适当设置休闲酒吧或文化主题吧，以缓解商业中心区和商业次热区的酒吧发展压力。商业补充区为大研古城保护范围以外的周边地带，作为大研古城旅游服务的补充区域，主要为旅游者提供大型的购物、餐饮、娱乐等现代商业服务项目，对缓解古城商业中心区旅游压力起到补充作用。

同时，规划提出了总量控制、内容控制和格局控制要求。

总量控制：商业中心区实行商业店铺总量控制，不再新增店铺，对现有店铺规模、数量逐步压缩。商业中心区餐饮店只减不增，以经营传统民族文化和为居民提供生活服务的项目为主。商业次热区实行控制性布局并调整商业网点，以经营传统民族文化和为居民提供生活服务的项目为主，可部分经营旅游服务项目。商业过渡区以旅游服务为主(不含按摩店、美容美发店、歌舞厅、网吧等)，以分流商业中心区的商业和旅游容量压力为主要目的。

内容控制：大研古城内所有区域经营商品需实行严格审批制度，每个店铺审批的经营项目不超过两个。各商业街区的主经营项目应与商业布局一致，主经营项目必须达到街区总店面的 70%；次经营项目应与主经营项目相协调。古城禁止经营现代服装、音像制品、珠宝玉器、歌舞厅、网吧、桑拿按摩等行业。涉及食品外卖类别的经营项目，商业中心区应按照各街道总店面的1%以内审批，商业次热区应按照各街道总店面的2%以内审批，商业过渡区逐步调整该类项目的经营。

格局控制：古城内所有店铺样式、格局、装饰、柜台、货物摆放、招牌等需按照规划中“传统商业店铺样式、格局及管理技术支持”的内容要求设置。

（3）《丽江市玉龙县白沙镇总体规划（2010—2030）》将白沙镇城镇性质确定为：世界文化遗产地丽江古城的重要组成部分，纳西文化发展的腹地，以发展乡村生态、文化旅游为主的丽江田园风光及文化展示小镇。镇区规划控制范围为北至新善村、南至西文村、西至岩脚村、东至玉甘路，规划控制范围约4km^2。镇区总人口2009年为4999人，2030年预测为10570人。镇区建设用地规模2009年为83.79hm^2，2030年规划为134.86hm^2。建设用地发展方向为：近期主要通过镇政府搬迁带动东面新区发展，远期继续向东面及青龙河以西发展。

（4）《丽江市大研旅游型特色小镇总体规划（2012—2030）》中，大研古城常住人口2011年为24349人，2030年预测为40000人。建设用地规模2011年为284.82hm^2，2030年规划为335.15hm^2。建设用地发展方向主要选择适当向东部区域发展，南北严格控制，限制往西侧发展。加强对大研古城内部用地的整理、保护与更新，并对规划区内的三类居住用地进行整合、改造提升。

将大研古城规划为“一心三带四片多廊”的特色结构分区：“一心”指依托大研古城形成的重点展示区域，重点突出并展示文物古迹、山水田园风光、民俗文化优势；“三带”指沿东河、中河、西河控制两侧绿化带及步行空间，形成三条富有特色的滨水景观带；“四片”包括历史文化风貌区、人文景观风貌区、自然山林景观风貌区以及文化生活风貌区；“多廊”是指规划控制多条视线通廊以及空间廊道，将廊道控制范围内阻碍视线廊道的高层建筑逐步拆除，形成多条独具特色的景观廊道。

8.1.1.3　管理约束

丽江古城保护管理机制对丽江古城文化景观生产发挥着重要的控制作用。经过多年的努力，政府通过逐步建立保护管理机构、系统制定保护管理文件、严格控制保护管理程序等，对丽江古城实施有效的保护管理。

1. 逐步建立古城保护管理机构

1998年，丽江县政府设立丽江纳西族自治县大研古城管理所，作为大研镇镇政府保护管理古城的直属机构。2000年6月，丽江县政府成立了丽江古城保护管理委员会，由分管城建工作的副县长担任委员会主任，14个县直部门负责人、11个本地学者、7个居民代表担任委员。2002年2月，丽江县政府在丽江古城保护管理委员会的基础上成立了由丽江地区和丽江县的主要领导及有关部门、专家学者及古城居民代表组成的世界文化遗产丽江古城保护管理委员会，并在其下设立了管理委员会办公室和丽江古城管理有限责任公司。

2005 年 10 月，丽江市人民政府成立了世界文化遗产丽江古城保护管理局（即原管理委员会办公室），古城管理机构由原来的议事协调机构转变为丽江市人民政府的工作部门。2008 年，丽江市人民政府重新划分遗产地保护职能，世界文化遗产丽江古城保护管理局（以下简称丽江古城管理局）和古城区政府共同执行古城的保护管理工作。整个保护管理体系庞大，机构逐级设置，层次较多，职能涉及建筑、工程、环境、资金、文化、便民服务、监督执法等多个方面。2019 年，丽江市委市政府出台《世界文化遗产丽江古城保护管理局职能配置、内设机构和人员编制规定》，进一步理顺了丽江古城的保护管理机制。

丽江古城管理局是丽江市人民政府对丽江古城依法行使保护与管理的职能部门。2019 年丽江古城管理局机构改革后，设办公室、财务室、市场经营准入管理科、保护建设科、监督检查科、文化保护管理科、景区管理科、综合指挥办公室，以及丽江文化研究会、纳西文化研究会办公室，机关党委（人事科）和综合行政执法局。为了实现跨行政区域的协同管理，丽江古城管理局党组书记由古城区委书记担任，党组副书记由古城区人民政府区长担任，玉龙县人民政府常务副县长兼任丽江古城管理局副局长。

丽江古城管理局的主要职责是：负责世界文化遗产丽江古城的保护管理工作；拟订丽江古城保护管理的相关规定和办法，编制有关保护管理规划及其他专项规划，并组织实施；负责宣传、贯彻落实《保护世界文化与自然遗产公约》《云南省丽江古城保护条例》和《世界文化遗产保护管理办法》等有关世界文化遗产保护的公约、法律、法规和规章；负责审查丽江古城保护性基础设施建设和环境整治项目，并督促实施；负责与国内外世界文化遗产管理部门的汇报、沟通、联络和信息传递，做好丽江古城保护管理的学术研究和对外交流工作；负责组织和协助有关机构调查、收集、整理、研究丽江古城传统文化，依法保护、传承和弘扬民族民间传统文化；依法征收、管理和使用丽江古城维护费；负责丽江古城 5A 级景区的建设和旅游服务管理工作，建立健全旅游服务体系和事故应急处理体系；编制丽江古城商业规划，加强古城市场准入监管，按照《丽江古城内经营项目目录清单》，严格实施“世界文化遗产丽江古城经营项目准入”标识管理，合理审批古城商业业态；经省人民政府批准、市人民政府授权，依法集中行使有关丽江古城保护管理的部分行政处罚权和行政许可；负责丽江古城景区品牌建设工作；负责大研古城景观用水的调配工作；协调督促市、县（区）相关职能部门做好世界文化遗产丽江古城保护管理的其他工作；完成市委、市政府交办的其他任务。

有关职责分工：①丽江古城管理局在对外开展综合行政执法工作时，可以使用综合行政执法局的名义和印章。②丽江古城管理局负责丽江古城的保护、管理，以及古城 5A 级景区管理的统筹、规划、协调、服务等工作，古城区政府、玉龙县政府负责遗产地和景区范围内的教育、文化、卫生计生、民政、就业、社保、食品安全、社会治安、综治维稳、消防安全等社会管理职责。③丽江古城管理有限责任公司负责涉及丽江古城保护管理和古城 5A 级景区管理的招商引资、建设维护和运营工作。④按照“属地管理、权责下放”的原则，大研古城和束河古镇范围内的市场监管行政执法职责由古城区政府具体承担，白沙古镇市场监管行政执法职责由玉龙县政府具体承担，丽江古城管理局配合。⑤丽江古城管理局的部分执法权委托古城区政府相关机构执行，委托执法事项的原救济渠道不变，由古城区政府相关机构在大研古城和束河古镇集中开展交通管理、城市建设和规划管理、环境保护、市场监督、违法用地和违法建筑管理、城市河道管理等方面的城市管理行政执法；非委托执法事项由市级相关主管部门安排专职执法队伍，与古城区相关执法机构协同办公、联动执法，确保实现“执法范围全覆盖、监管领域无死角”的目标。⑥根据《云南省人民政府关于调整世界文化遗产丽江古城保护管理局综合行政执法事项工作方案的批复》（2016 年）精神，经市人民政府授权，在丽江古城保护管理区域内有效开展综合行政执法工作，相对集中行使涉及城乡规划、环境保护、城市绿化、工商行政管理、历史文化名城名镇名村保护等方面的行政处罚权；古城区人民政府、玉龙县人民政府及市自然资源和规划局、市文化和旅游局、市生态环境局、市公安局、市市场监督管理局、市住房和城乡建设局、市水务局、市林业和草原局等部门在履行丽江古城保护管理相应职责的同时，要配合做好世界文化遗产丽江古城保护管理综合行政执法的相关工作。

2. 系统制定丽江古城保护管理办法和文件

云南省、丽江市人民政府颁布的丽江古城保护管理办法和文件主要有：《丽江纳西族自治县古城消防安全管理暂行办法》（1995 年）、《大研古城区消防安全管理办法》（2000 年）、《关于进一步加强古城内房屋及经营活动管理的通告》（2000 年）、《关于在丽江古城实行〈云南省风景名胜区准营证〉制度的通知》（2003 年）、《丽江市丽江古城维护费征收暂行办法》（2007 年）、《丽江市人民政府办公室关于在世界文化遗产丽江古城实行经营项目准入标识制度的通知》（2016 年）、《丽江大研古城市场经营项目准入退出管理暂行办法》（2019 年）。丽江古城管理局颁布的丽江古城保护管理办法和文件主要有：《丽江古城传统民居保护维修手册》《丽江古城环境风貌保护整治手册》。现将主要的管理办法和文件概述如下。

（1）丽江市人民政府公告第 8 号公布《丽江市丽江古城维护费征收暂行办法》（以下简称古维费征收办法），自 2007 年 7 月 1 日起施行。

关于丽江古城维护费的界定，古维费征收办法第二条规定："本办法所称的丽江古城维护费是指根据《云南省丽江古城保护条例》，经云南省发展和改革委员会、省财政厅批准，向到丽江市古城区、玉龙纳西族自治县境内旅游及从事其他活动的人员收取，专项用于世界文化遗产丽江古城保护的费用。"

关于征收标准，古维费征收办法第四条规定：丽江古城维护费的征收标准为每人次 80 元。

关于丽江古城维护费的管理使用原则，古维费征收办法第十二条规定："丽江古城维护费属行政事业性收费，其收入全额缴入地方财政专户，实行综合财政预算管理，专项用于世界文化遗产丽江古城的保护，不得挪作他用。"

（2）《关于在丽江古城实行〈云南省风景名胜区准营证〉制度的通知》（2003 年）要求，为进一步加强丽江古城的保护和管理工作，由丽江市建设局授权丽江古城保护管理委员会（现丽江古城管理局）办公室统一核发《云南省风景名胜区准营证》（以下简称《准营证》）。凡在古城内从事经营活动的单位、集体、个人，都必须办理《准营证》，没有《准营证》者，不得在古城内从事经营活动。

根据《云南省人民政府关于调整世界文化遗产丽江古城保护管理局综合行政执法事项工作方案的批复》（2016 年）精神，因丽江古城不再属于风景名胜区规划范围，丽江古城管理局停止《准营证》核发的行政许可事项。2016 年 10 月，丽江市人民政府办公室印发《丽江市人民政府办公室关于在世界文化遗产丽江古城实行经营项目准入标识制度的通知》，提出：根据丽江市人民政府公布的丽江古城内鼓励经营的项目目录和禁止经营的项目目录，丽江古城内的经营项目实行准入标识制度。对符合条件的经营项目，发放《世界文化遗产丽江古城经营项目准入证》标识（以下简称《准入证》），以证明所经营项目符合准入目录及经营布局，利于执法检查和社会检查。具体由丽江古城管理局组织实施。

2019 年，丽江市人民政府审议通过《丽江大研古城市场经营项目准入退出管理暂行办法》。丽江古城管理局对大研古城内鼓励经营项目实行识别制度，对符合条件的经营项目核发《世界文化遗产丽江古城经营项目监管标识》（以下简称《监管标识》）。丽江古城管理局将列入《丽江古城内经营项目目录清单》中的餐饮、化妆品、手鼓、酒吧等不鼓励经营项目列入限入或退出经营项目进行管理，原则上不再审批不鼓励类经营项目，对于原已办理了《准入证》或《准营证》的经营者，逐步对其经营规模和数量进行压缩，严格控制经营规模和数量，逐步引导其转项经营；而对于《丽江古城内经营项目目录清单》中的禁止经营项目，一律禁入，不予识别。束河古镇参照大研古城实行经营项目准入退出管理，白沙古镇暂时没有实行。

（3）《丽江古城传统民居保护维修手册》对丽江古城及其传统民居的总体特色

进行了归纳和总结，提出了丽江古城及其传统民居保护的总体原则及具体要求，丽江古城中各类建筑物的保护维修要点，丽江古城中传统民居保护维修的报批、设计与施工要求。

3. 严格控制丽江古城保护管理程序

为了对丽江古城建设活动实施严格的控制和管理，丽江古城管理局制定了一系列关于建设、经营审批管理和违法处理程序的规定。

（1）民居修缮审批。丽江古城民居修缮工作，统一按照以下程序进行：古城房屋所有人向保护建设科提出申请并填写申请表，征求四邻意见并签字，到所在社区、街道办事处、消防部门签署意见；保护建设科及古城区自然资源局（原古城区规划局）进行现场勘查；申请人将申请资料提交至保护建设科进行前置审查后，到古城区自然资源局进行审批并办理建设规划许可证，之后到综合行政执法局办理相关开工手续并实施修缮；竣工后到保护建设科提交验收申请，由古城区自然资源局牵头相关部门进行验收，并签署验收意见。

（2）工程建设审批。丽江古城内所有建设工程工作，统一按照以下程序进行：所有人提出申请，领取古城建设项目审批表，填写表格、申请书；征求四邻意见，在审批表内签字；街道办事处、保护建设科依次到现场查看，在审批表内填写审查意见，盖章；古城区自然资源局到现场查看，在审批表内填写审批意见，盖章；建设项目规划评审；签署建设项目施工环境保护、施工安全承诺书；在综合行政执法局办理开工证明，及运输建筑材料的车辆通行证；施工过程中，保护建设科进行施工监督；完工后，街道办事处、保护建设科、古城区自然资源局共同验收，填写验收意见。

（3）房屋产权转让行为审查。丽江古城内所有房屋产权转让行为，统一按照以下程序进行：房屋所有人提出书面申请，到保护建设科登记；保护建设科向丽江古城管理有限责任公司征求房产出让、出租行为意见；丽江古城管理有限责任公司就是否认购、承购向保护建设科提交反馈意见；买卖双方领取房屋出售申请表，填写相关内容；社区居委会、综合行政执法局、街道办事处签署审查意见；保护建设科核查相关材料后提出审查意见；审查通过后，申请人到不动产管理中心继续办理相关手续。

（4）《监管标识》办理和变更。《监管标识》新办程序：拟从事经营活动的人员申请新办《监管标识》，向丽江古城管理局提出书面申请，办理登记，丽江古城管理局按照《丽江古城内经营项目目录清单》对其申请的经营项目进行审查，确定是否符合申办《监管标识》条件。丽江古城管理局根据申请人提出的《监管标识》新办申请，依照遗产保护的相关要求对经营场所进行实地检查，并出具检查意见。现场检查合格的，申请人提交新办资料；现场检查不合格的，申请人按要求进行整改，通过验收合格后，提交新办资料。核查新办资料，报科室负责人审查。报分管领导审核。提交丽江古城管理局主要领导审批。发放《监管标识》、存档。

《监管标识》变更经营项目的，应当符合《世界文化遗产丽江古城传统商业文化保护管理专项规划》和《丽江古城内经营项目目录清单》的内容和要求。《监管标识》变更经营主体的，首先应当通过市场主体登记审批机关的变更登记，经批准变更后，再向古城保护管理机构办理《监管标识》经营主体的变更。

（5）广告招牌审批办理程序。丽江古城内广告招牌的审批办理由丽江古城管理局负责，主要程序如下：申请人提交申请书，要附有招牌草图；广告招牌做好后，管理人员前往实地查看，决定是否给予批准；审查合格后，给予申请人广告招牌审批通知书；批准悬挂和发布后，书面通知责任段的巡查岗，留底备案。广告招牌的具体要求为：广告招牌必须为横牌，文字必须有东巴文、中文、英文三种文字，中文为主体字，招牌长为 1.4m 以内，宽为 0.4m 以内，颜色要与古城相协调，必须为实木雕刻。

（6）违章建筑处理。综合行政执法局在违章建筑的处理工作中没有行政处罚权，主要行使监督、检查职能。综合行政执法局在发现违章建筑后，向建设主管部门（古城区住房和城乡建设局）提交《丽江古城民居保护管理督办通知单》，由古城区住房和城乡建设局按照规章制度执行处罚。

（7）环境、市容、市貌违法行为处理。综合行政执法局主要负责古城内环境、市容、市貌等方面的违法行为处理。综合行政执法局执法大队发现违法行为后，当场向违法者发放处罚通知书，综合行政执法局根据处罚通知书的内容向巡查人员核实情况后做出具体处理决定。

（8）其他违法行为处理。对于古城内其他各种违反《云南省丽江古城保护条例》（2006 年）及相关管理规定的违法行为，根据情况不同，综合行政执法局会给予业主警告、责令改正或恢复原状的处罚通知书，并处以不同等级的罚款。

8.1.2 资本增殖驱动力

资本的本性在于实现自身最大限度的增殖。正是在资本逐利性、增殖性的驱动下，丽江古城的文化景观被不断生产和消费。

1. 地租推动空间扩张化和用地功能消费化

哈维认为，资本主义城市空间是级差地租、绝对地租和垄断地租的结合体，而垄断地租能够多方面多视角地解释资本主义全球化、地方政治经济发展和文化意义、美学价值演进间的关系中产生出来的事情和个人困境（唐旭昌，2014）。垄断地租的出现，是因为社会行动者凭借对直接或间接可交易物品（这些可交易物品具有某种独特性质，且不可复制）的专属控制，在长时间内获得高额收入。世界遗产地丽江古城作为纳西族文化传统和艺术成就的独特见证，其文化景观的唯一性、真实性、特殊性和专门性为垄断地租的形成提供了基本条件，促成丽江古城旅游开发过程中的空间资本化和文化资本化。

在丽江古城文化景观生产的过程中，垄断地租表现为两种形式，一是对古城内土地和房产直接进行交易，通过征收土地、租赁房屋获取垄断地租；二是利用古城独特的文化资源优势，将古城房屋改造为商铺、客栈等具有特殊品质的空间商品，借助空间商品为游客提供消费服务实现间接交易、获取垄断地租。丽江古城内这两种形式垄断地租的实现就导致了古城空间扩张化和用地功能消费化。

1997 年丽江古城被列入世界文化遗产名录后，世界级的品牌效应加上政府的旅游开发政策，推动了古城旅游业的快速发展，古城的土地和房屋成为可以获利的交易物品，一时间古城“寸土寸金”，大量原住民纷纷迁出古城，将古城房屋出租给外地经营者以获取高额收入。早在 2007 年，大研古城内 10m^2 的铺面每月租金从 3000 元到 1 万多元不等。同时，大研古城内部的闲置土地和周边的非建设用地也成为稀缺资源，导致垄断地租的产生。在政府支持下，土地被征用，并借助旅游企业的投资进行商业化开发，丽江古城在市场力量和资本作用下由原住居民的居住生活空间演变为游客的旅游商业空间。旅游挤出效应促进了丽江古城垄断地租的形成，垄断地租成为地方政府、旅游企业和原住居民的获利工具。丽江古城内部的土地和房屋被不断更新改造，表现出空间功能置换和集约利用的特征，丽江古城外部的空间边界也逐渐向外扩张。垄断地租的效益以丽江古城为中心逐步向外扩散，不仅带动了丽江古城及周边地区的旅游开发，也带动了整个丽江城市的房地产开发。

2. 价值推动用地功能消费化和建筑景观符号化

哈维继承了马克思分析商品的基本范畴，将资本主义城市空间这个特殊的商品看作是价值、使用价值和交换价值的统一体（唐旭昌，2014）。同时，受全球化消费文化的影响，城市空间还具有能带给消费者情感体验的符号价值。在丽江古城文化景观生产的过程中，遗产地空间的价值关系发生了转变，由使用价值优先转变为交换价值和符号价值优先。

交换价值优于使用价值导致丽江古城用地功能消费化。在商业化开发之前，丽江古城主要为原住居民的居住生活空间，使用价值优于交换价值。在商业化开发之后，原住居民为获得垄断地租将房屋的使用价值让渡给外来经营者，通过古城房屋的直接交易实现其交换价值。外来经营者支付租金获得古城房屋的使用价值，为进一步挖掘交换价值将房屋改造为满足游客消费需求的商铺和客栈，并收取商业服务费用，将房屋的使用价值让渡给游客，通过古城房屋的间接交易实现其交换价值。在交换价值优先的市场规则作用下，古城房屋原有的居住功能被商业功能置换，使古城用地功能呈现出消费化特征，同时古城内部各类消费空间的分布也受到极差地租的影响，可达性较好的空间往往布置利润较高的商业服务设施。

符号价值优于使用价值导致丽江古城建筑景观符号化。为了获取交换价值，丽江古城民居建筑的使用价值被两次让渡，使得建筑的使用主体由原住居民变成游客，建筑的使用功能由居住变成消费，而消费对象就是建筑景观的符号价值。丽江古城原有的传统纳西族民居是依托家庭关系和生活需求形成的居住空间，随着古城民居使用主体和使用功能的转变，传统居住空间失去了其存在的社会基础，而沦为满足游客消费需求的商业服务空间和文化体验空间。为了追逐建筑景观的符号价值，丽江古城民居建筑被肆意改造，原汁原味的传统纳西族民居特色逐步淡化和异化。四合五天井、三坊一照壁、两坊拐角等类型的传统民居院落被改建为商铺、酒吧、餐厅、客栈功能的简单院落，传统建筑材料和营造方式支持下的老传统风格逐步让位于新材料和新工艺支持下的仿传统风格，建筑内部空间被重构，建筑立面色彩被局部改变，建筑外部装饰被简化与杂糅。

2008～2011 年，大研古城内建设审批数量为 584 处，2009 年建设审批数量高达 386 处。因大量建设、修缮工程的需求，大研古城维修队数量迅速增加。虽然保护建设科对维修队进行过筛选和培训，但在实际修缮过程中，维修队并没有按照《丽江古城传统民居保护维修手册》进行操作。不少维修队为了获取利益，一味按照经营者要求对传统建筑进行改造，导致大研古城内各种建造方式、建筑材料、装饰风格层出不穷。

3. 少量资本回馈古城保护

丽江古城的文化保护也需要资本投入，本着“以城养城，自我发展”的理念，通过古城旅游开发获得的一部分资本收益又回馈到古城保护中。

在法律层面上，资本用于古城保护主要有三种渠道：一是旅游发展增加地方财政收入，政府将古城保护经费列入财政预算；二是在旅游景点直接收取古城保护专项费用；三是鼓励企事业单位、社会团体和个人通过捐助、投资等方式参与保护。国家和地方法律法规中关于古城保护管理资金的具体内容如下。

《中华人民共和国文物保护法》（2017 年修正本）第十条规定：“国家发展文物保护事业。县级以上人民政府应当将文物保护事业纳入本级国民经济和社会发展规划，所需经费列入本级财政预算。国家用于文物保护的财政拨款随着财政收入增长而增加。国有博物馆、纪念馆、文物保护单位等的事业性收入，专门用于文物保护，任何单位或者个人不得侵占、挪用。国家鼓励通过捐赠等方式设立文物保护社会基金，专门用于文物保护，任何单位或者个人不得侵占、挪用。”

《历史文化名城名镇名村保护条例》（2008 年）第四条规定：“国家对历史文化名城、名镇、名村的保护给予必要的资金支持。历史文化名城、名镇、名村所在地的县级以上地方人民政府，根据本地实际情况安排保护资金，列入本级财政预算。国家鼓励企业、事业单位、社会团体和个人参与历史文化名城、名镇、名村的保护。”

《云南省历史文化名城名镇名村名街保护条例》（2008 年）第七条规定：“历史文化名城、名镇、名村、名街所在地的县级以上人民政府应当设立保护专项资金，纳入同级财政预算，用于历史文化名城、名镇、名村、名街的普查、规划、保护等工作。州（市）、县（市、区）人民政府可以从历史文化名城、名镇、名村、名街的旅游景区（点）收入中提取一定比例的费用，专项用于历史文化名城、名镇、名村、名街的保护。具体项目和标准由州（市）、县（市、区）人民政府按照程序报请省级有关部门批准。鼓励企业、事业单位、社会团体和个人通过捐助、投资等方式参与保护历史文化名城、名镇、名村、名街。”

《云南省丽江古城保护条例》（2006 年）第八条规定：“利用丽江古城资源从事经营、旅游或者其他活动的单位和个人应当缴纳丽江古城维护费。具体征收办法和标准由省物价和财政部门规定。丽江古城保护经费由古城维护费、政府投入、古城内国有资本收益、社会捐赠以及其他收入构成。丽江古城保护经费存入财政专户，实行收支两条线管理，专项用于丽江古城的保护，不得挪作他用。”

《云南省纳西族东巴文化保护条例》（2006 年）第七条规定：“纳西族东巴文化保护所需专项经费列入丽江市和有关县（市、区）财政预算，由同级文化行政部门统一管理，专款专用。”

在操作层面上，丽江古城保护管理的各项硬件和软件设施建设所需资金主要靠政府投入。然而，政府财政资金有限，必须通过多渠道融资，才能够满足古城保护管理所需各项经费支出。目前，古城管理局实施遗产保护项目，主要通过征收古城维护费（80 元/人次）、争取银行信贷支持、巩固与有关基金会的合作、增强古城管理局自身造血功能等途径，多渠道筹集资金。截至 2011 年，丽江古城向银行先后申请贷款获批 6 亿元和 9 亿元人民币，前 6 亿元已经于 2010 年偿还完毕。2001～2014 年丽江古城维护费累计收取约 24.2 亿元人民币（表 8-2）。丽江民居修缮项目向全球遗产基金会（Global Heritage Fund，GHF）申请到 115 万元人民币用于修缮传统民居，项目至 2007 年结束。

表 8-2 2001～2014 年丽江古城维护费征收一览表 （单位：万元）

年份	费用	年份	费用	年份	费用	年份	费用
2001	1545	2005	8724	2009	21049	2013	33666
2002	3864	2006	10064	2010	24110	2014	33890
2003	5455	2007	16811	2011	27129	合计	242089
2004	7202	2008	18061	2012	30519		

资料来源：2001～2011 年数据来自上海同济城市规划设计研究院；2012～2014 年数据由丽江古城管理局提供

丽江古城每年的资金主要用于几个方面：归还银行贷款和利息、基础设施建设投资、民居保护修缮支出、古城管理经费，文化保护传承支出等（表 8-3）。2011 年丽江古城资金支出有 22.10%用于归还银行贷款和利息，25.58%用于物质建设（包括基础设施建设投资、民居保护修缮支出、公房民居修缮支出），17.90%用于返还古城区政府资金。与 2007 年相比，2011 年用于物质建设上的支出金额已经减少约 30%。2011 年丽江古城资金的收入与支出数据显示，当年古城资金收入高达 11.3 亿元，而总支出为 5.94 亿元，其中有新的银行贷款额 8.25 亿元。将银行贷款收入与还贷支出剔除，2011 年丽江古城资金的收入和支出分别为 3.05 亿元和 3.49 亿元，虽然有一定的差距，但与 2007 年相比，差距减少很多。

表 8-3 2002～2011 年丽江古城资金支出明细表 （单位：万元）

项目	2002 年	2003 年	2004 年	2005 年	2006 年	2007 年	2008 年	2009 年	2010 年	2011 年	合计
归还银行贷款	1500	2500	9100	—	22000	9800	8200	9840	61000	7500	131440
归还银行贷款利息	413	505	992	1080	1700	3365	4393	4279	5207	5637	27571
还贷准备金	—	—	—	—	—	6035	7602	8561	9591	11377	43166
返还古城区政府资金	—	—	—	—	—	2453	5199	6062	7778	10640	32132
基础设施建设投资	1374	5614	6076	11636	14810	21741	12240	15936	12892	15207	117526
民居保护修缮支出	—	799	140	103	177	—	—	—	—	—	1219
公房民居修缮支出	—	—	—	—	—	147	45	40	—	—	232
古城房屋收购及租赁	—	—	81	90	212	92	152	22	7	—	656
古城管理经费	264	1768	1796	2427	2619	3574	2651	2228	1682	3771	22780
古城维护费业务经费	331	522	732	800	1050	2309	2731	3212	3255	4170	19112

续表

项目	2002 年	2003 年	2004 年	2005 年	2006 年	2007 年	2008 年	2009 年	2010 年	2011 年	合计
惠民政策支出	—	—	—	—	123	118	109	—	—	—	350
文化保护传承支出	—	—	101	—	165	427	1156	1124	1000	1000	4973
宣传费	330	293	434	215	1097	690	313	83	118	118	3691
其他支出	629	94	7	1863	—	78	55	39	28	27	2820
总计	4841	12095	19459	18214	43953	50829	44846	51426	102558	59447	407668

资料来源：上海同济城市规划设计研究院，2012

注：古城维护费业务经费为征收成本

除了政府的资金投入以外，旅游开发商的资本投入对丽江古城文化保护也发挥了一定作用，其中最为典型的案例就是昆明鼎业集团有限公司（以下简称鼎业集团）投资开发束河古镇。2003 年，古城区政府与鼎业集团达成“丽江束河茶马古镇保护与发展”合作协议，制定了束河古镇统一规划、整体推进、分步实施的保护与开发方案。束河古镇的开发分为古城历史文化和生态环境保护、文化开发、旅游配套设施建设三部分。由鼎业集团投资 5 亿元，对束河古镇 13km^2 地域进行保护和开发，建成“田园里的城市，城市中的田园”，打造出新的世界品牌。鼎业集团的主要做法与实效为：①一切开发行为按《丽江束河茶马古镇保护与开发修建性详细规划》《丽江束河古镇旅游发展规划》有序推进。②束河古镇内不搞拆迁和新建，切实保护好古镇的完整格局与生态环境。③束河古镇内新建的“三线”（电力、电信和有线电视线路），排污管，给水管全部埋入地下。④旅游服务配套区建筑风格与老区古建筑风格基本一致。⑤在修复四方街至九鼎河、仁里村至九鼎龙潭段的老街道时，坚持修旧如旧，把每一块石条进行编号，水管、排污管及“三线”入地后，又按编号铺回原位。鼎业集团共修复街巷青花石路 7.5km，道路改造工程（水管、排污管、“三线”入地）总里程约为 10km。⑥采用征用和租用两种办法，有效保护了九鼎龙潭水源片区。鼎业集团对九鼎龙潭河堤加固、疏浚水源，在九鼎龙潭对面疏河源头新建一个生态公园，扩建环套水潭 3 个，水面积扩大至 3 倍，并在九鼎龙潭和疏河源头上游筑防洪堤，修泄洪渠 600 多米。鼎业集团还在老区和旅游服务配套区新修水系水网 5km，新建飞花触水、信马由缰、放水冲街等 10 多个景点。⑦对大觉宫、三圣宫等重点文物和 12 个古民居院落进行重点保护，普查认定了一类、二类风貌建筑 511 幢，制定了保护措施。⑧投资 200 多万元对束河完全小学内的明代建筑大觉宫进行保护性修缮，修旧如旧，并将老校舍建成中国第一个茶马古道博物馆，搜集收购茶马文物 1000 多件，展示纳西文化、茶马文化、农耕文化和束河古镇的历史文化。⑨与广州红谷皮具有限公司联合投资 80 多万元，在茶马古道博物馆内建设了“束河皮匠 600 年展览馆”，展出纳西皮革文物。⑩投资 60 多万元，对九鼎龙潭内三圣宫进行修旧如旧的修缮。⑪组建了“鼎业艺术团”，每天在束河四方听音广场为游客演出，同时举办篝火晚会。

8.1.3 资本增殖驱动力对抗文化保护约束力

资本增殖驱动力和文化保护约束力是一对相互制约、相互抗衡的力量，文化保护约束力是紧箍咒，自上而下控制着丽江古城文化景观生产的方向和边界；资本增殖驱动力是孙悟空，自下而上操作着丽江古城文化景观生产的具体内容和实际效果。孙悟空神通广大，却终究不能摆脱紧箍咒的束缚。文化约束力不可能将资本驱动力的所有生产行为严格限制在固定轨迹中，资本增殖驱动力有足够能动性左右生产过程却不能背离遗产保护的总体目标，二者相互制约与抗衡共同推动着丽江古城的文化景观生产。

1. 经济发展对垒文化保护

丽江的经济增长极大地依赖于旅游业的快速发展，世界遗产地丽江古城是丽江旅游的名片和重要吸引物，经济发展与文化保护之间的对垒始终支配着丽江古城文化景观生产。

旅游开发商与旅游经营商是丽江古城文化景观生产的投资主体。无论是大中型企业成规模的开发与经营投资，还是小型企业零散小规模的建设与经营投资，旅游开发商与旅游经营商共同组成的合力主导和控制着丽江古城文化景观生产的资本运作过程。对旅游开发商和旅游经营商而言，丽江古城所具有的优美自然环境、古朴景观风貌、多彩民俗风情、悠闲生活方式，只不过是资本获利的途径和手段，因此旅游开发商和旅游经营商对古城建成环境的资本注入，不过是想营造出更加吸引游客的文化景观产品，其资本运作的真正目的在于开发丽江古城而不是保护丽江古城。另外，从政府层面来说，带动地方经济发展是考核政绩的主要指标，因此政府大力支持旅游开发商和旅游经营商的开发建设活动，组织编制的各种规划和制定的各种保护管理规定在某种程度上也要服务于旅游开发需求。

旅游开发商和旅游经营商资本运作的主要目标在于资本增殖和获取经济利润，尽管他们投入的资本可能会对保护丽江古城起到积极作用，但是保护丽江古城并不是旅游开发商和旅游经营商的投资目的。当保护丽江古城和获取经济利润之间发生矛盾时，他们的资本投入会倾向于获取经济利润，而不是保护丽江古城。因此，直接用于保护丽江古城的资金主要来源于政府资金和各种渠道的资助与捐助资金，这部分资金对于保护丽江古城十分有限，只能承担有限的基础设施建设、环境整治、民居修缮和日常维护管理支出，这就是为什么丽江古城会选择“以开发促保护”的发展道路。

2. 资本运作对弈政府管理

古城保护主要是由政府自上而下进行控制，保护途径包括法律、规划和管理。然而，实际的丽江古城文化景观生产过程在很大程度上受资本运作的支配，往往在某些方面突破政府管理的限制。

从国际公约、国家法律、行政法规和地方性法规四个层面构建起来的法律体系，在古城保护管理主体与职责、古城保护管理资金、古城保护措施等方面做出了严格规定，尤其是针对古城传统格局和历史风貌保护、古城建设活动控制等制定了详细措施，包括古城建筑物或其他设施的功能控制，改建和新建建筑的风貌控制，建设活动审批程序的控制等。为做好丽江古城保护管理工作，丽江市设立了世界文化遗产丽江古城保护管理局、丽江古城管理有限责任公司等专门的丽江古城保护管理机构，并制定了一系列丽江古城保护管理办法和程序，对丽江古城维护费征收、《监管标识》办理、传统民居修缮、建筑修缮审批、工程建设审批、房屋产权转让、广告牌审批、违章建筑处理等进行严格控制和管理。但是，由于缺乏有效的监督机制、足够的监管人员和强大的监管能力，再加上受到逐利性资本运作的强有力影响，古城保护的法律法规得不到严格执行，各项管理规定难以全面落实，丽江古城内仍然存在与文化保护不甚协调的建设活动和经营活动，丽江古城文化景观生产仍然会突破相关保护管理规定的限制和约束。

为了对丽江古城的保护与发展进行良好的控制和引导，丽江市组织编制了一系列相关规划，但是部分规划内容存在与古城发展实际和市场需求不相适应，可操作性较差的情况。例如，《世界文化遗产丽江古城传统商业文化保护管理专项规划》中确定了“划行规市”的商业布局要求，对大研古城不同区域乃至主要街巷提出了非常具体的商业项目控制要求，目的是为了体现传统商业文化氛围和构建特色商业街巷。然而，商业业态的发展是一个市场选择行为，实际发展过程中并没有按照规划设想塑造出不同特色的传统商业街巷。除酒吧街以外，丽江古城内大部分商业街巷的同质性较强，销售着相似的服装、饰品、银器、手工艺品，而且这些商品基本是由外地加工生产的，真正的地方特色产品少之又少。

8.2　文化景观生产的主体和行为

在旅游挤出效应下，丽江古城文化景观生产呈现出多元主体参与下的复杂行为特征。

8.2.1 文化景观生产的多元主体

丽江古城文化景观生产的主体包括政府、旅游开发商、旅游经营商、原住居民、旅游者、专家学者、地方精英等，各个主体的权力和利益各不相同，参与文化景观生产的动机也不同。

1. 多元主体的权利构成

Schlager 等（1992）在公共池塘资源产权束分析中界定了 5 种不同的权力，即进入权、收益权、管理权、排他权、转让权。Sikor 等（2007）对公共池塘资源产权束进行修订，提出了 3 大类、8 小类两个层级的产权束，即使用权（直接使用权、间接使用权），控制权（管理权、排他权、交易权、监督权），权威权（定义权、分配权）。遗产地虽然不属于自然资源，但作为人类共同遗产也具有很强的公共性。因此，丽江古城文化景观生产中的权力分配可借鉴公共池塘资源产权束框架进行分析。

本节结合以上两种公共池塘资源产权束框架，针对丽江古城文化景观生产中涉及的主要权力，将遗产地权力束界定为 6 种不同的权力：①所有权，指资源归谁所有的权力。②使用权，指通过利用资源获得直接或间接利益的权力，包括直接使用权和间接使用权。③管理权，指对使用和改变资源进行约束和控制的权力。④排他权，指决定谁可以拥有特定权属或进入资源的权力。⑤交易权，指为了实现利益，永久或暂时出售或出租使用权的权力。⑥权威权，指对管理权、排他权、交易权进行限制和分配的权力。

在丽江古城文化景观生产过程中，各个主体的权力和利益均不相同，形成“核心-边缘”的权利结构（表 8-4）。政府和旅游开发商是丽江古城文化景观生产的主要参与者。政府代表国家是古城土地和部分房屋的所有者，作为决策与管理主体拥有所有权、使用权、管理权、排他权、交易权和权威权，能够控制丽江古城文化景观生产的整个过程，其利益诉求是政治、经济、社会、文化、生态综合利益的表达。旅游开发商作为投资主体拥有使用权、管理权、排他权和交易权，能够影响政府决策，能够在政府允许的范围内操作古城旅游开发活动，其利益诉求主要是资本利润最大化。原住居民是古城房屋的所有者和曾经的使用主体，拥有所有权、排他权和交易权，为获得房租收益和改善居住条件而选择迁出古城，将使用权让渡给旅游开发商和经营商，其利益诉求主要是经济利益，其次是保住丽江古城这个纳西家园的社会和文化利益。旅游经营商成为丽江古城的经营主体和新使用主体，拥有使用权、管理权和交易权，他们也是丽江古城文化景观生产的主要参与者，其利益诉求与旅游开发商一样是资本利润最大化。专业工作者和地方精英拥有权威权，其利益诉求主要是保护古城。专业工作者和地方精英所具有的专业知识和权威影响力，使其可以参与政府决策，为丽江古城的保护与发展提供指导性建议。旅游者是丽江古城的主要使用者，拥有使用权，其利益诉求是旅游体验。旅游者不能作为生产者直接参与丽江古城的建设活动，但丽江古城文化景观生产必须满足旅游者的消费需求。

表 8-4　丽江古城文化景观生产各个主体的权力与利益

权、利组合	主体	拥有权力	利益诉求
高权力 高利益	政府（决策与管理主体）	所有权、使用权、管理权、排他权、交易权、权威权	取得政绩，增加投资，增加财政收入，提高居民收入水平，增加就业岗位；制定良好政策，提升古城美誉度；增加古城公用设施和基础设施建设，加强公共管理力度，改善古城居住生活环境；保护古城历史风貌和民居建筑，保护非物质文化遗产；保护古城河流水系、园林绿化等生态环境
	旅游开发商（投资主体）	使用权、管理权、排他权、交易权	取得开发权，资本利润最大化；保持古城吸引力，保持稳定的客源市场和繁荣的商业经济
低权力 高利益	原住居民（曾经的使用主体）	所有权、排他权、交易权	提高居民收入水平，增加就业岗位，改善居住生活条件；保护古城历史风貌和景观环境，保护美好的纳西家园，留住古城记忆
	旅游经营商（经营与使用主体）	使用权、管理权、交易权	取得经营权，资本利润最大化；保持古城吸引力和商业繁荣；便利的公用设施和基础设施条件
高权力 低利益	专业工作者（参与决策主体）	权威权	保护古城“山-水-田-城”的总体格局，保护古城的街巷肌理、水系空间、历史建筑等建成环境，保护社会生活、风俗习惯、生活情趣、文化传统、工艺美术、民族特色等人文环境
	地方精英（参与决策主体）	权威权	保护古城环境，保护纳西文化，增强地方认同感和民族自豪感
低权力 低利益	旅游者（使用主体）	使用权	欣赏古朴秀美的古城风光，体验绚丽多姿的纳西文化，获得身心愉悦

政府处于权力束的核心，控制和管理着丽江古城文化景观生产的全过程。旅游开发商的权力弱于政府，类似鼎业集团的旅游开发商只负责古城部分区域的一级开发和管理，然后将房屋出租给旅游经营商开展商业服务活动。旅游经营商的权力弱于旅游开发商，但在丽江古城文化景观生产中发挥着重要作用。旅游经营商通过从旅游开发商或原住居民手里承租房屋而获得古城房屋的管理权和使用权，实际操纵着房屋的改造和使用，还可以转租房屋。专业工作者和地方精英的权力地位与旅游开发商相当，但他们只为政府决策提供指导性建议，不参与丽江古城文化景观生产的实际操作过程。原住居民由于将房屋出租给旅游开发商或旅游经营商而被边缘化，丧失了对古城房屋的实际控制权，房屋的改造和使用基本

与原住居民无关。旅游者只是消费者而不是生产者，丽江古城文化景观生产要满足旅游者的消费需求，但旅游者不能操纵丽江古城的建设和经营活动。总之，丽江古城文化景观生产过程中形成了“政府—旅游开发商—专业工作者和地方精英—旅游经营商—旅游者—原住居民”由高到低的权力等级关系。

2. 多元主体的四大类动机

不同主体的权力和利益差异，使得他们在丽江古城文化景观生产过程中所表现出来的动机也不同，多元主体动机的契合是丽江古城文化景观生产的起点(图 8-1)。各个主体的动机从利益诉求的角度可以分为四大类，即综合利益最大化、资本利润最大化、公共利益最大化、个人利益最大化。综合利益最大化是政府的动机。政府作为国家权力的代表，有责任招商引资推动丽江古城的发展与建设，刺激经济增长，改善古城环境，优化功能空间，保护历史建筑；政府作为行政机构，需要创建政绩，增加财政收入维持古城正常运转；政府作为人民利益的维护者，需要借助古城旅游开发增加就业机会，改善人民生活条件，也需要在利益分配中保护人民利益和维持社会稳定。资本利润最大化是旅游开发商和旅游经营商的动机。丽江古城的旅游发展使其投资价值凸显，旅游开发商和旅游经营商纷纷投资古城建成环境的建设和商业服务的开展，并通过向旅游者售卖文化景观产品赚取商业利润。公共利益最大化是专业工作者和地方精英的动机。专业工作者和地方精英虽然不是古城旅游发展的直接受益者，但他们所具有的专业知识，所肩负的社会责任，使他们成为公共利益的代言人，成为保护古城环境、保护纳西文化、维护

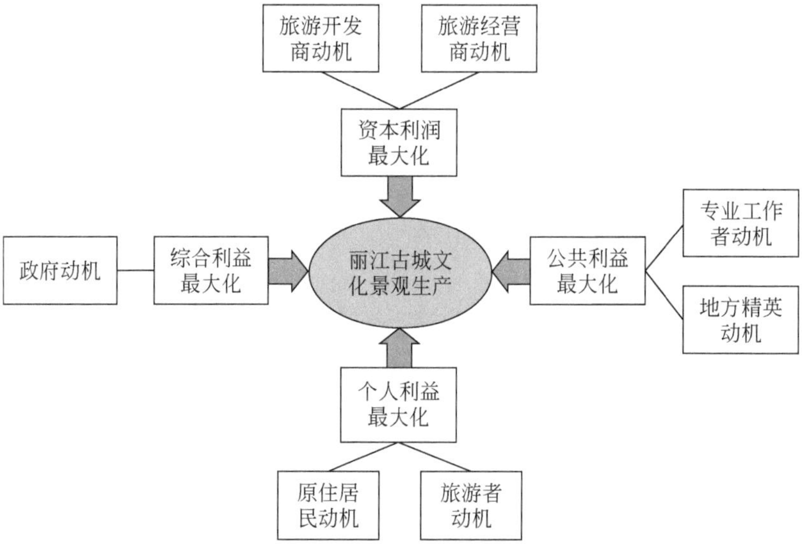

图 8-1　丽江古城文化景观生产各方主体的动机

市民利益、维持社会公正的倡导者和监督者。个人利益最大化是原住居民和旅游者的动机。原住居民大量迁出古城是为了获得高额房租，以提高收入水平和改善生活条件；旅游者大量涌入古城是为了饱览古城风光，品味闲暇生活，体验纳西文化，以获得身心愉悦。

8.2.2　文化景观生产的复杂行为

多元主体各不相同的权力、利益和动机，必然形成复杂的文化景观生产行为，包括：差异化行为与目的、网络化行为关系、增长联盟主导的行为过程。

1. 多元主体的差异化行为与目的

在文化景观生产过程中，政府确定丽江古城发展定位、引进开发资本、运用权力协助古城开发顺利进行，并对开发行为和经营活动进行管理以保护古城的遗产价值；旅游开发商投入资金，完成对古城旅游建成环境从设计到建设的全过程，获取空间增值利益；旅游经营商投入资金，租用古城房屋并进行小规模改造，利用改造后的空间开展经营活动，获取利润；原住居民迁出古城，获取租金收益，也有少部分居民留在古城居住或参与旅游经营；旅游者在古城进行各种旅游活动，旅游者的消费偏好会影响丽江古城的文化景观生产；专业工作者编制规划设计方案或提供咨询服务，为政府决策提供建议，指导丽江古城的开发建设活动；地方精英为政府出谋划策，影响政府对古城的控制和管理。政府、旅游开发商、旅游经营商、原住居民、旅游者等多元主体在文化景观生产中表现出来的差异化行为与目的概括见表 8-5。

表 8-5　丽江古城文化景观生产各个主体的行为与目的

主体	目的	行为
政府	保护世界遗产、增加财政收入	制定丽江古城保护管理规定；整理和保护传统文化；监管古城内的建设和经营等活动；开发旅游景点；促进旅游消费；刺激经济增长，增加就业岗位
专业工作者	保护世界遗产	协助政府制定丽江古城保护和发展方面的相关政策、规划、管理规定
地方精英	保护和传承遗产	参与丽江古城传统文化的保护和传承；为古城保护和发展出谋划策
旅游开发商	获得投资的利润回报	配合政府的旅游开发与规划，开发旅游建设项目
旅游经营商	获得投资的利润回报	开发旅游经营项目
旅游者	追求旅游体验	参与旅游活动；向外传播丽江古城形象
原住居民	增加收入水平，改善生活条件	出租房屋；受聘于旅游企业；参与旅游经营或其他旅游相关活动获利

2. 多元主体的网络化行为关系

丽江古城文化景观生产的多元主体之间形成了复杂的行为关系网络(图 8-2)。政府与旅游开发商、旅游经营商之间是管理关系。政府负责规划和政策的制定，以及文化景观生产行为的管理；旅游开发商和旅游经营商要接受政府监督和管理，在符合政府规定的前提下进行开发和经营活动。政府与旅游开发商、旅游经营商之间又存在密切的合作关系。政府提供权力支持，旅游开发商和旅游经营商提供资本支持，三者合力完成对古城的开发和经营。政府与原住居民之间是管理与保障的关系。政府要对原住居民的自主搬迁行为或房屋产权转让进行管理，或者应用行政权力征收土地和房屋，原住居民需要配合政府政策进行搬迁。同时，政府需要维护原住居民的利益，保障原住居民出租房屋的获利渠道，合理确定补偿安置费用，建立合理的利益分配机制，保障原住居民的合法权益。政府与专业工作者、地方精英之间是交流与合作的关系。政府在专业工作者、地方精英的建议和指导下制定科学合理的政策和规划，并对丽江古城文化景观生产进行有效管理。政府与旅游者之间是管理和服务的关系。政府对旅游者的旅游活动进行规范管理，同时为满足旅游者的旅游活动需求而提供服务。旅游开发商、旅游经营商与原住居民之间是交换关系。旅游开发商提供补偿安置费用，旅游经营商提供房屋租金，原住居民将自己的居住生活空间转让给旅游开发商、旅游经营商。旅游开发商、旅游经营商与旅游者之间是卖方和买方的关系。旅游开发商、旅游经营商诱导旅游者的消费需求并提供各种旅游产品，旅游者根据个人喜好购买旅游产品。旅游

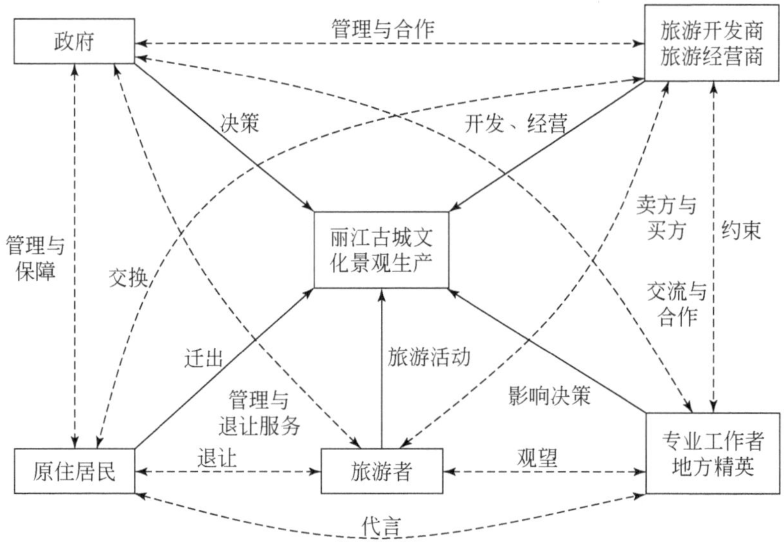

图 8-2　丽江古城文化景观生产各主体之间的行为关系

开发商、旅游经营商与专业工作者、地方精英之间是约束关系。专业工作者和地方精英站在公众的立场上，通过影响政府决策对旅游开发商和旅游经营商的开发和经营活动进行约束。原住居民与专业工作者、地方精英之间是代言关系。专业工作者和地方精英代表公众利益，为原住居民争取权利。原住居民与旅游者之间是退让关系。旅游者大量涌入古城，原住居民迁出古城，居住生活空间被置换为旅游消费空间。专业工作者、地方精英与旅游者之间是观望关系。专业工作者和地方精英不能直接干预旅游者的行为，只能观望其行为活动对古城造成的影响，为政府决策提供建议。

3. 增长联盟主导的行为过程

丽江古城文化景观生产的过程是各方主体权力和利益的表达。在中国当代政治经济结构和社会生产方式下，多元主体在丽江古城文化景观生产过程中的影响力和权力有显著差别。具体来讲，政府在丽江古城发展中兼具管理者和生产者两种角色，与旅游开发商和旅游经营商联合构成“增长联盟”的主体，共同主导着丽江古城的文化景观生产过程。政府需要在旅游开发商和旅游经营商的资本资助下推进古城旅游发展，而旅游开发商和旅游经营商需要在政府的支持下达到其利润最大化的目标，合作的共同目标是推动古城旅游发展并从中获益。政府、旅游开发商和旅游经营商处于影响力和权力的强势地位，决定了丽江古城文化景观生产的结果。专业工作者和地方精英可以通过规划设计、咨询建议、社会舆论等影响政府决策，对丽江古城文化景观生产有一定影响。原住居民为了获利选择迁出古城和出租房屋，没有承担起管理和修缮古城房屋的责任，也无力影响政府决策，对丽江古城文化景观生产的影响力很有限。旅游者是文化景观产品的消费者，其消费需求在一定程度上会影响丽江古城文化景观生产的结果。

由于各个主体在丽江古城文化景观生产中的作用大小和决策倾向不同，大研古城、束河古镇和白沙古镇的文化景观生产过程表现出不一样的特征。

（1）大研古城的文化景观生产为政府主导、原住居民自主参与的渐进式文化景观生产。大研古城是三个片区中旅游发展最早的地区，也是丽江古城旅游开发的突破口。1994 年滇西北旅游规划现场办公会在丽江召开，丽江政府开始引导大研古城大力发展旅游，并实施保护古城的“五四三二一”工程。1996 年“2·3”地震和 1997 年丽江古城申报世界遗产成功以后，大研古城全面开启了环境整治与旅游开发。政府本着古镇保护与利用相结合的大原则，只对古镇风貌保护、旅游开发进行管理和控制，而没有引进旅游企业对古镇进行整体开发；原住居民为获得旅游发展带来的红利，纷纷将古城房屋自主出租给旅游开发商或旅游经营商，这样就形成了大研古城小规模渐进式的文化景观生产模式。

（2）束河古镇的文化景观生产为政府引导、企业开发的整体式文化景观生产。

束河古镇的旅游开发要晚于大研古城。2002 年，丽江市政府凭借束河古镇作为世界文化遗产的品牌效应，为发掘旅游新亮点，减轻大研古城的接待压力，引进鼎业集团对束河古镇进行整体开发，并成立了项目指挥部监督整个开发过程。开发过程遵循“政府引导、企业参与、市场运作、群众受益”的思路，坚持保护与开发并重，采取保护老村、建设新区的方式对古镇进行整体开发。鼎业集团投资征用了老村及其附近的土地，对老村进行环境整治，对新区进行开发建设，迅速推进了束河古镇的旅游发展。原住居民可以将老村内房屋出租给鼎业集团或其他外来经营户，迁往政府统一建设的新村，也可以留在老村开展自主经营。

（3）白沙古镇的文化景观生产为政府限制、原住居民有限参与的约束式文化景观生产。白沙古镇的旅游发展在三个片区中最为迟缓，一方面由于白沙古镇的区域位置和对外交通条件不如大研古城和束河古镇优越；另一方面由于丽江市政府强调对白沙古镇传统村落和田园风光的严格保护，在旅游发展中突出其原生态纳西村落的文化和生态价值，商业开发受到约束和限制。白沙古镇的游客量远不如大研古城和束河古镇那么多，因此白沙古镇仅有少量原住居民将房屋出租给旅游经营商，白沙古镇的文化景观生产更多地表现为满足原住居民的生活需求，而不是满足旅游者的旅游活动需求。

8.3 文化景观生产的运作逻辑

借鉴空间生产理论，丽江古城文化景观生产主要受资本循环、权力干预、社会运动三大力量的推动和影响，但旅游挤出效应导致原住居民缺位、社会运动缺失，使得丽江古城文化景观生产被资本和权力所主导。

8.3.1 社会运动的缺失

在单一经济发展理念的引导下，文化景观生产被纳入经济增长的逻辑，政府与企业结为增长联盟，共同寻求文化景观生产中的经济利益最大化。单纯资本利益追逐下的文化景观是可以用于交换的商业化景观，是“对景观的支配”，是一种交换价值优先于使用价值的文化景观。而真正理想的文化景观，应该是一种差异化景观，是不能用于交换的非商业化景观，是“对景观的取用”，是一种作为使用价值的景观。社区居民对文化景观的需求主要是一种日常生活需求，对文化景观的价值诉求一般是使用价值优先而非交换价值优先。社区居民等弱势群体主导的社会运动和利益相关主体参与的民主化管理，有助于实现使用价值优先的文化景观生产。如果社区居民等弱势群体因被排除在增长联盟之外而被边缘化，就可能引发社会运动抵制资本和权力的控制，以便弱势群体能够表达自身利益，实现社会公平与公正。

然而，在丽江古城文化景观生产过程中，“自利性”成为大部分利益相关主体追逐的目标。原住居民为了获得房屋租金和改善居住条件，纷纷迁出古城；旅游开发商和旅游经营商为了取得资本利润最大化，肆意改造古城景观；政府为了拉动地方经济持续增长，与旅游开发商和旅游经营商结为增长联盟并主导着丽江古城文化景观生产；旅游者关注的焦点则是获得身心愉悦的旅游体验。总之，在丽江古城文化景观生产过程中，旅游挤出效应使得丽江古城由居住社区变成旅游社区，原住居民为逐利而放弃古城的使用价值，旅游经营商和旅游者组成的新社区更加不会关注古城的使用价值，文化景观的交换价值被放在首要位置，社会运动处于缺失状态。

8.3.2　资本和权力主导文化景观生产

由于社会运动的缺失，权力干预和资本循环共同引起旅游挤出效应的形成，并在旅游挤出效应下进一步推动丽江古城文化景观生产（图 8-3）。政府处于丽江古城文化景观生产的权力中心，其权力运作的目标是增加财政收入和保护世界遗产。以政府为核心的权力干预始终在寻求古城保护与古城开发之间的平衡。旅游开发商和旅游经营商是资本投入的主体，其资本运作的目标是获得投资的利润回报。以旅游开发商和旅游经营商为核心的资本循环始终关注古城开发而非古城保护。原住居民在旅游开发之前曾经处于权力中心，但在旅游开发之后为了增加收入和改善生活而将古城房屋使用权转让给旅游开发商或旅游经营商，原住居民的权力被边缘化，旅游开发商和经营商的资本作用逐渐加强，由此引发以原住居民挤出、原有功能挤出和原生文化挤出为表现的旅游挤出效应。

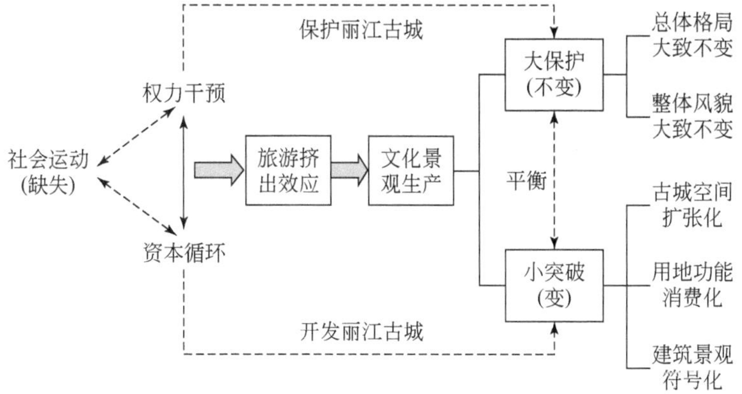

图 8-3　丽江古城文化景观生产的运作逻辑

在旅游挤出效应下，权力和资本进一步推动丽江古城文化景观生产。政府借助法律、规划和管理机制约束资本运作的古城建设与经营活动，然而旅游开发商和旅游经营商开发古城土地、改建古城房屋、选择商业业态的宗旨在于创造消费需求、实现资本增殖。因此，在资本的作用下，古城空间的生长与重构，用地功能的置换和消费空间的布局，建筑院落形式、整体风貌、内部空间、立面色彩和外部装饰的改造等文化景观生产过程和结果，往往不能严格按照各项法律法规、规划设计和管理办法的相关规定执行。总之，权力干预与资本循环相互制约与平衡，使得权力既要关注古城保护又要兼顾经济发展，资本既要追逐经济利益又要遵循保护原则。在权力与资本的共同作用下，为了兼顾保护与开发的双重目标，丽江古城文化景观生产最终形成了“大保护+小突破”“不变+变”的结果。在大保护方面，丽江古城的总体格局和整体风貌大致不变；在小突破方面，丽江古城表现出古城空间扩张化、用地功能消费化、建筑景观符号化的变化特征。

第 9 章　遗产地文化景观生产的总结与反思

本章主要是在前面章节的基础之上，针对以丽江古城为典型代表的遗产地类型，对遗产地文化景观生产的特征和逻辑进行提炼和总结，并反思遗产地文化景观生产主体和客体面临的问题和威胁，探讨遗产地未来发展的可选路径。

9.1　遗产地文化景观生产的一般规律

丽江古城代表了一种遗产地类型，即仍在使用中的居住生活型遗产地，历史城镇（如平遥古城）和传统村落（如西递、宏村）均属于该遗产地类型。居住生活型遗产地会在持续使用中不断发展变化，且这种持续变化与遗产地社区密切相关。资本介入带动遗产地旅游开发，引起遗产地社区结构的变化和重组，导致遗产地文化景观生产表现出不一样的特征和逻辑。

9.1.1　旅游发展前后遗产地文化景观生产的差异

在旅游发展之前，城镇或乡村遗产地空间是一个容器，人们在这个容器中从事社会劳动，即空间中的生产，不仅生产出工农业产品，也生产出建筑、环境等文化景观。此时文化景观的价值在于使用，文化景观本身并不是商品，遗产地空间中发生的各种消费活动并不是对文化景观本身的消费。从历史维度分析，居住生活型遗产地的文化景观生产主要受政治力量推动，政权的更替和统治引起遗产地社会关系的改变，进而引起生产、生活和文化活动的改变，这些人类活动与自然景观相叠加，就形成了不同历史时期的遗产地文化景观。

在旅游发展之后，遗产地表现出空间资本化和文化资本化倾向，由空间中的生产转向空间的生产，由空间中的消费转向空间的消费，从而引起居住生活型遗产地的旅游挤出效应。游客和外来经营者挤入，原住居民被挤出，遗产地由居住社区变为旅游社区，文化景观的价值也由使用价值转向了交换价值和符号价值，文化景观本身成为商品供游客消费。与旅游发展之前对文化景观单纯取用以满足日常生活需求不同，旅游发展之后的遗产地文化景观既是生产工具也是消费对象，文化景观生产的目标是创造消费和资本增殖，旅游企业和资本力量在遗产地文化景观生产中发挥着重要作用。

9.1.2 遗产地文化景观生产的特征

文化景观是空间的表层，空间生产的过程中往往伴随着文化景观生产。当空间生产直接作用于聚落形式、土地利用和建筑等景观要素层面时，就形成了文化景观生产。旅游开发引起遗产地空间生产，使得遗产地文化景观要素被纳入资本生产的逻辑中，被重新设计、改造和利用，尤其是遗产地的空间形态、用地功能和建筑实体成为景观生产的主要对象。居住生活型遗产地的文化景观生产表现出空间扩张化、用地功能消费化和建筑景观符号化的基本特征。

空间扩张化具体表现为“稳中有变”的空间生长与空间重构。在旅游挤出效应下，受游客量快速增长的压力和空间置换后土地增值的动力双重作用力影响，遗产地呈现出明显的空间扩张态势。一是突破原有遗产地边界，对周边土地进行开发和利用，使得遗产地空间逐步向外蔓延生长；二是对原有遗产地边界范围内的土地进行重新开发和利用，使得遗产地内部空间发生重构。由于空间形态是遗产地的特色景观要素和主要保护对象，因此遗产地局部规模扩张和内部空间重构不会颠覆原有的空间形态，遗产地总体格局得以基本维持不变。但是，商业化程度越高对遗产地空间形态影响越大，成规模片区开发模式比小规模渐进更新模式更容易改变遗产地空间形态。

用地功能消费化具体表现为“稳中求活”的空间置换。居住生活型遗产地的原有用地功能为居住，旅游业的发展使得遗产地被纳入空间消费的轨迹中，由以原住居民为主体的居住生活空间，转变为以游客和外来经营户为主体的旅游消费空间。遗产地内的民居院落极易被改造为满足现代休闲度假旅游需求的旅游购物空间、休闲餐饮空间、住宿空间、文化体验空间、资讯空间、日用零售空间等。各类消费空间的布局与遗产地空间形态密切相关，不同类型消费空间对道路网络集成度的依赖性不同。旅游购物空间、休闲餐饮空间、日用零售空间、资讯空间对可达性要求较高，一般分布在集成度较高的道路上，形成沿主要道路两侧高密度集聚的线性分布特征。而住宿空间对可达性要求较低，一般分布在集成度较低的道路上，形成邻接次要道路或尽端道路低密度分散的面状分布特征，因此住宿空间更容易蚕食遗产地的用地空间，旅馆用地成为商业服务业设施用地的主体。总的来看，由于遗产地的建设活动和经营活动受到严格控制与管理，用地功能消费化主要是依托遗产地原有空间形态，植入满足旅游发展需求的新功能，使得遗产地总体格局能够基本维持不变。

建筑景观符号化具体表现为“稳中求新”的特色符号传承与变异。遗产地作为旅游目的地和非日常消费空间，建筑景观的使用价值被弱化，而符号价值的消费被强化。建筑景观的价值重塑，以及特色消费、体验消费、时尚消费、视觉消费等符号消费取向，使得遗产地建筑景观不断被改造和更新。为满足购物店、餐馆、酒吧、客栈等新功能的需求，遗产地民居建筑内部空间被重构，从以家庭为核心的生活空间演变为以游客为中心的消费空间，传统院落形式也因此被简化。为刺激游客的视觉消费，不同功能的建筑被添加上差异化的色彩装饰。为迎合当代消费文化潮流和游客消费需求，建筑的屋顶、外墙、门窗、天井等外部装饰被创造性修改，形成现代与古老、时尚与传统、全球化与地方化相互杂糅的建筑外部装饰特征。遗产地内充斥着采用传统材料和传统工艺改建的传统风格新建筑，以及采用新材料和新工艺修建的仿传统风格现代建筑，遗产地建筑原汁原味的传统风貌正逐渐演变成为新传统风格，表现出既要保持传统建筑特色符号，又要迎合符号消费取向而求新、求异的特点。遗产地建筑空间肌理和整体风貌得以基本维持不变，但建筑具体的院落形式、内部空间、立面色彩、外部装饰被部分创新与改变。

9.1.3　遗产地文化景观生产的模型

旅游挤出效应下的遗产地文化景观生产在本质上是权力和资本作用下的景观价值转化过程（图 9-1）。在旅游开发之前，居住生活型遗产地的文化景观价值主要表现为使用价值和文化价值。使用价值是遗产地文化景观的基础价值，延续原有使用功能是居住生活型遗产地的突出特点；文化价值是遗产地文化景观的核心价值，也是遗产地保护的重要内容，具有杰出和独特的文化价值是居住生活型遗产地的遴选标准。在旅游开发之后，居住生活型遗产地的空间资本化和文化资本化使得文化景观具有了交换价值和符号价值，以实现资本增殖的目标和满足景观消费的需求，由此形成了使用价值、文化价值、交换价值、符号价值“四位一体”的遗产地文化景观价值体系。

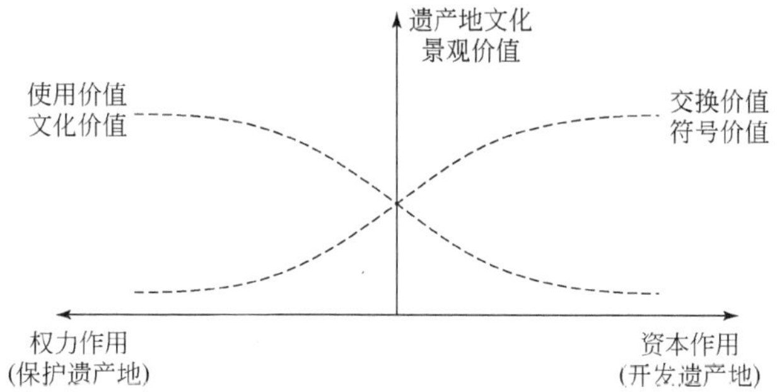

图 9-1　遗产地文化景观生产模型

使用价值与交换价值、文化价值与符号价值是两对具有相反关系的价值。在旅游挤出效应下的遗产地文化景观生产过程中，使用价值弱化、交换价值凸显，文化价值弱化、符号价值凸显。权力和资本是控制遗产地文化景观价值转化的一对作用力。政府是遗产地文化景观生产的权力核心，也是遗产地保护的责任主体，因此以政府为核心的权力作用应当主要是保护遗产地，而资本增殖的目标决定了资本作用主要是开发遗产地。当保护遗产地的权力作用很大时，政府将保护遗产地的目标远远置于增加财政收入的目标之上，遗产地文化景观原有的使用价值和文化价值能够得到完整的保护和延续，而交换价值和符号价值不显现。当开发遗产地的资本作用很大时，遗产地文化景观的使用价值让位于交换价值，文化价值也被完全剥离和简化为符号价值，文化遗产面临消失的危险。

在现实的遗产地文化景观生产过程中，没有开发的绝对保护和不顾保护的彻底开发均不存在，事实是权力作用与资本作用相互博弈，试图建立起遗产地保护与开发之间的平衡关系。然而，所谓的平衡并没有确定标准，不过是此消彼长的动态平衡。政府如果不依赖遗产地旅游开发来拉动地方经济增长，或者不选择土地商业化开发路径来发展遗产地旅游，就会更加注重遗产地保护，遗产地文化景观价值偏向于使用价值和文化价值，形成以保护为主兼顾开发的平衡关系，此时权力作用越强，遗产地保护程度越高。反之，政府就会与旅游企业结为增长联盟共同开发遗产地，遗产地文化景观价值偏向于交换价值和符号价值，形成以开发为主兼顾保护的平衡关系，此时资本作用越强，遗产地商业化程度越高。

权力作用与资本作用的相互制约与平衡，使得居住生活型遗产地的文化景观生产最终形成“大保护+小突破”“不变+变”的结果，保护和不变的部分主要受权力作用控制，突破和变化的部分主要受资本作用控制。

9.2 遗产地文化景观生产主体的反思

遗产地文化景观生产是社会关系的反映，体现了多元主体的利益角逐。遗产地文化景观生产的“四位一体”价值体系反映出各个利益主体对其有不同的利用意图。多元主体的不同利益诉求决定了遗产地文化景观生产的方向和结果，因此有必要对遗产地文化景观生产主体进行反思，究竟是谁的遗产，谁在生产，为谁生产。

9.2.1 谁的遗产

从文化属性来看，世界文化遗产是全人类共同的财富，人人有权利用遗产，人人有责保护遗产，尤其是遗产所在区域的本地、本民族居民，负有直接责任保护和传承祖先留下来的文化遗产。从产权属性来看，中国实行土地的社会主义公有制，政府代表国家是遗产地的土地和部分房屋的所有者；原住居民是土地的使用者和房屋的所有者，世代生活在遗产地，创造了遗产地独特的文化景观，是遗产地真正的主人。

然而在旅游挤出效应下的遗产地文化景观生产过程中，政府和原住居民为了经济利益将使用权转让给旅游企业，旅游企业为了实现资本利润又将使用权转让给旅游者。本该是遗产地主人的原住居民在文化景观生产中不断被边缘化，或主动或被动地放弃了遗产地的使用权，本地居民也从遗产继承者演变为旁观者。例如，丽江古城的原住居民将房屋一次性出租 5～10 年甚至更长，对于房屋的改造和转租漠不关心，缺乏主人意识和责任心，丽江本地居民也在享受现代生活中逐渐淡忘了保护祖先遗产的责任。与原住居民退出遗产地相对，旅游企业和旅游者入驻成为遗产地的新主人，但对他们来说遗产地文化景观不过是用于交换和消费的商品，他们很难主动担负起保护和传承文化遗产的责任。

居住生活型遗产地是本地、本民族居民的遗产，尤其是原住居民的遗产，维系原住居民与遗产地之间的密切关系是延续遗产地原有使用功能和传统文化的重要途径。原住居民主人地位的动摇甚至丧失，不利于遗产地的保护和可持续发展。

9.2.2　谁在生产

旅游挤出前，居住生活型遗产地文化景观生产的社会关系比较简单，原住居民是文化景观生产的主体，政府只起到外部控制和管理的作用。旅游挤出后，遗产地文化景观生产的社会关系变得比较复杂，政府、旅游企业、原住居民、旅游者、专家学者、地方精英等都不同程度地参与和影响着遗产地文化景观生产，但其中发挥关键作用的是旅游企业和政府，而原住居民仅提供了土地和房屋这一生产资料，专家学者和地方精英只能为政府决策提供建议，旅游者的消费偏好只能在一定程度上影响旅游企业的生产行为。

旅游企业操纵着遗产地文化景观生产的实际过程，大中型旅游企业负责对遗产地进行规模化开发和运营，小型旅游企业负责对小宗土地、单体建筑进行更新改造和经营管理。遗产地文化景观的开发、设计、使用和改造都是由旅游企业操作和实施的，遗产地的用地功能与建筑布局、形式和风格等都是由旅游企业具体确定的。政府在遗产地文化景观生产中发挥着双重作用，既要为拉动地方经济增长而默许和支持旅游企业的生产行为，又要为保护遗产地而规范和控制旅游企业的生产行为，政府与旅游企业之间形成一种微妙的合作关系。

旅游挤出效应使得旅游企业和政府分别成为遗产地文化景观的直接和间接生产者，而原住居民不仅丧失了作为遗产地主人的地位，也丧失了对遗产地文化景观生产的实际操纵能力。没有原住居民参与生产的遗产地文化景观，还能成为本地、本民族代代相传的遗产吗？

9.2.3 为谁生产

在旅游挤出效应下，旅游者成为遗产地文化景观的使用主体，旅游企业进行的遗产地文化景观生产活动都是为了创造消费，满足游客的消费需求。旅游企业的开发设计理念和旅游者的消费偏好深刻影响着文化景观产品的形象和特色，使得遗产地的本土文化景观逐渐向旅游文化景观演变，具体来讲就是从满足原住居民日常生活需求的景观，演变为满足特色消费、体验消费、视觉消费和时尚消费需求的景观。遗产地文化景观成为生产工具和消费对象，遗产地文化景观生产是为了实现旅游企业的资本利润最大化和旅游者满意度最大化。

但是，从遗产地文化景观的产权属性来看，原住居民仍然拥有遗产地的土地使用权和房屋所有权，因此旅游企业主导的遗产地文化景观生产不仅为游客创造了景观商品，也为原住居民创造了景观财产，只不过这份景观财产既不是按照原住居民的意愿生产出来的，也不能满足原住居民自身的使用需求，原住居民只是名义上的继承者，却没有真正肩负起文化遗产传承工作的责任和担当。

遗产地社区是遗产地文化景观产品的享有人，但由于遗产地文化景观生产者、使用者和所有者分属于不同主体，相互之间联系松散，所以未形成统一、整体的遗产地社区结构。生产者（旅游企业）只对使用者（旅游者）负责，不对所有者（原住居民）负责；原住居民只是单纯转让遗产地使用权，不参与遗产地文化景观生产的具体过程，不约束旅游企业和旅游者的生产和消费行为；再加上旅游企业和旅游者的频繁流动，使得社区层面的文化遗产传承主体不明确、传承责任不落实，文化遗产传承工作单方面依靠政府自上而下的控制和管理，缺乏自下而上的合作和参与，不利于遗产地文化景观延续性的保持。

9.3 遗产地文化景观生产客体的反思

在遗产地文化景观生产的多元主体影响下，尤其是在旅游企业和政府的作用下，遗产地文化景观生产的客体持续发生变化。文化遗产真正继承者原住居民在遗产地文化景观生产过程中的边缘化，以及旅游企业和旅游者对遗产地文化景观的直接生产和消费，使得建筑、园林、技艺、习俗等遗产地文化景观生产的客体，在全球化消费文化影响下产生流变，遗产地文化景观的原真性和地方性受到扰动，表现为舞台真实性的旅游文化景观。

9.3.1　原真性是什么

原真性是文化遗产保护的基本原则，早在《威尼斯宪章》（1964 年）中就提出要保存历史的原物，修复要以历史真实和可靠文献为依据，反对伪造，同时要保存完整的历史信息，保护古迹在各个时期的叠加物。《关于原真性的奈良文件》（1994 年）是讨论原真性的最重要文件，指出评价文化遗产原真性的先决条件是认识和理解文化遗产产生之初及其随后形成的特征，以及这些特征的意义和信息来源。从这两个文件可以看出，原真性并不是最初形成的真实，而是经历各个时期持续发展、不断叠加的真实，原真性本身就表明了文化遗产具有持续发展变化的内涵。尤其是对丽江古城这样的居住生活型遗产地来说，不变是相对的，变化才是永恒的，因此不能只强调特定时期历史遗存的绝对保护，而应将遗产地文化景观作为持续发展的历史过程进行保护。

Zukin（2010）认为原真性同时代表了起源和新开端，原真性的诉求既是对某个地方的特定历史时期文化意向的坚守，也是每一代人在不同时代经验下对这个地方的心理认知的反映。遗产地文化景观正是在当代人的生活经验和消费体验下，被建构出一种新式的原真性。例如，丽江古城从原有的纳西人居住家园变成现在的游客时尚消费乐园的原真性转变，往往被认为是对遗产地历史文化真实的背离和破坏，也使得遗产地陷入创造新东西与威胁旧东西之间的两难境地。

维持遗产地文化景观的原真性并不是要将其一成不变地凝固在某个历史节点，而是要承认和面对文化景观的持续发展变化。现今是否变化并不是判断原真性的依据，今天的变化是否能够衔接历史与未来才是判断原真性的依据。近年来，遗产地面临的关键问题在于，大规模旅游开发使得遗产地文化景观深受消费文化重塑，商业化和资本化建构起来的新式原真性已经威胁到遗产地文化景观的历史真实和可持续发展。

9.3.2　地方性还是全球性

文化景观是反映一个地区基本特征的自然与人文因素的复合体，是地方性的重要表征，而遗产地文化景观杰出的普遍价值更是在于它成为某一地理区域、文化特征的代表，是在自然环境条件约束和社会文化力量影响下形成的地方性证据，因此维持遗产地文化景观地方性是遗产地保护的重要内容。但是，在消费社会的背景下，全球化消费文化的影响使得遗产地文化景观逐渐表现出全球性，景观同质化现象日益突出，景观差别化特征被削弱。地方性与全球性是一组相反的概念，地方性表明了遗产地文化景观区别于其他地区的差异化和多样化属性，全球性则表现为全球化影响下的同一化和同质化倾向。

在旅游挤出效应下的遗产地文化景观生产过程中，遗产地文化景观生产主体对传统文化的理解和对消费文化的认同，是导致遗产地文化景观的地方性被全球性冲击的重要原因。生产者（旅游企业）和消费者（旅游者）不具备地方性知识，不能完全理解传统文化，却容易对全球化消费文化产生认同。旅游企业创造消费和旅游者体验消费的行为直接造成了遗产地文化景观的同质化改变，相似的旅游业态和旅游商品出现在国内各个遗产地，相似的建筑材料和建造技术被用于遗产地的更新改造，相似的审美取向和设计理念指导着遗产地的建筑和园林景观设计。原住居民的边缘化也是造成遗产地文化景观的地方性被削弱的重要原因。原住居民虽然具备地方性知识，能够理解传统文化，却没能承担起维护遗产地文化景观地方性的责任。另外，年轻一代原住居民受现代消费文化熏陶，也越来越缺乏对文化遗产的理解和尊重。

地方性是遗产地文化景观的重要特质，全球性是当代消费文化给遗产地文化景观带来的新变化，这种变化是随着遗产地社会关系的改变而发生的。地方性的维护与坚守，需要遗产地社区的群体成员充分理解地方性知识和尊重传统文化。

9.3.3 旅游文化景观能否持续

在旅游开发的背景下，遗产地文化景观的发展变化与以往大不相同，文化景观不是简单地在自然景观之上叠加人类活动的结果而形成的空间表象，文化景观本身已深度参与旅游开发的全过程，既是生产工具也是消费对象，既是旅游吸引物也是旅游产品。遗产地文化景观在旅游开发影响下演变成为实现企业经济利益、满足游客消费需求的旅游文化景观。过去以原住居民为生产主体，满足原住居民使用需求的文化景观生产模式被改变，转而形成旅游企业和旅游者主导的旅游文化景观生产与消费模式。

遗产地旅游文化景观生产所带来的商业化和文化变迁，使得遗产地文化景观的可持续性受到威胁，而影响旅游文化景观可持续发展的主要因素包括生产理念的非地方性和生产主体的不稳定性。首先，与以往根植于日常生活的文化景观生产不同，旅游文化景观生产服务于非日常的旅游活动，其生产理念是在遵循全球化消费文化的时尚和潮流、遵循旅游企业和游客的价值诉求和审美取向的前提下，对遗产地传统文化景观进行舞台化的转译和再现。地方性元素成为旅游文化景观的特色装饰品，现代性生活才是其实际内容。旅游生活是临时、短暂和多变的，也是与地方日常生活相脱离的，不利于遗产地文化景观地方性的延续。其次，旅游文化景观的生产主体旅游企业具有很强的流动性，尤其是客栈、餐厅、酒吧等小型旅游企业，为追求短期经济利益，普遍存在频繁转租商铺的投机行为，旅游遗产地的生命周期规律也会促使旅游企业的转移。企业和资本流动引起遗产地的地租上涨、生产成本增加、生产利润减少，影响旅游文化景观生产的持续性。同时，旅游文化景观生产主体的变换往往伴随着遗产地建筑的重新利用和更新改造，以及广场、水系、绿地等景观的重新设计和改造，不利于旅游文化景观自身的持续发展。

国内学者针对旅游影响下的遗产地文化景观持续性通常持有两种观点，一种观点认为旅游开发会破坏遗产地文化景观的原真性，阻碍文化景观的持续发展；另一种观点认为旅游能够活化遗产地文化景观，推动遗产地文化景观的持续发展。在经济发展的利益驱使下，如果难以避免遗产地被纳入旅游文化景观生产的逻辑中，那么努力寻求遗产地旅游的可持续发展路径，保证遗产地文化景观的延续性则是更为理性的选择。

9.4　遗产地文化景观生产的路径选择

就目前国内以丽江古城为代表的居住生活型遗产地而言，旅游挤出效应下的文化景观生产过程中普遍存在原住居民生产主体地位缺失、地方文化景观的消费化与同质化倾向、自上而下遗产地管理模式的执行效果不理想等问题，亟待树立文化保护与地方可持续发展相衔接的理念，选择科学合理的发展路径，促进遗产地文化景观生产的良性循环。

9.4.1　依靠原住居民自觉与新居民自律

对居住生活型遗产地而言，社区居民的文化觉醒是维持遗产地文化景观持续性的重要途径。在旅游挤出效应下，遗产地由居住社区演变为旅游社区，原住居民与遗产地的联系逐渐疏离，但仍保持着与遗产地的产权关系，外来经营者成为遗产地新居民。据调查，丽江古城内约 90%的经营者为外地人，仅有约 10%的经营者为本地人。原住居民和新居民共同构成遗产地社区主体，因此遗产地文化景观的保护与传承必须依靠原住居民的自觉和新居民的自律。

原住居民是文化遗产的真正继承者，具备地方性知识的底蕴和传统文化的根基。但在旅游挤出效应下，原住居民受经济利益诱惑而放弃主人的权力和责任，没有应用地方性知识影响和参与遗产地文化景观生产的具体建设活动，未能在文化遗产保护中发挥积极作用。另外，随着现代生活的发展，越来越多的原住居民，尤其是年轻人逐渐淡忘了祖先留下来的文化遗产，出现文化断代的危机。因此，唤醒原住居民的文化自信和主人意识，促进原住居民自觉参与文化景观生产过程是非常必要的。首先，加大宣传教育的力度，号召原住居民重返家园和关爱家园，组织原住居民，尤其是年轻人学习传统文化，培养原住居民的主人翁意识；其次，通过制度设计推动原住居民积极参与遗产地文化景观生产的具体实践环节，改变原住居民将房屋出租后不闻不问的消极状态，激发原住居民传承文化遗产的主动性和责任心；最后，开展原住居民志愿者活动，如讲解遗产地文化、举行文化展演、服务日常管理等，促使原住居民自愿参与遗产地文化保护与传承。

新居民是文化遗产的实际使用者，直接参与遗产地文化景观生产的具体建设和经营活动，但却不具备地方性知识底蕴和传统文化根基。新居民的生产行为往往只为获取商业利润，忽视文化保护与传承，是以满足旅游者消费需求为导向对遗产地文化景观进行商业化重塑。因此，敦促新居民约束自己的生产行为，自觉维护遗产地文化景观的持续发展是非常必要的。首先，加强文化宣传，促使新居民了解和掌握遗产地传统文化的基本知识，并逐步建立起文化认同感，自觉尊重遗产地文化景观的历史成就；其次，加强遗产地保护管理制度和规范的解释工作，使新居民深入理解管理规定的内涵和意图，并在具体的遗产地文化景观生产环节中自觉应用所学的地方性知识，更加有效地执行管理规定，避免有损遗产地文化景观持续性的生产行为；最后，建立原住居民与新居民之间、新居民相互之间沟通联系的平台，增强新居民的归属感，使其逐步融入当地社会，自愿承担保护文化遗产的社会责任。

9.4.2　创造基于地方性的文化体验

受全球化消费文化影响，遗产地文化景观的地方性被削弱，表现出现代化、同质化、时尚化的全球性特征。形成这种状态的主要原因之一是各个居住生活型遗产地的旅游产品设计和商业开发模式非常相似，都是以观光、休闲、度假旅游为内容的购物店、酒吧、餐厅、客栈（民宿）等商业业态开发。如果在旅游影响下，遗产地文化景观生产的目的是创造消费满足游客体验，那么创造基于地方性的文化体验可能是协调文化遗产保护与商业开发的一条有效路径。

文化体验是遗产地旅游开发的重要内容，相似的旅游产品和商业业态开发应该注重地方文化的展示和体验，以避免遗产地文化景观生产的同质化倾向。在观光旅游主导下，遗产地商业化开发程度一般不高，游客通过观看遗产地风貌和原住居民生活来体验地方文化。这种体验的参与度较低，体验效果主要依赖游客的文化素养、认知水平和理解力。此时，遗产地文化景观生产着眼点在于保存原汁原味的景观风貌和生活情境，遗产地可以打造代表性景点和少量商业设施作为文化展示窗口，但应严格控制更新改造的规模，做到基本不扰动遗产地原有的文化景观状态。

在休闲度假旅游主导下，遗产地商业化开发程度显著增强，游客不只是观看，而是进一步通过生活在遗产地中来亲身体验地方文化。这种体验的参与度较高，体验效果不仅依赖游客的认知，也依赖于借助遗产地更新改造而生产出来的游客生活空间。此时，遗产地文化景观生产应注意以下几点：第一，尽量减少更新改造对遗产地原有文化景观状态的扰动，杜绝短期利益驱动下的粗制滥造行为，实施尊重地方文化、着眼长远发展的良心工程；第二，塑造多样化的游客生活空间，控制购物店、酒吧、餐厅、客栈的数量和规模，保留一定比例的原住居民生活空间，增加体验地方文学、艺术、服饰、婚俗、节庆、手工艺等的文化展示点，完善遗产地文化解说系统；第三，注重商业业态的差异化和本土化发展，从建筑设计、室内装修、商品销售、服务提供等方面营造具有遗产地本土特色的商业氛围，通过扶持传统手工业和发展文化创意产业来开发具有地方特色的商品，鼓励原住居民参与旅游经营活动，鼓励外来经营者学习地方文化，借助人的本土化来实现商业的本土化。

丽江古城为了缓解文化与商业的矛盾，以及宣传传统纳西文化，打造了纳西人家、天地院、雪山书院、纳西喜院、方国瑜故居、纳西象形文字绘画体验馆、“手道丽江”民间手工艺术馆、丽江古城历史文化展示馆等文化展示点，并计划开发“丽江有礼”特色店，销售真正的丽江乡土商品，而不是非洲鼓、披肩等所谓的特色商品。这些做法探索了纳西文化体验产品的创造，有助于改变丽江古城商业开发的同质化倾向。

9.4.3　探索适应性共同管理模式

以丽江古城为代表的居住生活型遗产地是一个包含社会、经济、文化环境的复杂系统，并在不断使用和持续变化中表现出明显的动态性和不确定性。在这点上，居住生活型遗产地与自然保护地基本相似，都是具有不确定性的动态变化的复杂系统，因此居住生活型遗产地可以借鉴自然资源保护管理实践中运用的适应性共同管理模式，进行动态、适应、学习、协同的管理，从而兼顾文化保护、资源可持续利用和地方经济发展。适应性共同管理包含了适应性动态学习、管理权利与责任共享两方面的内容，既强调边干边学，在管理政策执行过程中不断学习和改进、实时监控和调整，又强调利益相关者共享权利和责任，共同决策、解决冲突或管理（郑月宁等，2017）。适应性共同管理过程是一种螺旋式上升的管理循环，包括问题界定、方案设计、执行、监测、评估、管理改进 6 个环节（徐广才等，2013）。

居住生活型遗产地的文化景观生产是由包括政府、旅游开发商、旅游经营商、原住居民、旅游者、专家学者、地方精英在内的多元利益主体共同推动的复杂行为。在遗产地文化景观生产过程中，景区与社区、文化与商业矛盾突出，公共利益与个人利益相互交织，行政力量与市场力量相互博弈，遗产地保护管理政策的执行效果充满不确定性，单方向自上而下的管理方式不易调动原住居民和新居民主动积极地保护文化遗产。借鉴适应性共同管理模式，居住生活型遗产地保护管理的新模式可从以下几方面进行探索：第一，制定动态管理框架。与直接采用行政命令的传统管理模式不同，适应性共同管理模式是根据文化遗产变化及时调整策略的动态管理模式，可通过制定 6 个环节的动态管理框架，促使管理者在政策执行中不断总结和学习，并改进管理方案。第二，创新学习型组织方式。管理机构应加强遗产地实时监测和评估以便及时反映遗产地变化，并允许利益相关者共同承担管理责任，通过利益相关者的相互合作与学习及时适应文化遗产和社会需求认识上的变化，从而建立起一种以学习为中心的动态、持续、自组织管理机制。第三，搭建公众参与平台。公众参与能为适应性共同管理提供社会基础，有利于在决策过程中综合考虑各种利益关系，并做出评价与权衡。以原住居民和新居民为主体的遗产地社区居民是公众参与的主要对象，搭建“社区居民-管理者（决策者）-专家学者”互动式参与平台有助于充分发挥公众在文化遗产保护中的作用。

丽江市为协调丽江古城景区和社区的矛盾，从顶层设计上进行体制改革，采取了由古城区区委书记任世界文化遗产丽江古城保护管理局党组书记，古城区区长任世界文化遗产丽江古城保护管理局局长和党组副书记，世界文化遗产丽江古城保护管理局常务副局长兼任古城区区委副书记等改革措施，实施景区和社区统一管理。同时，丽江古城保护管理局还建设了丽江古城数字管理指挥平台，实时监测遗产地的动态变化。在此基础上，管理体制改革可进一步探索建立适应性共同管理模式，由利益相关者共同承担管理责任，通过管理者、专家和社区居民的合作，管理者能够不断学习和改进管理策略。

参考文献

安德森，多莫什，派尔，等. 2009. 文化地理学手册[M]. 李蕾蕾，张锦秋，译. 北京：商务印书馆.

包亚明. 2001. 后现代性与地理学的政治[M]. 上海：上海教育出版社.

包亚明. 2003. 现代性与空间的生产[M]. 上海：上海教育出版社.

鲍梓婷，周剑云. 2015. 英国景观特征评估概述：管理景观变化的新工具[J]. 中国园林，31（3）：46-50.

波德里亚. 2006. 消费社会[M]. 刘成富，全志钢，译. 南京：南京大学出版社.

车亮亮，韩雪，李悦铮，等. 2017. 近代建筑文化景观形成演化与旅游开发研究：以大连旅顺太阳沟为例[J]. 世界地理研究，26（5）：157-165.

车亮亮，李悦铮，韩雪. 2012. 近代城市历史文化街区文化景观演变研究：以大连旅顺太阳沟为例[J]. 人文地理，27（5）：30-35.

陈桔. 2006. 丽江的城市开发与遗产保护[D]. 昆明：昆明理工大学.

陈耀华，妙关素. 2016. 文化景观的内涵与要素：以普洱景迈山古茶林为例[J]. 中国园林，32（11）：94-98.

陈英瑾. 2012. 风景名胜区中乡村类文化景观的保护与管理[J]. 中国园林，28（1）：102-104.

陈致敏，余斌，肖绚. 2015. 景德镇陶瓷文化景观变迁中的人地关系和文化认同[J]. 陶瓷学报，36（4）：437-442.

陈宗海，李福宝. 1964. 丽江府志（光绪）[M]. 昆明：云南大学出版社.

段松廷. 2002. 从“丽江现象”到“丽江模式”[J]. 规划师，18（6）：54-57.

房艳刚，刘继生. 2009. 集聚型农业村落文化景观的演化过程与机理：以山东曲阜峪口村为例[J]. 地理研究，28（4）：968-978.

高峰. 2010. 城市空间生产的运作逻辑：基于新马克思主义空间理论的分析[J]. 学习与探索，（1）：9-14.

顾彼得. 2007. 被遗忘的王国：丽江 1941—1949 [M]. 李茂春，译. 云南：云南人民出版社.

桂榕，吕宛青. 2013. 民族文化旅游空间生产刍论[J]. 人文地理，28（3）：154-160.

郭大烈，和志武. 1994. 纳西民族史[M]. 成都：四川民族出版社.

郭家骥. 2010. 云南民族关系调查研究[M]. 北京：中国社会科学出版社.

郭凌，王志章，陈丹丹. 2016. 旅游影响下城市历史街区的空间再生产研究：基于列斐伏尔空间生产理论视角[J]. 四川师范大学学报（社会科学版），43（4）：53-60.

郭凌，王志章. 2014. 空间生产语境下的城市文化景观失忆与重构[J]. 云南民族大学学报（哲学社会科学版），31（2）：35-41.

郭文，王丽. 2015. 文化遗产旅游地的空间生产与认同研究：以无锡惠山古镇为例[J]. 地理科学，35（6）：708-716.
哈维. 2003. 后现代的状况[M]. 阎嘉，译. 北京：商务印书馆.
哈维. 2014. 叛逆的城市：从城市权利到城市革命[M].叶齐茂，倪晓晖，译. 北京：商务印书馆.
何鹤鸣. 2012. 增长的局限与城市化转型：空间生产视角下社会转型、资本与城市化的交织逻辑[J]. 城市规划，36（11）：91-96.
何金廖，宗跃光，张雷. 2000. 湘中丘陵地区乡村文化景观的演化及其机理分析[J]. 南京师大学报（自然科学版），30（4）：94-98.
胡海胜，唐代剑. 2006. 文化景观研究回顾与展望[J]. 地理与地理信息科学，22（5）：95-100.
胡志强，段德忠，曾菊新. 2013. 基于空间生产理论的商业文化街区建设研究：以武汉市楚河汉街为例[J]. 城市发展研究，20（12）：116-121.
季松，段进. 2012. 空间的消费：消费文化视野下城市发展新图景[M]. 南京：东南大学出版社.
江金波. 2003. 宁夏区域西夏建筑文化景观及其开发利用[J]. 资源开发与市场，19（1）：46-49.
姜文锦，陈可石，马学广. 2011. 我国旧城改造的空间生产研究：以上海新天地为例[J]. 城市发展研究，18（10）：84-89.
蒋高宸. 1997. 丽江：美丽的纳西家园[M]. 北京：中国建筑工业出版社.
角媛梅，肖笃宁，郭明. 2003. 景观与景观生态学的综合研究[J]. 地理与地理信息科学，19（1）：91-95.
金其铭，董新. 1987. 人文地理学导论[M]. 南京：江苏教育出版社.
卡斯特. 2006. 网络社会的崛起[M]. 夏铸九，译. 北京：社会科学文献出版社.
李凡，朱竑，黄维. 2010. 从地理学视角看城市历史文化景观集体记忆的研究[J]. 人文地理，25（4）：60-66.
李飞. 2011. 基于乡村文化景观二元属性的保护模式研究[J]. 地域研究与开发，30（4）：85-88.
李建华，米文宝，冯翠月，等. 2011. 基于 GIS 的宁夏中卫县地名文化景观分析[J]. 人文地理，26（1）：100-104.
李鹏，张小敏，陈慧. 2014. 行动者网络视域下世界遗产地的空间生产：以广东开平碉楼与村落为例[J]. 热带地理，34（4）：429-437.
李鹏. 2003. 旅游业生态效率[M]. 北京：科学出版社.
李王鸣，楼铱，刘吉平. 2010. 城镇文化景观特色分析与保护思路探讨：以浙江省景宁畲族自治县为例[J]. 华中建筑，28（7）：124-126.
李旭旦. 1984. 人文地理学[M]. 上海：中国大百科全书出版社.
李悦铮，俞金国，付鸿志. 2003. 我国区域宗教文化景观及其旅游开发[J]. 人文地理，17（3）：60-63.
丽江纳西族自治县志编纂委员会. 2001. 丽江纳西族自治县志[M]. 昆明：云南人民出版社.

联合国教科文组织世界遗产中心，国际古迹遗址理事会，国际文物保护与修复研究中心，等. 2007. 国际文化遗产保护文件选编[M]. 北京：文物出版社.
梁增贤，保继刚. 2015. 文化转型对地方意义流变的影响：以深圳华侨城空间文化生产为例[J]. 地理科学，35（5）：544-550.
林奇.1990. 城市的印象[M]. 项秉仁，译. 北京：中国建筑工业出版社.
刘沛林，刘春腊，邓运员，等. 2011. 我国古城镇景观基因“胞—链—形”的图示表达与区域差异研究[J]. 人文地理，26（1）：94-99.
刘沛林. 2003. 古村落文化景观的基因表达与景观识别[J]. 衡阳师范学院学报，24（4）：1-8.
刘庆友，杨达源，任黎秀，等. 2005. 庐山文化景观可持续发展研究[J]. 东南大学学报（哲学社会科学版），7（1）：78-81.
刘夏蓓. 2009. 传统社会结构与文化景观保护：三十年来我国古村落保护反思[J]. 西北师大学报（社会科学版），46（2）：118-122.
刘之浩，金其铭. 1999. 试论乡村文化景观的类型及其演化[J]. 南京师大学报（自然科学版），22（4）：120-123.
洛克. 1999. 中国西南古纳西王国[M]. 刘宗岳，译. 云南：云南美术出版社.
马秋穗. 2010. 符号想像与表征：消费理论视阈下的古镇景观生产[J]. 社会科学家，(10)：85-87，94
马斯诺. 2013. 动机与人格[M]. 许金声等，译. 北京：中国人民大学出版社.
马学广，王爱民，闫小培. 2009. 基于增长网络的城市空间生产方式变迁研究[J]. 经济地理，29（11）：1827-1832.
米什金. 1998. 货币金融学[M]. 李杨，译. 北京：中国人民大学出版社.
纳麒，李世碧. 2009. 丽江之路：丽江市改革开放三十年经济社会可持续发展研究[M]. 北京：红旗出版社.
钱尼. 2004. 文化转向：当代文化史概览[M]. 戴从容，译. 南京：江苏人民出版社.
阮仪三，袁菲. 2008. 江南水乡古镇的保护与合理发展[J]. 城市规划学刊，(5)：52-59.
阮仪三，袁菲. 2010. 迈向新江南水乡时代：江南水乡古镇的保护与合理发展[J]. 城市规划学刊，(2)：35-40.
单霁翔. 2010a. 从“文化景观”到“文化景观遗产”（上）[J]. 东南文化，(2)：7-18.
单霁翔. 2010b. 从“文化景观”到“文化景观遗产”（下）[J]. 东南文化，(3)：7-12.
上海同济规划设计研究院. 2012. 世界文化遗产丽江古城保护规划（2012）[Z]. 上海同济城市规划设计研究院.
盛强，杨滔，刘宁，等. 2014. 目的性与选择性消费的空间诉求：对王府井地区及 3 个案例建筑的空间句法分析[J]. 建筑学报，(6)：98-103.
石崧，宁越敏. 2005. 人文地理学“空间”内涵的演进[J]. 地理科学，25（3）：340-345.
史艳慧，代莹，谢凝高. 2014. 文化景观：学术溯源与遗产保护实践[J]. 中国园林，(11)：78-81.

孙根紧，郭凌. 2015. 文化景观、非物质文化遗产与旅游空间生产：基于都江堰放水节的景观生产路径分析[J]. 贵州民族研究，36（6）：157-161.
孙江. 2007. 当代中国空间生产的现实语境及其矛盾分析[J]. 苏州大学学报（哲学社会科学版），28（3）：12-15.
孙江. 2008. “空间生产”：从马克思到当代[M]. 北京：人民出版社.
汤茂林，金其铭. 1998. 文化景观研究的历史和发展趋向[J]. 人文地理，（2）：45-49.
汤茂林，汪涛，金其铭. 2000. 文化景观的研究内容[J]. 南京师大学报（自然科学版），23（1）：111-115.
汤茂林. 2000. 文化景观的内涵及其研究进展[J]. 地理科学进展，19（1）：70-79.
唐旭昌. 2014. 大卫·哈维城市空间思想研究[M]. 北京：人民出版社.
托夫勒. 2006. 未来的冲击[M]. 蔡伸章，译. 北京：中信出版社.
王超，王志章. 2012. 城市旅游文化景观失忆的对策研究：以重庆市为例[J]. 四川师范大学学报（社会科学版），39（5）：116-123.
王恩涌. 1992. 文化地理学导论[M]. 北京：高等教育出版社.
王丰龙，刘云刚. 2011. 空间的生产研究综述与展望[J]. 人文地理，26（2）：4.
王曼曼，张敏. 2017. 表演性视角下音乐节的空间生产：以太湖迷笛音乐节为例[J]. 地理研究，36（2）：294-306.
王宁. 2001. 消费社会学：一个分析的视角[M]. 北京：社会科学文献出版社.
王云才，石忆邵，陈田. 2009. 传统地域文化景观研究进展与展望[J]. 同济大学学报（社会科学版），20（1）：18-24.
王云才，史欣. 2010. 传统地域文化景观空间特征及形成机理[J]. 同济大学学报（社会科学版），21（1）：31-38.
王云才. 2011. 基于景观破碎度分析的传统地域文化景观保护模式[J]. 地理研究，30（1）：10-21.
魏皓严，许靖涛. 2010. 旅游小城镇传统空间景观风貌的“布景式”认知：从“空间生产”的视角出发[J]. 室内设计，（2）：8-14，17.
魏开，许学强. 2009. 城市空间生产批判：新马克思主义空间研究范式述评[J]. 城市问题，（4）：83-87.
吴宁. 2007. 日常生活批判：列斐伏尔哲学思想研究[M]. 北京：人民出版社.
吴忠军，吴少峰，黄梅芳. 2013. 苗族旅游村落文化景观变迁的驱动力：以贝江景区的勾滩屯为例[J]. 桂林理工大学学报，33（1）：184-190.
希列尔. 2008. 空间是机器：建筑组构理论[M]. 杨滔，张佶，王晓京，译. 原著第3版. 北京：中国建筑工业出版社.
向岚麟，吕斌. 2010. 新文化地理学视角下的文化景观研究进展[J]. 人文地理，25（6）：7-13.
肖笃宁，李秀珍. 1997. 当代景观生态学的进展和展望[J]. 地理科学，17（4）：356-364.

肖笃宁，钟林生. 1998. 景观分类与评价的生态原则[J]. 应用生态学报，9（2）：217-221.
肖庆华，潘纯琳. 2012. 都市文化景观的空间生产：以“文殊坊”为例[J]. 中国西部科技，11（12）：54-56.
熊星，唐晓岚，刘澜，等. 2017. 风景名胜区乡村文化景观管理数据库平台建构策略[J]. 南京林业大学学报（自然科学版），41（5）：99-106.
徐广才，康慕谊，史亚军. 2013. 自然资源适应性管理研究综述[J]. 自然资源学报，28（10）：1797-1807.
徐健. 2006. 作为消费品的建筑：消费时代的当代时尚品牌专卖店研究[D]. 上海：同济大学建筑与城市规划学院.
许振晓. 2014. 世界文化景观遗产地旅游者地方依恋构成及影响因素：以西湖风景名胜区为例[J]. 杭州师范大学学报（自然科学版），13（3）：313-320.
亚当·斯密. 2011. 国富论[M]. 谢宗林，李华夏，译. 北京：中央编译出版社.
杨福泉. 2009. 纳西学研究论文集第一辑[M]. 昆明：云南人民出版社.
杨桂华，钟林生，明庆忠. 2000. 生态旅游[M]. 北京：高等教育出版社.
杨海潮. 2009. 丽江古城及其形象的形成与变迁[J]. 西南民族大学学报（人文社会科学版），（11）：44-51.
杨世光. 2001. 丽江史话[M]. 昆明：云南人民出版社.
杨希. 2014. 文化景观“自力”的激发与乡村地权[J]. 风景园林，（2）：156-157.
杨一奔，段松廷. 2005.“世界文化遗产”丽江古城现状调查[M]//杨福泉. 策划丽江——旅游和文化篇. 北京：民族出版社.
杨宇振，覃琳. 2009. 拼贴历史街区磁器口：空间的生产、 去地方化与生活状态[J]. 建筑师，（4）：20-26.
杨宇振. 2009. 权力、资本与空间：中国城市化 1908—2008 年——写在《城镇乡地方自治章程》颁布百年[J]. 城市规划学刊，（1）：62-73.
姚圣，车乐. 2018. 基于形态区域的景观管理方法及其在历史城镇保护中的应用[J]. 城市发展研究，25（2）：38-47.
叶超，柴彦威，张小林. 2011. “空间的生产”理论、研究进展及其对中国城市研究的启示[J]. 经济地理，31（3）：409-413.
叶妍君，李仁杰，傅学庆，等. 2012. 基于数字高程模型的旅游地文化景观语义感知分析：以清西陵选址文化为例[J]. 地球信息科学学报，14（5）：576-583.
殷洁，罗小龙. 2012. 资本、权力与空间：“空间的生产”解析[J]. 人文地理，（2）：12-16.
于洪. 2008. 丽江古城形成发展与纳西族文化变迁[M]. 北京：现代教育出版社.
于崧，张翼飞，王崑，等. 2011. 再现与传承：基于非物质文化景观的区域旅游开发——以龙镇《红灯记》文化旅游区为例[J]. 生态经济，（10）：133-140.

俞孔坚，李迪华. 2003. 城市景观之路：与市长们交流[M]. 北京：中国建筑工业出版社.
俞孔坚，王志芳，黄国平. 2005. 论乡土景观及其对现代景观设计的意义[J]. 华中建筑，23（4）：123-126.
俞孔坚. 1998a. 理想景观探源：风水与理想景观的文化意义[M]. 北京：商务印书馆.
俞孔坚. 1998b. 景观：文化、生态与感知[M]. 北京：科学出版社.
云南省城乡规划设计研究院. 1995. 丽江城市总体规划（1995—2015）[Z]. 云南省城乡规划设计研究院.
云南省城乡规划设计研究院. 1997. 丽江古城保护详细规划（1997）[Z]. 云南省城乡规划设计研究院.
云南省城乡规划设计研究院. 2004. 丽江城市总体规划（2004—2020）[Z]. 云南省城乡规划设计研究院.
云南省城乡规划设计研究院. 2010. 丽江城市总体规划（2010—2030）[Z]. 云南省城乡规划设计研究院.
翟向坤，郭凌，张晓，等. 2017. 旅游空间生产语境下的乡村文化景观失忆与重构研究：以成都市红砂村乡村旅游发展为例[J]. 湖北民族学院学报（哲学社会科学版），35（2）：101-105.
张京祥，邓化媛. 2009. 解读城市近现代风貌型消费空间的塑造：基于空间生产理论的分析视角[J]. 国际城市规划，24（1）：43-47.
张品. 2012. 空间生产理论研究述评[J]. 社科纵横，（8）：82-84.
张晓虹，孙涛. 2011. 城市空间的生产：以近代上海江湾五角场地区的城市化为例[J]. 地理科学，31（10）：1181-1188.
张愚，王建国. 2004. 再论“空间句法”[J]. 建筑师，（3）：33-44.
张愚. 2004. 基于可见性的空间及其构形分析[D]. 南京：东南大学.
张子凯. 2007. 列斐伏尔《空间的生产》述评[J]. 江苏大学学报（社会科学版），9（5）：10-14.
赵亮，陈蔚镇. 2017. 景观空间生产研究：逻辑、机制与实践[J]. 中国园林，33（3）：39-44.
赵斯羽. 2017. 青岛基督教建筑文化遗产的空间生产机制[J]. 文化遗产，（4）：96-101.
郑晓祥，封秀玉，郑伯红. 2003. 论区域文化景观的旅游开发：以湖南名人名胜资源为例[J]. 邵阳学院学报（社会科学版），2（5）：133-135.
郑月宁，贾倩，张玉钧. 2017. 论国家公园生态系统的适应性共同管理模式[J]. 北京林业大学学报（社会科学版），16（4）：21-26.
郑震. 2011. 列斐伏尔日常生活批判理论的社会学意义：迈向一种日常生活的社会学[J]. 社会学研究，（3）：191-217.
中共中央马克思恩格斯列宁斯大林著作编译局. 1995. 列宁选集[M]. 第2卷. 北京：人民出版社.
中共中央马克思恩格斯列宁斯大林著作编译局. 1995. 马克思恩格斯选集[M]. 第1卷. 北京：人民出版社.

周年兴，俞孔坚，黄震方. 2006. 关注遗产保护的新动向：文化景观[J]. 人文地理，91(5)：61-65.

周小棣，沈旸，肖凡. 2011. 从对象到场域：一种文化景观的保护与整合策略[J]. 中国园林，27（4）：4-9.

朱良文. 2005. 丽江古城与纳西族民居[M]. 昆明：云南科技出版社.

庄璐. 2012. 文化景观方法论引导下的古城旅游开发思路[J]. 学术探索，（7）：114-116.

庄友刚，仇善章. 2013. 资本空间化与空间资本化：关于空间生产的现代性和后现代性话语[J]. 山东社会科学，（2）：35-39.

庄友刚. 2012a. 何谓空间生产?关于空间生产问题的历史唯物主义分析[J]. 南京社会科学，(5)：36-42.

庄友刚. 2012b. 空间生产与当代马克思主义哲学范式转型[J]. 学习论坛，28（8）：62-66.

宗跃光. 1993. 城市景观规划的理论和方法[M]. 北京：中国科学技术出版社.

PETERS H A. 2001.丽江利用旅游业促进文化遗产保护的个案研究[M]. 张文力, 译//杨慧, 陈志明, 张展鸿. 旅游、人类学与中国社会. 昆明: 云南大学出版社.

ADERHOLD P. 1995. European Holiday Markets[R]. Copenhagen：An Analysis by the Danish Tourist Board.

AGNOLETTI M. 2014. Rural landscape，nature conservation and culture：Some notes on research trends and management approaches from a （southern） European perspective[J]. Landscape & Urban Planning，126（3）：66-73.

BANERJEE R，SRIVASTAVA P K. 2013. Reconstruction of contested landscape：Detecting land cover transformation hosting cultural heritage sites from Central India using remote sensing[J]. Land Use Policy，34（12）：193-203.

BEZA B B. 2010. The aesthetic value of a mountain landscape：A study of the Mt. Everest Trek[J]. Landscape & Urban Planning，97（4）：306-317.

BODA C S. 2017. The politics of landscape production in the history of development along Florida's Atlantic coast[J]. Landscape Research，42（4）：1-14.

CALETRÍO J. 2011. Tourism，landscape change and critical thresholds[J]. Annals of Tourism Research，38（1）：313-316.

CASTELLS M. 1977. The Urban Question: A Marxist Approach[M]. London: Edward Arnold.

CASTELLS M. 1985. The City and the Grassroots[M]. California：University of California Press.

COSGROVE D，JACKSON P. 1987. New directions in cultural geography[J]. Area，19(2)：95-101.

COSGROVE D. 1984. Social Formation and Symbolic Landscape[M]. London：Groom Helm.

CROMPTON J L. 1979. Motivations for pleasure vacation[J]. Annals of Tourism Research，6（4）：408-424.

DANIELS S. 1989. Marxism，culture and the duplicity of landscape[M]// Peet R, Thrift N. New

Models in Geography，vol 2. London：Unwin Hyman：196-220.

DAUGSTAD K. 2008. Negotiating landscape in rural tourism[J]. Annals of Tourism Research，35（2）：402-426.

DE BLIJ H J，MULLER P O. 1986. Human Geography：Culture，Society and Space[M]. New York：John Wiley and Sons.

DODGE S D. 1931. The Sequent Occupance on an Illinois Prairie[M]. Pennsylvania：Bulletin of the Geographical Society on Philadelphia.

DOUGLAS M，Isherwood B. 1980. The World of Goods[M]. Harmodsworth：Penguim.

DUNCAN J. 1995. Landscape geography，1993-94[J]. Progress in Human Geography，19（3）：414-422.

EVANS G W，SMITH C，PEZDEK K. 1982. Cognitive maps and urban form[J]. Journal of the American Planning Association，48（2）：232-244.

FEDOROV R. 2013. Genesis of the cultural landscape of Urals and Siberia[J]. Journal of Eurasian Studies，4（2）：207-216.

FORMAN R T. 1995. Land Mosaics：The Ecology of Landscapes and Regions[M]. Cambridge：Cambridge University Press.

GOLD J R. 1980. An Introduction to Behavioral Geography[M]. Oxford：Oxford University Press.

HARVEY D. 1982. The Limits to Capital[M]. Oxford：Basil Blackwell.

HENDERSON G. 1999. California and the Fictions of Captial[M]. New York：Oxford University Press.

JAMES P E. 1934. An Outline of Geography[M]. Boston：Ginn.

LEFEBVRE H. 1991. The Production of Space[M]. Translated by Nicholson-Smith D. Oxford：Blackwell.

MARTÍNEZ S，RAMIL P，CHUVIECO E. 2010. Monitoring loss of biodiversity in cultural landscapes. New methodology based on satellite data[J]. Landscape and Urban Planning，94（2）：127-140.

MATSUOKA R H，KAPLAN R. 2008. People needs in the urban landscape：Analysis of landscape and urban planning contributions[J]. Landscape and Urban Planning，84（1）：7-19.

MEYER A H. 1936. The Kankakee Marsh of Northern Indiana and Illinois[J]. Michigan Papers in Geography，6：359-396.

MITCHELL D. 1994. Landscape and surplus value：The making of the ordinary in Brentwood，CA[J]. Environment and Planning D：Society and Space，12（1）：7-30.

MITCHELL D. 1996. The Lie of the Land：Migrant Workers and the California Landscape[M]. Minneapolis：University of Minnesota Press.

MITCHELL D.2003. California living, California dying: Dead labor and the political economy of landscape [M]//Anderson K, Pile S, Thrift N. Handbook of Cultural Geography. London: Sage: 233-248.MOHAMMAD N M N, SARUWONO M, SAID S Y, et al. 2013. A sense of place within the landscape in cultural settings[J]. Procedia-Social and Behavioral Sciences, 105: 506-512.

NUNTA J, SAHACHAISAEREE N. 2010. Determinant of cultural heritage on the spatial setting of cultural landscape: A case study on the northern region of Thailand[J]. Procedia-Social and Behavioral Sciences, 5: 1241-1245.

NÜSSER M. 2001. Understanding cultural landscape transformation: A re-photographic survey in Chitral, eastern Hindukush, Pakistan[J]. Landscape and Urban Planning, 57 (3-4): 241-255.

O'ROURKE E. 2005. Socio-natural interaction and landscape dynamics in the Burren, Ireland[J]. Landscape and Urban Planning, 70 (1-2): 69-83.

PÉREZ-LLORENTE I, PANEQUE-GÁLVEZ J, LUZ A C, et al. 2013. Changing indigenous cultures, economies and landscapes: The case of the Tsimane', Bolivian Amazon[J]. Landscape and Urban Planning, 120 (1): 147-157.

PETERSON M N, LIU J. 2008. Property rights and landscape planning in the intermountain west: The Teton Valley case[J]. Landscape and Urban Planning, 86 (2): 126-133.

RESCIA A J, WILLAARTS B A, SCHMITZ M F, et al. 2010. Changes in land uses and management in two Nature Reserves in Spain: Evaluating the social-ecological resilience of cultural landscapes[J]. Landscape and Urban Planning, 98 (1): 26-35.

RICHARDS G. 1996. Cultural Tourism in Europe[M]. Wallingford, UK: CABI.

ROVAI M, ANDREOLI M, GORELLI S, et al. 2016. A DSS model for the governance of sustainable rural landscape: A first application to the cultural landscape of Orcia Valley (Tuscany, Italy) [J]. Land Use Policy, 56: 217-237.

SALTER C L, LLOYD W J. 1977. Landscape in Literature[M]. Washington: Assn of Amer Geographers.

SAUER C O. 1925. The morphology of landscape[J]. University of California Publications in Geography, 2 (2): 19-54.

SCHLAGER E, OSTROM E. 1992. Property-rights regimes and natural resources: A conceptual analysis[J]. Land economics, 68 (3): 249-262.

SEABROOK L, MCALPINE C, FENSHAM R. 2006. Cattle, crops and clearing: Regional drivers of landscape change in the Brigalow Belt, Queensland, Australia, 1840-2004[J]. Landscape and Urban Planning, 78 (4): 373-385.

SIKOR T H E J, LESTRELIN G. 2017. Property rights regimes and natural resources: A conceptual analysis revisited[J]. World Development 93: 337-349.

STENSEKE M. 2009. Local participation in cultural landscape maintenance：Lessons from Sweden[J]. Land Use Policy，26（2）：214-223.

STEWART W P，LIEBERT D，LARKIN K W. 2004. Community identities as visions for landscape change[J]. Landscape and Urban Planning，69（2-3）：315-334.

SWENSEN G，JERPÅSEN G B. 2008. Cultural heritage in suburban landscape planning：A case study in Southern Norway[J]. Landscape and Urban Planning，87（4）：289-300.

THOMAS L F. 1931. The sequence of areal occupancy in a section of St. Lowis，Missouri[J]. Annals of the Association of American Geographers，21：75-90.

TUAN Y F. 1974. Topophilia：A Study of Environmental Perception，Attitudes，and Values [M]. Engle wood Cliffs，New Jersey：Prentice Hall.

TUAN Y F. 1979. Thought and Landscape：the eye and the mind's eye[M]//Meinig D. The Interpretation of Ordinary Landscape. Oxford：Oxford University Press：89-102.

TÜRKYıLMAZ Ç C. 2016. Interrelated alues of cultural landscapes of human settlements：Case of Istanbul[J]. Procedia-Social and Behavioral Sciences，222：502-509.

UNESCO WORLD HERITAGE CENTER. 1994. Operational Guidelines of the Implementation of the World Heritage Convention[R]. Paris：UNESCO.

UNESCO WORLD HERITAGE CENTER. 2005. Operational Guidelines of the Implementation of the World Heritage Convention[R]. Paris：UNESCO.

WALMSLEY D J，LEWIS G J. 1984. Human Geography：Behavioral Approaches[M]. New York：Longman.

WHITTLESEY D. 1929. Sequent occupance[J]. Annals of the Association of American Geographers，19（3）：162-165.

YANG J J，RYAN C，ZHANG L Y. 2013. Ethnic minority tourism in China-Han perspectives of Tuva figures in a landscape[J]. Tourism Management，36（6）：45-56.

ZHANG H，ZHANG J，CHENG S，et al. 2012. Role of constraints in Chinese calligraphic landscape experience：An extension of a leisure constraints model[J]. Tourism Management，33（6）：1398-1407.

ZUKIN S. 2010. Naked City：The Death and Life of Authentic Urban Places[M]. Oxford：Oxford University Press.